JN061294

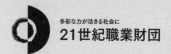
多彩な力が活きる社会に
21世紀職業財団

わかりやすい

パワーハラスメント
新・裁判例集

はじめに

　職場のパワーハラスメントやいじめ・嫌がらせに関する公的機関への相談件数は、年々増加し、社会的にも大きな問題となっています。

　2012年3月には、厚生労働省が「職場のパワーハラスメントの予防・解決に向けた提言」を取りまとめ、職場のパワーハラスメントの予防・解決に向けた取組みの実施を呼びかけました。

　さらに、2017年度には有識者と労使関係者が実効性のある職場のパワーハラスメント防止対策について検討を重ね、2018年3月に「職場のパワーハラスメント防止対策についての検討会報告書」が取りまとめられました。

　そして、2019年の第198回通常国会において「女性の職業生活における活躍の推進に関する法律等の一部を改正する法律」が成立し、これにより「労働施策の総合的な推進並びに労働者の雇用の安定及び職業生活の充実等に関する法律」（以下「労働施策総合推進法」という。）が改正され、職場におけるパワーハラスメント防止対策が事業主に義務付けられました。

　当財団では、2009年からパワーハラスメントに関する裁判例を集めた裁判例集を発行してきましたが、今回、旧版からリーディングケースを残し、さらに新しい裁判例の中から重要と思われるものを半数加え収録しました。

　パワーハラスメントに関する裁判例集は珍しく、本書が、企業の人事担当者や相談担当者等関係者の方々に活用され、職場におけるパワーハラスメント防止対策を進めるための一助となることを願っております。

公益財団法人21世紀職業財団

裁判例、事例から学ぶ

※判決・事例番号 01 02 03 とあるのは、後出の判決・事例番号

1「パワーハラスメント」とは

　職場におけるいじめや嫌がらせの相談件数は年々増加しており、都道府県労働局等に設置した総合労働相談に寄せられる相談においても、平成24年度以降は、最も多い相談内容となっている。この「職場におけるいじめや嫌がらせ」については、いわゆる「パワーハラスメント」（以下「パワハラ」という）という言葉が使用されることもある。

　パワハラについては、明確にその定義や禁止内容を定めた法令は存在しないが、2012年3月に厚生労働省の「職場のいじめ・嫌がらせ問題に関する円卓会議」（以下「円卓会議」という）が取りまとめた「職場のパワーハラスメントの予防・解決に向けた提言」においては、「職場のパワーハラスメントとは、同じ職場で働く者に対して、職務上の地位や人間関係などの職場内の優位性を背景に、業務の適正な範囲を超えて、精神的・身体的苦痛を与える又は職場環境を悪化させる行為をいう」と定義されている。

　また、2018年3月に厚生労働省の「職場のパワーハラスメント防止対策についての検討会」（以下「検討会」という）が取りまとめた報告書では、パワハラの概念として、①優越的な関係に基づいて（優位性を背景に）行われること、②業務の適正な範囲を超えて行われること、③身体的若しくは精神的な苦痛を与えること、又は就業環境を害すること、の3つの要素を満たす行為であると整理され、職場のパワーハラスメント防止対策を前に進めるべきであるとされた。

　そして、2019年の第198回通常国会において「女性の職業生活における活躍の推進に関する法律等の一部を改正する法律」が成立し、これにより「労働施策の総合的な推進並びに労働者の雇用の安定及び職業生活の充実等に関する法律」（以下「労働施策総合推進法」という。）が改正され、職場におけるパワーハラスメント防止対策が事業主に義務付けられた。同法において、パワーハラスメント防止に努めることが事業主・労働者の責務として法律上

明確化され、事業主が講ずべき措置が厚生労働大臣により指針※に定められた。

※事業主が職場における優越的な関係を背景とした言動に起因する問題に関して雇用管理上講ずべき措置等についての指針（令和2年厚生労働省告示第5号）

　本書では、いわゆるパワハラに関連すると考えられる裁判例を集めて掲載した。

　以下では、本書に掲載した裁判例を分類して、説明する。

2　裁判例の分析

(1)　裁判例の傾向

　パワハラの裁判例も増加傾向にある。そして、裁判例は、パワハラが行われた場合には、加害者個人に対しては不法行為責任（民法709条）、使用者に対しては使用者責任（民法715条）による損害賠償請求を認容している。また、近年は、使用者には職場環境配慮義務（具体的には、いじめ行為の防止義務、適切な調査義務、加害者に対する指導、配置換え等の人事管理上の適切な措置を講じるべき義務などがあるとして、債務不履行責任（民法415条）による責任を認める事例も増えている（01、17、52、56、62、67、68、72等）。

　したがって、使用者としては、いわゆるパワハラに該当するような不法行為が職場で行われた場合、使用者として、その責任を問われる可能性があることを十分認識し、日頃から、従業員に対してパワハラに関する教育を行うなど、その予防に努めることが求められている。

(2)　パワハラの行為類型

　円卓会議提言では、職場のパワハラの行為類型として、以下の6つの分類が示されており、検討会報告書でも踏襲されている。本書に掲載した裁判例をこの6類型に分類した（否定例も含む）。

①　暴行・傷害（身体的な攻撃）

　…09、32、42、51、53、56、57、65、70、71、72

②　脅迫・名誉棄損・侮辱・ひどい暴言（精神的な攻撃）

　…01、03、04、05、06、07、08、10、12、13、15、16、17、19、20、21、25、28、30、31、33、34、39、40、41、43、44、45、47、50、52、54、55、58、59、60、61、63、64、65、67、68、69

③　隔離・仲間外し・無視（人間関係からの切り離し）

　…14

④　業務上明らかに不要なことや遂行不可能なことの強制、仕事の妨害（過大な要求）

　　…11、36、48、66、67

⑤　業務上の合理性なく、能力や経験とかけ離れた程度の低い仕事を命じることや仕事を与えないこと（過小な要求）

　　…02、18、22、23、26、27、29、35、37、38

⑥　私的なことに過度に立ち入ること（個の侵害）

　　…46、49、56

(3)　適正な業務指導の限界

　　裁判例では、上司による業務上の注意・指導・叱責などの場面における発言が「業務上の適正な範囲」を超えるか否かが問題となっている事例が多い（04、06、07、08、10、13、15、16、17、21、24、25、30、34、52、54、55、57、59、61、64、65、67等）。

　　その判断基準について、67の損害賠償請求事件は、「パワハラ行為は、業務に関する指示、注意、指導の際に発生する場合が多いところ、被害者と加害者との関係、行為の目的、態様、頻度等に照らして、当該パワハラ行為が正当な職務行為の範囲を逸脱したといえる場合、あるいは、社会通念上許容される業務上の指導を超えて、過重な心理的負担を与えたといえる場合には、不法行為としての違法性を帯びる」と述べている。

　　具体的には、「バカ」「あほ」「給与泥棒」といった人格・人間性を否定する言葉は適正な業務指導の範囲を超えていると認定される傾向がある（09、10、16、25、32、42、45、47、50、51、52、54、55、56、57、58、59、61、64、68等）。16のヴィナリウス事件は、「結局、大学出ても何にもならないんだな。」「ほかの事務をやっている女の子でもこれだけの仕事の量をこなせるのに、お前はこれだけしか仕事ができないのか。」などと叱責したこと等について違法であると認められている。

　　また、使用者からの退職勧奨は原則として自由ではあるが、退職や解雇をほのめかす発言が脅迫にあたるような場合には違法となる。裁判例では、「辞めていいよ。辞めろ！辞表を出せ！」との発言（47）や、「会社を辞めた方が皆のためになるんじゃないか」との発言（64）等が違法とされている。

　　被害者の立場、能力、性格などに応じた指導も必要である。新入社員に対する指導の行き過ぎを違法とした例として54、61、64、被害者が派遣社員

であることに触れた例として50、被害者の能力や性格に応じた指導の必要性を述べた例として52がある。

頻度については50のアークレイファクトリー事件は、「それが1回だけといったものであれば違法とならないこともあり得るとしても、被控訴人によって当惑や不快の念が示されているのに、これを繰り返し行う場合には、嫌がらせ時には侮辱といった意味を有するに至り、違法性を帯びる」と指摘している。その他、長期間、長時間、頻回、継続性などを指摘している裁判例は多い。

叱責の場所については、他の従業員の前で行われたことを問題視する事例が少なくない（25、52、57、58、60等）。25の富国生命保険ほか事件は「生命保険会社の営業職員にとって、不告知を教唆することは、その職業倫理に反する不名誉な事柄なのであるから、その点について、上司として問いただす必要があるとすれば、誰もいない別室に呼び出すなどの配慮があって然るべき」であると指摘している。

一方、労働者に問題があり、業務上の指導の必要性が高い場合には、ある程度厳しい指導や叱責も許容される場合もある（06、19、24）。

業務の適正な範囲か否かの判断は難しい場合も多く、1審と2審で判断が分かれることがある。19の前田道路事件は、第1審では、自殺した従業員の上司らが当該従業員に対して行った指導や叱責は違法であると判断されたが、控訴審では、社会通念上許容される業務上の指導の範囲を超えた過剰なノルマ達成の強要や執拗な叱責に該当するとは認められないとして、上司らの行為は不法行為に当たらないと判断された。

(4)　人事権行使の適法性が問題となる事例

パワハラ行為類型③の隔離・仲間外しが業務命令や配転を伴っている場合や、行為類型④の明らかに不要なことや遂行不可能なことを業務命令で命じられる場合、行為類型⑤の能力や経験とかけ離れた程度の低い仕事を命じられたり、配転・出向させられたりした場合には、その人事権行使の適法性が問題となる（02、22、23、27、29、35、37等）。使用者の人事権には一定の裁量があるが、無制約ではない。使用者は、各労働者との雇用契約の本来の趣旨に則して、合理的な裁量の範囲で配置、異動、担当職務の決定及び人事考課、昇格等についての人事権を行使しなければならず、その範囲を逸脱するような人事権行使は、権利の濫用・逸脱として無効となる。

02のプロクター・アンド・ギャンブル・ファー・イースト・インク（本訴）

事件では、原告に対して従前の仕事を止めさせ、もっぱら社内公募制度を利用して他の職務を探すことだけに従事させようとしたのは、実質的に仕事を取り上げるに等しく、いたずらに原告に不安感、屈辱感を与え、著しい精神的圧力をかけるものであって、恣意的で合理性に欠け、退職に追い込もうとする動機・目的によるものと推認することができるとして、配転・降格を無効とした。

　26のUBSセキュリティーズ・ジャパン事件では、原告に対して退職勧奨を行った理由は、原告の業績が被告の評価に値しなかったためであり、その理由に不当性は認められず、また、退職勧奨の態様も、原告の意志に配慮して退職勧奨を打ち切り、後日、話合いを継続したことが認められるから、本件退職勧奨が社会的相当性を逸脱した態様で半強制的に行われたものとは評価できず、違法であったとは認められないと判断された。

(5)　損害額

　慰謝料の金額は、事案によって幅があり、例えば、名誉毀損のメールについて5万円を認めた事例もあれば（04）、複数の暴行行為について行為ごとに慰謝料を認定して積算して約930万円を認めた事例（70）もある。被害者が精神疾患に罹患したり、自殺等により死亡した場合には慰謝料は高額化し、休業損害や死亡逸失利益等が認められる場合もある（02、03、14、40、51、52、53、56、57、60、61、64、72）。64の暁産業事件は、高卒社員の自殺の損害として約7,261万円を認容した。

　損害の発生についてパワハラ等の被害者にも原因があるような場合、損害の公平な負担という理念から、損害の算定に当たり、過失相殺等がなされることがある（01、09、57、71、72）。一方で、61の公立八鹿病院組合ほか事件は、電通事件最高裁判決（最二小判平12.3.24労判779号13頁）と東芝うつ病解雇事件最高裁判決（最二小判平26.3.24労判1094号22頁）を引用して過失相殺又は素因減額は認められないとしている。

(6)　労災認定

　いじめ等により精神疾患を発症したり、亡くなった者に対する労災認定等が争われることもある（07、08、12、15、20、30、31、34）。

　08の名古屋南労基署長（中部電力）事件は、うつ病に罹患して自殺をした労働者について、主任への昇格及び担当業務の増加に加え、上司による叱責等は、何ら合理的理由のない、単なる厳しい指導の範疇を超えた、いわゆる

パワハラとも評価されるものであり、一般的に相当程度心理的負荷の強い出来事と評価すべきであるとして、業務起因性を認めた。

15の亀戸労基署長事件は、出血性脳梗塞を発症した労働者について、当該労働者の時間外労働時間は、業務と脳血管疾患等の発症との関連性に関する労働基準監督署の基準には満たないが、相当長時間のものであると評価することができ、さらに、上司による叱責は、時間外労働により疲労を有していたと考えられる当該労働者に対し、一層のストレスを与えるものとなったというべきであるとして、業務起因性を認めた。

(7)　パワハラ行為を理由とする懲戒処分

パワハラを行ったとして懲戒処分を受けた労働者が処分の有効性を争う事例もある（42、63、69）。

42のエヌ・ティ・ティ・ネオメイトなど事件は、「謝れ」「辞めてしまえ」などと言いながら椅子を蹴った行為に対する譴責処分が有効とされた。

63のM社事件は、複数の部下に対して長期間にわたり継続的に行ったパワハラが悪質であるとして降格処分が有効とされた。

69のY社事件は、部下4名に対する人格や尊厳を傷つける理不尽な言動は業務上正当な指導や叱責として許容される範囲を超えるとし、原告に全く反省する態度が見られないことから懲戒解雇処分が有効とされた。

使用者のパワハラ防止義務、職場環境配慮義務が強く要請されるため、加害者に対する厳しい懲戒処分も有効とされる傾向にあると思われる。

パワーハラスメントに関する裁判例一覧

2018 年 4 月現在

番号	事件名	判決（決定）年月日	判決・事例のポイント	出典	参照頁
1	川崎市水道局（いじめ自殺）事件（控訴審）	東京高判 平15・3・25	市には、職務行為それ自体についてのみならず、ほかの職員からもたらされる生命、身体等に対する危険についても、具体的状況下で、加害行為を防止するとともに、生命、身体等への危険から被害職員の安全を確保して被害発生を防止し、職場における事故を防止すべき安全配慮義務があるとし、被告は同義務に違反したと認めた。	労判849号87頁	P18
2	プロクター・アンド・ギャンブル・ファー・イースト・インク（本訴）事件	神戸地判 平16・8・31	被告が原告に命じた、職種の変更を伴うスペシャル・アサインメントは、人事権の濫用にあたり無効であるとした。そして、被告は、原告を適切に就労させ、不当な処遇をしてその人格の尊厳を傷つけないよう配慮すべき義務に違反したとして、慰謝料100万円と「通常の職務に就くことができず、能力を発揮し、昇給の機会を得ることができなかった無形の損害」50万円を認容した。	労判880号52頁	P25
3	誠昇会北本共済病院事件	さいたま地判 平16・9・24	被告病院は、職場の上司及び同僚からのいじめ行為を防止して、被害者の生命及び身体を危険から保護する安全配慮義務に違反したと認めた。また、損害額の算定にあたり、「いじめを原因とする自殺による死亡は、特別損害として予見可能性のある場合に、損害賠償義務者は、死亡との結果について損害賠償義務を負うと解すべきである」として、当該従業員の自殺に対する予見可能性の有無によって、各被告の賠償責任の範囲に差をつけた。	労判883号38頁	P34
4	三井住友海上火災保険上司（損害賠償）事件（控訴審）	東京高判 平17・4・20	第1審と異なり、名誉毀損については、送信目的が正当であったとしても、その表現において許容限度を超え、著しく相当性を欠くとして、不法行為を構成すると判断した。しかし、パワーハラスメントについては、本件メールが、その表現方法において不適切であり、原告の名誉を毀損するものであったとしても、その目的は是認することができ、被告にパワーハラスメントの意図があったとまでは認められないとして、否定した。	労判914号82頁	P41
5	昭和観光事件	大阪地判 平18・10・6	原告らが被告に残業代請求をしたところ、マネージャーが「えらいことやってくれたな。」「まだおんのか。」「この百姓が。」等ときつい口調で罵ったことについて、慰謝料10万円が認められた。	労判930号43頁	P44

番号	事件名	判決（決定）年月日	判決・事例のポイント	出典	参照頁
6	PE＆HR事件	東京地判平18・11・10	代表者が原告に対して行った「泥棒と同じ」「人間として最低」等の叱責や机を手でたたきながら話す仕草について、業務遂行態度、考え方の改善を促すために行ったものであるとして違法性が否定された。	労判931号65頁	P46
7	国・静岡労基署長（日研化学）事件	東京地判平19・10・15	当該従業員は、上司の言動により、社会通念上、客観的にみて精神疾患を発症させる程度に過重な心理的負荷を受けていたとして、当該従業員の精神障害発症及び自殺について、業務起因性を認めた。	労判950号5頁	P49
8	名古屋南労基署長（中部電力）事件（控訴審）	名古屋高判平19・10・31	業務上の心理的負荷の原因の1つである上司の厳しい指導について、「パワー・ハラスメントとも評価されるもの」であるとして、一般的に相当程度心理的負荷の強い出来事と評価すべきであると判示した。	労判954号31頁	P54
9	ファーストリテイリングほか（ユニクロ店舗）事件（控訴審）	名古屋高判平20・1・29	上司である被告2からの暴行、管理部部長からの「ぶち殺そうかお前」等の暴言について違法と認めた。そして、原告の妄想性障害発症との相当性因果関係を認め、被告らに治療費、休業損害、慰謝料等の支払いを命じた。なお、6割の素因減額を行っている。	労判967号62頁	P59
10	長崎・海上自衛隊員自殺事件（控訴審）	福岡高判平20・8・25	ある班長の言動等については、指導の域を超えるものであったとしてその違法性を認めたが、他の班長の言動等については、当該公務員ないし平均的耐性を持つ者に対し、心理的負荷を蓄積させるようなものであったとはいえないとして、違法性を否定した。	労経速2017号3頁	P67
11	天むす・すえひろ事件	大阪地判平20・9・11	被告の代表取締役社長の行為は不法行為に当たるとして、同代表取締役社長の不法行為により原告が被った損害について、会社法350条（代表者の行為についての損害賠償責任）に基づき、慰謝料の支払を認めた。	労判973号41頁	P73
12	栃木労働基準監督署長事件	東京地判平20・10・16	厳しい指導や叱責の事実があったことは推認することができるとしたものの、原告が主張するような精神的・肉体的な暴力の事実は認められないから、その心理的負荷が、平均的労働者を基準として、精神的破綻を生じさせる程度のものであったとまでいうことはできないと判断された。	労経速2029号3頁	P77
13	トヨタ自動車ほか事件	名古屋地判平20・10・30	第1回うつの発症については、原告の雇用主である被告1及び原告の出張先である被告2に対し、損害賠償責任を認めたが、第2回うつの発症については、被告2にはそもそも原告に対する安全配慮義務があったものとはいえず、また、被告1に原告に対する安全配慮義務違反があったと認めることはできないとして、損害賠償責任を否定した。	労経速2024号3頁	P87

番号	事件名	判決（決定）年月日	判決・事例のポイント	出典	参照頁
14	美研事件	東京地判 平20・11・11	いじめ、退職強要等、優越的な地位の濫用による不当な商品販売のいずれも不法行為と認定し、被告らの損害賠償責任を認めた。	労判982号81頁	P96
15	亀戸労基署長事件（控訴審）	東京高判 平20・11・12	当該従業員の時間外労働時間は、労働基準監督署の基準には満たないが、相当長時間のものであると評価することができ、さらに、上司による叱責は、時間外労働により疲労を有していたと考えられる当該従業員に対し、一層のストレスを与えるものとなったというべきであるとして、業務起因性を認めた。	労経速2022号13頁	P103
16	ヴィナリウス事件	東京地判 平21・1・16	原告に対する部長の発言のうち、特に、うつ病であることを知った後にも、「うつ病みたいな辛気くさいやつは、うちの会社にはいらん」などと発言したことは、不法行為と評価されてもやむを得ないと判断した。	労判988号91頁	P108
17	日本土建事件	津地判 平21・2・19	違法な時間外労働及び上司によるパワーハラスメントについては、被告の債務不履行責任及び不法行為責任を認めたが、交通事故当日に本人が飲み会に出席したこと及び上司らを自宅まで車で送ったことは、職務の一環ということはできないとして、被告の責任を否定した。	労判982号66頁	P114
18	F病院事件	福井地判 平21・4・22	原告は、被告が、①原告の受持ち患者を減らしたこと、②序列を逆転させたこと、③原告に対して執拗な退職勧奨やいじめを行ったこと、④原告を監視したこと、⑤原告を解雇したことは不法行為ないし債務不履行を構成すると主張したが、いずれも認められなかった。	労経速2040号14頁	P120
19	前田道路事件（控訴審）	高松高判 平21・4・23	本判決は、第1審判決とは異なり、自殺した従業員の上司らが当該従業員に対して行った指導や叱責は、社会通念上許容される業務上の指導の範囲を超えた過剰なノルマ達成の強要や執拗な叱責に該当するとは認められないとして、当該従業員の上司らの行為は不法行為に当たらないと判断した。また、被告会社の安全配慮義務違反についても否定した。	労経速2044号3頁	P127
20	国・渋谷労基署長事件	東京地判 平21・5・20	部下に中傷ビラを配布された従業員がうつ病を発症して自殺したという事案であり、当該従業員の業務と同人の精神障害の発症及び自殺との間に相当因果関係が認められた。	労経速2045号3頁 労判990号119頁	P133

番号	事件名	判決（決定）年月日	判決・事例のポイント	出典	参照頁
21	三洋電機コンシューマエレクトロニクス事件（控訴審）	広島高松江支判 平21・5・22	人事担当者が原告に対して感情的になって大きな声を出して叱責したことは、原告に対する不法行為を構成するが、人事担当者が感情的になって大きな声を出したのは、原告が人事担当者に対して不遜な態度を取り続けたことが多分に起因しているとして、慰謝料は10万円という低額にとどまった。	労判987号29頁	P140
22	JR西日本（森ノ宮電車区・日勤教育等）事件（控訴審）	大阪高判 平21・5・28	原告1に対する日勤教育は期間が長期に過ぎるため、また、原告2に対する日勤教育は必要性がないため違法であると判断した。一方、原告3に対する日勤教育等については違法性を否定した。	労判987号5頁	P146
23	日本レストランシステム事件	大阪地判 平21・10・8	①前件高裁判決において、本件出向命令が人事権を濫用してなされたものであって無効であり、本件出向命令は不法行為に当たるとの判断が示されたにもかかわらず、それ以降も原告を出向先で就労させ続けたこと、②出向期間中に原告に対して異常に低い評価を行ったことは、いずれも不法行為に当たると判断された。	労判999号69号	P160
24	医療法人財団健和会事件	東京地判 平21・10・15	試用期間途中で原告を解雇したことは、解雇すべき時期の選択を誤ったものであるから本件解雇は無効と判断したが、パワハラ及びいじめ並びに違法な退職強要の事実についてはいずれも否定し、被告の安全配慮義務違反及び不法行為責任は認めなかった。	労判999号54頁	P168
25	富国生命保険ほか事件	鳥取地米子支判 平21・10・21	上司が、他の社員が聞いている状況下で原告に不告知教唆を問いただしたこと、「マネージャーをいつ降りてもらっても構わない。」等と述べたことについて違法であると認め、慰謝料300万円等を認容した。	労判996号28頁 労経速2053号3頁	P177
26	UBSセキュリティーズ・ジャパン事件	東京地判 平21・11・4	賞与の不支給、退職勧奨及び自宅待機命令のいずれについても違法性を否定した。	労判1001号48頁	P184
27	日野市事件	東京地判 平21・11・16	被告の原告に対する不利益処分（降格）は裁量権の範囲内のものとは認められないとして、同処分を取り消したが、同処分の取消しにより原告は元の職務に戻るのであるから、それ以上の損害賠償の必要性は認められないとして、国家賠償法1条1項に基づく損害賠償請求は認めなかった。	労判998号47頁 判時2074号155頁	P191
28	東京都ほか（警視庁海技職員）事件（控訴審）	東京高判 平22・1・21	控訴人（1審原告）に依願退職を働きかけていこうという合意が、少なくとも暗黙のうちに上司や同僚の多数の意思によって形成され、様々な嫌がらせ等の不法行為が行われたとして、被控訴人東京都に対して国家賠償法1条1項に基づく損害賠償義務を認めた。損害額については、第1審判決を減じた。	労判1001号5頁	P197

番号	事件名	判決(決定)年月日	判決・事例のポイント	出典	参照頁
29	エルメスジャポン事件	東京地判平22・2・8	原告に対する配転命令については、被告の不法行為責任を認めたが、原告に対する差別や嫌がらせがあったことを前提とする被告の就業環境配慮義務違反については否定した。	労判1003号84頁	P206
30	地公災基金愛知県支部長(Z市役所職員・うつ病自殺)事件(控訴審)	名古屋高判平22・5・21	第1審判決は、亡Aの公務とうつ病発症等との間の相当因果関係を否定したが、本判決は、児童課異動後の公務及びパワハラで知られていた部長からの厳しい指導や指示等による心理的負荷が重なり、亡Aはうつ病を発症して病状を増悪させ、自殺するに至ったとして、公務起因性を認めた。	労判1013号102頁	P213
31	京都下労働基準監督署長事件	大阪地判平22・6・23	原告の精神障害は、同僚の女性社員によるいじめやいやがらせだけでなく、会社がそれらに対して何らの防止措置もとらなかったことから発症したものであるとして、本件疾病と業務との間に相当因果関係(業務起因性)を認めた。	労経速2086号3頁	P221
32	日本ファンド(パワハラ)事件	東京地判平22・7・27	上司の原告らに対する言動は不法行為に当たると認定され、上司の不法行為責任及び会社の使用者責任が認められた。	労判1016号35頁	P228
33	ティーエムピーワールドワイド事件	東京地判平22・9・14	被告の社員らによる集団的いじめや嫌がらせの存在を否定し、また、本件解雇は有効であると判断した。	労経速2086号31頁	P235
34	国・諫早労基署長(ダイハツ長崎販売)事件	長崎地判平22・10・26	原告の精神障害は、上司とのトラブル、事実上の降格・左遷、ノルマの不達成、勤務・拘束時間の長時間化等の心理的負荷により発症又は増悪したものであるとして、本件疾病と業務との間に相当因果関係(業務起因性)を認めた。	労判1022号46頁	P243
35	学校法人兵庫医科大学事件(控訴審)	大阪高判平22・12・17	原告が10年以上の長期にわたって被告病院の臨床から外されたことについて、差別的処遇であるとして違法性を認め、第1審の賠償額を上回る慰謝料200万円を容認した。	労判1024号37頁	P252
36	インフォプリントソリューションジャパン事件	東京地判平23・3・28	原告が被告会社から受けた解雇は無効であるとした訴えに対し、労働時間管理のための報告を求めることは正当な業務命令であってハラスメントにはならず、これに一貫して反抗する原告の対応は不合理であり、本件解雇を有効とした。	労経速2115号25頁	P259
37	オリンパス事件(控訴審)	東京高判平23・8・31	原告に対する3度の配転命令がいずれも人事権濫用により無効であり、不法行為を構成するとされた。また、配転後の処遇や達成困難な目標の設定等も違法なパワハラであると認められ、慰謝料等が損害賠償として認められた。	労判1035号42頁	P265

番号	事件名	判決（決定）年月日	判決・事例のポイント	出典	参照頁
38	クレディ・スイス証券（休職命令）事件	東京地判平24・1・23	上司による面談は違法性はないとした一方、原告の仕事の取り上げ方が性急であったことなどから、原告の名誉権が侵害され精神的苦痛を被ったことを理由とする被告の不法行為を認めた。	労判1047号74頁	P278
39	日能研関西ほか事件（控訴審）	大阪高判平24・4・6	上司である被告2が原告からの有休申請を妨害したこと、部長である被告3や代表者である被告4が被告2を擁護する言動をしたことについて、違法行為であると認めた。	労判1055号28頁	P283
40	医療法人健進会事件	大阪地判平24・4・13	原告が上司及び同僚から受けた一連の説得行為が不法行為（使用者責任）を構成するとされ、かかる行為と相当因果関係のある原告の治療費、休業損害、慰謝料等が損害賠償として認められた。	労判1053号24頁	P291
41	Y社（パワハラ）事件	東京地判平24・4・27	原告が被告社内における上司のパワーハラスメント行為により適応障害を発症して就業不能状態に陥り退職を余儀なくされたとして損害賠償請求を求めたが、理由がないとして認めなかった。	労経速2148号20頁	P297
42	エヌ・ティ・ティ・ネオメイトなど事件	大阪地判平24・5・25	被告会社の従業員から暴行を受けたとして、同従業員らに対し不法行為、及びその使用者である被告会社らに対し使用者責任に基づく損害賠償等を求め、一部認容された。	労判1057号78頁	P304
43	乙社事件	東京地判平24・8・21	従業員が不法に辞職を強要したと認めることはできないとして、被告らの不法行為等を認めなかった。	労経速2155号25頁	P309
44	U銀行（パワハラ）事件	岡山地判平24・4・19（第1審） ･･････ 広島高岡山支判平24・11・1（控訴審）	療養復帰直後の原告に対する上司の叱責について、屈辱感を与えるような言動を繰り返していたとまでは認められないとして、1審判決を変更し、上司の不法行為責任を否定し、被告会社の使用者責任も否定した。	労判1051号28頁（1審） ･･････ 公刊物未掲載判例秘書登載（控訴審）	P314
45	慰謝料請求事件	東京地判平25・1・30	同僚男性である被告について、実質的に原告を指揮命令できる立場にあったと認めた。そして、被告が原告を怒鳴りつけたり、同僚らの面前で侮辱的な発言をしたりした行為は、原告の人格的利益を侵害するとして、慰謝料の支払いを命じた。	公刊物未掲載判例秘書登載	P323
46	カネボウ化粧品販売事件	大分地判平25・2・20	研修会において、商品販売目標を達成できなかった原告に対し、上司らが、罰ゲームとして易者姿のコスチュームとうさぎの耳形のカチューシャを着用させたこと、その様子を撮影し、後日別の研修会で投影したことが違法であるとされ、慰謝料20万円が認容された。	労経速2181号3頁	P330

番号	事件名	判決（決定）年月日	判決・事例のポイント	出典	参照頁
47	ザ・ウィンザー・ホテルズインターナショナル（自然退職）事件（控訴審）	東京高判平25・2・27	上司が原告に対して飲酒を強要したこと、留守電に「でろよ！ちぇっ、ちぇっ、ぶっ殺すぞ、お前！」等と録音したことが違法なパワハラであるとした。一方、パワハラと原告の適応障害の発症との因果関係は否定した。	労判1072号5頁	P334
48	学校法人明泉学園（S高校）事件（控訴審）	東京高判平25・6・27	被告らが原告らに命じた立ち番は、原告らの教師としての誇り、名誉、情熱を大きく傷つける違法なものというべきであるとして、被告らの行為は共同不法行為を構成するとした。	労判1077号81頁	P341
49	豊前市（パワハラ）事件（控訴審）	福岡高判平25・7・30	上司による原告と同僚女性との交際に介入する発言について、原告に対する誹謗中傷、名誉毀損あるいは私生活に対する不当な介入であるとして違法であると認め、被告である市は国家賠償法に基づく損害賠償義務を負うとし、慰謝料30万円等の支払いを命じた。	判タ1417号100頁判時2201号69頁	P351
50	アークレイファクトリー事件（控訴審）	大阪高判平25・10・9	指導に付随してなされた軽口ともみえる発言について、それが1回だけといったものであれば違法とならないこともあり得るとしても、原告が当惑や不快の念を示しているのに、繰り返し行う場合には、嫌がらせや侮辱の意味を有するに至り、違法性を帯びるとして、派遣先従業員らによる原告に対する発言が違法とされ、慰謝料30万円等が認容された。	労判1083号24頁	P358
51	メイコウアドヴァンス事件	名古屋地判平26・1・15	代表取締役である被告2や監査役である被告3による被害者に対する暴言、暴行、退職強要がパワハラであったと認めた。そして、被告2の不法行為と被害者の自殺との間には相当因果関係があるとして、逸失利益、死亡慰謝料等の合計約5,400万円を認容した。	労判1096号76頁	P366
52	社会福祉法人備前市社会福祉事業団事件	岡山地判平26・4・23	上司がその強い責任感から行った業務上の指導が社会通念上の適正範囲を超えた違法な行為であるとした上で、配置転換など、被害者が精神障害を発病することを回避するための対策をとらなかったことが被告の安全配慮義務違反であるとし、債務不履行責任を認めた。被害者の自殺との相当因果関係も認め、合計で約5,000万円の損害賠償が認容された。	労判ジャーナル28号31頁	P372
53	国（護衛艦たちかぜ〔海上自衛隊員暴行・恐喝〕）事件（控訴審）	東京高判平26・4・23	先輩自衛官であった被告1による被害者への暴行や恐喝が不法行為であると認めた。また、上司らが被告1に対する指導・教育、調査・報告等を行わなかったことについて指導監督義務違反があったと認め、被告である国に対して国家賠償法に基づく賠償責任を認めた。そして、被害者の自殺は予見可能であったとして、合計で約7,300万円の損害賠償が認容された。	労判1096号19頁	P380

番号	事件名	判決（決定）年月日	判決・事例のポイント	出典	参照頁
54	岡山県貨物運送事件（控訴審）	仙台高判 平26・6・27	新入社員で社会経験が十分でなかった被害者に対する長時間労働や被告1による厳しい叱責と被害者の自殺との相当因果関係が認められた。そして、所長であった被告1には被害者の業務量を適切に調整する等の措置義務違反、指導に際して過度に心理的負担をかけないよう配慮する義務違反があるとして不法行為責任、被告会社には使用者責任が認容された。	労判1100号 26頁	P389
55	社会福祉法人 県民厚生会 ほか事件	静岡地判 平26・7・9	上司である被告2から原告に対して行われた指示や叱責は、被告2に「パワハラを行う特段の動機」や「私怨」がないこと、「発足したばかりのデイサービスの経営を軌道に乗せ、安定的な経営体制を構築しようという意図」で行ったものであったことから、パワハラ行為をしたとは認められないとされた。	労判1105号 57頁	P398
56	サン・チャレンジ ほか事件	東京地判 平26・11・4	店長である被告2から被害者に対する暴言、暴行、嫌がらせ、労働時間外での拘束、業務とは関係のない命令等を違法なパワハラと認め、被害者に交際相手と別れた方がよいと言ったこと等がプライベートに対する違法な干渉であると認めて不法行為責任を認定した。被告会社に対しては債務不履行ないし使用者責任、代表取締役である被告3には会社法429条に基づく責任が認容された。	労判1109号 34頁	P402
57	クレイン農協 ほか事件	甲府地判 平27・1・13	被害者の自殺は、通常の業務上の指導の範囲を逸脱した被告2からのノルマ不達成を理由とする叱責や顔を殴るなどの暴行等による急性ストレス反応が原因であるとして、被告2に不法行為責任、被告農協に使用者責任を認めた。	労判1129号 67頁	P409
58	弁護士法人 レアール法律 事務所事件	東京地判 平27・1・13	加害者が原告に対して渡したメモや発言が業務指導の範囲を超えた嫌がらせや侮辱であるとして不法行為を構成するとされ、被告の使用者責任が認容された。	労判1119号 84頁	P416
59	サントリー ホールディングス ほか事件（控訴審）	東京高判 平27・1・28	上司である被告2の原告に対する「新入社員以下だ。もう任せられない。」「何で分からない。おまえは馬鹿。」といった言葉や休職の申出を阻害する言動について不法行為であると認定し、うつ病の発症・進行との因果関係を認めた。被告会社には使用者責任を認めた。	労経速 2284号7頁	P419
60	国家公務員 共済組合 連合会ほか （C病院）事件	福岡地小倉支判 平27・2・25	被告1の原告に対する子の養育や体調不良による休暇取得を責める発言について、有給休暇を取得しづらい状況を作出するものであるとして不法行為が成立するとした。被告会社については使用者責任を認めた。	労判1134号 87頁	P427

番号	事件名	判決（決定）年月日	判決・事例のポイント	出典	参照頁
61	公立八鹿病院組合ほか事件（控訴審）	広島高松江支判平27・3・18	業務上の注意の際に行われた軽度の暴行や言葉について「社会通念上許容される指導又は叱責の範囲を明らかに超える」として、違法なパワハラと認めた。そして、長時間労働や継続的なパワハラ等の過重労働により被害者がうつ病を発症し、自殺したものとして因果関係を認め、被告組合の国家賠償法に基づく損害賠償責任を認めた。	労判1118号25頁	P434
62	アンシス・ジャパン事件	東京地判平27・3・27	原告が業務上問題のある同僚と2人体制にされ、その同僚から無実のパワハラを訴えられるというトラブルが発生し、精神的苦痛を繰り返し訴えていた状況において、被告会社は、2人を業務上完全に分離するか、業務上の関わりを極力少なくし原告に業務負担が偏ることのない体制をとるべき注意義務に違反したとして債務不履行責任を認めた。	労判1136号125頁	P445
63	M社事件	東京地判平27・8・7	原告が複数の部下に対して長期間にわたり継続的に行ったパワハラが悪質であるとして、原告に対する降格の懲戒処分が適法であると認められた。	労経速2263号	P454
64	暁産業ほか事件（控訴審）	名古屋高金沢支判平27・9・16	上司である被告2による被害者に対する発言は、社会通念上許容される業務上の注意指導の範囲を超える精神的攻撃に当たるとし、被害者の自殺との相当因果関係も認めた。被告2に対しては不法行為責任、被告会社に対しては使用者責任を認めた。	労働判例ジャーナル45号24頁	P464
65	住吉神社ほか事件	福岡地判平27・11・11	神社の権禰宜だった原告が、宮司である被告1からパワハラを受け、違法に解雇されたとして、神社である被告と被告1に対し慰謝料を、被告に対し、地位確認などを求めた事案。裁判所は、被告1の暴力や暴言を違法と認め、慰謝料100万円を命じた。	労判1152号69頁 判時2312号114頁	P469
66	鍼灸整骨院院長事件	横浜地相模原支判平27・11・27	被告である院長が、原告に対して遅刻等に対する罰金など労基法違反の違約金条項の遵守を要求した行為、勤務時間外・退社後の業務の強要行為が不法行為であると認められた。	労判1141号79頁	P474
67	損害賠償請求事件	東京地判平28・2・3	代表者である被告2が原告に対して業務外の行為や違法な業務行為を強要したこと、指導にあたって「馬鹿かお前は」などと怒鳴ったことについて違法なパワハラと認め、被告2について不法行為責任、被告1（会社）に対して職場環境配慮義務違反の債務不履行責任を認めた。	公刊物未掲載判例秘書登載	P478

番号	事件名	判決（決定）年月日	判決・事例のポイント	出典	参照頁
68	損害賠償請求事件	福岡地小倉支判平28・3・10	休職からの復職を希望した被害者に対する、上司からの「あんたが出てきたら皆に迷惑がかかる。罵声が飛ぶかもしれんばい」等の発言が違法であると認め、被告会社に安全配慮義務違反の債務不履行責任を認めた。被害者の急死との相当因果関係は否定された。	公刊物未掲載判例秘書登載	P483
69	Y社（懲戒解雇）事件	東京地判平28・11・16	原告の部下4名に対する言動は、相手の人格や尊厳を傷つける理不尽なものであり、その対象が部下の生き方自体やプライベートな事項にまで及んでいて、業務上正当な指導や叱責として許容される範囲を超え、処分事由に該当するとして、懲戒解雇処分が有効とされた。	労経速2299号12頁	P491
70	コンビニエースほか事件	東京地判平28・12・20	被告1および被告2による原告に対する繰り返しの暴行等について不法行為が認められ、被告会社に対しては使用者責任が認容された。慰謝料について、行為（事件）ごとに積算し、合計約930万円を認めた。	労判1156号28頁	P501
71	A庵経営者事件（控訴審）	福岡高判平29・1・18	1審被告が被害者に対して恒常的に強く叱責し、2度の暴行に及んだことは、使用者の労働者に対する指導・対応の範囲を逸脱するものであるとして違法性を認め、被害者の自殺行為との相当因果関係も肯定した。一方、被害者が度重なる注意を受けても数回どころか何十回以上も同じ仕事上の間違いを繰り返していたこと等を理由に5割の過失相殺を認め、1審判決の認容額を減額した。	労判1156号71頁	P512
72	さいたま市（環境局職員）事件（控訴審）	東京高判平29・10・26	上司から被害者に対するパワハラの存在を認めた上で、1審被告会社には被害者からのパワハラの訴えを放置したことについて安全配慮義務違反があるとした。被害者の自殺との相当因果関係も肯定したが、被害者にうつ病の既往症があったため過失相殺7割とした。	労判1172号26頁	P518

〈注意〉
　以下紹介する裁判例の解説は下記のような構成となっている。

・［事案の概要］
　　当事者の主張は、［事案の概要］［判旨］に記述しているので、特に別項目を挙げなかった。
　　当事者の指示は、X が原告、Y が被告である。複数に亘る場合には、X1、X2、Y1、Y2 会社等の表示とした。

・［結果］
　　裁判の結果。認容された慰謝料額等を記載。なお、遅延損害金は特に記載していない。

・［コメント］
　　事件のポイント等について簡潔に記述した。

・［判旨］
　　判決原文の重要部分をできるだけそのまま引用したが、紙面の都合上、要約したり割愛した部分もある。判旨のうちポイントとなる部分については下線を付した。

川崎市水道局（いじめ自殺）事件（控訴審）

東京高判　平15・3・25　　　　　　　　労判849号87頁
原審：横浜地川崎支判　平14・6・27　　労判833号61頁

事案の概要

　本件は、Xらの長男であるAがY1（川崎市）の水道局工業用水課に勤務中、同課課長であるY2、同課係長であるY3及び同課主査であるY4のいじめ、嫌がらせなどにより精神的に追い詰められて自殺したとして、Xらが、Y1に対し、国家賠償法又は民法715条に基づき損害賠償を、Y2、Y3及びY4に対し、同法709条、719条に基づき損害賠償をそれぞれ求めた事案である。

　第1審判決は、Y1にXらそれぞれに対し約1,173万円を支払うよう命じた。これに対し、X及びY1が控訴した。

結　果

　各控訴棄却。

　第1審の結論維持。Y1はXらそれぞれに対し約1,173万円［逸失利益（：約4,469万円（給与分）＋約218万円（退職手当分））の2分の1、及び、慰謝料（：Xらそれぞれ1,200万円）の合計額から7割減額した金額計各1,063万円、弁護士費用110万円）］

コメント

　本判決は、「ほかの職員からもたらされる生命、身体等に対する危険についても、市は、具体的状況下で、加害行為を防止するとともに、生命、身体等への危険から被害職員の安全を確保して被害発生を防止し、職場における事故を

防止すべき注意義務（以下「安全配慮義務」という。）がある」とし、安全配慮義務違反に基づく損害賠償を認容した。

　また、Y2及びC課長（Aからいじめを受けた旨の訴えを受けていた）の安全配慮義務違反とAの自殺との間の相当因果関係を検討するにあたり、Y2及びC課長は、適正な措置を執らなければ、精神疾患に罹患していたAが自殺のような重大な行動を起こすおそれがあることを予見することができたというべきであることも理由にあげて、相当因果関係を認めた。

　なお、Aの自殺は、Aの資質ないし心因的要因も加わって自殺への契機となったものと認められるとして、損害額の7割を減額している。

判　旨

1　Y2ら3名のAに対するいじめの有無について

(1)　①Y2ら3名が、平成7年5月1日付けで工業用水課に配転されたAに対し、同年6月ころから、聞こえよがしに、「何であんなのがここに来たんだよ。」、「何であんなのがAの評価なんだよ。」などと言ったこと、②Y4が、Bといわゆる下ネタ話をしていたとき、会話に入ってくることなく黙っているAに対し、「もっとスケベな話にものってこい。」、「B、Aは独身なので、センズリ比べをしろ。」などと呼び捨てにしながら猥雑なことを言ったこと、そして、Aが女性経験がないことを告げると、Aに対するからかいの度合いをますます強め、Y4がBに対し、「Aに風俗店のことについて教えてやれ。」「経験のために連れて行ってやってくれよ。」などと言ったこと、③Y4が、Aを「むくみ麻原」などと呼んだり、Aが登庁すると「ハルマゲドンが来た。」などと言って嘲笑したこと、④Y4が、ストレス等のためにさらに太ったAに対し、外回りから帰ってきて上気していたり、食後顔を紅潮させていたり、ジュースを飲んだり、からかわれて赤面しているときなどに、「酒を飲んでいるな。」などと言って嘲笑したこと、⑤同年9月ころになると、いじめられたことによって出勤することが辛くなり、休みがちとなったAに対し、Y2ら3名は、「とんでもないのが来た。最初に断れば良かった。」「顔が赤くなってきた。そろそろ泣き出すぞ。」「そろそろ課長（Y2のこと）にやめさせて頂いてありがとうございますと来るぞ。」などとAが工業用水課には必要とされていな

い、厄介者であるかのような発言をしたこと、⑥合同旅行会の際、Aが、Y2ら3名が酒を飲んでいる部屋に、休みがちだったことなどについて挨拶に行ったところ、Y4が、持参した果物ナイフでチーズを切っており、そのナイフをAに示し、振り回すようにしながら「今日こそは切ってやる。」などとAを脅かすようなことを言い、さらに、Aに対し、「一番最初にセンズリこかすぞ、コノヤロー。」などと言ったり、Aが休みがちだったことについても「普通は長く休んだら手みやげぐらいもってくるもんだ。」などと言ったことが認められる。

(2)　以上のとおり、Aが工業用水課に配属になっておよそ1か月ぐらい経過したころから、内気で無口な性格であり、しかも、本件工事に関するX1とのトラブルが原因で職場に歓迎されていない上、負い目を感じており、職場にも溶け込めないAに対し、上司であるY2ら3名が嫌がらせとして前記のような行為を執拗に繰り返し行ってきたものであり、挙げ句の果てに厄介者であるかのように扱い、さらに、精神的に追い詰められて欠勤しがちになっていたもののX1から勧められて同課における初めての合同旅行会に出席したAに対し、Y4が、ナイフを振り回しながら脅すようなことを言ったものである。そして、その言動の中心はY4であるが、Y2及びY3も、Y4が嘲笑したときには、大声で笑って同調していたものであり、これにより、Aが精神的、肉体的に苦痛を被ったことは推測し得るものである。

　以上のような言動、経過などに照らすと、Y2ら3名の上記言動は、Aに対するいじめというべきである。

2　Yら3名のいじめとAの自殺との間の因果関係（いじめによって心因反応を生じること及び自殺との因果関係）

　Aの自殺の原因については、自殺直前の遺書等がなかったが、Aの作成した遺書1には、「私Aは、工業用水課でのいじめ、Y2課長、Y3係長、Y4主査に対する『うらみ』の気持ちが忘れられません。」などと記載されており、これに加え、いじめによって心理的苦痛を蓄積した者が、心因反応を含む何らかの精神疾患を生じることは社会通念上認められ、さらに、「心因反応」は、ICD-10第Ⅴ章「精神および行動の障害」の分類Ｆ4の「神経症性障害、ストレス関連障害及び身体表現性障害」に当たると考えられ、これらの障害は、自殺念慮の出現する可能性が高いとされている。そして、Aには、他に自殺を図るような原因はうかがわれないことを併せ考えると、Aは、いじめを受

けたことにより、心因反応を起こし、自殺したものと推認され、その間には事実上の因果関係があると認めるのが相当である。

　なお、Aの病名は、心因反応又は精神分裂病とするのが妥当と思われるが、精神分裂病はICD-10による上記分類のF2に当たるから、Aに対するいじめと精神分裂病の発症・自殺との間には事実的因果関係が認められる。

　この点につきY1は、精神分裂病は内因性の精神疾患であり、何らかの原因（出来事）によって発症するものではないから、いじめとAの精神分裂病の発症との間には事実的因果関係がない旨主張する。しかしながら、Yが引用する「心理的負荷による精神障害等に係る業務上外の判断指針について」（平成11年9月14日付け労働基準局長通達）においても、業務の強い心理的負荷により精神障害（ICD-10の分類によるもの）を発病する場合があるものとされ、業務による心理的負荷によってこれらの精神障害が発病したと認められる者が自殺を図った場合には、精神障害によって正常の認識、行為選択能力が著しく阻害され、又は自殺行為を思いとどまる精神的な抑制力が著しく阻害されている状態で自殺が行われたものと推定し、原則として業務起因性が認められるものとされているのであって、上記主張を採用することはできない。もっとも、健常者であればそれほど心理的負荷を感じない他人の言動であっても、精神分裂病等の素因を有する者にとっては強い心理的負荷となり、心因反応ないし精神分裂病の発症・自殺という重大な結果を生じる場合があり、この場合に、加害者側が被害者側に生じた損害の全額を賠償すべきものとするのは公平を失すると考えられるが、その点は、過失相殺の規定を類推適用して賠償額の調整を図るべきである。

　また、Y1は、Y1の職員の言動によってAに精神分裂病等が発症することは予見不可能であったから、仮にいじめがあったとしても、その行為とAの死亡（自殺）との間には相当因果関係がない旨主張するが、Y2ら3名の言動がAに対するいじめ（不法行為）であり、その行為とAの心因反応ないし精神分裂病の発症・自殺との間に事実的因果関係が認められる以上、不法行為と損害（Aの死亡）との間に相当因果関係がある（損害論の問題）というべきである。

3　Yらの責任

(1) Y1の責任

　ア　一般的に、市には市職員の管理者的立場に立ち、そのような地位にある

ものとして、職務行為から生じる一切の危険から職員を保護すべき責務を負うものというべきである。そして、職員の安全の確保のためには、職務行為それ自体についてのみならず、これと関連して、ほかの職員からもたらされる生命、身体等に対する危険についても、市は、具体的状況下で、加害行為を防止するとともに、生命、身体等への危険から被害職員の安全を確保して被害発生を防止し、職場における事故を防止すべき注意義務（以下「安全配慮義務」という。）があると解される。

　また、国家賠償法1条1項にいわゆる「公権力の行使」とは、国又は公共団体の行う権力作用に限らず、純然たる私経済作用及び公の営造物の設置管理作用を除いた非権力作用をも含むものと解するのが相当であるから、Y1の公務員が故意又は過失によって安全配慮保持義務に違背し、その結果、職員に損害を加えたときは、同法1条1項の規定に基づき、Y1は、その損害を賠償すべき責任がある。

イ　Aが自殺に至るまでの経過及び関係者の地位・職務内容に照らすと、工業用水課の責任者であるY2は、Y4などによるいじめを制止するとともに、Aに自ら謝罪し、Y4らにも謝罪させるなどしてその精神的負荷を和らげるなどの適切な処置をとり、また、職員課に報告して指導を受けるべきであったにもかかわらず、Y4及びY3によるいじめなどを制止しないばかりか、これに同調していたものであり、C課長から調査を命じられても、いじめの事実がなかった旨報告し、これを否定する態度をとり続けていたものであり、Aに自ら謝罪することも、Y4らに謝罪させることもしなかった。また、Aの訴えを聞いたC課長は、直ちに、いじめの事実の有無を積極的に調査し、速やかに善後策（防止策、加害者等関係者に対する適切な措置、Aの配転など）を講じるべきであったのに、これを怠り、いじめを防止するための職場環境の調整をしないまま、Aの職場復帰のみを図ったものであり、その結果、不安感の大きかったAは復帰できないまま、症状が重くなり、自殺に至ったものである。

　したがって、Y2及びC課長においては、Aに対する安全配慮義務を怠ったものというべきである。

ウ　以上の事実関係に加えて、精神疾患に罹患した者が自殺することはままあることであり、しかも、心因反応の場合には、自殺念慮の出現する可能性が高いことをも併せ考えると、Aに対するいじめを認識していたY2及び

いじめを受けた旨のAの訴えを聞いたC課長においては、適正な措置を執らなければ、Aが欠勤にとどまらず、精神疾患（心因反応）に罹患しており、場合によっては自殺のような重大な行動を起こすおそれがあることを予見することができたというべきである。したがって、上記の措置を講じていれば、Aが職場復帰することができ、精神疾患も回復し、自殺に至らなかったであろうと推認することができるから、Y2及びC課長の安全配慮義務違反とAの自殺との間には相当因果関係があると認めるのが相当である。

エ　したがって、Y1は、安全配慮義務違反により、国家賠償法上の責任を負うというべきである。

(2)　Y2らの責任

公権力の行使に当たる公務員が、その職務を行うについて、故意又は過失によって違法に他人に損害を与えた場合には、国又は地方公共団体がその被害者に対して賠償の責任を負うべきであり、公務員個人はその責を負わないものと解されている。

そうすると、本件においては、Y2ら3名が、その職務を行うについてAに加害行為を行った場合であるから、Xらに対し、その責任を負担しないというべきである。

4　Xらの損害

(1)　逸失利益

ア　給与分　　　　4,468万5,939円

イ　退職手当分　　217万8,787円

(2)　相続

Xらは、Aの父母であるから、その法定相続分に従い、AのY1に対する損害賠償請求権を2分の1ずつ相続した。

(3)　Xら固有の慰謝料

Xらの慰謝料は、それぞれ1,200万円とするのが相当である。

(4)　過失相殺の規定の類推適用

Aは、いじめにより心因反応を生じ、自殺に至ったものであるが、いじめがあったと認められるのは平成7年11月ころまでであり、その後、職場も配転替えとなり、また、同月から医師の診察を受け、入通院をして精神疾患に対する治療を受けていたにも関わらず、これらが効を奏することなく自殺に至ったものである。これらの事情を考慮すると、Aについては、本人の資質

ないし心因的要因も加わって自殺への契機となったものと認められ、損害の
負担につき公平の理念に照らし、Ｘらの上記損害額の7割を減額するのが相当
である。

プロクター・アンド・ギャンブル・ファー・イースト・インク（本訴）事件

神戸地判　平16・8・31　　　　　　　　労判880号52頁

事案の概要

　本件は、洗濯関連製品等の研究・開発等を行う会社であるY1で市場調査業務を担当していた従業員のXが、上司であったY2から、社内公募制度を利用して社内で他の職務を探すことを職務として命じられるとともに、賃金上昇に関連する「ジョブ・バンド」職位をバンド3から1に降下するという内容の「スペシャル・アサインメント」（以下「本件スペシャル・アサインメント」という。）を提示され、あわせての退職勧奨を拒否したところ、他部門であるGBS-MMのマネジャー（バンド2）への配転命令を受けた（以下「本件配転命令」という。）ことについて、配転命令に従う義務不存在確認、賃金・賞与の支払いを請求するとともに、Y1と、一連の処遇を主導したY2個人に対して、労働契約上の配慮義務違反ないし不法行為による慰謝料を請求した事案である。

結　果

　一部認容。

　無形の損害50万円、慰謝料100万円。その他、配転命令に従う義務不存在確認、賃金・賞与の支払いも認容されている。

コメント

　本判決は、本件スペシャル・アサインメントは職種の変更を伴う配転命令であるとした上で、本件スペシャル・アサインメントと本件配転命令について、

それぞれ①業務上の必要性、②不当な動機・目的の有無、③Xの受ける不利益の有無・程度という要素を詳細に検討して人事権の濫用にあたるとの結論を導いている。

　また、本判決は、配転を無効として義務不存在確認を認めるのみでなく、Y1にはXを適切に就労させ、不当な処遇をしてその人格の尊厳を傷つけないよう配慮すべき義務があったとして、一連の処遇を被告らの配慮義務違反ないし不法行為であると認めた点が特徴的である。そして、違法な処遇により不安感や屈辱感、精神的圧力等を味わったことによる精神的苦痛に対する慰謝料100万円に加えて、別個、「通常の職務に就くことができず、能力を発揮し、昇給の機会を得ることができなかった無形の損害」を50万円認容している点が注目される。

▍判　旨

1　本件スペシャル・アサインメントの有効性について

(1)　業務上の必要性について

ア　XはY1のマーケット・ディベロップメント・オーガニゼーション部門（以下「MDO」という。）においてコンシューマー・マーケティング・ナリッジと呼ばれる市場調査（以下「CMK」という。）を担当していたところ、Y1は、XのMDO-CMKにおける従前の職務が平成13年6月末（年度末）までになくなることを理由に、本件スペシャル・アサインメントにより、Y1に出勤した上で社内公募制度を利用して社内で他の職務を探すことを新たな職務として命じている。しかし、Xには、市場調査に関し、MDO-CMKにおいて日本の消費者の消費動向・嗜好データを集約・分析するスキャン・ジャパンというプロジェクトと同時並行的に行っていた職務があり、それらのうちには、経理、福利厚生、給与、情報技術サービス等ビジネスサービスの提供を担当するグローバル・ビジネスサービス（以下「GBS」という。）に移管されず、CMKの他のシニア・マネジャーであるLやKに引き継がれる職務があったことが窺われ、したがって、スキャン・ジャパン以外の職務がすべてGBSに移管されるのではなかったし、少なくとも、廃止されたスキャン・ジャパンの事後処理や、LやK、あるいはGBSに年度末に引き

継がれる業務をそれまでの間継続することや、引継事務を行うなどの仕事があったものと想定される。

　そうだとすると、本件スペシャル・アサインメント発令の時点で、MDO-CMKにおいて、Xがなすべき職務がなかったとはいえず、それにもかかわらず、Y1が、早々にXに従前の仕事を止めさせ、もっぱら社内公募制度を利用して他の職務を探すことだけに従事させようとしたのは、実質的に仕事を取り上げるに等しく、いたずらにXに不安感、屈辱感を与え、著しい精神的圧力をかけるものであって、恣意的で合理性に欠けるものというべきである。

イ　Y1はXに対し、Xに社内公募制度を利用して新たな職務を見付けるよう指示しているが、社内公募制度の利用は、通常の職務を継続しながらでも可能であり、あえて、それに専念させる必要はなく、むしろ、それだけに専念すると、勤務時間の多くを無為に過ごさざるを得なくなり、それは、Xに強い疎外感や心理的圧迫感をもたらすであろうと思われる。Y1としては、Xが退職勧奨に応ずることを拒否し、Y1に残ることを明言している以上、自ら、Xの意見を聴取し、社内の各部門、部署に当たるなどして業務上の必要性や適正な人材配置を検討し、Xのために新たな職務を確保すべきであったと考えられる。

ウ　また、Y1は、経費の削減、組織効率化の一環として、MDO-CMKにおいて、Xが担当していたスキャン・ジャパンを廃止し、MM（マーケット・メジャメント）業務をGBSに移管するなどの施策を実施する結果、MDO-CMKにおけるXの職務がなくなるため本件スペシャル・アサインメントをなしたもので、業務上の必要性があると主張するが、組織改革の必要性があったとしても、本件スペシャル・アサインメントがなされた時点で、Xを通常の業務に一切就かせず、新たな職務を見付けるという職務だけに従事させる必要性があったとは認め難い。

エ　以上により、本件スペシャル・アサインメントは、業務上の必要性を欠いていたと認めるのが相当である。

(2)　不当な動機・目的について

　本件スペシャル・アサインメントは業務上の必要性がないのになされた不合理なものであり、Xに通常の業務をさせず、新たな職務を探すことに専念させることは、いたずらにXの不安感を煽り、著しい精神的圧力をかけるも

のであること、Y1には、Xのために自ら新たな職務を確保しようとする積極的かつ真摯な姿勢がみられないこと、Y1は、Xに社内公募制度を利用して新たな職務を探すことを指示しているが、Y1が退職勧奨の対象とした者に対し、新しい職務を見付けることに協力する部署があるかは疑問であること、もし、Xが社内公募制度を利用しても所定の期間内に新たな職務を見付けることができなかったときは、いよいよ退職せざるを得ない立場に事実上追い込まれること、Y1は、本件スペシャル・アサインメントにより、Xの職位をバンド3からバンド1へ低下させ、また他の職員から切り離された場所への席替えを指示していること、そして、Y1のこのような処置が、MDOの市場調査部長である被告CによるXに対する退職勧奨に引き続いて行われているところ、Xが、退職勧奨に応じないことを明言したからといって、Y1がXを退職させる方針を直ちに放棄したとは想定し難いことなどを考慮すると、本件スペシャル・アサインメントは、Xに不安感、屈辱感を与え、精神的圧力をかけて任意退職に追い込もうとする動機・目的によるものと推認することができる。

(3) Xの受ける不利益について

ア　Xは、本件スペシャル・アサインメントにより、職位をバンド3からバンド1に低下させられたところ、給与額の減額はないものの、バンド3とバンド1とは給与レンジが重ならないから、将来の昇給の可能性がないことになり、経済的に不利益がある。

イ　さらに、Xは、本件スペシャル・アサインメントにより、MDO-CMKのシニア・マネジャーとして専門性の高い職務に従事していたのに、そのような従前の職務のみならず、他の通常の職務も与えられず、新たな職務を探すことだけに従事させられたものであり、自己の能力を発揮する機会を与えられず、正当な評価を受ける機会が保障されないという職業生活上の不利益を受けたものということができる。

ウ　Y1は、本件スペシャル・アサインメントが当面の措置にすぎないと主張するが、その存続期間は明示されていない。この点、Y1は、平成13年9月28日までという期限を設定しているが、これは、Xが社内公募制度を利用して新たな職務を探す努力をし、それにつき評価を受ける期限であって、その結果いかんにかかわらず本件スペシャル・アサインメントに基づく措置が終了するという期限であるとは認められない。そうすると、X

は、新たな職務を見付けるまで無期限に上記のような地位に置かれることになる。

　エ　以上によれば、Xは、本件スペシャル・アサインメントにより、通常甘受すべき程度を超える不利益を受けるものと認められる。

(4)　以上の次第で、本件スペシャル・アサインメントは、業務上の必要性を欠いているし、Xを退職に追い込もうとする動機・目的をもってなされたものであり、さらにはXに対し、通常甘受すべき程度を著しく超える不利益を負わせるものであるから、人事権の濫用に当たり、無効であると認められる。

2　本件配転命令の有効性について

(1)　Y1の配転命令権について

　Y1は、Xに対して配転命令権を有する。

(2)　職種限定の合意違反について

　本件配転命令に基づくXの新職務であるGBS-MMのマネジャー（バンド2）という職務は、総合職であることが認められ、また、本件職務記述書に示された職務の内容に照らしても、一定の専門的、裁量的判断を要するものであり、単純な事務作業であるとは認められない。

　よって、本件配転命令がXの職種を総合職から一般職へ変更するとのXの主張は肯認できず、職種限定の合意違反の主張は、その前提において理由がなく、採用できない。

(3)　人事権の濫用について

　ア　業務上の必要性について

（ア）　Y1は、本件配転命令によるXの新職務として、平成13年7月にCBD（営業統括）をカスタマー（得意先）を主体とする組織に変更して以降、CBDの活動のためのマーケット・メジャメント・データ分析及び助言の必要性が高まったことから、これを中心として行う職務を新たに設けたものであり、職務記述書に「I クライアントサービス」として記載されている職務内容はこれに該当するものであること、そして、この職務は、XがMDO-CMKにおいて従来から行っていたものと同一であり、Xも、平成14年1月11日にCBD人事担当者のHから新職務として提案された際にそのような認識を抱いたことが認められる。

　　よって、本件配転命令によりXをGBS-MMに異動させることが業務上の必要性を欠くとはいえない。

（イ）　しかしながら、本件配転命令は、Xの職位をバンド3からバンド2に低下させるものであるところ、Y1は、本件補足説明書において、Xの新職務が1国だけを担当すること、アジアではGBS-MMのバンド3のポジションは1つしかないことのほか、XのMDO-CMKでのスキャン・ジャパンの仕事程の仕事の深さと幅がないことなどを指摘しているが、新職務の中心であるCBDのためのマーケット・メジャメント・データ分析及び助言という職務がXのMDO-CMKにおける職務と同一であり、これが単純な事務的業務でなくXの知識・経験を生かせる業務であり、このことをY1も自認していることからすると、職務の専門性等において差異がないと思われる。また、アジアではGBS-MMのバンド3のポジションが1つであるとの点も、従来のGBS-MMの業務を前提とするとそうであったとしても、その業務を拡大して新職務を設けたのであるから、バンド3のポジションを増やすことも支障がないはずである。さらに、新職務と従前のMDO-CMKでの職務との相違点についても、上記のとおり大型プロジェクトであったスキャン・ジャパンの仕事はバンド3の職務として一般化できないものと思われるし、その他の点も、Xの職位をあえてバンド2に低下させる理由として薄弱である。なお、本件補足説明書において、Xの新職務が、従前のMDO-CMKでの職務と比較すると、非常に狭い範囲でかつ責任の浅い仕事であるとも説明されているが、この点は、Xの職位をあえてバンド2に位置付ける理由を強調するための記述であると思われ、実態に即したものとは認め難い。

　　のみならず、Xにおいて、勤務成績不良等の職位を低下させられてもやむを得ない事由があったことは、本件証拠上認められないし、XとY1との本件紛争の発端となった退職勧奨も、経費削減等の目的によるY1の組織改革に起因しており、Xに何らかの責任があったものではない。

　　そして、本件配転命令が、Xに不利益を与えるものであることを考慮すると、その業務上の必要性については厳格に考えるべきである。

（ウ）　以上によれば、本件配転命令は、XをGBS-MMに異動させ、上記のような新職務を担当させるとの限りでは、業務上の必要性を欠くとはいえないが、Xの職位をバンド3からバンド2に低下させた点は、業務上の必要性が乏しいというべきである。

イ　不当な動機・目的について

（ア）　Xは、本件配転命令が、Xに単純な事務的業務を担当させるなどの嫌がらせによってXを退職に追い込もうとする動機・目的によるものであると主張するが、上記判示のとおり、本件配転命令によるXの新職務が単純な事務的業務であるとはいえず、この点でXの主張は前提を欠いている。また、上記1で認定の本件紛争の経過に照らすと、むしろ、Y1は、もはやXが自主的に退職することは考えられなくなった状況で、真にXに就労の機会を設けたものと見ることができる。

（イ）　もっとも、Y1が、本件配転命令によりXの職位をバンド3からバンド2に低下させたことは、上記のとおり、業務上の必要性が乏しいことや、上記1で認定の本件紛争の経過に照らすと、Xが退職勧奨の拒否を初めとしてY1との抗争を続けてきた一連の行動を嫌悪してなしたものである蓋然性がある。

ウ　Xの受ける不利益について

　　Xが、本件配転命令により、その職位をバンド3からバンド2に低下させられることは、当面給与の減額がないとしても、給与レンジの相違から、将来の昇給の可能性を制約される点で不利益を受けることは明らかである。

　　また、バンドは、被告の従業員の昇進、昇格及び昇給の基準となるものであり、個々の従業員の業績や経験、能力、職責等に応じて職位（レベル）が上昇するものであること、Xも、長年の業績を評価されてバンド3に達したものであること、本件配転命令によるXの異動先であるGBS-MMにはバンド3に位置付けられたJという従業員がおり、Xがバンド2の位置付けでGBS-MMに異動すると、JがXの上司となり、その指揮命令を受けることになり、従来より権限が縮小されること、なお、Jは、過去にXの部下であった時期があることが認められる。

　　さらに、Xの職位がバンド3からバンド2に低下すると、ストック・オプションを受ける資格を失うことは、それが具体的な経済的損失に直結するものではないものの、そのような資格を失うこと自体が不利益であると認めて差し支えない。

　　よって、Xが本件配転命令により受ける上記の不利益は、通常甘受し難いものと認められる。

エ　以上によれば、本件配転命令は、XをGBS-MMに異動させ上記の新職務を担当させるとの点はともかく、Xの職位をバンド3からバンド2に低下

させる点は、業務上の必要性が乏しく、不当な動機によるものであり、また、通常甘受し難い不利益を受けるものと認められるから、人事権の濫用と評価すべきである。そして、本件配転命令のうち、Xの職位をバンド3からバンド2に低下させる部分と、その余の部分（GBS-MMに異動させ、上記の新職務を担当させる部分）とは一体のものであり、これを切り離し、Xにおいて前者の部分についてのみ従うことが可能であったとも認められないから、結局、本件配転命令は全体として無効であると認めて差し支えない。

3　Y1の労働契約上の配慮義務違反による債務不履行責任ないし不法行為責任について

(1)　Y1は、Xに対し、労働契約上の付随義務として、Xを適切に就労させ、不当な処遇をしてその人格の尊厳を傷つけないよう配慮すべき義務を負っているものと解するのが相当である。

(2)　しかしながら、Y1は、Xに対し、違法、無効な本件スペシャル・アサインメントをなし、かつ、これに従うことを強要してXを通常の業務に就かせず、被告Cらの言動も相まって、Xをして、その能力を発揮して正当な評価を受ける機会を与えないばかりか、退職に追い込むべくXの不安を煽り、屈辱感を与え、精神的圧力をかけたものであるし、さらに、人事権を濫用してXの職位をバンド3からバンド2に低下させる本件配転命令をなした上、Xがこれに従わないことを理由にXに対する賃金の支払を停止し、仮処分手続をとることを余儀なくさせ、また社内のネットワークから排除するなどしたのであるから、上記配慮義務に違反したものとして、Xに対し、債務不履行による損害賠償責任を負うというべきである。

(3)　なお、Xは、本件配転命令後の第3回団体交渉におけるE法務本部長の発言がXに精神的損害を与えたことを主張しているが、同人の上記発言はその法的見解を述べたものであり、そのような発言として格別不当であるとはいえないから、Y1が負う上記の配慮義務に違反し、あるいは不法行為を構成する行為であるとまでは認められない。

4　被告Cの不法行為責任について

　　被告Cは、Y1のXに対する違法行為を主導したものであるから、Xに対し、不法行為責任を負うと認められる。

5　損害について

　　叙上の認定説示に照らすと、Xが、被告らの上記配慮義務違反ないし不法

行為により通常の職務に就くことができず、能力を発揮し、昇給の機会を得ることができなかった無形の損害を50万円とし、不安感や屈辱感、精神的圧力等を味わったことによる精神的苦痛に対する慰謝料を100万円とするのが相当であるので、損害額は合計150万円と認められる。

誠昇会北本共済病院事件

さいたま地判　平 16・9・24　　労判 883 号 38 頁

事案の概要

　本件は、Ｘらの長男であるＡが、勤務する病院の職場の先輩であるY1 らのいじめが原因で平成 14 年 1 月 24 日に自殺したとして、両親であるＸらが、Y1 に対し、いじめ行為による不法行為責任(民法 709 条)を理由に、病院を設置する Y2 に対し、雇用契約上の安全配慮義務違反による債務不履行責任（民法 415 条）を理由に、損害賠償金合計 3,600 万円を請求した事案である。

結　果

一部認容。
Y1：Ｘらに対し慰謝料各 500 万円（各 250 万円の限度で Y2 との連帯債務）
Y2：Ｘらに対し慰謝料各 250 万円（Y1 との連帯債務）

コメント

　本判決は、損害額の算定にあたり、「いじめを原因とする自殺による死亡は、特別損害として予見可能性のある場合に、損害賠償義務者は、死亡との結果について損害賠償義務を負うと解すべきである」と判示し、Y1 については、Ａが自殺を図るかもしれないことを予見することは可能であったから、Ａが本件自殺によって死亡したことについて、損害賠償義務を負うとしたが、Y2 については、Ａが自殺するかもしれないことについて予見可能であったとまでは認めがたいとして、Ａが死亡したことによる損害については賠償責任がなく、本件い

じめを防止できなかったことによってＡが被った損害についての賠償責任のみを
認めた。

判　旨

1　当裁判所の認定した事実

当事者間に争いのない事実に、本件証拠及び弁論の全趣旨を総合すれば、
次の事実が認められる。

(1)　Y2の男性看護師は、女性の多い職場での少数派であったが、男性のみの
独自な付き合いがあった。いわゆる体育会系の先輩後輩の関係と同じく、先
輩の言動は絶対的なものであった。一番先輩であるY1が権力を握り、後輩
を服従させる関係が続いていた。勤務時間が終了しても、Y1らの遊びに無
理矢理付き合わされた。学校の試験前に朝まで飲み会に付き合わせるなどの
嫌がらせがあった。Y1の個人的な用事に使い走りさせられた。Y1の仕事が
終わるまで帰宅が許されなかったり、Y1の仕事を手伝うために、事実上の
残業や休日勤務を強いられたりした。Y1の命令に従わないと、仕事の上で
の嫌がらせを受けた。Y1の指示には従わざるを得ない雰囲気であった。

そのようなY2の男性看護師の雰囲気やY1の態度は、看護学校の生徒の間
でも話題になっていた。

(2)　Y2に就職したＡは、男性看護師の中で一番後輩であった。Y1を始めとす
る先輩の男性看護師らから、こき使われるなどのＡの意思に反した種々の強
要を始めとするいわゆるいじめを受けることになった。Ａが高等看護学校に
入学してから、Ａに対するいじめは一層激しくなった、帰宅したＡは、Y1
の電話で呼び出されることがしばしばあった。看護学校の同級生で平成11
年夏ころから交際を始めたＡの彼女であったＢや同じくY2に勤務して看護
学校の同級生であったＣ、更に母親であるX1らが見聞等した、Ａに対する
いじめには、次のようなものがあった。

①　Y1のための買い物をさせた。具体的には、上尾まで名物の柏餅を買い
に行かせたり、深夜になって、病院で使用する特殊な電池を探しに行かせ
たりした。

②　Y1の肩もみをさせた。

③　Y1の家の掃除をさせた。

④　Y1の車の洗車をさせた。

⑤　Y1の長男の世話をさせた。

⑥　Y1が風俗店へ行く際の送迎をさせた。Aは、駐車場で待たされていた。

⑦　Y1が他の病院の医師の引き抜きのためにスナックに行く際、AにY1を送迎させた。

⑧　Y1がパチンコをするため、勤務時間中のAに開店前のパチンコ屋での順番待ちをさせた。

⑨　Y1が購入したい馬券を後楽園まで購入しに行かせた。競馬に詳しくないAは、Bに馬券の買い方を相談した。

⑩　Aが通う高等看護学校の女性を紹介するように命じ、Aを困らせた。

⑪　ウーロン茶1缶を3,000円で買わせた。

⑫　Y1らの遊びに付き合うため、Aに金銭的負担を強いた。本件職員旅行に必要な飲み物等をAに用意させた。Aは、飲み物等の費用約8万8,000円を負担した。

⑬　平成13年9月から平成13年10月ころ、Aに対してのみ、他の学生は行っていない介護老人施設作りに関する署名活動をさせた（Y2としての署名活動は既に終了していた。）。

⑭　Aは、勤務時間外にBと会おうとすると、Y1からの電話で、仕事を理由にY2に呼び戻されることが何度かあった。例えば、平成13年4月29日の日曜日、Aは、Bとお台場でデートしていた。Y1は、Aがデートしていることを知りながら、仕事だと言ってY2に呼び出した。Aは、急いでY2に向かった。AがY2に到着しても、Y1は、病院にいなかった。

⑮　Y1は、Aの携帯電話の内容を勝手に覗いていた。Aの携帯電話を使用して、Bにメールを送った。

(3)　平成13年秋ころになると、Aは、中学校や高校時代の友人に対し、いじめによる辛さを訴えるようになった。Aの悩みを聞いたBは、Aに対し、職場を変わることができないのか尋ねた。Aは、Y1に恐怖心を抱き、逃げても追いかけてくる旨答えた。

(4)　本件職員旅行での事件

　ア　平成13年12月15日、AやY1を含めた43名程度のY2従業員は、Y2の職員旅行として、福島県磐梯の温泉へ1泊2日の旅行に出掛けた。

イ　Y1は、2次会が終わった後で、Aに好意を持っている事務職の女性とAを2人きりにしてAと女性に性的な行為をさせて、それを撮影しようと企てた。Aと女性の部屋の周りには、職員が集まり、部屋の中をのぞいていた。Y1は、カメラを持って押し入れに隠れた。

　　Aは、焼酎のストレートを一気飲みし、布団に倒れた。呼吸が荒く、チアノーゼが現れた。

　　Y1らは、Aをホテルの車で病院に連れて行った。

　　病院では、急性アルコール中毒と診断された。入院することを勧められた。Aは、点滴を受けた後、宿泊ホテルに戻り、埼玉県へ帰宅した。

ウ　本件職員旅行での事件は、上司に報告されることはなかった。本件職員旅行以降、Aは、落ち込んでいる様子が見られた。

(5)　忘年会での会話

　　平成13年12月29日、Y1ら15名程度の看護師が集まり、忘年会を行った。本件職員旅行でAが無呼吸状態になったことが話題になった、Aの先輩らは、Aに対し、「あのとき死んじゃえば良かったんだよ。馬鹿。」「専務にばれていたら俺たちどうなっていたか分からないよ。」などと発言した。Aが何か言うと、「うるせえよ。死ねよ。」と言い返されていた。

　　これ以降、Y1らは、Y2での仕事中においても、Aに対し、何かあると「死ねよ。」という言葉を使うようになった。

(6)　電子メールの文章

　　Y1は、Aに対し、平成13年12月30日ころ、「殺す。」と言う文言を含んだ電子メール等を送った。

(7)　カラオケ店での出来事

ア　平成14年1月12日ころ、Y1及びAら4名は、Aの彼女であるBがアルバイトをしていたカラオケ店を訪れた。

イ　カラオケ店に行く車の中で、Y1らが、BからAにプレゼントされた帽子をライターで燃やすそぶりをして、Aをいじめた。

ウ　アルバイトを終えたBは、Y1らと同席した。

　　Y1らは、辛いコロッケが1つだけ含まれているロシアンルーレット用のコロッケを注文した。4人で1つずつ食べてみたが、辛いコロッケに当たる者はいなかった。Y1は、Aに対し、残ったコロッケを、口でキャッチするようにと投げつけた。Aは、コロッケを口でキャッチできず、下

に落とした。Aが落ちたコロッケを皿に戻すと、Y1は、何で戻すんだと食べるように文句を言った。

エ　Y1らは、Bの前で、本件職員旅行でのAと女性職員との件を話し始めた。Dは、Bに対し、「僕たちは酔っぱらってこいつに死ね死ねと言ってましたね。僕は今でもこいつが死ねば良かったと思ってますよ。」などと話した。Y1は、Aに対し、眼鏡をかけていない目を見ると死人の目を見ているようで気分が悪いから眼鏡をかけるように言った。Aは、黙ってうつむいていた。Dは、Aに対し、「お前は先輩に一度命を救われているんだから、これからも先輩に尽くさなきゃいけないぞ。」と話した。

オ　Y1は、Aが席をはずしたところで、Aがまた病院を辞めたいと行ってくるだろうと発言した。Dは、「この間、Aが病院を辞めたいと言い出した時には、本当にやばいと思いましたよ。あいつマジで悩んでましたしね。」などと言った。Y1らは、Aが今度病院を辞めると第三者に相談したらどう指導するかなどと話し合っていた。

カ　AとBは、Y1らより先にカラオケ店を出た。Aは、Bを家に送った。Bは、様子がおかしいAに対し、先輩たちの指導と銘打っているものは間違っている、病院を辞めることを真剣に考えようなどと話した。話の途中、Aは、Eから、電話で、俺たちはどうやって帰ればいいんだと先輩を車で送迎するように強要された。Aは、Bを待たせたまま、カラオケ店に戻り、Y1らを家まで送った。

(8) 罵倒等

ア　Y1らは、Aが仕事でミスをしたとき、乱暴な言葉を使ったり、手を出したりすることがあった。Y1は、Aに対し、「バカ田。何やっているんだよ。お前がだめだから俺が苦労するんだよ。」などと発言することもあった。

イ　平成14年1月18日ころ、Aは、からになった血液検査を出した。Y1にしつこく叱責された。

ウ　平成14年1月18日のY2の外来会議において、からの検体を出したりして、Aの様子がおかしいことが話題になった。Y1は、その席で、Aにやる気がない、覚える気がないなどとAを非難した。

(9) 本件自殺

平成14年1月24日は、Aの勤務は休日であった。

午前11時ころ、Eは、Aに対し、電話で、物品がない等のAの仕事上の

ミスを怒った。Aは、また夕方に電話をする旨言って電話を切った。

その後、Aは自殺した。

2　当裁判所の判断

当裁判所は、Aは、Y1の違法ないじめによって自殺に追い込まれたものと認められるから、XらのYらに対する損害賠償請求は、主文で認容する限度で理由があるものと判断する。

(1)　Y1のいじめ行為の存在

上記認定の事実関係によれば、Y1は、自ら又は他の男性看護師を通じて、Aに対し、冷やかし・からかい、嘲笑・悪口、他人の前で恥辱・屈辱を与える、たたくなどの暴力等の違法な本件いじめを行ったものと認められるから、民法709条に基づき、本件いじめによってAが被った損害を賠償する不法行為責任がある。

(2)　Y2の債務不履行の有無

ア　Y2は、Aに対し、雇用契約に基づき、信義則上、労務を提供する過程において、Aの生命及び身体を危険から保護するように安全配慮義務を尽くす債務を負担していたと解される。具体的には、職場の上司及び同僚からのいじめ行為を防止して、Aの生命及び身体を危険から保護する安全配慮義務を負担していたと認められる。

イ　これを本件についてみれば、Y1らの後輩に対する職場でのいじめは従前から続いていたこと、Aに対するいじめは3年近くに及んでいること、本件職員旅行の出来事や外来会議でのやり取りとは雇い主であるY2も認識が可能であったことなど上記認定の事実関係の下において、Y2は、Y1らのAに対する本件いじめを認識することが可能であったにもかかわらず、これを認識していじめを防止する措置を採らなかった安全配慮義務違反の債務不履行があったと認めることができる。

したがって、Y2は、民法415条に基づき、上記安全配慮義務違反の債務不履行によってAが被った損害を賠償する責任がある。

(3)　本件いじめと本件自殺の因果関係について

上記認定のとおり、Y1らのAに対するいじめはしつよう・長期間にわたり、平成13年後半からはその態様も悪質になっていたこと、平成13年12月ころから、Y1らは、Aに対し、「死ねよ。」と死を直接連想させる言葉を浴びせていること、Aも、Bに対し、自分が死んだときのことを話題にしてい

ること、更に、他にＡが本件自殺を図るような原因は何ら見あたらないことに照らせば、Ａは、Y1らのいじめを原因に自殺をした、すなわち、本件いじめと本件自殺との間には事実的因果関係がある、と認めるのが相当である。

(4) 損害額について

いじめによる結果が必然的に自殺に結びつくものでないことも経験則上明らかである。したがって、いじめを原因とする自殺による死亡は、特別損害として予見可能性のある場合に、損害賠償義務者は、死亡との結果について損害賠償義務を負うと解すべきである。

ア　Y1の賠償額1,000万円

（ア）Y1らのＡに対するいじめは、長期間にわたり、しつように行われていたこと、Ａに対して「死ねよ。」との言葉が浴びせられていたこと、Y1は、Ａの勤務状態・心身の状況を認識していたことなどに照らせば、Y1は、Ａが自殺を図るかもしれないことを予見することは可能であったと認めるのが相当である。

Y1は、Ａが本件自殺によって死亡したことについて、損害賠償義務を負うと認められる。

（イ）Ａに対する本件いじめ及びそれによってＡが自殺したことによってＡが被った精神的苦痛を慰謝する金額は、1,000万円をもって相当と認める。

イ　Y2の賠償額500万円

（ア）上記認定の事実関係の下において、Y2がY1らの行った本件いじめの内容やその深刻さを具体的に認識していたとは認められないし、いじめと自殺との関係から、Y2は、Ａが自殺するかもしれないことについて予見可能であったとまでは認めがたい。

Y2は、本件いじめを防止できなかったことによってＡが被った損害について賠償する責任はあるが、Ａが死亡したことによる損害については賠償責任がない。

（イ）Ａが本件いじめによって被った精神的苦痛を慰謝する金額は、500万円を相当と認める。

（Y2の損害賠償債務とY1の損害賠償債務とは、500万円の範囲で不真正連帯の関係にある。）

三井住友海上火災保険上司 (損害賠償) 事件 (控訴審)

東京高判　平17・4・20　　　　　　　労判914号82頁
原審：東京地判　平16・12・1　　　　労判914号86頁

事案の概要

本件は、Xが、勤務先の上司であるYが「意欲がない、やる気がないなら、会社を辞めるべきだと思います」などと記載された電子メール（以下「本件メール」という）をXとその職場の同僚に送信したことが名誉毀損又はパワーハラスメントで不法行為を構成すると主張して、慰謝料100万円を請求した事案である。

第1審判決は、名誉毀損及びパワハラのいずれも認めず、請求を棄却したため、Xが控訴した。

結　果

控訴一部認容（原判決変更）。

慰謝料5万円。

なお、Xは、最高裁に上告受理の申立てをしたが、不受理の決定が出された（裁1小決平17.9.20）。

コメント

本判決は、第1審と異なり、名誉毀損については、送信目的が正当であったとしても、その表現において許容限度を超え、著しく相当性を欠くとして、不法行為を構成すると判断した。しかし、パワーハラスメントについては、本件メールが、その表現方法において不適切であり、Xの名誉を毀損するもの

であったとしても、その目的は是認することができ、Ｙにパワーハラスメントの意図があったとまでは認められないとして、否定した。

判　旨

1　Ｘは、本件メールがＸの名誉を毀損するものである旨主張するので検討する。

(1)　本件メールの内容は、職場の上司であるＹがエリア総合職で課長代理の地位にあるＸに対し、その地位に見合った処理件数に到達するよう叱咤督促する趣旨であることがうかがえないわけではなく、その目的は是認することができる。しかしながら、本件メール中には、「やる気がないなら、会社を辞めるべきだと思います。当SCにとっても、会社にとっても損失そのものです。」という、退職勧告とも、会社にとって不必要な人間であるとも受け取られるおそれのある表現が盛り込まれており、これがＸ本人のみならず同じ職場の従業員十数名にも送信されている。この表現は、「あなたの給料で業務職が何人雇えると思いますか。あなたの仕事なら業務職でも数倍の実績を挙げますよ。…これ以上、当SCに迷惑をかけないで下さい。」という、それ自体は正鵠を得ている面がないではないにしても、人の気持ちを逆撫でする侮辱的言辞と受け取られても仕方のない記載などの他の部分ともあいまって、Ｘの名誉感情をいたずらに毀損するものであることは明らかであり、上記送信目的が正当であったとしても、その表現において許容限度を超え、著しく相当性を欠くものであって、Ｘに対する不法行為を構成するというべきである。

(2)　Ｙは、「本件メールの内容は、課長代理職にふさわしい自覚、責任感をもたせるべく指導・叱咤激励したものであり、Ｘを無能で会社に必要のない人間であるかのように表現したものではない」旨主張するけれども、本件メールの前記文章部分は、前後の文脈等と合わせ閲読しても、退職勧告とも、会社にとって不必要な人間であるとも受け取られかねない表現形式であることは明らかであり、赤文字でポイントも大きく記載するということをも併せかんがみると、指導・叱咤激励の表現として許容される限度を逸脱したものと評せざるを得ない。Ｙの上記主張は採用することはできない。

2　Ｘは、「本件メールは、上司が部下を指導したり叱咤激励するというものではなく、部下の人格を傷つけるもので、いわゆるパワーハラスメントとして

違法である」旨主張する。

　しかしながら、前説示のとおり、本件メールが、その表現方法において、不適切であり、Xの名誉を毀損するものであったとしても、その目的は、Xの地位に見合った処理件数に到達するようXを叱咤督促する趣旨であることがうかがえ、その目的は是認することができるのであって、Yにパワーハラスメントの意図があったとまでは認められない。Xの上記主張は採用することとはできない。

3　本件メール送信の目的、表現方法、送信範囲等を総合すると、Yの不法行為（名誉毀損行為）によるXの精神的苦痛を慰謝するための金額としては、5万円をもってすることが相当である。

昭和観光事件

大阪地判　平18・10・6　　　　　労判930号43頁

事案の概要

　本件は、ファッションホテル（ラブホテル）を経営する株式会社Yで、ホテルのフロント、ルームメイク業務等に従事していたX1〜X8が残業代請求を行うとともに、残業代を請求する趣旨の通知書を送付した後になされた、YのマネージャーAによるX8に対する罵詈雑言に対する慰謝料を請求した事案である。

結　果

　一部認容。X8に対し慰謝料10万円。その他、X1〜X8に対する残業代および付加金を認容。

コメント

　本件は、残業代請求が主となっている事案であるが、残業代請求を行ったことに対する報復としての罵詈雑言に対して別個慰謝料が認容されている点が参考になる。

判　旨

（パワーハラスメントに関連する部分のみ。）

1　事実関係

(1)　X8は、平成15年12月ころ、パートタイマーでないと今後は雇用を継続しないとYから言われていたために、いろいろと悩んだ末、平成16年3月15日で退職する予定であった。

(2)　Xらは、平成16年2月27日ころ、Yに対して割増賃金を請求する趣旨の通知書を送付した。

(3)　平成16年3月11日、Yのマネージャーであった A が、本件ホテルを訪れ、フロント内にいたX8に対して、「えらいことやってくれたな。」、「会社をやめてからするもんやろう。」、「会社に世話になったんやろう。」、「こんなやつよう雇ったなあ。」、「まだおんのか。」、「この百姓が。」と、きつい口調で罵った。

また、その際、A は、同フロントの付近で、本件ホテルの支配人である B に対して、「あんなやつら、早く辞めてもらったらどうや。あんたの采配で2日分ぐらいの給料は何とかなるやろう。給料全部出してやって、あしたから来てもらうな。」と述べた。その言葉は、X8に十分に聞こえた。

この言葉を聞いて、X8は、Bに翌日から出勤しない旨を告げて、翌日以降は出勤しなくなった。

2　判断

前記1で認定したところによれば、X8が前記1 (3) 記載の A の行為によって精神的苦痛を受けたこと、また、この A の行為が Y の事業の執行について行われたことが認められる。

そして、X8が既に Y を近いうちに退職することを決めていたことなど、本件に現れた諸般の事情を総合考慮すると、この A の行為に対する慰謝料としては、10万円の金員の支払を命じるのが相当であると認められる。

PE&HR事件

東京地判　平18・11・10　　　　　　　　労判931号65頁

事案の概要

　本件は、ベンチャー企業に対する投資、経営コンサルタント業などを行うY
に従業員として雇われたXが、勤務期間中の時間外賃金、過重労働とワンマン
代表者Aの暴言により体調不良となったことによる治療費と精神的損害さらに
は弁護士費用及び新株予約権の確認を請求した事案である。

結　果

　Aの暴言に関する損害賠償否定。残業代および付加金は認容。

コメント

　本件は、残業代請求が主となっている事案であるが、Aによる「泥棒と同じ」「人
間として最低」「会社にとって負の影響」といった叱責や、机を手でたたきなが
ら話す仕草について、「人格権をいたずらに侵害したりことさらに精神的打撃を
Xに加えることを意図したものではなく、業務遂行態度、考え方の改善を促す
ために行ったもの」との理由で違法性が否定されている。
　業務上の指導の必要性から違法性が否定された参考例の1つといえるが、上
記叱責の表現や机をたたくという行動が相当であるかは疑問もある。

判　旨

（パワーハラスメントに関連する部分のみ。）

1　事実関係

　　Ｘが4月に勤務をはじめて以降、Ａから仕事上の厳しい叱咤をはじめて受けたのは9月に入ってからのことであった。

　　最初は原価管理が甘いんじゃないかといったことであったが、退職の2〜3週間前には営業成績が上がっていないこと、他の従業員が稼いできたものあるいは株主からの出資金をＸが消費していることは泥棒と同じことをしていること、それは人間として最低じゃないか、来年の4月から新卒が入ってくることを考えるとＸのこのままの勤務振りが会社にとって負の影響を与えるといった叱咤を受けた。その際に、Ａが時折机を手でたたきながらＸに向かって話す仕草も見受けられた。

　　ＡがＸにこのような厳しい話をする経緯あるいは背景には、Ａが依頼したクライアントの投資とコンサルティング案件に関する所長との面談までの事業計画等をＸが精査していなかった状況があったこととＸにおいて顧客会社であるＦネットワークに関する度重なるケアレスミスや大きな売掛金の管理、資金繰りに管理上の問題があったことがある。

　　Ｘは、上記のようなＡからの言動にＹでの仕事のやる気をなくし当月末である9月にＹを退職している。

2　判断

　　前記認定事実及び証拠によれば、ＸがＡから厳しい言葉なり態度で臨まれたのは9月に入って以降であること、そのようなＡの態度の顕現からＸの退職まで1月以内であること、実際にＡがＸに示した言動もＸの就業状況に何らの問題がない中での謂われのない指摘ではなく、私的因縁や嫌がらせといった類の文脈での言動でもなく、叱咤する言動そのものに多少比喩的あるいはきつい表現が見られても、会社の利潤追求目標なり組織の在り方とＸの現状の業務処理状況との落差からＡが取った表現態度であることは明らかであり、その文脈、シチュエーションに鑑みればＡの当該言動はＸの人格権をいたずらに侵害したりことさらに精神的打撃をＸに加えることを意図したものではなく、業務遂行態度、考え方の改善を促すために行ったもので、不法

行為を構成するほどの違法性があるものとまでは評価できない。

　また、ＸがＡの暴言等によって生じたとする体調不良も、難聴及び耳鳴り
については既往症が窺われること、ＸがＹの要求する業務レベルに達してい
ない状況下においても学業に精を出している形跡も窺われることからする
と、胃潰瘍及び過敏性腸症候群の疑いといったＸの症状も果たしてＡの言動
のみが原因か疑問であり、Ｘ主張の損害をＹに帰せしめることは難しいもの
といわざるを得ない。

　その他、ＹのＸに対する不法行為を認定するに足りる事情あるいはＸに生
じた難聴及び耳鳴りをはじめとする疾病等の損害の帰責原因をＹに帰せしめ
るに足りる事情は本件証拠からは見い出せない。

国・静岡労基署長（日研化学）事件

東京地判　平 19・10・15　　　　労判 950 号 5 頁

事案の概要

　本件は、X の夫である A が自殺したのは、A が勤務していた本件会社における業務に起因する精神障害によるものであるとして、X が静岡労働基準監督署長に対し労働者災害補償保険法に基づき遺族補償給付の支払を請求したところ、同署長がこれを支給しない旨の処分をしたので、X がその取り消しを求めた事案である。

　X は、業務上の心理的負荷の原因として、A の上司の暴言による心理的虐待を主張した。

結　果

請求認容。

コメント

　本判決は、A は、A の上司の言動により、社会通念上、客観的にみて精神疾患を発症させる程度に過重な心理的負荷を受けていたとして、A の精神障害発症及び自殺について、業務起因性を認めた。

判　旨

1　業務起因性の判断基準

(1)　労災保険法に基づく保険給付は、労働者の業務上の死亡等について行われるところ（同法7条1項1号）、労働者の死亡等を業務上のものと認めるためには、業務と死亡との間に相当因果関係が認められることが必要である（最高裁昭和51年11月12日第2小法廷判決・判例時報837号34頁）。また、労災保険制度が、労働基準法上の危険責任の法理に基づく使用者の災害補償責任を担保する制度であることからすれば、上記の相当因果関係を認めるためには、当該死亡等の結果が、当該業務に内在する危険が現実化したものであると評価し得ることが必要である（最高裁平成8年1月23日第3小法廷判決・判例時報1557号58頁、最高裁平成8年3月5日第3小法廷判決・判例時報1564号137頁）。

(2)　精神障害の発症については、環境由来のストレスと、個体側の反応性、脆弱性との関係で、精神的破綻が生じるかどうかが決まるという「ストレス－脆弱性」理論が、現在広く受け入れられていると認められることからすれば、業務と精神障害の発症との間の相当因果関係が認められるためには、ストレス（業務による心理的負荷と業務以外の心理的負荷）と個体側の反応性、脆弱性を総合考慮し、業務による心理的負荷が、社会通念上、客観的にみて、精神障害を発症させる程度に過重であるといえる場合に、業務に内在又は随伴する危険が現実化したものとして、当該精神障害の業務起因性を肯定するのが相当である。

(3)　労働者の自殺による死亡が業務上の死亡と認められるか否か、すなわち、労働者の自殺についての業務起因性が問題となる場合、通常は、当該労働者が死の結果を認識し認容したものと考えられるが、少なくとも、当該労働者が業務に起因する精神障害を発症した結果、正常な認識、行為選択能力が著しく阻害され、自殺を思いとどまる精神的な抑制力が著しく阻害されている状態で自殺に至った場合には、当該労働者が死亡という結果を認識し認容していたとしても、当該結果を意図したとまではいうことができず、労災保険法12条の2の2第1項にいう「故意」による死亡には該当しないというべきである。

ICD-10のF0〜F4に分類される精神障害の患者が自殺を図ったときには、当該精神障害により正常な認識、行為選択能力及び抑制力が著しく阻害されていたと推定する取扱いが、医学的見地から妥当であると判断されていることが認められるから、業務により発症したICD-10のF0〜F4に分類される精神障害に罹患していると認められる者が自殺を図った場合には、原則として、当該自殺による死亡につき業務起因性を認めるのが相当である。その一方で、自殺時点において正常な認識、行為選択能力及び抑制力が著しく阻害されていなかったと認められる場合や、業務以外のストレス要因の内容等から、自殺が業務に起因する精神障害の症状の蓋然的な結果とは認め難い場合等の特段の事情が認められる場合には、業務起因性を否定するのが相当である。

2　Aの精神障害発症の業務起因性についての判断

(1) 精神障害の発症

　　Aは、平成14年12月末〜平成15年1月中旬の時期に精神障害を発症したと認めるのが相当である。そして、当該精神障害の診断名は、発症当初の時点においてはICD−10のF43.21遷延性抑うつ反応（適応障害）と診断し得るに止まったものの、その後も症状が継続し、遅くとも平成15年1月中には、F32.0軽症うつ病エピソードと診断し得る状態に至ったと認めるのが相当である。

(2) 心理的負荷を伴う業務上の出来事の具体的内容

　ア　Aが遺書においてB係長の言動を自殺の動機として挙げていること、AがB係長の着任後、しばしばB係長との関係が困難な状況にあることを周囲に打ち明けていたこと、Aの個体側要因に特段の問題は見当たらないことについて当事者間に争いがないことからして、Aが精神障害を発症した平成14年12月末〜平成15年1月の時期までにAに加わった業務上の心理的負荷の原因となる出来事としては、B係長のAに対する発言をあげることができる。

　イ　B係長によるAに対する発言を列挙すると、以下のとおりである。

　　　①存在が目障りだ、居るだけでみんなが迷惑している。お前のカミさんも気が知れん。お願いだから消えてくれ。

　　　②車のガソリン代がもったいない。

　　　③何処へ飛ばされようと俺はAは仕事しない奴だと言い触らしたる。

④お前は会社を食い物にしている、給料泥棒。

⑤肩にフケがベターと付いている。お前病気と違うか。

　等

(3) 上記の出来事に伴う心理的負荷の評価

　　B係長がAに対して発した言葉自体の内容が過度に厳しいこと、B係長の
Aに対する態度にAに対する嫌悪の感情の側面があること、B係長がAに対
し極めて直截なものの言い方をしていたこと、Aが属する静岡2係の勤務形
態が、上司とのトラブルを円滑に解決することが困難な環境にあること等か
らすると、B係長のAに対する態度によるAの心理的負荷は、人生において
まれに経験することもある程度に強度のものということができ、一般人を基
準として、社会通念上、客観的にみて、精神障害を発症させる程度に過重な
ものと評価するのが相当である。

(4) まとめ

　　以上に検討したとおり、Aは、平成14年12月末〜平成15年1月中に精神
障害（その診断名は、発症当初の時点では適応障害、そして、同月段階で
は軽症うつ病エピソード。）を発症したところ、Aは、発症に先立つ平成14
年秋ころから、上司であるB係長の言動により、社会通念上、客観的にみ
て精神疾患を発症させる程度に過重な心理的負荷を受けており、他に業務
外の心理的負荷やAの個体側の脆弱性も認められないことからすれば、Aは、
業務に内在ないし随伴する危険が現実化したものとして、上記精神障害を
発症したと認めるのが相当である。

3　Aの自殺の業務起因性についての判断

(1) Aは、業務に起因して、ICD－10のF43.21遷延性抑うつ反応（適応障害）
ないしF32.0軽症うつ病エピソードという精神障害を発症したと認めること
ができる。そして、発症後の状況を見ても、Aは発症後、自殺直前に至るま
で、抑うつ気分や食欲、興味・関心、性欲の低下といった症状が続いている
こと、Aは本件第1〜第3トラブル（第1トラブル：営業担当であるのに新
規患者の紹介を断ったこと、第2トラブル：患者を長時間待たせ、その後、
土下座という非常に突飛な行動に出たこと、第3トラブル：シンポジウムの
案内を受けていないという苦情が医師から来たとき、所長が頭を下げて謝罪
しているのに、Aはただ立っているだけであったこと）に表れているとおり
思考力、判断力の低下を示していることという各事情に照らすと、Aが発症

した精神障害が自殺までの間に治癒、寛解したものとは認められない。

　そして、Aが家族と職場の上司、同僚に残した遺書の中には、うつ病エピソードの診断ガイドラインに該当する症状である抑うつ気分、易疲労性、悲観的思考、自信の喪失、罪責感と無価値感が表れていたと認めることができるから、Aの自殺時の希死念慮も精神障害の症状の一環と見るのが自然であって、Aの自殺が、精神障害によって正常な認識、行為選択能力及び抑制力を阻害された状態で行われたという事実を認定することができる。

(2) 以上からすると、業務に起因してICD-10のF0～F4に分類される精神障害を発症したAは、当該精神障害に罹患したまま、正常の認識及び行為選択能力が当該精神障害により著しく阻害されている状態で自殺に及んだと推定され、この評価を覆すに足りる特段の事情は見当たらないから、Aの自殺は、故意の自殺ではないとして、業務起因性を認めるのが相当である。

名古屋南労基署長（中部電力）事件（控訴審）

名古屋高判　平 19・10・31　　　労判 954 号 31 頁

事案の概要

　本件は、中部電力に勤務していた被控訴人の夫であるAがうつ病に罹患して自殺をしたことが、業務に起因するものであるとして、被控訴人が、控訴人に対して、本件各処分（労働者災害補償保険法に基づき被控訴人が遺族補償年金および葬祭料の支給請求をしたのに対して控訴人がした不支給処分）の取消を求めた事案である。

　Xは、業務上の心理的負荷の原因として、Aの上司の言動、担当業務の過重性等を主張した。

　第1審は、Aのうつ病の発症及び増悪とこれに基づくAの死亡に業務起因性が認められるから、これを否定した本件各処分はいずれも違法であるとして、第1審Xの請求を認容した（名古屋地判平18.5.17　労判 918 号 14 頁）。

　これに対し、第1審Yが控訴した。

結　果

控訴棄却。

コメント

　本判決は、業務上の心理的負荷の原因の1つである上司の厳しい指導について、「パワー・ハラスメントとも評価されるもの」であるとして、一般的に相当程度心理的負荷の強い出来事と評価すべきであると判示した。

判　旨

1　業務起因性の判断基準について

(1)　労災保険法に基づいて遺族補償年金及び葬祭料を支給するためには、業務と疾病との間に業務起因性が認められなければならないところ、業務と疾病との間に業務起因性があるというためには、単に当該業務と疾病との間に条件関係が存在するのみならず、業務と疾病の間に相当因果関係が認められることを要する（最高裁判所昭和51年11月12日第2小法廷判決）。そして、労働者災害補償制度が、使用者が労働者を自己の支配下において労務を提供させるという労働関係の特質に鑑み、業務に内在又は随伴する危険が現実化した場合に、使用者に何ら過失はなくても労働者に発生した損失を填補する危険責任の法理に基づく制度であることからすると、当該業務が傷病発生の危険を含むと評価できる場合に相当因果関係があると評価すべきであり、その危険の程度は、一般的、平均的な労働者すなわち、通常の勤務に就くことが期待されている者（この中には、完全な健康体の者のほかに基礎疾病等を有するものであっても勤務の軽減を要せず通常の勤務に就くことができる者を含む。）を基準として客観的に判断すべきである。

　　したがって、疾病が精神疾患である場合にも、業務と精神疾患の発症との間の相当因果関係の存否を判断するに当たっては、何らかの素因を有しながらも、特段の職務の軽減を要せず、当該労働者と同種の業務に従事し遂行することができる程度の心身の健康状態を有する労働者（相対的に適応能力、ストレス適処能力の低い者も含む。）を基準として、業務に精神疾患を発症させる危険性が認められるか否かを判断すべきである。

　　また、本件のように精神疾患に罹患したと認められる労働者が自殺した場合には、精神疾患の発症に業務起因性が認められるのみでなく、疾患と自殺との間にも相当因果関係が認められることが必要である。

(2)　うつ病発症のメカニズムについては、いまだ十分解明されてはいないが、現在の医学的知見によれば、「ストレス－ぜい弱性」理論が合理的であると認められる。そうすると、結局、業務と精神疾患の発症との相当因果関係は、このような環境由来のストレス（業務上又は業務以外の心理的負荷）と個体側の反応性、ぜい弱性（個体側の要因）を総合考慮し、業務による心理的負

荷が、社会通念上客観的に見て、前記アに示した労働者に精神疾患を発症させる程度に過重であるといえるかどうかによって判断すべきである。

　そして、業務起因性の判断に当たっては、「心理的負荷による精神的障害等に係る業務上外の判断指針について」（以下「判断基準」という。）を参考にしつつ、なお個別の事案に即して相当因果関係を判断して、業務起因性の有無を検討するのが相当である。

2　Aの業務上の心理的負荷の検討

(1)　主任昇格

　Aはもともと主任の仕事の質・量からして主任になることに不安を抱いていたこと、実際にも主任昇格と同時に仕事のラインが変わったこと等もあり、主任として部下の仕事のチェックや指導をしなければいけないことは分かっていながら、自己の仕事に追われて十分な指導はできなかったこと、その上、Aの上司であるBは、Aの主任昇格に際して、書き直しまで命じて、Aが能力において不足することを明記させ、かつ、昇格後の担当者の業務についても全面的に責任を負う内容の文章を作成させ、更に、Aに対して、「主任失格」という文言を使って叱責していたこと、これらを併せて考えると、具体的なAの置かれた状況の中では、主任への昇格は、通常の「昇格」よりは、相当程度心理的負荷が強かったものと理解するのが相当である。

(2)　Bとの関係

　Bは、Aに対して「主任失格」、「おまえなんか、いてもいなくても同じだ。」などの文言を用いて感情的に叱責し、かつ、結婚指輪を身に着けることが仕事に対する集中力低下の原因となるという独自の見解に基づいて、Aに対してのみ、8、9月ころと死亡の前週の複数回にわたって、結婚指輪を外すよう命じていたと認められる。これらは、何ら合理的理由のない、単なる厳しい指導の範疇を超えた、いわゆるパワー・ハラスメントとも評価されるものであり、一般的に相当程度心理的負荷の強い出来事と評価すべきである（判断基準も、心理的負荷の強い出来事として、「上司とのトラブルがあった」を上げている。）。

　そして、上記の叱責や指輪を外すよう命じられたことが、1回的なものではなく、主任昇格後からAが死亡する直前まで継続して行われているものと認められることからすると、うつ病発症前、また、死亡直前にAに対し、大きな心理的負荷を与えたものと認められる（Aと同様Bから嫌われていたと

課員らから観察されているC副長も、Bとのあつれきから、軽いとはいえ、うつ病に罹患したこともこれを裏付けるものである。）。

(3) 担当業務

Aは、年度当初に配分された業務に加えて、8月に、前任のDから検討件名を1件引き継いでいたところ、ほぼ同時期に「知多LNG受入設備の改造」の検討、「新名古屋火力発電書5・6号期長期計画停止に伴う燃料保管対策」の検討が加わり、この中には、難易度の高い件名も含まれていた。しかも、これらのうち予算が必要な件名については、11月17日から始める課長ヒアリングまでに工事費を積算しなければいけないという絶対的な期限があった。

これらの仕事を並行して進めていかなければならない状況は、8月、9月の燃料グループの他の課員の仕事状況に照らしても量的にも内容的にも過大であり、8月ころを境に、Aの業務は量的、内容的に大きな変化が生じていた（増大した）ものと認められる。しかも、上司等の支援協力態勢も不十分であったのである。この量的・内容的に増加した業務を並行して遂行するため、Aは、8月86時間24分、9月93時間57分、10月117時間12分、11月（7日分）39時間52分という長時間にわたる時間外労働（休日出勤を含む。）を強いられたものであり、これがうつ病の発症及びその進行の大きな原因となったものというべきである。（判断指針も、心理的負荷の強い出来事として、「仕事内容・仕事量の大きな変化があった」を上げ、心理的負荷のかかる具体的出来事に伴う変化等を検討する視点として「仕事の量（労働時間等）の変化」を上げている。」）

(4) 業務以外の心理的負荷

自宅新築に伴う転居、その際の負債の発生、配偶者である被控訴人の稼働開始等の出来事は、いずれも発症の6か月以上前であって、その後、Aには、発症の前後を通じて、業務以外で特段の心理的負荷を発生させるような出来事は認められない。

(5) 個体側の要因

Aには、精神障害と関連する疾患についての既往歴はなく、その家族についても精神障害の既往歴はない。そして、Aの性格はメランコリー親和型であって、うつ病に親和的なものであったということはできるが、一般的にこのような几帳面、真面目で責任感が強く、他人の悪口を言ったりし

ないなどという性格は従業員としてむしろ美徳とされる性格であって、この
ことが直ちにうつ病を発症させるぜい弱性につながるものではなく、また、
検討件名の取り掛かりに苦労するなど、Aは、環境設備課主任として期待
される業務遂行能力を未だ十分に有していなかったと認められるとしても、
これまでは、上司等から適切な助言があれば、その後は予定どおり業務をこ
なすことができたのであり、Aがうつ病発生時まで特段の問題もなく社会
生活を送り、ほぼ順調に主任にも昇格していることからすると、上記の性格、
能力共に、一般的平均的労働者の範囲内の性格傾向や個体差に過ぎないとい
うべきである。

(6) 小括

　前記の業務等による心理的負荷は、一般的平均的労働者に対し、社会通
念上、うつ病を発生させるに足りる危険性を有するものであったと認めら
れるから、Aのうつ病の発症は、業務に内在する危険性が現実化したもの
ということができ、業務とAのうつ病の発症との間には相当因果関係が認
められる。

　そして、Aの自殺前の言動に照らし、Aの自殺と業務とは条件関係がある
ことが明らかであり、うつ病の典型的な抑うつエピソードに、自傷あるい
は自殺の観念や行為が含まれていることからすると、Aは、うつ病によっ
て正常の認識、行為選択能力が著しく阻害され、又は、自殺行為を思い止
まる精神的な抑制力が著しく阻害されている状態で自殺に及んだものと推
定でき、Aのうつ病発症と自殺との間にも相当因果関係を認めることがで
きる。

　したがって、Aの自殺と業務との間にも相当因果関係があり、Aの死亡は、
業務起因性があるものと認められる。

precedent **09**	ファーストリテイリングほか（ユニクロ店舗）事件（控訴審）	
	名古屋高判　平20・1・29	労判967号62頁
	原審：名古屋地判　平18・9・29	労判926号 5 頁

事案の概要

　本件は、Y1の従業員であるXが、勤務中、同じくY1従業員であるY2から暴行を受けるとともに、その後の労災申請手続などにおいてY1従業員から不当な対応を受け、これによって外傷後ストレス障害（以下「PTSD」という）に罹患したなどと主張して、Yら及び承継参加人に対し、不法行為に基づく損害賠償を求めた事案である。

　第1審判決は、Y1、Y2及び承継参加人に対し、連帯して、損害額約205万円及び弁護士費用20万円の支払いを命じた。これに対し、Xが控訴し、Yら及び1審承継参加人が附帯控訴した。

結　　果

　控訴一部認容（原判決一部取り消し）。

　附帯控訴棄却。

　損害額約210万円及び弁護士費用20万円を認容し、Yら及び承継参加人に対し、連帯して、1審判決との差額約5万円の支払いを命じた。

　なお、本件は上告されたが、棄却・不受理となった（最三小決平20.9.30）。

コメント

　本判決は、第1審判決が認定した損害額を一部修正したほかは、基本的には第1審判決を相当とした。

Y1の各対応に関する違法性の判断が参考になる。

判　旨

1　本件事件の発生とその後の経緯について

(1)　本件事件

　　Xは、平成10年11月17日、ユニクロB店において勤務中、従業員間の連絡事項等を記載する「店舗運営日誌」に、「店長へ」として、前日の陳列商品の整理、売上金の入金などに関するY2の仕事上の不備を指摘する記載をし、その横に「処理しておきましたが、どういうことですか?反省してください。X」と書き添えた。

　　上記記載を見たY2は、Xにさらし者にされたと感じ、同日午後5時30分ころ、Xを休憩室に呼びつけ「これ、どういうこと。」、「感情的になっていただけやろ。」などと説明を求めた。

　　これに対してXは「事実を書いただけです。」「感情的になっていない。2回目でしょう。」と答えた上、右手を握りしめ殴るような仕草を見せたY2に対し「2回目でしょう。どうしようもない人だ。」と言い、鼻で笑う態度を示した。

　　Y2は、このXの態度に激高し、Xの胸倉を掴み、同人の背部を板壁に3回ほど打ち付けた上、側にあったロッカーに同人の頭部や背部を3回ほど打ち付けた。

　　一旦、暴行を中止したY2が、中央のテーブルの前に戻ると、XはY2に近づき、「店長、謝ってください。」と謝罪を求めた。Y2は、Xに向かって「ご免なさい。」と言って謝る素振りをしながら同人の顔面に1回頭突きをした。

　　その後も口論が続き、Xが「それって脅迫ですか、辞めさせられるものなら、辞めさせてみなさい。そんなことをしたら、あなた首ですよ。」と言ったのに対し、Y2は「首になったって関係ねえよ、お前を辞めさせてから俺も辞めてやる。」と申し向けた。

　　そこでXが「もう、あなたと話しても無駄です。」と言いながら休憩室を出ようとしたところ、Y2は「まだ話しは終わっていない。」と言いながら、Xの首のあたりを両手で掴み、板壁に同人の頭部、背中等を1回打ち付けた。

そのとき、パート従業員であるCが仲裁に入り、暴行は収まった。

その後、Xは気分が悪くなり、救急車で病院に搬送され、頭部外傷、髄液鼻漏疑と診断され、経過観察のため1日入院した。なお、頭部CT検査等の結果、異常は見られなかった。

(2) その後の経緯

ア　Xは、本件暴行後、精神科へ通院するようになり、平成11年5月10日付診断書「神経症」、同年6月14日付診断書「外傷後ストレス障害（神経症）」等をY1に提出した。

イ　Xは、平成13年7月30日、管理部部長のAに電話し、Y1内における本件事件の報告書の開示などを求めた。この電話は2時間以上に及んだが、その会話の中で、AはXに対し、「いいかげんにせいよ、お前。おー、何考えてるんかこりゃあ。ぶち殺そうかお前。調子に乗るなよ、お前。」などと声を荒げながら申し向けた（本件発言）。これについてXが注意したところ、Aは謝罪した。

Xは、この電話の直後、気分が悪くなり、嘔吐したとして、母親に付き添われて救急車で病院に搬送された。Xは、医師の問診を受け、30分程休んで帰宅した。

2　違法行為

(1) Y2は、Xに対し、本件事件において暴行を加えたというのであるから、その違法性は明らかであり、これによりXが被った損害を賠償すべき責任を負う。

(2) Aは、Xに対し「いいかげんにせいよ、お前。おー、何考えてるんかこりゃあ。ぶち殺そうかお前。調子に乗るなよ、お前。」と声を荒げながらXの生命、身体に対して害悪を加える趣旨を含む発言をしており（本件発言）、Aが、XがPTSDないし神経症である旨の診断を受け、担当医から、Y1の関係者との面談、仕事の話しをすることを控える旨告知されていたことを認識していたことからすれば、本件発言は違法であって、不法行為を構成するというべきである。

(3) Xは、Y1が労災保険給付申請を妨害・遅延させた旨主張する。確かに、Y1の対応は、速やかなものとは言いがたい。しかし、Xが、Y1に対し、療養補償給付申請について、本件事件直後から事業主の証明や助力を求めたと認めるに足りる的確な証拠はない。かえって、Y1は、千葉労働基準監督署からの

指摘を受けて連絡してきたXの求めに応じて、平成11年1月8日ころには事業主の証明をした療養補償給付支給申請書及び理由書を作成し、それらは同月21日には千葉労働基準監督署に届けられているので、療養補償給付申請を妨げる意図があったとまでは認められない。

　休業補償給付申請が遅れたのは、平成11年中はY1が給与を支給しており、その必要がなかったためである。平成12年以降は、Y1は事業主の証明をし休業補償給付申請の助力をしようとしたが、XとY1との間には意思疎通に欠けるところがあったこと、Xが自ら申請するつもりで対処しようとしたこと、Y1が「療養のため労働できなかった期間」の始期を平成12年1月1日としたことにXが不信感を募らせ、それ以上手続を進めようとしなかったことによるものであり、Y1において休業補償給付の申請を妨げる意図があったとは認められない。

(4)　Xは、Y1が、Xに対し、繰り返し診断書の提出を求め、面談を求めるなどしているのは違法である旨主張する。しかし、Y1が、診断書等を求めたのは、時期によって理由は異なるが、給与の支給を継続し、休業補償支給申請のための休業期間の継続認証等をし、給与以外の福利厚生を継続するため、さらには、Xとの雇用関係を維持するか否かを検討するためには、Xの病状を客観的に把握する必要があったのに、Xが適時に診断書を送付せず、十分な説明もせず、同意書の提出も遅れるなどしたためであり、Y1の上記行動は雇主あるいは事業主として社会的に相当な行為といえる。また、AやY1の担当者が、Xに面談を求めるなどしたのは、長期休職者と定期的に連絡を取り、その現況や病状、会社への復帰の意思などを確認し、また、Xの病状が正確には把握できていなかったためであり、違法と評価すべきものではなく、上記Xの主張は理由がない。

(5)　また、Xは、Y1が、平成11年6月10日、Xに事実上の退職を求め、無断で退職手続をした旨主張する。そして、証拠によれば、同日、Xにかかる市民税及び県民税について、徴収方法が特別徴収（事業主が納税義務者の給与から天引きして納付する方法）から普通徴収（納税義務者が自ら納付する方法）に変更されていることが認められる。しかし、上記変更手続を誰がしたかは明らかではない上、変更（異動）事由は「退職等」であって、退職、転勤、休職等も含まれること、E作成の平成11年6月10日付の書面の記載内容は、「退社したものと見なさざるを得ず」との記載もあるものの、「やむなく懲戒に

至る場合」もある旨記載されている点では、同年4月22日付、同年5月19日付と同内容であり、その趣旨は診断書の提出を促すものであること、実際にもXとY1との雇用関係は継続し、給与の支給もされていたことからすれば、上記Xの主張は理由がない。

3 Xの障害

　Xは、暴行が再現されているような現実感を伴う再体験症状に該当するとは認めがたいし、休職に関する手続のためとはいえ、Xは、Y1と長期間にわたり交渉を続けていたほか、ユニクロ店舗にも度々訪れており、本件事件それ自体を想起させる会話を意図的に避ける等の症状も認め難い。

　その一方で、Xは、本件事件後、以前見られなかった頭痛、吐き気、蕁麻疹等を呈しているほか、Y1担当者との折衝を通じて、Y1に対する忌避感、不安感、嫌悪感を抱くようになっており、Y1会社からの書面を見たり、本件発言を受けた際、蕁麻疹等を呈して救急車で搬送されるなど、その程度は過剰といっても妨げないまでに達している。

　これらからすれば、Xが本件事件ないしその後のAの本件発言によりPTSDに罹患したとは認め難いが、Xは、几帳面で気が強く、正義感が強く不正を見過ごすことができず、不当な事柄に対して憤り、論理的に相手を問いつめるという性格傾向を有していたところ、そのXが、日頃から厳しくあたられていたY2から暴行を受けたこと、その後の休職に関するY1担当者との折衝のもつれを通じ、担当者ひいてはY1自体に対して、次第に、忌避感、不安感、嫌悪感を感じるようになり、Aによる「ぶち殺そうかお前。」などという本件発言を受けたこと、本訴訟の提起によりY1との対立関係が鮮明化し、また、調査会社による行動調査を受けたことなどが相まって、Y1がXに危害を加えようとしているという類の被害妄想を焦点とする妄想性障害に罹患し、今日までその症状を維持、増減させてきたものと認めるのが相当である。

　そして、本件事件がXの妄想性障害発症の端緒となっており、Aによる本件発言も当時のY1担当者との折衝状況と相まって、その症状に影響を及ぼしたことは否定し難く、本件事件及び本件発言とXの障害との間には相当因果関係があるというべきである。

　また、鑑定では、Xについては、妄想性障害に関する治療対応が集中的に行われたと仮定すれば、治癒する率は50パーセント程度であり、病状の改善

に1年、病前の労働能力の回復までにさらに1年程度が見込まれるとされている。

　以上からすると、Xの障害は、本訴判決言渡後の平成20年12月31日ころには治癒する見込みが高いというべきである。

4　責任原因

　以上によれば、妄想性障害に起因するXの損害は、それぞれ独立する不法行為である本件事件におけるY2の暴行とその後のAの本件発言が順次競合したものといい得るから、かかる2個の不法行為は民法719条所定の共同不法行為に当たると解される。

　したがって、Y2は、本件発言以降のXの損害についてもAと連帯して責任を負うから、民法709条、719条に基づき、本件事件及び本件発言によってXが被った損害の全部について賠償責任を負う。

　また、Y1は、Y2及びAの使用者であり、本件事件及び本件発言はその事業の執行に付き行われたものであると認められるから、715条、719条に基づき、本件事件及び本件発言によってXが被った損害の全部について賠償責任を負う。

5　損害額について

　ア　治療費及び入通院費等　25万4,689円

　イ　休業損害　2,521万2,607円

　ウ　慰謝料　500万円（原判決と変わらず）

　エ　素因減額

　　上記認定の損害額から60パーセントを減額するのが相当である。

　　本件事件の際のXの対応からして、Xには本件事件前から不正を見逃すことが出来ず、正義感が強いなどの性格傾向があったといえる。また、Xの性格傾向は社会適応を困難とするようなものではなくとも、本件事件によって生じた中心性脊髄損傷だけであればリハビリを含めた治療期間は約6か月であり、1年半程度で症状固定となったのであるから、本件事件後のYらの対応に対する不満等の心理的要因によって、就労困難な状況が約9年間も継続していることが通常生じる損害であるとして、その責任をすべてYらが負担すべきであるとするのは公平を失している。

　　また、Xは、Y1のマニュアル教育の結果やXの個性に応じた配慮を欠いたY会社らの対応がXの症状の増悪に大きな影響を与えているなどと主張

する。確かに、証拠によれば、XがY1の経営理念やマニュアルに従った行動様式を修得していったことが認められる。しかし、例えば、Y1の教育指導に従うとしても、Y2の仕事上の責任を問う方法は、従業員間で情報を共有するとの目的で作成される店舗運営日誌に、問題点の指摘だけでなく「処理しておきましたが、どういうことですか？反省してください。」との表記までする方法によるかについては選択の余地があったのであるから、Xの行動がY1の教育指導の結果に直結しているとはいえないし、Xの個性に応じた配慮を欠いたと認めるに足りる証拠はない。

　さらに、本件発言などの本件事件後のYらの対応がXの症状の増悪に影響を及ぼしたとはいえるが、本件発言以外の対応が違法であったとまではいえない。また、Xにおいても、①診断書等の病状についての客観的資料の提出を拒み、②医師からY1と直接連絡することは治療上好ましくないとの助言を得ている旨口頭で伝えてはいるものの、自らY1担当者に電話を架け、長時間にわたり議論をしていることなど、一般的にはXに休業しなければならないほどの精神的疾患があると認識するのは困難な対応をしており、このためY1の担当者の繰り返しの連絡や面談要求等の行為を誘発した面があることは否定できない。そうすると、Xの症状すべてをYらの責任とすることは相当とはいえない。

　Xは、その性格傾向等は社会生活に支障が生じるようなものではなく、心的要因として考慮されるべきではない旨主張する。しかし、Xの指摘する最高裁判所平成12年3月24日判決（民集54巻3号1,155頁）は、被害者である労働者の業務の負担が過重であることを原因とし、労働者の性格傾向等及びこれに基づく業務遂行の態様が損害の発生又は拡大に寄与した事案についてのものである。本件は、Xの性格傾向が損害の発生・拡大に寄与した点では上記事案と共通するが、Xの業務の負担が過重であることなどのYらの継続的な行為を原因とするものではなく、本件事件及び本件発言という一回性の行為が原因となって発生・拡大したものであり、どの様な治療行為を受けるかは被害者の判断に委ねられていたのであるから、上記判決と本件とを同列に扱って、Xの性格傾向を心的要因として考慮すべきではないとはいえない。また、Xの指摘する最高裁判所平成8年10月29日判決（民集50巻9号2,474頁）は、特段の事情のない限り被害者の身体的特徴を損害賠償の額を定めるに当たり考慮することはできないとした事案で

あって、心的要因が損害の拡大に影響している本件に当てはめることはできない。

オ　損害填補

原告は、平成11年12月29日より平成19年9月13日までの間、労働者災害補償保険法の休業補償給付金として合計1,301万125円の支払を受けた。

労働者災害補償保険法による休業補償給付金は、上記Xの損害のうち休業損害のみから控除すべきところ、Xの損害1,218万6,918円のうち素因減額後の休業損害額全額に相当する1,008万5,042円が控除されるから、Xの損害額は210万1,876円となる。

長崎・海上自衛隊員自殺事件（控訴審）

福岡高判　平20・8・25　　　　　　　　　労経速2017号3頁

事案の概要

　本件は、海上自衛隊員であったAが、護衛艦「さわぎり」乗艦中に自殺したことについて、その両親である控訴人（以下「X」という）らが、①Aの自殺は上官らのいじめが原因である、②被控訴人（国）（以下「Y」という）にはAの自殺を防止すべき安全配慮義務違反があった、③海上自衛隊佐世保地方総監部が作成したAの自殺原因についての調査結果は事実に反し、かつ、妥当性を欠く見解を表明するものであり、その公表はXらの名誉権等を侵害すると主張し、Yに対し、国家賠償法に基づき、損害賠償として各5,000万円の支払、謝罪及び軍事オンブズパーソン制度の設置をそれぞれ求めた事案である。

　原判決は、Xらの請求をいずれも棄却した（長崎地裁佐世保支部判平17.6.27 労経速2017号32頁）。

　Xらはこれを不服として控訴した。なお、控訴人らは当審において損害賠償の額を各1,000万円に減縮した。

結　果

控訴一部認容。

慰謝料：X1（養父）について150万円、X2（実母）について200万円。

コメント

　本判決は、B班長の言動等については、指導の域を超えるものであったとして

その違法性を認めたが、Ｃ班長の言動等については、Ａないし平均的な耐性を持つ者に対し、心理的負荷を蓄積させるようなものであったとはいえないとして、違法性を否定した。

　違法性の判断方法が参考になる。

▮ 判　旨

1　争点1（1）及び（2）（上官らの言動の違法性、安全配慮義務違反の有無）に対する判断

（1）違法性の判断基準について

　ア　他人に心理的負荷を与える言動の違法性について

　　　一般に、人に疲労や心理的負荷等が過度に蓄積した場合には、心身の健康を損なう危険があると考えられるから、他人に心理的負荷を過度に蓄積させるような行為は、原則として違法であるというべきであり、国家公務員が、職務上、そのような行為を行った場合には、原則として国家賠償法上違法であり、例外的に、その行為が合理的理由に基づいて、一般的に妥当な方法と程度で行われた場合には、正当な職務行為として、違法性が阻却される場合があるものというべきである。

　　　そして、心理的負荷を過度に蓄積させるような言動かどうかは、原則として、これを受ける者について平均的な心理的耐性を有する者を基準として客観的に判断されるべきである。

　イ　使用者としての注意義務について

　　　また、労働者が労働するに際し、疲労や心理的負荷等が過度に蓄積すると、労働者の心身の健康を損なう危険があることからすれば、使用者は、その雇用する労働者に従事させる業務を定めてこれを管理するに際し、業務の遂行に伴う疲労や心理的負荷等が過度に蓄積して労働者の心身の健康を損なうことがないよう注意する義務を負うと解するのが相当であり、使用者に代わって労働者に対し業務上の指揮監督を行う権限を有するもの（履行補助者）は、使用者の上記注意義務の内容に従って、その権限を行使すべきである（なお、使用者においては、労働者の長時間労働の継続による疲労や心理的負荷等の過度の蓄積により、心身の健

康を損なうおそれがないように注意する義務があることを認めたものとして、最高裁平成12年3月24日第2小法廷判決）。

　そして、このことは、公権力の行使に当たる国家公務員においても妥当するものと解されるから、Yは、上記公務員に対し、公務遂行のために設置すべき場所、施設若しくは器具等の設置管理又は公務員がY若しくは上司の指示の下に遂行する公務の管理に当たって、公務員の生命及び健康等を危険から保護するよう配慮すべき義務を負い、これに違反する行為は、国家賠償法上違法であるというべきである。

(2) Aの上官らの行為について

　ア　B班長の言動について

　　まず、9月末のB班長のレンジャー（特別警備隊）入隊適格に関する発言（Aがレンジャー部隊への配属を打診されたことを聞いたB班長が、Aに対し、「お前なんか仕事もできないのに、レンジャーなんかに行けるか。」と述べた。）は、Aの人事・服務担当のD分隊長から、一応はAにその適格があるとして希望の有無を尋ねられ、家族とも相談していたことからすれば、Aを一方的に、殊更に誹謗するとの態度に出たとしか評価できないものである。

　　また、Aは、兄にも「上司からきついことを言われている。」と電話で話していること、同期友人に上司の指導の厳しいことを訴えていること、X2（母）、妻やその父に対しても、B班長から分からないことを質問されたりする旨を話し、また、B班長の誹謗する言動を繰り返し訴えるようになったことなどを総合すると、B班長は、少なくとも9月中旬ころ以降、指導の際には、殊更にAに対し、「お前は3曹だろ。3曹らしい仕事をしろよ。」、「お前は覚えが悪いな。」、「バカかお前は。3曹失格だ。」などの言辞（以下「本件行為」という。）を用いて半ば誹謗していたと認めるのが相当である。

　　そして、これらの言辞は、それ自体Aを侮辱するものであるばかりでなく、経験が浅く技能練度が階級に対して劣りがちである曹候出身者であるAに対する術科指導等に当たって述べられたものが多く、かつ、閉鎖的な艦内で直属の上司である班長から継続的に行われたものであるといった状況を考慮すれば、Aに対し、心理的負荷を過度に蓄積させるようなものであったというべきであり、指導の域を超えるものであったと

いわなければならない。

イ　C班長の言動等について

　　C班長がAに本件焼酎の持参を促すものと受け取られかねないような発言をしたこと、A及びEに「ゲジ2が2人そろっているな。」と言ったり、Aを「百年の孤独要員」と言ったことがあること、自宅に招待した際、「お前はとろくて仕事ができない。自分の顔に泥を塗るな。」などと言ったり、Fに対する指導として、班員に目をつぶって手を挙げさせ、同人を丸刈りにするかどうか決め、結果として同人が丸刈りになった話などをしたことはこれを認めることができる。

　　しかしながら、C班長とAは、おおよど乗艦中には、良好な関係にあったことが明らかであり、Aは2回にわたり、自発的にC班長に本件焼酎を持参したこと、C班長はAのさわぎり乗艦勤務を推薦したこと、Aが3回目に本件焼酎を持参すると言った際、返礼の意味を含めてA一家を自宅に招待し、歓待したこと等からすれば、客観的にみて、C班長はAに対し、好意をもって接しており、そのことは平均的な者は理解できたものと考えられるし、Aもある程度はこれを理解していたものであって、C班長の上記言動はAないし平均的な耐性を持つ者に対し、心理的負荷を蓄積させるようなものであったとはいえず、違法性を認めるに足りないというべきである。

　　なるほど、上記のようなC班長の言動の一部はAに対する侮辱ともとらえることのできるものではあるが、親しい上司と部下の間の軽口として許容されないほどのものとまではいえず、上記認定以外に、これらの発言が繰り返されていたとか、Aがこれらの発言を一時的に気にしたことはあったものの、引き続き気に病んでいたことを窺わせるような証拠もないこと、職務を執行するに当たってなされた発言ではないこと等からすれば、これらの言動をもって、本件行為と同様の意味でなされた言動であるとは評価できず、また、これらが本件行為による心理的負荷の蓄積に寄与したものと認めるに足りる証拠もないのであって、それ自体、国家賠償法上違法な言動であるとまではいえない。

ウ　本件行為の正当性の有無

　　本件行為は、Aに対し、自己の技能練度に対する認識を促し、積極的な執務や自己研鑽を促すとの一面を有していたとしても、それ自体Aの技

能練度に対する評価にとどまらず、同人の人格自体を非難、否定する意味内容の言動であったとともに、同人に対し、階級に関する心理的負荷を与え、下級の者や後輩に対する劣等感を不必要に刺激する内容だったのであって、不適切であるというにとどまらず、目的に対する手段としての相当性を著しく欠くものであったといわなければならず、一般的に妥当な方法と程度によるものであったとは到底いえないから、結局、本件行為の違法性は阻却されないものといわなければならない。

エ　Ｂ班長の安全配慮義務違反の有無

　　　Ｂ班長は、Ａの属する32班の班長であり、いわばＹの履行補助者として心理的負荷ないし精神的疲労が蓄積しないように配慮する義務を負うとともに、その結果、Ａの心身に変調がないかについて留意してＡの言動を観察し、変調があればこれに対処する義務を負っていたのにかかわらず、継続的に本件行為をなしたのであって、その注意義務に違反し、この点もまた、国家賠償法上違法であるというべきである（以下、「本件義務違反」といい、本件行為と合わせて「本件各違法行為」という。）。

2　争点1（3）（相当因果関係の有無）について

(1)　Ａのうつ病り患の有無

　　　Ａは、10月中旬ころには、うつ病に罹患していたものと認められる。

(2)　Ａのうつ病の発症原因について

　　　Ａが本件行為によって受けたストレスは強度で持続的なものであったといえる上、他に強いストレス原因はなく、個体側にはうつ病に至るまでの脆弱性は認められないのであり、これらのことに、Ａのうつ病にり患するに至った経緯における本件言動や親族らに対する言動等を総合すれば、本件行為とＡのうつ病へのり患及び自殺との間には相当因果関係が認められるというべきである。

(3)　本件義務違反と本件事故との相当因果関係について

　　　少なくとも、Ｂ班長において自らＡの状況を観察し、又は適切に部下らに指示して、Ａの状況の観察及び報告をさせていれば、Ａの変調は周囲の複数の隊員から認識されていたのであるから、適切な措置を採り得た蓋然性が認められ、また、指示を受けていればＧ3曹ほかの隊員が本件事故を未然に防止し得た蓋然性も認められるというべきである。そうすると、本件義務違反がなければ、本件事故もなかったという条件関係を肯定することが

でき、他に相当因果関係を否定すべき事情は見当たらないから、これを肯定すべきである。

3　争点1（4）（故意又は過失の有無）について

　　本件行為は、Aに対する指導の一環として行われたものであるが、一般に、階級が上位である者から指導を受ける者を侮辱するような言動をする場合に対象者に強度の心理的負荷を与えること、心理的負荷が蓄積すると心身の健康を害するおそれのあることについては、部下に指揮命令を行う立場の自衛隊員は当然認識し得べきであり、結局、本件行為が手段の相当性を欠き、違法なものであることは、B班長においては認識し得べきであったということができ、少なくとも過失があったというべきである。

4　争点2（1）（本件公表の違法性の有無）について

（1）名誉権侵害の主張について

　　本件公表について名誉毀損は成立しないというべきである。

（2）人格的利益の侵害の主張について

　　本件公表がXらの人格的利益を違法に侵害するとはいえないから、この点についてのXらの主張も採用できない。

5　争点3（損害額）について

　　X2はAの実母であり、X1はAの養父であって、前途ある大切な息子をわずか21歳の若さで失ったXらが、Aの死亡について耐え難い精神的苦痛を被ったことは明らかであり、これを慰謝するためには、実母であるX2に200万円、養父であるX1に150万円の支払を相当と認める。

6　争点4（軍事オンブズパーソン制度の創設請求の可否）について

　　Xらは、不法行為の被害者自身及びこれと一定の関係に立つ者は、不法行為の再発予防請求権を有すると解すべきであると主張するが、国家賠償法及び民法その他の規定に照らしても上記のような権利を基礎づけると認められる規定は見当たらないから、本件損害に対する賠償としては上記の金銭賠償によるほかなく、Xらの上記主張は採用できない。

天むす・すえひろ事件

大阪地判　平20・9・11　　　　　　　労判973号41頁

事案の概要

　本件は、Yに雇用されていたXが、Yに対し、①雇用される際、YがXに対して移籍料として1,000万円を支払うことを合意したとして、移籍料1,000万円の支払、②雇用されていた間、Y代表者から職務に関して違法な言動をされ、著しい精神的苦痛を被ったなどとして、不法行為又は労働契約上の債務不履行（職場環境保持義務違反）に基づき、慰謝料200万円の支払等を求めた事案である。

結　果

　一部認容。
　移籍料1,000万円、慰謝料150万円。

コメント

　本判決は、Yの代表取締役社長の行為は不法行為に当たると判断し、同代表取締役社長の不法行為によりXが被った損害について、会社法350条（代表者の行為についての損害賠償責任）に基づき、慰謝料の支払を認めたものである。

判　旨

1　不法行為又は債務不履行の成否について

(1) 認定事実

ア　Xは、平成18年8月からA百貨店を退職した同年10月15日まで、B社長の要望を受けて、A百貨店に在職しながら、週数回程度、Yで就労し、同年11月1日から、Yの取締役統括部長として、Yの業務一般を管理する業務に従事した。

イ　Xは、1日8時間を超える長時間にわたり就労することが多く、また、未経験の業務内容が多く、業務遂行に当たりB社長又は他の従業員の協力を十分に得られない状況にあった上、Yの従業員がB社長の言動等を理由に退職することが相次いだため、退職する従業員への対応に追われるなどして、業務上の負担がさらに重くなった。

ウ　B社長は、業務上の指示を突然に変更したり、独断で業務内容を決定することがしばしばあり、Xは、その都度、これに対応しなければならない状況におかれた。

エ　B社長は、Xに対し、同年12月ころ以降、Xの仕事振り等について、突然、一方的に非難したり、何かと不快感を露わにするといった態度を繰り返しとるようになった。

オ　Xは、以上のような業務に関する状況から、肉体的、精神的な疲労を蓄積させて、次第にストレスを募らせ、不安感を増大させ、平成19年1月中旬ころ以降、少しのことで泣く状態が止まらなくなるなど、精神的に異常な状態になるようになった。

カ　Xは、平成19年2月7日、体調不良で、事務所に連絡して欠勤し、同月8日、出勤しようとして、体調及び精神状態に異常を来したが、東京に出張して業務に従事した。

　　Xは、同月9日、業務を終了して大阪に戻った後、同月11日、B社長宛で、指示されていた欠勤の理由や今後の業務方針に関する書面を作成した。この書面には、「小さなストレスにも耐えられない精神状態になっており、社長の感情に触れると自分でもコントロールできない状態になる。」などとして、同月末日に退職したいとの意向が記載されていた。

キ　Xは、同月13日、心療内科医師の診察を受け、「不安（恐怖）抑うつ状態」として、「現在の症状・状態にあっては就労は不可能であり、同日から1か月間の自宅療養を必要とするものと考える。」旨診断された。Xは、同日、B社長にこの診断書を提出し、その際、B社長から、とりあえず1週間

休みなさいと言われた。

　その後、Xは、自宅で療養していたが、この間も、B社長から、Yの業務に関する指示等をFAXで受けたり、店長会議に出席するように命じられたりし、また、Yの従業員との間で、業務上の連絡をFAXでやりとりしたりした。

　Xは、同月18日、B社長宛で現在の心境等を記載した書面とともに、同月19日付けの退職願（退職日同年3月19日と記載したもの）を提出した。その後、Xは、Yに事務所の鍵を返却し、同年3月1日までYの従業員に対し、メール、FAXで業務の引継ぎをした。

(2)　前記（1）の認定事実によれば、B社長は、Xに対し、Xの能力を質量ともに超える業務に従事するように指示しながら、適切な指導、援助等を行わなかった上、業務上の指示内容を突然変更する、Xの仕事振りについて、一方的に非難する、不快感を露わにするなどの不適切な対応をしたこと、Xは、Yでの就労によって肉体的疲労、精神的ストレスを蓄積させ、これが要因となって精神疾患になり、心療内科の医師から、就労不能であり、1か月の自宅療養を要する状態と診断されたこと、B社長は、この診断書を受け取った後、Xに対し、しばらく休養することを認めながら、他方で業務上の指示をFAX等で行うなどしたことが認められる。

　これらによれば、B社長は、Xに対し、職務に関して、肉体的疲労及び精神的ストレスを蓄積させ、健康状態を著しく悪化させるような言動を繰り返し行い、Xは、精神疾患により就労不能な状態になり、退職を決意せざるを得ない状態になったものと認められる。B社長の上記行為は、違法にXの権利又は法的利益を侵害したものとして、不法行為に当たると認めるのが相当である。

　Yは、Xが約3か月間就労した後、欠勤して退職に至ったことについて、Xにおける仕事上のミス等、後継者候補としての自覚の欠如等が原因であり、B社長はXの健康状態を害するような意図は全く有していなかった旨主張する。しかし、以上の認定によれば、Xが欠勤し、退職するに至った要因は、B社長のXに対する言動等にあったと認められるのであって、B社長がXの健康状態を害する意図を有していなかったとしても、このことは不法行為の成否に関する上記判断を左右するものではない。

　以上によれば、Yは、Xに対し、B社長の不法行為によりXが被った損害

について、会社法350条に基づき、慰謝料の支払義務を負う。

2　慰謝料の額について

前記1（1）で認定した本件不法行為の態様、これによるXの精神的苦痛の内容及び程度、Xが退職するに至った経緯など、本件で認められる事情を総合すると、Xに対する慰謝料の額は150万円をもって相当とする。

以上によれば、Yは、Xに対し、不法行為に基づく慰謝料150万円及びこれに対する民法所定の遅延損害金の支払義務を負う。

栃木労働基準監督署長事件

東京地判　平20・10・16　　　　　　　労経速2029号3頁

事案の概要

　本件は、株式会社小松製作所小山工場に勤務していたXが、小山工場における業務の遂行等に際して上司から精神的・肉体的な暴力を多数回にわたって受けたこと等により、外傷後ストレス障害（PTSD）を発症したとし（なお、Xは、本訴において、予備的に統合失調症との主張を付加している）、労働者災害補償保険法に基づく障害補償給付の支給を請求したが、栃木労働基準監督署長からこれを不支給とする決定をされたことから、その取消しを求めた事案である。

結　果

　請求棄却。

コメント

　本判決は、厳しい指導や叱責の事実があったことは推認することができるとしたものの、Xが主張するような精神的・肉体的な暴力の事実は認められないから、その心理的負荷が、平均的労働者を基準として、精神的破綻を生じさせる程度のものであったとまでいうことはできないと判断した。

事案の概要

1 Xが小松製作所に勤務していた時に精神障害を発症したことについては、当
事者間に争いがない。

　Xが発症した精神障害がPTSDであるか、統合失調症であるかについて争
いはあるものの、いずれの精神障害も業務に関連して発症する可能性のある
ことが認められている。

　他方、労災保険法に基づく保険給付は、労働者の業務上の疾病等に関して
行われる（労災保険法7条1項1号）が、労災保険法による補償制度は、業務
に内在ないし随伴する各種の危険が現実化して労働者に疾病等の結果がもた
らされた場合には、使用者等に過失がなくとも、その危険を負担して損失の
填補をさせるべきであるとする危険責任の法理に基づくものであることから
すれば、労働者に発症した精神障害が業務上のものと認められるためには、
業務による心理的負荷が精神障害を発症させる程度に過重であり、業務に内
在する危険性が原因となって結果が発生したという相当因果関係があること
が必要である。業務による心理的負荷が精神障害を発症させる程度に過重で
あり、当該業務が危険性を内在するものであったかどうかは、業務による心
理的負荷が、平均的労働者を基準として、精神的破綻を生じさせる程度のも
のであったと認められるかどうかによって判断すべきである。

　以上の点は、発症した精神障害がPTSDと統合失調症のいずれであるかに
よって異なるものではない。業務起因性の判断に当たって、PTSDと統合失
調症との間で、発病に関与したと認められる心理的負荷の程度に差異がある
とはされていない。

　そこで、Xに発症した精神障害が何であったかはさておき、Xが従事した
業務による心理的負荷が、平均的労働者を基準として、精神的破綻を生じさ
せる程度のものであったかどうかについて検討することとする。

　なお、Xに発症した精神障害の発症時期については、証拠によれば、Xは、
平成6年3月23日、Iクリニックを訪れて医師の診察を受けた際、「平成5年
12月頃から、不安感や抑うつ感があり、頭が持ちあがる感じがある」と訴え
たこと、本件部署への配属から4、5か月が経過したころには、Xが歩きな
がらぶつぶつ独り言を話したり、また、本件部署への配属から半年が経過した

ころには、Xが窓の外をボーと見ていることがあるようになったことをXの同僚等が見ていること、80時間以上の実習が予定されていた平成6年1月10日開始の「現場実習FA全般」が途中で中止されたことなどが認められ、そうすると、Xは平成6年1月ころには精神障害を発症していたということができる。

　したがって、Xが従事した業務による心理的負荷は、平成6年1月以前の一定期間について検討することとなる。

2　まず、Xは、平成5年9月以降、A主任から精神的・肉体的な暴力を連続して受け、これが過重な心理的負荷となったと主張するので、Xが主張するようないじめ、暴行の事実があったか否かを検討する。

(1) 平成5年9月から平成6年1月までにXが従事した業務について、以下の事実を認めることができる。

　ア　Xは、小山工場油機製造部油機工作課（以下「本件部署」という）において、平成5年9月1日から、A主任の指導の下、加工ラインでの実作業実習や納期管理の基本実習を行い、加工設備、加工方法の理解や部品名等の理解を深める作業に従事するようになった。

　　　具体的には、Xは、平成5年9月1日、A主任から、本件部署の組織概要と実習の教育方針（担当業務）について説明を受けた後、Bセンタ長が統括する機械加工センタにおいて、同月2日から17日までケーシング、同月20日から30日までシリンダー、同年10月1日以降ピストンの各ラインに入り、それぞれ現場実習を受けた。

　イ　Xは、平成5年10月1日からピストンラインに入り、ピストン加工に関する作業に従事したが、その作業手順が守れず、班長から注意されたにもかかわらず、機械に手を入れるという危険な行為に及んだため、班長から危なくて仕事をさせられないと判断され、その旨の報告を受けたBセンタ長の指示により、ラップ盤の加工作業に移った。しかしながら、Xは、ラップ盤の加工作業においても、作業手順を守れずに品物を飛ばしてしまうという状況であった。

　ウ　その結果、Xは、平成5年10月中旬以降、直接工と同様に、ピストンラインにおいて、できあがったピストンを箱に詰めるという作業に従事するようになった。

　エ　平成5年9月2日以降にXが従事した機械加工ラインにおける業務につ

いては、機械加工ラインのセンタ長であるBが統括し、班長や現場の作業員がXの指導に当たっており、A主任が常時、直接Xを指導する立場にはなかった。

(2) Xは、平成5年9月以降に従事した以上の業務等に際し、A主任から、

① 「何も分からないので宜しくお願いします。」と挨拶したことに対し、「何も分からないなんて言い方をするな。」と頭ごなしに大声で怒鳴りつけられた、

② 初対面の際に「油機実習報告書」を提出したところ、「ワープロを使うおまえみたいなやつは、一番気にくわない。」と理不尽に面罵された、

③ 平成5年9月10日ころ、唐突に「おまえは敵か味方か。」などと問いつめられた、

④ 連日顔を会わせる毎に、大声で怒鳴り散らされ、その都度、怒鳴るのを止めて欲しいと懇請したが、自分は「ヤクザ」だと言われ、粗暴な態度を誇示された、

⑤ 「おまえなんかさっさと会社を辞めろ。」、「おまえがどうなろうと俺の知ったことではない。俺の給料が1,000円か2,000円下がるくらいのもんだ。」など極めて悪辣な発言や行為を繰り返された、

⑥ たまたま安全帽を着用し忘れた際、叱責をされただけでなく、目から火花が出るほど頭をタオルで思い切り叩かれた、

⑦ 平成5年11月17日、勤務後に飲み屋「あずま」で鉢合せをした際、強引に自らの側に座らされ、「おまえに政治（社内の人間関係のこと）など判るか。」などと毒づかれ、執拗に絡まれた。さらに、同日午後11時ころ、社員寮の玄関前で、突然、首根っこを押さえられ、C組立・バルブセンタ長と管理工程グループのDに対し、「やれ。」と命じることにより、顔面に膝蹴りをされた。

⑧ 教育的な指導をしていただきたいと申し入れたことに対し、「今、おまえをしごいてやっているんだ。」、「『お世話になります。A主任さん』と言うべきだろう。」などと言われ、自分の部下を「A組の一家」などと称してやくざまがいの言葉を連発された、

⑨ 社員寮の玄関先で、周囲に人がいるにもかかわらず、大学の先輩の誘いで送別会に行くと言ったことに対し、頭頂部を手のひらでバシッと叩かれ、「おまえの私生活は俺が管理してやる。」などと言われた、

⑩　社員寮において、支配従属の関係を強いられ、かつ理不尽な対応を受け、心休まることがないまま、異常な緊張状態に置かれた、

⑪　新人教育をほとんど受けられず、ただ「現場に出ろ。」、「現場で顔を売ってこい。」、「俺は中卒だから、俺に質問するな。」という指示に従うしかなかった。その指示に従って見よう見まねで作業をしていると、「そんなところで何をやってるんだ。」と罵声を浴びせられるという始末であった、

と主張し、それに沿うXの供述がある。

　Xは平成6年3月に欠勤をした際、父親に対して上司からいじめや暴行を受けていると告げていた事実が認められ、以後、Xは一貫してA主任から上記供述と同様のいじめ、暴行を受けたとの事実を述べている。上記供述のA主任の発言内容や暴行態様もかなり具体的である。そして、Xと同期入社であるEやFは、Xがよく怒られているという話を他の人から聞いたことがある、あるいは、X自身が上の人から怒られると話していたとの供述をし、平成4年に小松製作所に入社し小山工場に配属されていたHは、陳述書において、XがA主任から大声で呼ばれる度に、びくびくしている様子であった、XがA主任から叱責されているのを見たことがあるなどと記載している。さらに、Xが小松製作所に入社してから休職となるまでの経過の調査を担当したG総務課長は、その調査の中で、A主任が、指導はある程度は厳しくなったことやXに問題が多かったためにしかったことも度々あったと述べたと供述している。

　してみると、Xは、平成5年9月に本件部署に配属された後、前記（1）イのとおり不手際があったことなどにより、A主任から、厳しい指導を受けることがあり、しかられることも度々あったという事実を推認することができる。

(3)　しかしながら、まずXの主張するA主任の暴行（⑥、⑦、⑨）について検討すると、⑥A主任からタオルで頭を目から火花が出るほど思い切り叩かれたという点については、Xは、当該タオルをズボンの後ろのポケットに入れていたようだと供述するものの、当時Xが使用していた作業着に後ろポケットがあるとは認められないから、A主任が同種の作業着を着ている限り、不自然なものといわざるを得ないし、その点をおくとしても、Xは、当該タオルは普通のタオルの大きさであり、叩かれたときに特に濡れている状況にもなかったと供述するところ、このような大きさのタオルがA主任の

ズボンのポケットに入るものであったか疑問であるし、濡れてもいないタオルで目から火花が出るほど頭を叩く、ことができるとも考え難い。

　次に、⑦平成5年11月17日の暴行については、証拠によれば、Xは、平成6年2月18日、H課長の下を訪れ、「昨日、飲み屋の帰りにA主任たちにこづかれた。」旨を申し出たこと、相手は誰かとの同課長からの問いに対し、名前は言いたくない旨を答えたが、1時間ほど後には、先ほど話したことは何も聞かなかったことにしてほしい旨申し出たことが認められるが、この申告の内容は、A主任らからの暴行の態様がXの前記⑦の供述するところと異なるほか、平成5年11月17日に暴行があったとすれば、それから3か月も後になって、昨日のこととして申告しているのは、Xの精神状態を考慮しても、不可解というほかない。また、暴行を受けた状況について、Xは、平成15年10月21日付け陳述書では、「他の社員も見ている前で。」、「A主任の命令で、C氏とD氏のどちらかは分かりませんが、そのうちの1人がA主任が押さえつけた私の顔に膝蹴りを加えました。」と記載しているにもかかわらず、平成16年10月6日に行われた別件民事裁判のX本人尋問においては、「A氏がやれと言うと、ばたばたと周りの人間が輪を作って」、「だれかが僕をほうり投げて、ひざげりを顔面にカーンと食らったという感じですよね。」と供述し、一方では、その際には、Xの周囲にはA主任、C組立・バルブセンタ長及び管理工程グループのD以外の者はいなかったという趣旨の供述をしている。さらに、X本人尋問においては、A主任ら3名のみがいる中で、「もう頭を押さえられて投げられたんで、抵抗のしようがなかったと思います。つんのめってたんで。」と供述しているのであって、暴行の態様や状況についての各供述は必ずしも一致しない。さらに、Xが供述する暴行は、脈絡もなく振るわれているといわざるを得ず、A主任の「やれ。」という指示に対し、上記Cセンタ長及びDが直ちに反応すること自体が不自然であるし、顔面に膝蹴りを加えられたとすれば、当時Xの顔面に暴行のあとがあったはずであるが、そのような事実が認められないことも不自然である。

　⑨頭頂部を叩かれた件については、A主任の暴行と言動が何を目的としてされたものか全く判然とせず、不自然である。

　Xは周囲に人がいる中でA主任が暴力を振るったと供述するが、A主任がXを叱責していたと供述するHも、A主任が暴力を振るったのは見たことがないと述べ、他の同僚らも、A主任がXに暴力を振るったのを見た旨を述べ

ていない。Ａ主任自身も、Ｘを多少こづいたことがあったかもしれない、指先で肩をつつくくらいのことはあったと言うが、Ｘが主張するような暴力を振るった事実はないと述べている。

　そうすると、Ａ主任がＸに対して暴力を振るったとする前記⑥、⑦及び⑨に関する供述は信用することができず、Ｘが主張するＡ主任らの暴行の事実は認めることができない。

(4) 次に、前記（2）のとおり、Ａ主任がＸを叱責していたことは事実であると認められるから、Ａ主任のＸに対する叱責その他の言動、態度がどのようなものであったかを検討する。

　前記（1）アからウまでのとおり、Ｘは、平成5年9月2日から平成6年1月30日まで、機械加工センタで業務を遂行しており、また、当該業務については、Ｂが統括し、班長や現場の作業員がＸの指導に当たっており、Ａ主任が常時、直接Ｘを指導する立場にはなかったというのは、前記（1）エのとおりである。そうすると、Ａ主任からＸが業務従事中叱責を受け続けたり、1日に何度も怒鳴られることが連日続くような状況にあったかは疑問である。

　また、仮にＸが主張するような態様でＡ主任の暴言が繰り返されていたとすれば、本件部署の他の者がその異常性を認識してしかるべきところ、Ａ主任が暴言を繰り返し、Ｘを罵倒していたなどと述べる者はいない。小松製作所に現に在籍する者は、小松製作所の管理職によるいじめがあったとの発言を控える傾向があると一般的にいえるとしても、Ｘの主張する発言内容や態度は常軌を逸したような内容を含んでおり、本件部署にいた者すべてが事実を隠したり、事実と異なる発言をするとは考えにくい。前述のとおりＡ主任がＸを叱責していたと述べるＨも、Ａ主任がＸに対して「おまえは敵か味方か。」と発言した旨をＸから聞いたことがあると述べ、Ｈ自身がＡ主任から「現場で顔を売ってこい。」と言われただけで教育を受けなかったと述べるものの、Ａ主任がＸに対してＸの主張するような暴言をしたり態度を示したりしたのを見たと述べるものではなく、むしろ、はたから見て暴力と取れるような怒り方をしていたのを直接見たことはない旨供述している。

　以上に加えて、Ａ主任がＸに対して暴力を振るったというＸの供述は信用することができず、ＸのＡ主任の言動に関する供述には、事実とは異なる内容が含まれたり、事実を誇張したりする傾向が窺えることも考慮すると、

A主任のXに対する叱責等の発言や態度に関する供述も信用できないというべきである。

　したがって、Xが主張するようなA主任のXに対する言動、すなわち、いきなり怒鳴りつけたり、粗暴な態度を示したり、悪辣な発言をしたり、やくざまがいの発言をしたり、教育をせずに罵声を浴びせたりしたなどの事実も認めることができない。そうすると、A主任による指導と叱責による心理的負荷が、平均的労働者を基準とした場合に精神的破綻を生じさせる程度のものであったと認めることはできない。

(5)　以上によれば、平成5年9月1日から平成6年1月ころまでの間、Xは、A主任から、厳しい指導を受けることがあり、しかられることも度々あったという事実を推認することができ、それによる心理的負荷がXに発症した精神障害のきっかけのひとつとなったという余地はあるが、Xの主張するようなA主任の精神的・肉体的な暴力の事実は認められないから、その心理的負荷が、平均的労働者を基準として、精神的破綻を生じさせる程度のものであったとまでいうことはできない。

3　次に、Xの勤務時間を検討する。

　Xは、平成5年9月以降、2、3時間の残業をすることは少ないわけではなく、午後12時まで働いたこともあったが、定時退社することもあったことが認められ、残業が少なかったのではないが、極端な長時間労働による過酷な労働を強いられたような状態であったとは認められない。

　そうすると、Xが時間外残業を余議なくされることがあったとしても、それがXが主張するような恒常的で過酷なものであったとは認められず、時間外残業による心理的負荷がそれ自体過重なものであったということはできない。Xの精神的破綻を助長するような程度に至っていたと認めることもできない。

　前記2（1）のXが従事した業務をみても、過度に緊張を強いられるようなものとはいえないし、他にXの業務において過重な心理的負荷があったと認めるに足りる証拠はない。したがって、A主任による前記の叱責と残業及びXの従事した業務内容を併せて考慮しても、心理的負荷が過重であったとは認められない。

4　なお、証拠によれば、被告（厚生労働省）においては、心理的負荷による精神障害等に係る労災請求事案について、労働省労働基準局長の平成11年

9月14日付け「心理的負荷による精神障害等に係る業務上外の判断指針について」で定められた基準によって判断をしていること、同基準は、職場において発生すると考えられる心理的負荷となる出来事について、その一般的な強度を3段階で定め、出来事の個別の状況を斟酌して強度を修正し、さらに出来事に伴う変化等の持続、拡大、改善を評価して、心理的負荷の評価が「強」と認められる場合に、業務起因性を認めるとするものであることが認められる。同基準を適用した場合、Xにおいて心理的負荷となる出来事は、「上司とのトラブルがあった」又は「配置転換があった」に該当するが、心理的負荷の程度はいずれも「Ⅱ」とされており、心理的負荷の強度を修正する事情は認められず、出来事に伴う変化等を検討する視点からの評価は特に過重であるとは認められないから、心理的負荷の総合評価は「中」程度となり、業務起因性を認めることはできない。

5 以上のとおり、Xの業務には精神的・肉体的な暴力や長時間労働などの過重な心理的負荷は認められず、Xが精神障害を発症したことについて業務起因性を認めることはできないから、Xに発症した精神障害が業務上の事由による疾病とは認められないとした本件処分に違法はない。

6 これに対し、Xは、Xを長年診察したW医師がXの精神障害をPTSDであると確定診断していることから、XはPTSDであるとした上で、PTSDの発症原因である外傷的な出来事はA主任らによる精神的・肉体的な暴力しか考えられないとし、Xの精神障害の発症には業務起因性があると主張する。

しかし、PTSDと診断するためには外傷的体験があることが必要であり、PTSDであることを前提として外傷的体験の存在を導くことはできない。すなわち、証拠（略）によれば、精神障害の発症の診断基準として一般に認められているDSM－Ⅳの診断基準によると、PTSDは、(1) 実際に又は危うく死ぬ又は重傷を負うような出来事を、1度又は数度、又は自分又は他人の身体の保全に迫る危険を、その人が体験し、目撃し、又は直面し、(2) その出来事に対するその人の反応には、強い恐怖、無力感又は戦慄に関するものが伴っていることという2つの要件が共に認められる外傷的な出来事に暴露されたことがあることを要し、これらの極端な外傷的な出来事への暴露の結果生じた再体験や全般的反応性の麻痺、覚醒亢進症状等一定の特徴的な症状が認められなければならないとされていることが認められる。

この点、Xは、精神的・肉体的な暴力を受けてXが死ぬような恐怖感を感

じたと主張しているが、前述のとおり、XがA主任から肉体的な暴力を受け
た事実は認められず、厳しい指導や叱責についても、極度のいじめや虐待と
いう態様のものと認めることはできないから、PTSDであるとするための要
件を満たすものでないことは明らかである。

　これに対し、Xは、PTSDの診断に当たっては、主観的な恐怖等が強度で
あれば、客観的な出来事の程度が強度でなくても診断基準に該当するとする
のが最近の知見・傾向であると主張する。

　しかし、仮に、主観的な恐怖等が強度であればPTSDであると診断される
としても、前述のとおり、心理的負荷による精神障害の業務上外の判断にお
いて、当該精神障害の発症に関与したと認められる業務による心理的負荷の
強度の評価をする際には、本人がその心理的負荷の原因となった出来事をど
のように受け止めたかという主観的なものではなく、平均的労働者が一般的
にはどう受け止めるかという客観的な基準によって評価することが相当であ
るから、前記2及び3において判示したとおり、A主任からの厳しい指導等
による心理的負荷が平均的労働者を基準として、精神的破綻を生じさせる程
度のものとは認められない以上、業務起因性を認めることはできない。

トヨタ自動車ほか事件

名古屋地判　平20・10・30　　　　　労経速2024号3頁

事案の概要

　本件は、Y1の従業員であるXが、Y2への長期出張中にうつ病を発症し（第1回うつ）、また、Y1に復職後、一旦は寛解に至ったものの、YらのX共同開発プロジェクトに関する業務に従事するようになって、再びうつ病を発症し（第2回うつ）、休職を余儀なくされたが、これらうつ病の発症及び再発は、YらのXに対する健康上の安全配慮義務違反によるとして、Yらに対し、主位的に債務不履行、予備的に不法行為に基づき、休業損害等の損害賠償を請求した事案である。

結　果

　一部認容。
　Y1、Y2連帯して約150万円（休業損害約45万円及び慰謝料150万円の合計額から3割減額、弁護士費用14万円）

コメント

　本判決は、第1回うつの発症については、Y1及びY2に対し、損害賠償責任を認めたが、第2回うつの発症については、Y2にはそもそもXに対する安全配慮義務があったものとはいえず、また、Y1には、Xに対する安全配慮義務違反があったと認めることはできないとして、損害賠償責任を否定した。

判　旨

1　まず、Ｙらの債務不履行責任について判断することとし、本件の争点について検討する。

(1)　争点①（Ｘの第１回及び第２回うつ発症について、Ｙらの安全配慮義務違反による損害賠償責任の存否）のうち、原告の第１回うつ発症について

　ア　ＹらのＸに対する安全配慮義務の存在

　(ア)　Ｘは、Ｙ2社内で、Ｙ2の施設及び器具を使い、Ｙ2従業員の指示に従って業務を遂行していたのであるから、Ｙ2には、信義則上、Ｘの業務の管理について、原告の生命及び健康等を危険から保護するように配慮すべき安全配慮義務を負っていたと認めるのが相当である。

　(イ)　また、Ｙ1はＸを雇用し、自らの業務の遂行のためＸをＹ2に出張させ、その間もＸの労働時間の管理等を行っていたのであるから、Ｘに対し、雇用契約上の付随義務として、健康上の安全配慮義務を負っているものと認めるのが相当である。

　(ウ)　そして、Ｙらの負うべき安全配慮義務は、労働者を自己の指揮命令下においてその業務に従事させるについて、業務内容を定めてこれを管理するに際し、これを適切に行うなど、業務の遂行に伴う疲労や心理的負荷等が過度に蓄積して労働者の心身の健康を損なうことのないよう注意すべき義務であり、その具体的内容は、当該労働者の置かれた具体的状況に応じて決定されるべきものであるから、通常であれば、ＹらにはＸの業務が、社会通念上、客観的にみて平均的労働者をして精神障害等の疾患を発生させるような過重なもの（以下「客観的過重労働」という。）にならないように注意すれば足りるとしても、それに至らない程度の過重な業務に従事させている労働者がそのまま業務に従事させれば心身の健康を損なうことが具体的に予見されるような場合には、その危険を回避すべく、その負担を軽減するなどの業務上の配慮を行うべき義務があり、これを怠れば同義務の不履行となるものというべきである。

　　そして、精神障害の成因については、環境からくるストレスと個体側の反応性、脆弱性との関係で精神的破綻が生じるかどうかが決まる

とするいわゆる「ストレス－脆弱性」理論によるのが相当であり、これによれば、業務からくるストレスが客観的に評価して精神障害の成因となりうる程度（客観的過重労働）に至らないものの、業務が相当に過重であり、かつ、その程度の過重労働により精神障害を発症しうる程度に労働者側の反応性、脆弱性が存在することを、使用者が認識しうる場合に具体的な安全配慮義務の存在を肯定することが相当である。

　　そこで、以下ではこのような観点から検討することにする。

イ　業務の過重性について

（ア）業務の量的過重性（長時間労働）について

　　Xの労働時間（平成11年10月に70時間、同年11月に72時間、12月に60時間、平成12年1月に66時間、そして、第1回うつ発症直前である平成12年2月及び3月には、1か月当たり80時間を超える時間外労働）は、それだけでうつ病発症の危険性を大きく高める程度ではないものの、その通勤時間（往復で約2時間）も考慮すると、個体側の要因と相まってその危険を招来する程度には優に達しているというべきである。

（イ）業務の質的過重性の1（業務内容の質的変化）について

　　Xは、平成11年8月24日以降、部品メーカーであるY1から車両を製造する会社であるY2に長期出張し、これまで担当したことのないコモンレール式エンジンの開発業務に携わることになったから、Xの仕事環境及び業務内容には、相当程度の変化があったものといえる。

（ウ）質的過重性の2（業務上の負荷）及び同4（周囲からの助力の不足）について

　a　Xが行っていた業務は、非常に緊急度の高いものであり、このような緊急性の高い業務に、長期出張直後のY2社内での業務にもコモンレール式エンジンについても不慣れな状態で、知識や経験を修得しながら、厳しい上司からの進捗フォローを受けて当たらなければならなかったXの負荷はそれなりに大きいものであったといえる。また、Y1従業員であるXは、Y2からY1に対する厳しい進捗フォローを取り次ぐに当たって精神的負担を感じていた。

　b　他方、質的な負荷を軽減する要素としては、Xが担当していた不具合対応業務は一応収束に向かっていたこと、Xは、長期出張中のY1従業員だけで構成されるチームで新たな業務を行うことにはなり、対人

関係は改善されたこと等が挙げられる。

c　そうすると、Xの業務は質的にみても、客観的過重労働には至らない
ものの、個体側の要因と相まってその危険を招来する程度には達して
いるというべきである。

(エ) 質的過重性の3 (A主査のパワーハラスメント) について

A主査がXに対し、パワーハラスメントと評価されるような指導を
日常的に繰り返していたとまでは認めるに足りる証拠はない。

しかし、平成11年11月15日の会議で、XがA主査に厳しい叱責を受
け (A主査は、「Xさん、もうY1に帰っていいよ。使い物にならない人
はうちはいらないから。」と言った)、翌日から2日間仕事を休んだこと
については、その叱責の理由が正当でないとはいえない (Y1側の事情
で作業が期日に間に合わなかったというものである以上、仮にそれが
事前に報告され、やむを得ず了解したとしても、Y2側の者としてはY1
側、中でも、同社社員であり、Y1に作業を指示すべきXを叱責する理
由はある。) までも、その表現は過酷でパワーハラスメントと評価され
ても仕方のないものであり、それによって、Xのように従業員として経
験も積み、一定の評価も得た人間が、本来であれば失地を回復すべく
業務に精励するはずであるにもかかわらず、2日間にもわたって会社を
休むことは異常な事態と評価しうる。

他方、A主査が特にXにのみ厳しかったという事情はなく、上記平成
11年11月から第1回うつ発症までに約5か月間が経過しており、その間、
XがA主査から個人的に厳しい叱責を受けたという事情は存在しない。

以上によると、A主査の叱責は、Xに対し重い精神的負荷を与えたと
はいえるものの、第1回うつの発症に直接寄与したとは言い難い。

ウ　業務外の発症要因 (前認定1 (3) の事実) について

Xの執着性格、森田神経質に分類される性格傾向は、上司からの業務上
の依頼を断れずに引き受けてしまう、他の社員に仕事の督促ができない、
業務上必要な事項の質問ができないことになり、そのこと自体を苦にし
たり、また、本来、できるはずの仕事が回らなくなってしまったり、将
来に不安を抱くおそれがあるというべきである。

エ　第1回うつ発症の原因とそれに対するYらの予見可能性

(ア) 第1回うつ発症等の原因について

第1回うつは、前記のとおり客観的過重労働には至らないものの、かなり重い業務による負荷とXの性格に、次のような経過が相まって発症し、悪化するに至ったと解される。

すなわち、Xは、平成11年11月15日に、A主査の厳しい叱責のため2日間会社を休むほどの衝撃を受け、数日後、Y1のC部長にY1に帰社させて欲しい旨訴えて最大3か月で帰社させる旨の約束を得た。Xは、それを信じて当面勤務を続けたが、同年12月には、仕事が多過ぎて心身の疲労を感じる状態になり、仕事が多過ぎて自分一人ではできない旨B主担当員に相談したが、業務上の配慮は得られず、平成12年2月、3月には、緊急性の高い不具合対応を含む業務のため、1か月の時間外労働時間が80時間を超えた。Xは、帰社するまでの辛抱であるとこれに耐えていたが、約束に反し、3か月を過ぎても帰社することができず、かえって同年4月に長期出張の延長を命じられ、同年12月までの延長を承諾してしまったことから、第1回うつを発症した。さらに、同年5月には結核の通院を開始し、同年6月中旬には「うつ状態」と診断された旨Y1に報告して、業務上の配慮をされたものの、自ら時間外労働を行い、同年8月30日から2か月の休職に至ったというものである。

（イ）Yらの予見可能性について

　このような事実経過は、Yらにおいて、概ね認識しうるものであり、これによれば、Xは平均的な社員よりも精神的に脆弱であったこと、また、前記のような性格傾向から客観的な業務内容よりも負担が過重なものになりやすいところ、Xにとって業務が過重になっていて、業務負担を軽減しなければ、Xが第1回うつを発症し、これが悪化して休職に至るおそれがあることを予見することができたものというべきである。

オ　業務と第1回うつ発症等との間の相当因果関係及びYらの安全配慮義務違反の存否

（ア）相当因果関係

　YらがXに行わせた業務の遂行ないし、これを軽減する措置をとらなかったことと第1回うつ発症・悪化との間には、いわゆる条件関係が認められるほか、Xの業務上の過重負荷が第1回うつ発症等に相当程度の寄与をしており、Xの性格等と共働原因となってこれを招来したというべきであるから、相当因果関係も認められる。

（イ）Yらの安全配慮義務違反

 a Y2 について

  平成 11 年 12 月、X が B 主担当員に対し、「現在の負荷では、私一人では対応できません。」と述べたことにより、Y2 は、X に対し、業務の軽減、その他何らかの援助を与えるべき義務が生じ、その後も、X の業務遂行の状況や健康状態に注意し、援助を与える義務があったというべきであり、それにもかかわらず、少なくとも X が第 1 回うつを発病するまでこれを怠っていたのであるから、同義務の不履行がある。

 b Y1 について

  Y1 は、平成 11 年 11 月には、X に対し、業務の軽減、その他何らかの援助を与えるべき義務が生じ、その後も、X の業務遂行の状況や健康状態に注意し、援助を与える義務があったというべきであり、それにもかかわらず、少なくとも X が第 1 回うつを発病するまでこれを怠り、また、遅くとも平成 12 年 3 月には Y1 に帰社させるべきであったのに、かえって長期出張の延長をしたのであるから、同義務の不履行がある。

 カ X の素因等の考慮

  ところで、X の業務は、客観的過重労働には至っておらず、第 1 回うつ発症には、前認定のような X の精神的脆弱性や性格も影響していると考えられる。そして、このような性格等に起因して、X は、周囲への助力や配慮を求めるに当たって、はっきりと自己の意思を告げることができず、結核で通院を開始した際も、通院に関する配慮だけでなく、病気なのだから業務負担自体を軽減してくれるように述べることもできたのに、それをせず、同年 6 月にまた、うつ病の診断を受けた際も、主治医に「しばらく会社を休んだ方が治りが早い。」と言われたのであるから、この時点で休職をするべきであったのにもかかわらず、それをせず、業務負担の軽減を受け、残業をしないよう指示され、業務負担の軽減を受けた後も、残業を続けるなどしている。これらの X の行為が、うつ病の発症及びその悪化に影響を与えたことは否定できない。そして、このような X の性格及びこれに基づく業務遂行の態度等は、同種の業務に従事する労働者の個性の多用さとして通常想定される範囲をいささか外れるものと認められる。したがって、民法 722 条の類推適用により、Y らの安全配慮義務違反による損害賠償額を算定するに当

たっては、この事情も斟酌すべきである。

(2) 争点①のうち、Xの第2回うつ発症について

　ア　第2回うつ発症にかかるY2のXに対する安全配慮義務の存否

　　　安全配慮義務とは人的物的環境の整備義務であるところ、Xは、本件長期出張終了後は、Y1社内でY1の指揮系統の中で業務を行っていたものであり、Y2が、直接、Xの業務を指揮したことはなく、かつ、Y2からY1へ依頼された作業がXの分担となるのはY1内の業務分担の問題であることから、Xの業務について人的物的環境を整備していたのはY1であり、Y2にXに対する安全配慮義務があったものとはいえない。このことは、安全配慮義務違反を債務不履行と構成するにしろ、不法行為として構成するにしろ、結論を左右するものではない。

　　　したがって、Y2は、第2回うつによる原告の損害について賠償義務を負わない。

　イ　第2回うつ発症についてのY1の安全配慮義務違反について

　(ア)　業務の過重性について

　　a　量的過重性

　　　　Xは、第2回うつ発症前、平成14年1月は59時間30分、2月は52時間、3月は43時間30分、4月は33時間、5月は47時間、6月は64時間30分、7月は45時間の時間外労働を行っているが1月から5月の平均は、50時間を下回り、また、休日出勤はなく、有給休暇も取得していることに鑑みると、精神障害の成因となりうるものとは言い難い。しかし、6月は64時間を超え、2日間の休日出勤をするなど、個体側の要因次第では、その一因となりうる程度ではある。

　　b　質的過重性

　　　　この時期のXの業務は、第1回うつ病発症時のように他社への長期出張中であるという事情はなく、業務内容の変更についても、同一部署内での業務担当の変更に過ぎないことに鑑みれば、Xの業務がそれほど重い負担となったとは認めることはできない。

　　c　Xに対する叱責等

　　　　平成14年7月ころ、低温時始動不良問題の対策についてのYらの開発会議でのXの報告に対し、Y2のA主査が、「Y1さんはやる気あるんですか。」と発言したこと、このころ、Y1のC室長がXに対し、Y2の

要求のとおり対応するように指示するとともに、「D担当部員がやっていた時に比べて作業の進捗が遅い。」などと叱責したことは、Xに一定の精神的負担となったことが認められる。しかしながら、A主査の発言の原因となった作業は、E主担当部員が引き受けてXに指示したものであり、A主査の発言は、Y1ないしE主担当部員に向けられたものと理解され、これを受けてのC室長の叱責もX個人に向けられたものではなく、E主担当部員ないしF担当部員以下のチームに向けられたものと解するのが相当であるから、Xの負担もそれほど重いものではなかったとみるのが相当である。

　d　以上によれば、Xの業務は平成14年5月中旬に困難なものに変化し、6月以降は多忙ともなったが、その負担はそれほど重いものではなかったというべきである。

（イ）予見可能性等について

　　Xは、以前、Yらの業務に起因して第1回うつを発症し、またそのことによりうつ病を再発しやすい状況にあったから、Y1には、Xがうつ病を再発しやすいことを前提に、通常人以上にその安全に配慮するべきであったのにこれを怠った旨主張する。

　　しかしながら、Xの1回目の復職時、医師からは特に業務制限などの指示はなく、Xは復職後2か月半で寛解となり、通院を打ち切ったこと、Y1は、Xが復職してから約1年半の間、業務の種類について配慮を行ったものの、その間、相当長期間の残業を含め、1年以上にわたって問題なく勤務していたこと、Xの業務内容が変わったのは平成14年5月中旬であり、体調が悪くなったと感じたのは、その2か月弱後の平成14年7月上旬であるところ、同月29日には、Y1の産業医に何故もっと早く病院へ行かなかったのかと言われるほど悪化し、同年8月には休職に至っているなど、Xの業務内容が変わってから第2回うつ発症・休職は極めて短期間に進行しているところ、前記程度の業務内容の変化や負担の増加でごく短期間のうちにXの心身の健康に障害が生じるおそれがあると予見することは困難である。また、Y1は、Xのうつ病が再発したという報告を受けた後は業務負担軽減を行っている。そうすると、Y1にはXの第2回うつ発症及び休職を予見し、適切な配慮を行うべき義務を怠ったとは認められない。

（ウ）以上によれば、Y1において、Xに対する安全配慮義務違反があった

と認めることはできない。

(3) 以上によれば、Y らは、第 2 回うつ発症及びそれに伴う休職について X の被った損害を賠償すべき義務を負うことはないが、第 1 回うつ発症及びそれに伴う休職について X の被った損害については、これを賠償すべき義務を負うというべきである。

(4) 争点②（損害の発生及びその額）について

ア 損害額は次のとおりであると認められる。他方、逸失利益については、X がうつ状態にならなければ昇給できたということについての立証はなく、この点についての X の主張は採用できない。

(ア) 休業損害 45 万 468 円

(イ) 慰謝料額 150 万円

イ 素因減額

前述の諸事情を総合して判断すると、X の上記損害につき、公平の見地から 3 割の減額をし、7 割の限度で認容するのが相当である。

美研事件

東京地判　平20・11・11　　　　　　　労判982号81頁

事案の概要

　本件は、Y1に雇用されていたXが、Yらからいじめ、退職強要を受けた上、理由なく退職させられたためにうつ病や腰痛等の傷害を負ったと主張し、また、Yらにより、Yらの優越的地位を利用して、必要のないY1の商品を売りつけられたと主張して、Yらに対し、不法行為に基づき、損害賠償（慰謝料、治療費、逸失利益、弁護士費用）の支払を求め、Y1に対し、時間外手当の支払を求める事案である。

　なお、Y2は、本件当時Y1のマザーエイト東京事業本部において部長職にあった。Y3は、同事業部において課長職にあった。Y4は、Y1の代表取締役である。

結　果

　一部認容。

　Y1、Y2、Y3：連帯して約362万円。

　①いじめ、退職強要等の不法行為に基づく損害について

　　慰謝料80万円、治療費約5万円、逸失利益約226万円（基本給の1年分）、弁護士費用31万円。

　②優越的な地位の濫用による不当な商品販売の不法行為の損害について

　　損害約18万（商品代金）、弁護士費用約2万円。

　Y1：未払賃金30万円、時間外手当21万1,435円。

コメント

　いじめ、退職強要等、優越的な地位の濫用による不当な商品販売のいずれも
不法行為と認定し、Yらの損害賠償責任を認めた。

判　旨

1　YらによるXに対するいじめ、退職強要等があり、不法行為を構成するかに
　ついて

（1）ア　Y1の主力商品である神草丸が医薬品ではなく、医薬品のような効能を
　　　うたうことができないことは、当事者間に争いがない。

　　イ　争いのない事実、証拠及び弁論の全趣旨によれば、Y1では、本来許
　　　されないはずの医療的な効能を詳細に述べるセールストークを記載した
　　　マニュアルを従業員に配り、そのようなセールストークをカウンセラー
　　　に行わせていたこと、カウンセラーによっては、相当高圧的なセールス
　　　トークを用いるなどして、老人等に半ば強引に商品を売りつけるなどし
　　　ていたこと、神草丸はお試し品は2,000円程度であるが、セットは18万
　　　円と非常に高額な商品であり、カウンセラーは、リボ払い等のローンを
　　　購入者に組むようにさせて、商品を販売していたこと、このような商法
　　　に対し、独立行政法人国民生活センターに多数の苦情が寄せられている
　　　こと、Xほか、数名のカウンセラーは、上記のようなセールストーク等
　　　に疑問を抱き、Y1の部長であるY2や課長であるY3に質問を行うなど
　　　したが、このような者は不平分子と見なされ、疎外されていた事実が認
　　　められる。

　　ウ　Yらは、当初、Y1は医療的な効能を詳細に述べるセールストークを禁
　　　じており、Xがこれに反してそのようなセールストークを行っていたの
　　　で、注意していたと主張した。しかし、審理開始後1年以上も経った平
　　　成20年3月になってから、平成16年3月の薬事法改正により、上記のよ
　　　うなセールストークが許されなくなったので、平成17年6月で、そうで
　　　ないものに変更した。しかしXはその後もそのような違法なセールスト

ークを継続した、Xが主張するYのセールストークは、平成17年6月の変更が徹底していなかった時期のものである、と主張を変更した。Y2、Y3は、医療的な効能を詳細に述べるセールストークをY1ではしていないと供述しており、Xがしていたというセールストークの内容については、瞑眩という言葉をよく使っていたなどと、あいまいに供述している。まず、Y1が医療的な効能を詳細に述べるセールストークを禁じるために配布していたという乙1及び2は、Y1のカウンセラーをしていたという者が、このようなものはもらっておらず、逆に医療的な効能を詳細に述べるそれを配布されていたと述べており、採用できない。そして、上記各供述のあいまいさと、このような主張の変更は、その供述及び主張の信用性を疑わせるものであり、上記Yらの主張は採用できない。

(2) 上記認定事実を踏まえ、X主張の不法行為の事実について検討する。

ア　Xに対しカルテを与えないとの点について

　　XやそのほかのYらから疎外されていたカウンセラーが、カルテ（Y1の営業活動は、カルテ（顧客名簿）に基づいて行われており、カルテの数が重要であった。）を与えられなかったとの事実については、明確に認めることができない。Xに与えられていたカルテの数も明確でないし、他のカウンセラーに対するそれも同様である。その上、Y1は、カルテは営業所でその配布数を調整するようなものでなく、福岡本社で、営業成績に応じて機械的に配布されていると主張し、証拠もこれに沿う旨を述べる。Yらは Xの営業成績が悪い旨主張しているので、そのせいでカルテの配布数が少なかった可能性もある。いずれにせよ、Xを退職に追い込むため、カルテを与えなかったとの事実は認められない。

イ　会議の席上罵倒された件及びいじめの件等について

　　証拠及び弁論の全趣旨によれば、以下の事実が認められる。

(ア) 平成17年10月28日、Cというカウンセラーから引き継いだXが、業務連絡のために電話したAという老人の顧客に電話したところ、同女から、以前の担当者のCがした取引について、「詐欺商法である。」「知り合いに、Y1は高齢者ばかり狙ってこんなことを繰り返していると聞いた。」「消費者センターに訴える。」等として、解約したい旨のクレームがあった。Xは、上司のY2に指示を仰ぎ、これに従ってすぐ解約するという方向である旨をAに示した。しかし、その後Y1の本社からは、

同女に解約を思いとどまらせるような電話を長時間にわたってかけてきた。

（イ）同年11月24日に、Y1東京事業本部で会議が開かれ、Y1本社からZ専務が上京して出席した。同人の上京の目的は、年末商戦のてこ入れであったが、同人は会議の席上、Xが（ア）の件で18万円の契約を解約したことを取り上げ、この損害をどうしてくれるんだ、と強く非難した。Xは、自分が解約させたのではないことを説明しようとしたが、同専務は聞いてくれず、Xがサプリメントアドバイザーの資格を持っていることから、営業成績が悪く、解約が多いのに上記資格を名乗っているとみんな笑っているなどと罵倒した。

（ウ）その後、Xに対し、Y1東京事業本部のカウンセラーの中で、Xをのけ者にするようないじめが行われた。常時監視されているような状態に置かれ、新人のカウンセラーをXに近づけさせないようにしたり、挨拶をしても返してくれないようになった。また、Y2らは、Xに同調するようなカウンセラーのことを、ろくでもない連中などと言っていた。

（エ）同年12月17日、Y2及びY3は、東京事業部において、Xを呼びつけ、「Xさんは嘘つきだ。私たちが会社のお金を横領して忘年会をしたと言った。」等と強く申し向けて、Xの名誉を毀損する言動を行った。

（オ）同月19日、本社のD部長からXに電話があり、テレフォンアポインターの職に移るよう命令された。同部長は、正社員としてのテレフォンアポインターであるとは少なくとも説明しなかった。テレフォンアポインターは、多くがパート又はアルバイトであり、Xもそのように理解していたため、この命令は正社員からの降格であると理解した。Xは、その前に労基署に相談しており、異動するよう命令があっても従う必要はない、命令は文書でもらうようにとのアドバイスを受けていたため、上記Dの命令を拒否し、文書での命令として交付することを求めた。そして、Y2に対し、異動しないでがんばる旨述べた。すると、午後2時30分から40分ころ、Z専務からXに電話があり、大声でXに対し「あなたがいると会社がつぶれてしまう。言うことを聞けなければ自宅待機だ。」と強く言われた。その後すぐにY2がXの席にやってきて、「午後2時45分ころZ専務から電話があり、あなたを必ず午後3時までにすべての荷物を持たせ、会社から出て行かせろ、と言われました。必ず

午後3時までにすべての私物を持って出て行きなさい。」と告げた。このため、Ｘは、親しいカウンセラーの2人ほどに重い荷物（主に多数の書籍）を持つのを手伝ってもらい、Ｙ1の東京事業本部を出た。

（カ）Ｘは、上記（オ）の出来事により、重い荷物のため、激しい腰痛となり、病院で受診したところ、頸椎上がり症、腰部脊柱管狭窄症（重症）、腰椎椎間板ヘルニアの傷害があると診断された。この件に関しては、Ｘは、労基署に労災の申請をした。

また、Ｙ1で罵倒されたり、いじめを受けた結果、うつ状態に陥り、病院を受診したところ、極度のストレスにより反応性うつ状態で就労不可能な状態である旨診断を受けた。

（キ）Ｘが腰痛で動くことができずに自宅にいた平成18年1月、Ｙ1のＢ統括部長が、Ｘに対し電話をかけてきて、さらには自宅を訪れて、出社するように、できないのならば退職届を出すように、と求めた。

Ｘは、腰痛とうつ病により出社できない旨伝えたが、診断書は提出していない。

ウ　以上の事実が認められ、これを覆すに足る証拠はない。Ｘに対するいじめ等について、Ｘ及び証人Ｅと、証人Ｆ、Ｙ2及びＹ3の供述は全く食い違っている。この点、まず、ＸがＡの件で前任者の契約を解約させて、自己の売上げとしたとのＹら主張の事実は明確に虚偽であると認められる。このことに加え、Ｘの供述が具体的であるのに対し、証人Ｆ、Ｙ2及びＹ3のそれは、あいまいであり、単純にいじめ等の事実を否定するだけのものである。さらに、上記（1）で認定したように、神草丸のセールストークについて、Ｘら一部のカウンセラーとＺ専務、Ｙ2及びＹ3の立場は大きく食い違っており、対立が生じていたことがうかがわれるにもかかわらず、Ｙ2、Ｙ3の供述からは、この対立を解決するために同Ｙらが何らかの手段を講じたことが認められないから、同Ｙらの供述は、客観的状況にも反する。以上のような点を考慮すると、証人乙山、Ｙ2及びＹ3の供述は措信することができず、Ｙらの主張するところも採用できない。

(3) そうすると、上記（2）イに認定したように、Ｚ専務、Ｙ2及びＹ3が、Ｘに対し、その人格を否定するような罵倒やいじめを行ったものと認められる。また、Ｙ1は、Ｘをテレフォンアポインターに正社員として配置換えしただけであるのか、Ａの件で理由なく降格したのか、必ずしも明らかでないが、たとえ

配置換えの趣旨であっても、Y1のD部長がXにテレフォンアポインターが正社員であることを説明していないことからすれば、Xが退職させるよう仕向けるための降格と捉えることは無理からぬものがあり、このことも、Xに精神的苦痛を与えたものといえる。

このように、Yら（ただし、後記（4）のように、Y4を除く。）は、上記不法行為により、Xに対し、（2）イ（カ）の傷害を与えたというべきである。Yらは、傷害との因果関係を争うが、前記認定のような不法行為の事実がXに対し大きな精神的苦痛を与えるものであることは容易にうかがわれるところであり、他にXにそのような精神的苦痛を与える事実の存在や他の要因はうかがわれないから、因果関係を否定することはできないというべきである。

（4）　Yらの責任原因について

Y2及びY3は、直接の実行行為を行ったものであり、上記不法行為につき、民法709条・719条に基づき責任を負う。Y1は、同Yらの使用者として、民法715条に基づき責任を負う。

他方、Y4は、Z専務と人違いにより訴えられたことが明白であるし、かつ、Y4により、専ら業界の付き合いに関する対外的業務を担当していてY1の内部の事務に関与していないものと認められるから、単にZ専務の妻でY1の代表者というだけで、それ以上の関与をした証拠が存しない以上、責任を負わないというべきである。

2　YらがXに対し、その優越的な地位を濫用して、不要な商品を売りつけたかについて

争いのない事実、証拠及び弁論の全趣旨によれば、Xは、商品を購入したが、これは、数回にわたり、Y2やZ専務が、概要、商品を理解しなければ仕事はできない、そのためには商品を買う必要があるとの趣旨のことを従業員に強く申し向けたためであり、殊にカウンセラーとなってからは、営業成績を上げるために商品を購入するよう強く申し向け、Xはいったん拒否したが、これに対してさらに強く申し向けて、商品を理解しない者には仕事をさせるわけにはいかないと申し向けたため、気が進まなかったもののやむを得ず購入したものと認められる。この点、証人Eは、社員割引でほしいものを購入しただけとも供述するが、同証人も、営業成績の向上に資するため従業員が購入させられた趣旨も供述しており、気が進まないのに強制的に購入させられた者があることを否定するものではない。

上記は、使用者としての立場を利用して、仕事をさせることにからめて従業員に不要な商品を購入させたものであるから、公序良俗に違反する商法であり、不法行為をも構成するものというべきである。

3　Xの損害について

(1)　いじめ、退職強要等の不法行為に基づく損害について

　　ア　慰謝料　　　　　　80万円

　　イ　治療費　　　　　　5万2,830円

　　ウ　逸失利益　　　　　225万6,000円

　　　　証拠及び弁論の全趣旨によれば、Xが上記傷害により、当面働くことのできない状態になり、少なくとも1年は就労することができなかったものと認められる。したがって、Xの基本給の1年分225万6,000円を逸失利益として認めるべきである。

　　エ　小計　　　　　　　310万8,830円

　　オ　弁護士費用　　　　31万円

(2)　優越的な地位の濫用による不当な商品販売の不法行為の損害について

　　ア　損害　　　　　　　18万545円

　　　　上記2認定のとおり、上記商品の販売は不法行為を構成するから、商品代金18万545円は不法行為による損害と認められる。

　　イ　弁護士費用　　　　1万8,000円

precedent 15

亀戸労基署長事件（控訴審）

東京高判　平20・11・12　　　　　労経速2022号13頁

事案の概要

　本件は、控訴人（第1審X。以下「X」という）の夫であるAが、勤務していた本件会社での業務に起因して出血性脳梗塞を発症したとして、亀戸労働基準監督署長に対し労働者災害補償保険法（以下「労災保険法」という）に基づく休業補償給付の支給を請求したところ、同署長がこれを支給しない旨の処分をしたので、Aの地位を承継したXがその取消を求めた事案である。

　第1審は、Xの請求を棄却した（東京地判 H20.5.19）（労経速 2022号26頁）。これに対し、Xが控訴した。

結　果

　控訴認容。

コメント

　本判決は、Aの時間外労働時間は、業務と脳血管疾患等の発症との関連性に関する労働基準監督署の基準には満たないが、相当長時間のものであると評価することができ、さらに、上司であるB部長による叱責は、時間外労働により疲労を有していたと考えられるAに対し、一層のストレスを与えるものとなったというべきであるとして、業務起因性を認めた。

判　旨

1　当裁判所は、控訴人の請求が理由があり、本件処分はこれを取り消すべき
ものと判断する。その理由は、次のとおりである。

2　本件疾病発症の業務起因性についての判断

　　Aの本件疾病発症の業務起因性について判断する。

(1)　Aは、本件会社へ出向する以前の岡山在勤中に、初めて心房細動を発症し、
その後も度々発作性心房細動を起こし、投薬治療を受け、本件会社への出向
に伴う東京への転勤後も、心臓病センター榊原病院の医師からの紹介状に基
づき、断続的に治療を受けていたことが認められる。

　　Aは、平成5年7月5日、同年9月6日、同年10月8日など、繰り返し内
科クリニックで受診しているところ、Aは、その際、何度も繰り返し本件会社
でのストレスがたまっている旨を述べている。9月6日の受診の際には、Aは、
全身疲労感と動悸を訴え、心電図検査で心房細動が認められた。同クリニッ
クの医師は、ストレスにより心房細動の発作を起こすものと診断し、Aに対
しては、投薬等の処方は行っていない。

(2)　心房細動については、その誘因として長時間労働やストレスが挙げられて
おり、持続性であれ発作性であれ、業務によるストレスを誘因として心房細
動を引き起こすという機序の存在は認められ、また、証拠によれば、ストレ
スが血液の凝固能を亢進させるとの見解が存在することが認められる。さら
に、心房細動の発症を促す要因として高血圧が挙げられており、月60時間以
上の残業で有意の血圧上昇がみられたり、週60時間以上の長時間労働は、
心筋梗塞発症のリスクを高め、月50時間、60時間以上の残業で血圧上昇が
あると報告されており、厚生労働省の脳・心臓疾患の認定基準に関する専門
検討会は、平成13年11月16日、長時間にわたる長時間労働やそれによる睡
眠不足に由来する疲労の蓄積が血圧上昇などを生じさせ、その結果、血管病
変等をその自然経過を超えて著しく増悪させる可能性があるとの検討結果を
報告している。これらによれば、本件においても、長時間労働やストレスを
誘因として心房細動が発生し、かつ、ストレスにより血液の凝固能が亢進し
血栓を生じやすくなった状態にあったことによって、フィブリン血栓が形成
され、これによって本件疾病の発症に至った可能性が存在する。

(3) 本件においては、前認定のとおり、本件疾病発症の6月前からのAの時間
　　外労働時間は、1月当たり、約36.5時間、38時間、54.5時間、41.5時間、
　　57.5時間、77.5時間というものであり、徐々に時間外労働時間は増加し、発
　　症前1月は、4月18日の徹夜作業も加わり、80時間近くに達しているので
　　ある。そして、労働基準監督署においては、脳血管疾患及び虚血性心疾患等
　　については、発症前1月ないし6月にわたって、1月当たり45時間を超える
　　時間外労働があれば、その時間が長くなるほど、業務と発症との関連が徐々
　　に強まると評価され、また、発症前1月につき、おおむね100時間を超える時
　　間外労働時間があれば、業務と発症との関連性が強いと評価される取扱いと
　　なっているところ、Aの時間外労働時間は、同基準に満たないとしても、相
　　当長時間のものであると評価することができる。

(4) このような時間外労働に加え、B部長は、Aに対し、1月に2回以上、執拗
　　に、かつ、数回は2時間を超えてAを起立させたまま、叱責しており（叱責
　　の内容も、B部長自身の判断ミスによる失敗についてもAの責任にして叱責
　　するようなことが少なくない状況で、そのことは周囲の者にも分かるほどで
　　あった。）、このため、Aは、肉体的疲労のみならず、心理的な負担も有した
　　のである。B部長による叱責は、時間外労働により疲労を有していたと考え
　　られるAに対し、一層のストレスを与えるものとなったというべきである。
　　現に、本件疾病発症直前のAの日記の記載を見ると、4月12日、13日、15日
　　などに、ストレス、疲労が蓄積している旨の記載がある。4月18日には、コ
　　ンピューターの計算ソフトが故障したためC課長と共に徹夜作業を行ったも
　　のであるが、Aは、午前3時30分ころから午前6時ころまでわずか2時間余り
　　の睡眠をとっただけで、翌19日は全日勤務をしており、日記には、同日の
　　部分に「疲労の上、食べ過ぎのため8時半から9時の間いだは全身的にダル
　　サと吐気で気がめいる。」と記載されており、4月21日の部分には「先日の
　　徹夜の為か酔いがひどく」と記載されている。また、4月28日の部分には
　　「千葉に岡山から帰って来てから息切れが激しく特に朝の通勤時間それがケ
　　ンチョに表われる。D駅の階段を登るのに息切れが、今日は特別ひどく、体
　　が非常にダルかった。どことなく腹も満プクの気持ちでダルイというより体
　　が重かった、西船橋よりの地下鉄東西線も、いつもなら快速で立って行くの
　　だが、本日は座りたかったので、鈍行で行く。単行本を読んでも、浦安辺り
　　で眠くなりウトウトと眠ってしまい、門仲で下車するところを、1つ先の茅

場町まで行ってしまった。」との記載がある。これらの記載は、前認定の時間外労働とB部長による叱責のため、Aが相当疲労していたことの証左であるということができる。

(5) 上記のような本件疾病発症直前のAの状況に証拠を総合すれば、Aは、内科クリニックで受診した平成6年2月3日ごろまでは発作性心房細動であったところ、同年4月28日には、朝の出勤時にD駅の階段を上る際の息切れが特にひどく、体が非常にダルかった旨日記に記載していることから、既に持続性心房細動(ただし、発症からの時間による分類である)の状態にあったものであるところ、この持続性心房細動は自然経過で発生したものではなく、本件会社の業務上の負荷、特にB部長により頻繁に繰り返される執拗かつ異常な叱責によるストレスに加えて、平成6年4月18〜19日の徹夜作業に伴うストレスを誘因として発生したものであり、これに伴い形成されたフィブリン血栓が本件疾病を発症させたものと認めるのが相当である。

したがって、本件疾病は本件会社における業務に起因して発症したものというべきである。

(6) なお、心房細動の誘因としては、飲酒、喫煙、ストレス、睡眠不足等が挙げられるところ、Aにおいては、飲酒、喫煙をしていたものであるが、証拠によれば、Aは喫煙を断っていたところ、B部長の叱責によるストレスから再び喫煙をするようになり、また、同様の理由で酒量が増えたものであるから、本件疾病の発症に飲酒、喫煙が何らかの影響を与えていた可能性があるとしても、それを理由に業務起因性を否定するのは相当ではない。

3 消滅時効の抗弁についての判断

(1) 被控訴人(以下「Y」という)は、Aは、平成8年9月2日に、平成6年7月7日〜同年12月1日(149日分)の休業補償給付を請求したが、そのうち、同年7月7日〜同年9月1日の休業補償給付請求については、2年の時効を経過してから請求されたものであるから、消滅時効が完成していると主張する。

(2) しかしながら、Aは、平成8年4月11日に、平成6年4月29日〜同年7月6日分の休業補償給付を請求し、その後、平成8年9月2日に、平成6年7月7日〜同年12月1日分の休業補償給付も請求したものであるところ、平成8年4月11日の請求により、本件疾病に起因する休業補償給付につき請求権を行使する意思は、Y(亀戸労働基準監督署長)に対して明らかにされているものであり、当該請求に係る期間以降の休業補償給付についても請求権を行使

する意思であることが容易に理解できるものであり、現に、Aは同年9月2日に当初の請求に係る期間に続く期間につき休業補償給付請求をしているものである。そうであれば、本件において、当初の休業補償給付請求に対する処分が明らかにされていない段階で、当該請求に係る期間以降の休業補償給付を繰り返し請求しなければ休業補償給付の請求権が時効消滅するという被控訴人の主張を採用することは、相当でないというべきである。

4　結論

　以上によれば、本件処分は、本件疾病の業務起因性の判断を誤ったものであり、その判断の誤りが処分の結論に影響することは明らかであるから、取消しを免れない。

　よって、これと異なる原判決を取り消し、Xの請求を認容することとし、主文のとおり判決する。

precedent

16

ヴィナリウス事件

東京地判　平21・1・16　　　　　　　　労判988号91頁

事案の概要

本件は、Yの従業員であったXが、C部長からのパワーハラスメントによりうつ病が再発し、それを理由に解雇されたなどと主張し、C部長らの行為は不法行為に当たるとして、Yに対し、不法行為（使用者責任）に基づき、慰謝料の支払を求めた事案である。

結　果

一部認容。
慰謝料80万円。

コメント

本判決は、Xに対するC部長の発言は、単なる業務指導の域を超えて、Xの人格を否定し、侮辱する域にまで達していると判断した。特に、うつ病であることを知った後にも、「うつ病みたいな辛気くさいやつは、うちの会社にはいらん。」などと発言したことは、うつ病に罹患した場合に自殺願望が生ずることは広く知られたところであることに照らすと、うつ病に罹患した従業員に対する配慮を著しく欠くものと評価せざるを得ないと述べて、C部長の言動は不法行為と評価されてもやむを得ないと判断した。

判　旨

1　認定事実

　　証拠によれば、Yに入社するに至る経緯、入社後の状況、自殺未遂に至る経緯及びその後の状況について以下のとおりの事実が認められる。

(1)　Yに入社するに至る経緯

　　Xは、前職で平成16年10月ころ、産業医からうつ病の一種である気分障害との診断を受け、1か月の休職を2回した。

　　その後、Xは、前職では、業務形態の変更に伴い担当したい仕事がなくなったため、退職した。このころには、2、3週間に1度薬を処方してもらうために通院は続けていたが、うつ病は通常業務が可能なまでに軽快していた。

　　平成18年3月（以下の日付は、すべて平成18年のものであるため、「年」の表示を省略する。）、Xは、インターネットの転職サイトでYの求人を知り、以前からワインに関心があったため、応募した。

　　その後、社長（取締役のA。代表権はないが、社内で「社長」と呼ばれているので、本判決でもそのように表記することとする。）との面接を経て、Yから内定の通知を受け、5月8日に入社することとなった。

　　Xは、4月5日、B医師の診断を受け、診断名うつ病、通院加療しながら通常勤務可能となったことを認める旨の診断書の発行を受けた。

(2)　入社後の状況

　　5月8日に入社後、同月15日（月曜日）体調不良により欠勤して通院した。

　　このころから、C部長は、XがC部長の指示どおり動けなかったりした場合、他の従業員がいる前で「ばかやろう。」などと罵るようになった。例えば、航空券の手配を頼まれたXがインターネットで調べていると、「ばかやろう、旅行会社全部に片っ端から電話してみろ。」などと一方的に責め立てるなどというのがその一例である。また、別室にXが1人だけ呼ばれることもあったが、その際も、「3浪してD大に入ったにもかかわらず、そんなことしかできないのか。」「私は、お客さまに愛されているし、英語もできるし、自分の方がよっぽど上手なんだ。」「結局、大学出ても何にもならないんだな。」と、Xを罵倒したり、「今日やった仕事を言ってみろ。」と問い、Xがその日の業務内容を答えると、「ばかやろう、それだけしかできてないのか。

ほかの事務をやっている女の子でもこれだけの仕事の量をこなせるのに、お前はこれだけしか仕事ができないのか。」などとXを叱責したりした。これらは時間にして30分近くに及ぶことが多かった。また、Xの電話の対応を問題として、「お前は電話を取らなくていい。」などと言ってXの仕事を減らしたりもした。

　その後も、Xは、同月23日から26日まで体調不良により欠勤した。

　6月初めころ、Xは、これまで住んでいた実家から、会社の近くの渋谷区恵比寿に転居した。

(3) 自殺未遂に至る経緯

　6月8日、Xが執務中に居眠りをしていたため、C部長から注意され、その理由を聞かれたため、病気で通院中であり、薬を飲んでいるせいかもしれないと答えると、C部長は、「お前はちょっと異常だから、医者にでも行って見てもらってこい。」と言われた。Xは、翌日午前中に通院するため、実家に帰った。

　6月9日、Xは、Bクリニックで受診し、4月5日付け診断書と同文の診断書の発行を受けた。その後、Xは、出社し、この診断書をC部長に提出したところ、C部長は、「うつ病みたいな辛気くさいやつは、うちの会社にはいらん。うちの会社は明るいことをモットーにしている会社なので、そんな辛気くさいやつはいらないし、お前が採用されたことによって、採用されなかった人間というのも発生しているんだ。会社にどれだけ迷惑をかけているのかわかっているのか。お前みたいなやつはもうクビだ。」などと30分くらいにわたり罵声を浴びせた。

　Xは、C部長からクビだと言われて途方に暮れ、また、うつ病からくる自殺願望が出てきたため、遺書を書き、地下のワインセラーに降りて、処方された薬を2週間分飲んで自殺を図った。

　その後、Xは、Xがいつまでも地下から上がってこないことを心配した従業員に、倒れているところを発見され、救急車で病院に運ばれたため、一命を取り留めた。

　Xの両親は、Yから、Xが自殺未遂のため病院に運ばれた旨の連絡を電話で受け、病院に駆けつけ、Xが無事であることを確認したが、Yから、両親のいずれかに会社まで来てほしいと言われたため、Xの母親が会社まで行った。すると、社長は、Xの母親に対し、今回の出来事についてYに一切の

責任がない旨の書面を出すよう求め、Xの母親はこれに応じて、「Xこと、私共の長男はYに入社する以前より、うつ病になっておりまして、今後どの様な事が有りましても、Yには、何の責任もございませんので、ここではっきり申し上げます。」という書面を書いてYに提出した。

(4) その後の状況

6月12日ごろ、Xは、解雇についての説明を聞こうとしてYに電話をしたところ、C部長が出て、「この件は君の母親との間で話がついているのでもう電話してくるな。」「ばかやろう。」と怒鳴り、一方的に電話を切ってしまった。

その後、Xは、Yの登記簿上の代表取締役であるEに対し、自分が今どのような状態になっているのかを電話で尋ねたところ、自己都合以外の事由で退職した形になっているが詳細は自分もわからないと言われた。

そこで、Xは、7月7日付け書面にて、雇用保険の申請に必要なので、解雇予告通知及び解雇理由証明書を交付してほしいと頼み、Yは、これに応じて解雇予告通知及び解雇理由証明書を郵送してXに交付した。

7月7日、社長はXの母親に電話して、「Yには勤務していなかったことにしてはどうか。」と言ったが、Xの母親は、それでは事実と異なるという理由で断り、弁護士に相談している旨を話したところ、「こちらも弁護士を付けるから、どうなっても知らないよ。」「契約書にサインしたのだから、息子の行動を止めろ。さもないと、息子の人生をめちゃめちゃにしてやる。」などと興奮して電話を切った。また、このころ、社長は、Xにも電話で、母親に一筆書いてもらっているのだから訴えるようなことはするなという話をし、Xがこれを拒むと、「あなたの人生をむちゃくちゃにしてやるから覚悟しておけ。」と言って電話を切ったことがあった。

以上のとおり認められる。YはC部長のXに対するこれらの発言を否認し、証人CもY主張に沿う証言をするが、同証人は尋問中の態度から、同人がすぐに冷静さを欠く傾向のある人物であることがうかがわれ、このことに照らすと、同人がXに対して冷静さを欠いた言動に及んでいたとしても何ら不自然ではないのであり、このような見地からすると、同証人の証言をそのまま採用することはできない。他方、X本人尋問の結果については、相当の信用性を認めることができるから、上記のとおりC部長の発言があったものと認められる。

2 不法行為の成否

(1) Xのうつ病はYの業務により発症したものか

　　Xに課せられた業務がそれほど過重なものであったとは認められず、業務とうつ病との因果関係は不明であるというほかない。また、後記のようにC部長によりパワーハラスメントを受けていたことも認められるところであるが、これとうつ病との因果関係も不明というほかない。

(2) C部長のパワーハラスメントの有無

　　上記1で認定したXに対するC部長の発言は、単なる業務指導の域を超えて、Xの人格を否定し、侮辱する域にまで達しているといえ、不法行為と評価されてもやむを得ないものということができる。

　　そして、前後の経緯からして、一連のC部長の発言のうち、特に6月8日、6月9日の2日間のものは、自殺未遂の直接の原因となったものと認めることができる（この点に関し、Xを診察したB医師は、書面による尋問において、Xの自殺未遂は、当時の病状や服薬とは無関係であり、むしろ「思い知らせてやろう」というYへの当てつけであると述べており、上記のような認定は医学的知見とも矛盾するものではないと解される。）。

(3) 解雇の有無

　　C部長が「クビ」と発言したことが認められるのは、前記のとおりであるが、同人に従業員を解雇する権限があるとは解されないばかりか、X自身が、後日、Xの身分関係がどうなっているかについてYに問い合わせていることからも、C部長の発言を解雇通告とは受け止めていなかったことが推認されるのであって、この発言をもって解雇の意思表示と認めることはできないといわざるを得ない。

　　もっとも、このような発言は、従業員を困惑させるものであり、現にXはこの発言を引き金として自殺行為に及んでいるのであり、パワーハラスメントとしてはかなり悪質であるといわざるを得ない。

　　特に、6月9日にうつ病であることを知った後にもこのような言動を続けたことは、うつ病に罹患した場合に自殺願望が生ずることは広く知られたところであることに照らすと、うつ病に罹患した従業員に対する配慮を著しく欠くものと評価せざるを得ない。

(4) 自殺未遂後のYの対応

　　Xからの電話に対するC部長の発言及びXの母親に対する社長の電話での

発言は、およそ使用者として適切さを欠くものであるといわざるを得ないが、これ自体が独立した不法行為を構成するまでには至らないといわざるを得ない。

(5) まとめ

以上によれば、Xの主張するY及びC部長の行為のうち、C部長の6月9日までのパワーハラスメント行為は不法行為を構成する。そして、C部長の同行為はYの職務に関連して行なわれたものであるから、Yは、民法715条による責任を免れない。

なお、Xの母親は、Xの自殺未遂当日にYには一切の責任がない旨の書面をYに提出しているが、これをもってYに対するXの損害賠償請求権を放棄する旨の意思表示と認めることはできないから、同書面の存在はYの責任の有無を左右しない。

3 Xの損害

C部長のパワーハラスメント行為によりXは、精神的に傷つき、自殺まで企てるようになったのであるから、Yにはその精神的苦痛を慰謝する責任がある。ただ、C部長のパワーハラスメント行為により自殺を企てるようになったのは、うつ病による自殺願望による面がないとはいえないと解され、6月9日までC部長はXがうつ病であることを知らなかったのであるから、損害額を算定するに当たっては、このようなXの素因及び事情を考慮する必要がある。

以上を勘案すると、Xに対する慰謝料の額としては、80万円をもって相当と認める。

precedent

17 日本土建事件

津地判　平21・2・19　　　　　　　労判982号66頁

▌事案の概要

　X1及びX2の息子Zは、Yに養成社員として入社した。養成社員とは、Yにおいて、一般の社員のように退職まで勤務することはなく、建設業を行うに当たって一人前になるよう養成を受け、概ね4、5年で退職し、その後は父親などが経営する建設会社で跡継ぎとなる者をいう。

　Zは、上司らとの飲み会の後、上司らを自分の車で送り届ける際に交通事故に遭い、死亡した。

　本件は、ZがYにおける違法な時間外労働及び上司によるパワーハラスメントにより被った肉体的精神的苦痛に対する慰謝料請求として、Yに対し、①Xらが、YとZとの雇用契約上の付随義務として信義則に基づく勤務管理義務及びパワーハラスメント防止義務としての安全配慮義務違反による慰謝料請求、または、民法709条の不法行為に基づく慰謝料請求として、②X1が、YとX1との準委任契約上の付随義務として信義則に基づく勤務管理義務及びパワーハラスメント防止義務としての安全配慮義務違反による3,000万円の慰謝料請求の一部請求として、それぞれ100万円の支払を求めた事案である（なお、X1のYに対する準委任契約に基づく請求は、X1のその余の請求と選択的請求の関係にあるものと解される。）。

　上記準委任契約に関しては、X1が、「Yは、預かり元であるYの2次下請をしていたW建設株式会社の代表取締役であるX1との間で、YとZとの養成社員雇用契約に関して、明示あるいは黙示の準委任契約を締結した」と主張していた。

結　果

一部認容。

慰謝料：Xらに対し、それぞれ75万円。

コメント

　本判決は、違法な時間外労働及び上司によるパワーハラスメントについては、Yの債務不履行責任及び不法行為責任を認めたが、交通事故当日にZが飲み会に出席したこと及び上司らを自宅まで車で送ったことは、職務の一環ということはできないから、これらの点に関して、XらがYに何らかの責任を問うことはできないと述べた。

判　旨

1　時間外労働について

　Zは、Yに入社して2か月足らずで本件作業所に配属されてからは、極めて長時間に及ぶ時間外労働や休日出勤を強いられ、体重を十数キロも激減させ、絶えず睡眠不足の状態になりながら、1日でも早く仕事を覚えようと仕事に専念してきたことが認められる。それにもかかわらず、Yでは、時間外労働の上限を50時間と定め、これを超える残業に対しては何ら賃金を支払うこともせず、それどころか、Zがどれほどの残業をしていたかを把握することさえ怠っていたことが認められる。X1からZの残業を軽減するよう申し入れがあったことに対しても、およそ不十分な対応しかしていない。

　このようなYの対応は、雇用契約の相手方であるZとの関係で、その職務により健康を害しないように配慮（管理）すべき義務（勤務管理義務）としての安全配慮義務に違反していたというほかない。したがって、この点に関し、Yには、雇用契約上の債務不履行責任がある。そして、同時に、このようなYの対応は、Zとの関係で不法行為を構成するほどの違法な行為である

と言わざるを得ないから、この点についても責任を負うべきである。このことは、後に、Ｙが時間外労働割増賃金及び深夜労働割増賃金を全額弁済供託したからといって異なるところはない。もっとも、本件全証拠によっても、Ｙは、Ｘ1との関係で準委任契約を締結したとは認められないから、Ｙにこの点に関する責任までは認められない。

2　パワーハラスメントについて

(1)　Ｚは、長時間に及ぶ残業を行い、休日出勤をしてまでＹの本件作業所において仕事に打ち込んでいたところ、Ｚの指導に当たったＣは、Ｚに対し、「おまえみたいな者が入ってくるで、Ｍ部長がリストラになるんや！」などと、理不尽な言葉を投げつけたり、ＺがＷ建設株式会社の代表取締役の息子であることについて嫌味を言うなどしたほか、仕事上でも、新入社員で何も知らないＺに対して、こんなこともわからないのかと言って、物を投げつけたり、机を蹴飛ばすなど、つらくあたっていたことが認められる。

　　また、Ｚは、Ｃから今日中に仕事を片づけておけと命じられて、1人遅くまで残業せざるを得ない状況になったり、他の作業員らの終わっていない仕事を押しつけられて、仕事のやり方がわからないまま、ひとり深夜遅くまで残業したり、徹夜で仕事をしたりしていたことが認められる。

　　そのほか、Ｃからは、勤務時間中にガムを吐かれたり、測量用の針の付いたポールを投げつけられて足を怪我するなど、およそ指導を逸脱した上司による嫌がらせを受けていたことが認められる。

　　このような状況においても、Ｚは、養成社員として入社した身であるから仕方がないんだと自分に言い聞かせるようにして、Ｃに文句を言うこともなく我慢して笑ってごまかしたり、怪我のことはＣに口止めされたとおりＡ所長らにも事実を伝えず、一生懸命仕事に打ち込んできたことが認められる。

　　本件交通事故が発生した日の前日も、Ｚは徹夜でパソコン作業に当たっていたが、このとき、一緒に残業していたのは数量計算等を行っていたＢ工事長のみであり、他の作業員及びＡ所長は帰宅しており、Ｚの仕事を手伝うことはしなかったことが認められる。なお、Ａ所長に至っては、勤務時間中にリフレッシュと称して度々パソコンゲームをしており、Ｚの仕事を手伝っていた様子はうかがえない。

(2)　これらの事実からすれば、Ｚは、Ｙに入社して2か月足らずで本件作業所に

配属されてからは、上司から極めて不当な肉体的精神的苦痛を与えられ続けていたことが認められる。そして、本件作業所の責任者であるＡ所長はこれに対し、何らの対応もとらなかったどころか問題意識さえ持っていなかったことが認められる。その結果、Ｙとしても、何らＺに対する上司の嫌がらせを解消するべき措置をとっていない。

　このようなＹの対応は、雇用契約の相手方であるＺとの関係で、Ｙの社員が養成社員に対してＹの下請会社に対する優越的立場を利用して養成社員に対する職場内の人権侵害が生じないように配慮する義務（パワーハラスメント防止義務）としての安全配慮義務に違反しているというほかない。したがって、この点に関し、Ｙには、雇用契約上の債務不履行責任がある。そして、同時に、このようなＹの対応は、不法行為を構成するほどの違法な行為であると言わざるを得ないから、この点についても責任を負うべきである。もっとも、本件全証拠によっても、Ｙは、X1との関係で準委任契約を締結したとは認められないから、Ｙにこの点に関する責任までは認められない。

(3)　この点、Ｙは、ＣがＺに対してポールを投げたのは、ＣがＺに対し、夕方5時ころから測量を始めると言ったところ、Ｚがこんな遅くからという感じでダラダラしていたので、Ｃが嫌ならやめとけと言って測量用のポールをＺの方に放り投げたところ、弾みでＺの足に当たったものであると主張しているが、そもそも、ＺがＹが主張するような態度をとっていたと認めるに足りる証拠はおよそないし、いずれにしても、Ｃが行った行為を正当化する理由となるものではおよそない。むしろ、このような事実をはじめ、ガムをズボンに吐きつけられたり、昼休みも休むことを許されず、深夜遅くまで残業させられ、徹夜勤務になることもあったような過酷な職場環境であったことからすれば、Ｚは、Ｙに入社後、間もなく配属された本件作業所において、先輩から相当厳しい扱いを受けていたことがうかがえる。このような扱いは、指導、教育からは明らかに逸脱したものであり、Ｚがこれら上司の対応について自分に対する嫌がらせと感じたとしても無理がないものであったというほかない。

　なお、Ｙは、Ｚが足を怪我したことについては、時効が成立しているとの主張をしているものの、Ｘらは、個々の出来事を取り上げて債務不履行ないし不法行為に基づく損害賠償請求としての慰謝料請求をしているのでは

なく、ZがYに入社し、本件作業所に配属されてから、本件交通事故により死亡するまでの一連のZの上司らによる行為ひいてはそれに関するYの対応を問題としてとらえていることからすれば、このXらの請求に関する消滅時効の起算日は、Zが死亡した平成16年1月13日とするべきである。

3　もっとも、本件交通事故当日Zを飲み会に出席させたこと及び上司を自宅まで車で送らせたことについては、別途検討を要する。

(1)　Zは、本件交通事故当日である平成16年1月13日も午後6時半ころから午後8時ころまで、B、C、D及びEとともにお好み焼き屋で飲食し、その後も、C及びEと居酒屋に飲みに行っていることが認められる。

　　この点、証拠によれば、Zは、新入社員紹介の中で趣味として酒を飲むことを掲げていることが認められるが、これは、通常の健康状態を前提とするものであって、平成16年1月5日から連日のように深夜まで残業が続いた上、同月12日には徹夜勤務となり、2時間程度しか仮眠がとれていない状態で、Zが酒を飲むことを積極的に望んでいたとは考えにくい面がある。むしろ、これらの飲食は、Zとしては、つきあいとしてやむを得ず出席した面が強いものとも考えられる。

　　もっとも、この飲食には、A所長は全く参加していないし、BやDもお好み焼き屋で飲食しただけでその後の居酒屋には行っていないことなどからすれば、上記のとおり、ZがCらからパワーハラスメントを受けていたとしても、Zに対して、Yの職務の一環としてこれらの飲食に参加しなければならないといった強制力があったとまでは認めることはできない。ZがCらからの飲食の誘いを断り切れなかったとしても、それは、Yの職務の一環としてではなく、個人的な先輩からの誘いを断り切れなかったと解するほかなく、Zとしては、あくまで自由意思で参加したものというべきであり、Yの職務の一環として飲食をともにしたということまではできない。したがって、この点に関して、XらがYに何らかの責任を問うことはできない。そして、この飲み会がYの職務の一環であったとまでは認定できない以上、その帰宅方法について、XらがYに何らかの責任を問うこともできない。

(2)　また、C、E及びZが居酒屋での飲酒後に本件作業所に戻った時点で、ZがCやEから自宅まで車で送るよう求められたのに応じて自ら運転してCやEをそれぞれ自宅まで送ることにしたことが認められるが、これについても、先輩・後輩の関係から断り切れなかったことは容易に想像されると

ころであるが、これをYの職務の一環であったということまではできない。したがって、これに応じてZが飲酒運転をした結果、本件交通事故を起こしたことについても、それ自体をYの職務の一環ということはできず、この点に関して、XらがYに何らかの責任を問うことはできない。

4 慰謝料について

　以上によれば、Yは、雇用契約におけるZが健康を害しないように配慮（管理）すべき義務（勤務管理義務）としての安全配慮義務に違反するとともに、Yの社員が養成社員に対してYの下請会社に対する優越的立場を利用して養成社員に対する職場内の人権侵害が生じないように配慮する義務としてのパワーハラスメント防止義務に違反したことに伴う慰謝料及びこれらに関する不法行為に基づく慰謝料を支払うべき責任があることになる。

　ただ、上記のとおり、Zが、入社直後からあまりに過酷な時間外労働を、それに見合った割増賃金を支給されることもなく恒常的に強いられ、その上、養成社員という立場であったことからおよそ不平不満を漏らすことができない状況にある中で、上司からさまざまな嫌がらせを受け、肉体的にも精神的にも相当追いつめられていたなかで、本件交通事故が発生したことからすれば、XらZの両親が、本件交通事故がZの飲酒運転が原因であるからYには一切責任がないとするYの態度に憤慨するのも至極当然である。すなわち、このことは、それだけ、Zが強いられてきた時間外労働があまりに過酷で度を超したものであり、上司から受けたさまざまな嫌がらせが極めて大きな肉体的精神的苦痛を与えていたと考えられるほど、違法性の高いものであったことのあらわれである。

　したがって、上記雇用契約の債務不履行及び不法行為に基づく慰謝料額を検討するにあたっては、このような違法性の高さを十分考慮する必要があり、本件にあらわれたすべての事情を総合的に考慮すると、Zに生じたその慰謝料額としては、いずれの請求に基づく慰謝料としても、150万円をもって相当というべきである。したがって、これを各2分の1ずつ相続したXらの請求は、それぞれ75万円の限度で認められる。

F 病院事件

福井地判　平21・4・22　　　　　　労経速2040号14頁

事案の概要

　本件は、Yに雇用されていた医師であるXが、Yから平成19年5月29日付け解雇予告通知書により同年6月30日をもってなされた解雇は無効であり不法行為に当たるなどと主張して、Yに対し、①雇用契約上の地位を有することの確認、②雇用契約に基づき医師として就労させること、③雇用契約に基づく平成19年7月以降の賃金の支払い、④雇用契約に基づく賞与の支払い、⑤人格権に基づくパワーハラスメント行為防止のための措置を講じること、⑥パワーハラスメント及び不当解雇が不法行為・債務不履行を構成することを理由とする損害（慰謝料等）の賠償を求めた事案である。

結　果

　請求棄却。

コメント

　Xは、Yが、①Xの受持ち患者を減らしたこと、②序列を逆転させたこと、③Xに対して執拗な退職勧奨やいじめを行ったこと、④Xを監視したこと、⑤Xを解雇したことは不法行為ないし債務不履行を構成すると主張したが、本判決は、いずれも認めなかった。

判　旨

1　Yの不法行為・債務不履行責任について

　　争いのない事実及び括弧内掲記の証拠によれば、次のとおり認めることが
　できる。

(1)　受持ち患者数の減少

　ア　Xは、YがXの受持ち患者数を減少させたことが不法行為等を構成する
　　と主張する。

　イ　Y病院内科の全入院患者数に占める、Xの受け持つ（主治医となる）患
　　者数の割合は、平成9年から平成14年までは概ね25％から30％で推移して
　　いたが、平成15年には約18％にまで減少し、平成16年には約25％に増加
　　したものの、平成17年には再び減少して約19％となり、それ以降は本件
　　解雇に至るまで僅かずつ減少してきた。

　　　上記減少は、YがXの受持ち患者数を意識的に減らしたことによるもの
　　であった。

　ウ　Yは、平成15年初め頃、大学の医局からXに替わる別の医師の派遣を
　　希望していた。すなわち、XにはYを退職して大学の医局が紹介する別の
　　病院へ就職してもらい、Yは大学の医局から紹介を受ける別の医師を新た
　　に採用したいと考えていた。

　　　そして、Y病院の院長は、平成15年11月頃、大学の医局との間で、Xに
　　紹介する病院とYが派遣を受ける新たな医師についてほぼ話をまとめてい
　　たものの、XがYを退職して別の病院へ移ることを断ったため、Yの上記
　　希望は実現しなかった。

　エ　そこで検討するに、Yは、Y病院に勤務する医師らにどのように患者を
　　受け持たせるかを決する裁量権を有する。

　　　そして、Xの受持ち患者数の減少程度は、半減といった著しいものでは
　　ない。また、平成15年頃の減少は、Xの異動話が具体的に進められるな
　　かで行なわれたものであり、Xの退職に備えるという合理的理由に基づく
　　ものであったと認められる。さらに、平成17年の減少は、その年に発生
　　したXと患者Aとのトラブルを背景に、患者とのトラブル防止という観
　　点から行なわれたものと認められ、これについても合理的な理由があると

いうことができる。

　以上によれば、YがXの受持ち患者を減らしたことについては、裁量権の逸脱・濫用があったとは認められず、これが不法行為ないし債務不履行を構成するものとは認められない。

(2) 序列逆転

　ア　Xは、Yが行なった序列逆転等の措置が不法行為等を構成すると主張する。

　イ　Yは、平成18年10月、Y病院の透析センターに副センター長というポストを新設して、そこにB医師を就けた。また、Yは、平成19年4月1日付けで、人事表上もXとB医師の序列を逆転させた。

　　B医師は、平成7年に医師免許を取得し、平成12年以降Y病院で勤務してきたものである。Y病院の内科は、血液透析を主たる業務としているところ、B医師は、血液透析に係るバスキュラーアクセスインターベンション治療をY病院に本格的に導入し、責任者として同治療の施行と指導にあたるなどしていた。

　ウ　そこで検討するに、一般に、使用者の行なう人事上の評価は、公正妥当なものであることが求められ、また、Y病院のように常勤医師7名という規模の病院では、医師らの具体的な担当職務が異なるために客観的な基準を設けて評価することが困難な側面があることから、医師としての経験年数、Y病院における経験年数を基礎に評価するということにも一応の合理性はある。しかしながら、それが絶対的なものでないことも明らかであり、また、評価である以上、それを行なうY側に一定の裁量があることも否定できないところである。

　　ところで、Xは、医師としての経験年数及びY病院における勤務年数においてはB医師に優るものの、平成18年10月ころまでに解雇事由と評価できる事情が認められたところである。他方、B医師は、血液透析に係るバスキュラーアクセスインターベンション治療をY病院に本格的に導入し、責任者として同治療の施行と指導にあたるなど評価できる功績があったのであるから、経験年数・勤務年数を踏まえ、これら事情を評価した結果として、YがB医師をY病院の透析センターの副センター長に就け、平成19年4月1日付けで人事表上もXとB医師の序列を逆転させたことについて裁量権の逸脱・濫用があったとは認められない。また、これが不法行

為ないし債務不履行を構成するものとも認められない。

(3) 執拗な退職勧奨及びいじめ

ア　Xは、Yのパワーハラスメント（執拗な退職勧奨及びいじめ）により、労働契約終了についての意思決定の自由を侵害されたとしてるる主張する。

イ　まず、Xは、平成15年11月17日、Y病院の院長から退職を強要されたと主張し、それに沿う内容のメモを提出する。

　　確かに、当時、YはXに大学の医局が紹介する別の病院に移って貰いたいとの希望を持っており、そのために院長からXに対して働きかけのあったことは推測されるところではあるが、その働きかけの程度・内容につき、YはXの主張を否認しており、Xの主張を裏付ける客観性のある証拠はなく、したがって、上記メモから直ちにXの主張する程度・内容の働きかけがあったものとは認め難く、他にこの事実を認めるに足る証拠はない。

ウ（ア）次に、Xは、Y病院の事務長が本件解雇の意思表示後の平成19年6月22日、退職金を現金で持参してXに受領するよう求めたことを指摘する。

　　　　X指摘の事実は当事者間に争いがなく、Xはその退職金の受領を拒絶した。

　（イ）確かに、本件解雇の効力は、退職金を持参した日に後れる平成19年6月30日に生じるものではある。しかしながら、Yは既に解雇の意思表示を済ませていたうえ、解雇の効力発生に先立って退職金を支払うことも必ずしも退職手続に伴う一連の行為として不自然とはいえないことからすれば、退職金の持参行為に退職を受け容れて貰いたいとの希望が伏在していたとしても退職金持参行為それ自体が社会的相当性を欠く違法なものとはいえない。

　　　　したがって、Yの退職金持参行為がパワーハラスメントに当たるなどとして不法行為等を構成するものとは認められないというべきである。

エ（ア）Xは、YがXに無断で医師会退会届を作成・提出した行為を指摘する。

　（イ）Yは、本件解雇以前、Xの医師会会費及び負担金をXに代わって支払っていたところ、平成19年6月28日以降、Xに無断で、X名義の医師会退会届を作成し、医師会に提出した。

　　　　Yは、平成19年7月25日、Xの抗議を受けて、同月28日には退会届

を撤回したうえ、退会届提出の原因として、Y病院がXの医師会会費
及び負担金の代払いを中止するために必要があると誤解したことによ
るとの説明をXに通知し、謝罪した。

（ウ）以上の経緯と、Yは同年5月29日には同年6月30日をもって解雇旨
の本件解雇の意思表示をしていたことに照らすと、Yの上記説明には
一応の合理性があり、過誤ではなくXを害する目的を持って殊更にな
されたものとは認められない。

また、Yの上記行為によってXの社会生活に具体的な支障が生じた
ことを認めるに足る証拠はなく、YはXの抗議後遅滞なく退会届を撤
回して謝罪していることからすれば、Xに損害が生じたとも認め難い。

したがって、Yによる医師会退会届の作成・提出行為がパワーハラス
メントに当たるなどして不法行為等を構成するものとは認められない。

オ　以上によれば、Yの退職金持参行為、医師会退会届の作成・提出行為が、
Xに対するパワーハラスメントに当たるなどして不法行為等を構成するも
のと認められることはできない。

(4) 監視

ア　Xは、Yによる監視行為（パワーハラスメント）により、プライバシー
権及び人格権を侵害されたと主張する。

イ　Xは、Y病院において、院長室及び副院長室と同じ2階にある、医局の
並びの1室を利用していた。Yは、平成17年2月から平成19年5月にかけて、
合計16台の防犯カメラをY病院内各所に順次設置し、同年5月14日、そ
のうちの1台を、Xの使用する部屋のドア上部に取り付けた。このカメラは、
階段及びエレベーター乗降口を視野に収めており、階段及びエレベーター
乗降口を出入りする人の姿は映るが、Xの部屋のドアや、Xの部屋を出入
りする人の姿は映らないものであった。また、上記防犯カメラのうち2台
は、Y病院1階及び3階の、Xの使用する部屋のドア上部とほぼ対応する
位置にそれぞれ取り付けられている。

ウ　Xは、Xの使用する部屋のドア上部に取り付けた防犯カメラが、Xの行
動を監視するためのものであったと主張する。

しかしながら、Xの部屋のドア上部の防犯カメラは、階段及びエレベー
ター乗降口を視野に収めて、階段及びエレベーター乗降口を出入りする人
の姿を映してはいるものの、Xの部屋のドアや、Xの部屋を出入りする人

の姿を映してはいないこと、さらにこのカメラに先立ちYが設置した防犯カメラ15台のうちの2台が、Y病院1階及び3階の、Xの使用していた部屋のドア上部とほぼ対応する位置にそれぞれ取り付けられていることからすれば、YがXの行動を監視するために防犯カメラを設置したとは到底認められない。

　さらに、Xの部屋のドア上部の防犯カメラが映す範囲からすればXに何らかの損害が生じているものとも認められない。

エ　したがって、Yによる上記防犯カメラの設置がXに対するパワーハラスメントに当たり、Xのプライバシー権及び人格権を侵害したとは認められない。

(5)　本件解雇

ア　Xは、本件解雇が無効であるのみならず、パワーハラスメントの延長としてなされたものであって不法行為等を構成すると主張する。

イ　本件解雇が有効であることは上記で認定判断したとおりである。

ウ（ア）Xは、YがXの妻に対して解雇予告の電話をすると述べて脅迫したと主張する。

（イ）Xと事務長らとの平成19年6月11日の会話に関する録音反訳書によれば、同日、Xと事務長との間で次の会話がなされたことが認められる。

　　事務長　「すいません、奥様にはこのお話はされているんですか。」

　　Ｘ　「あのさ。人にこんだけ失礼なことしといてさ、嫁さんに言ってるかどうかってどういう意味よ。」

　　事務長　「いや、もしんでしたら、こちらから1回電話させていただこうかなと。」

　　Ｘ　「はい。はい。」「何のことを。」

　　事務長　「……この事情話を。」

　　Ｘ　「何でうちの家内にそんなことあなたがいうの。何の目的でそんな話を言うの。どういうこと。何が言いたいの。」

　　事務長　「お話はしておいた方がいいかと思って。いきなり先生、そんな、ねえ。明日から仕事ないんやって言われたかって。そりゃ奥さんかってどうしても困るでしょ。」

　　Ｘ　「ひとの家族に何でそんな電話するの。」

事務長 「いらないんならいいです。」

　　　　（ウ）確かに、上記会話内容によれば、Xが事務長の発言に立腹したことには肯ける面があるものの、Xの応対内容に照らせば、この事務長の発言がXに対する脅迫行為を構成する程度のものとは認められず、パワーハラスメントに当たるものとも認められない。

　　エ（ア）Xは、Yが平成19年6月23日の臨時の集まりにおいて、職員らに「Xは6月30日で籍がなくなるのでXの指示を聞かないように。」と命じたと主張し、その主張に沿う内容の陳述書を提出する。

　　　　（イ）Yは、Xの主張を否認するうえ、Xの陳述内容を裏付ける的確な証拠はないのであるから、上記陳述書から直ちにXの主張事実を認めることはできず、他にこの事実を認めるに足る証拠はない。

　　オ　Xは、平成19年6月25日に支給されたXの給与からYが2か月分の社会保険料等を天引きしたことが、Yの嫌がらせ行為であったと主張するが、その行為内容と、既に本件解雇の意思表示がなされていたことからすれば、退職手続の一環として行なわれたものと認めるのが相当であって、それがパワーハラスメントに当たるとは到底認められない。

　　カ　以上のとおり、事務長の発言内容は脅迫行為を構成する程度のものとは認められず、退職金の受領促しや2か月分の社会保険料等の天引きは退職手続の一環としてなされたものと認められ、さらに医師会退会届の無断作成・提出もXへの害意に基づくものとは認められないことに照らすと、これらの行為がパワーハラスメントに当たり、Xに対する不法行為等を構成するものと認めることはできない。

（6）以上のとおり、YがXに対して不法行為・債務不履行責任を負うものとは認められず、Xの損害賠償請求は理由がない。

前田道路事件（控訴審）

高松高判　平21・4・23	労経速2044号3頁
原審：松山地判　平20・7・1	労経速2013号3頁

事案の概要

　本件は、Yの従業員であったAが自殺したのは、上司から、社会通念上正当と認められる職務上の業務命令の限界を著しく超えた過剰なノルマ達成の強要や執拗な叱責を受けたことなどにより、心理的負荷を受けてうつ病を発症し又は増悪させたからであるなどとして、Aの相続人であるXらが、Yに対し、主位的に不法行為に基づき、損害賠償金を、予備的に債務不履行（安全配慮義務違反）に基づき、損害賠償金の支払いを求めた事案である。

　第1審判決は、YはX1に対し約473万円と弁護士費用50万円、X2に対して約2,362万円と弁護士費用240万円を支払うよう命じた。これに対し、Xら及びYがいずれも控訴した。

結　果

　Yの控訴認容（原判決中、Yの敗訴部分取消）。

　Xの控訴棄却。

コメント

　第1審判決は、Aの上司の叱責・注意とAの死亡との間には相当因果関係が認められ、Aに対する上司の叱責などは過剰なノルマ達成の強要あるいは執拗な叱責として違法であると判断していた。

　これに対し、本判決は、Aの上司らがAに対して行った指導や叱責は、社会

通念上許容される業務上の指導の範囲を超えた過剰なノルマ達成の強要や執拗な叱責に該当するとは認められないとして、Ａの上司らの行為は不法行為に当たらないと判断した。また、Ｙの安全配慮義務違反についても否定した。

　1審と2審とで、上司らの行為が違法であるかどうかについての結論が全く異なっており、業務上の指導の範囲を超えるか否かについての判断の難しさを示す事例といえる。

判　旨

1　Ａの上司らの行為が不法行為に当たるか

(1)　Ｘらは、Ａの上司らが、Ａに対し、社会通念上正当と認められる職務上の業務命令の限界を著しく超えた過剰なノルマ達成の強要及び執拗な叱責をしたと主張する。

(2)　しかしながら、原判決記載の前提事実及び認定事実によれば、Ｙの営業所は、独立採算を基本にしており、過去の実績を踏まえて翌年度の目標を立てて年間の事業計画を自主的に作成していたこと、東予営業所の第79期の年間事業計画はＡの前任者が作成したが、第80期の年間事業計画はＡが東予営業所の過去の実績を踏まえて作成し、四国支店から特に事業計画の増額変更の要請はなかったことが明らかであって、東予営業所における業績環境が困難なものであることを考慮しても、当初の事業計画の作成及び同計画に基づく目標の達成に関しては、Ａの上司らからＡに対する過剰なノルマ達成の強要があったと認めることはできない。

(3)　他方で、Ａの上司らからの約1,800万円の架空出来高を遅くとも平成16年度末までに解消することを目標とする業務改善の指導は、従前に年間業績で赤字を計上したこともあったことなどの東予営業所を取り巻く業務環境に照らすと、必ずしも達成が容易な目標であったとはいい難い。さらに、ＢはＡに対して、平成16年のお盆以降、毎朝工事日報を報告させ、工事日報の確認に関する指導を行っていたが、その際にＡが落ち込んだ様子を見せるほどの強い叱責をしたことがあったことが認められる。

　　しかし、原判決の認定するとおり、東予営業所においては、Ａが営業所長に就任するまでは、営業所の事業成績に関するデータの集計結果を四国支店

に報告する際に実際とは異なる数値を報告するといった不正経理は行われていなかったが、Aは、東予営業所長に就任した1か月後の平成15年5月ころから、部下に命じて架空出来高の計上等の不正経理を開始し、同年6月ころ、これに気付いたDから架空出来高の計上等を是正するよう指示を受けたにもかかわらず、これを是正することなく漫然と不正経理を続けていたため、平成16年7月にも、B、C及びDから架空出来高の計上等の解消を図るように再び指示ないし注意を受けていた。さらに、その当時、東予営業所においては、工事着工後の実発生原価の管理等を正確かつ迅速に行うために必要な工事日報を作成しておらず、このため、同年8月上旬、東予営業所の工事の一部が赤字工事であったことを知ったBから工事日報の提出を求められた際にも、Bの求めに応じることができなかった。

(4) このように、Aの上司からAに対して架空出来高の計上等の是正を図るように指示がされたにもかかわらず、それから1年以上が経過した時点においてもその是正がされていなかったことや、東予営業所においては、工事着工後の実発生原価の管理等を正確かつ迅速に行うために必要な工事日報が作成されていなかったことなどを考慮に入れると、Aの上司らがAに対して不正経理の解消や工事日報の作成についてある程度の厳しい改善指導をすることは、Aの上司らのなすべき正当な業務の範囲内にあるものというべきであり、社会通念上許容される業務上の指導の範囲を超えるものと評価することはできないから、上記のようなAに対する上司らの叱責等が違法なものということはできない。

(5) これに対し、Xらは、控訴理由として、・B、D、E及びCの供述等によれば、Y内部では架空出来高等の経理操作が広く行われていたことが明らかであり、Aのみが特異な方法で経理操作を行っていたものではない、・Aが架空出来高の計上その他の不正経理を行っていたとするFの供述及び陳述書や不正経理についての調査結果をまとめたとするY作成の資料は客観的な裏付けを欠き、信用することができないなどと主張する。

　確かに、Bらの供述等によれば、BやDも過去に架空出来高の計上を行ったことがあり、Y内部においてこのような経理操作がしばしば行われていたであろうことが認められる。しかし、証拠によると、Bらが行っていた架空出来高の計上とは、月内に施工予定となっていた工事が翌月にずれ込んだ場合などに、翌月に解消可能な100から200万円程度の金額の範囲内で、本来

は翌月分として計上すべき当該工事の出来高を前倒しして当月分の出来高として計上するといったものであって、翌月には解消されるものであることが認められる。これに対し、Aが行った架空出来高の計上は、平成16年7月2日にAが上司らに報告した額だけでも1,800万円と高額であって、原判決添付の別紙「経年推移」記載の平成15及び16年度の東予営業所の年間の出来高総額が3億5,600万円ないし3億8,500万円程度（月額平均2,960万円ないし3,200万円程度）であることに照らすと、翌月に解消することが到底不可能な恒常的な不正経理であることは明らかである（なお、原判決の認定によれば、Aが実際に行っていた架空出来高の計上額は1,800万円を大きく上回るほか、Aは他の方法による不正経理も行っていた）。

したがって、Aのみが特異な方法で経理操作を行っていたものではないとするXらの主張は採用することができない。

また、証拠によると、Yにおいて不正経理の調査を行うに当たっては、東予営業所だけではなく四国支店においても不正経理が行われていた可能性があったことから、本店人事部所属のFが調査担当者として四国に派遣され、平成16年9月22日から同年10月2日まで、四国支店や東予営業所において、Y従業員や取引先業者からの聴取り調査等を実施し、その結果をY側が資料としてまとめたものであることが認められ、上記の調査及び資料作成の経過について何ら不自然、不合理な点はない上、上記資料に記載された数値及びその算出根拠についても特段不合理な点は見当たらないから、これらを信用することができないとするXらの主張は採用することができない。

(6) 以上のとおり、Aの上司らがAに対して行った指導や叱責は、社会通念上許容される業務上の指導の範囲を超えた過剰なノルマ達成の強要や執拗な叱責に該当するとは認められないから、Aの上司らの行為は不法行為に当たらないというべきである。

2　Yの安全配慮義務違反の有無

(1) Xらは、①恒常的な長時間労働、②計画目標の達成の強要、③有能な人材を配置するなどの支援の欠如、④Aに対する叱責と架空出来高の改善命令、⑤業績検討会等における叱責、⑥メンタルヘルス対策の欠如等を安全配慮義務違反を基礎付ける事実として主張し、Yには安全配慮義務違反があるとする。

(2) まず、上記①の点について検討すると、Aの死亡前の直近6か月のAの所定外労働時間の推計は、原判決認定のとおり、平成16年3月は88.5時間から

101.5時間、同年4月は63時間から73時間、同年5月は50.25時間から59.75時間、同年6月は73.25時間から84.75時間、同年7月は52.25時間から60.75時間、同年8月は56.25時間から65.25時間であり、その平均は63.9時間から74.2時間であって、Aが恒常的に著しく長時間にわたり業務に従事していたとまでは認められない上、往復の通勤時間に約2時間を要することとなったのは、Aが東予営業所長就任後に松山市内に自宅を購入したためであることは原判決判示のとおりであるから、これらの事情にかんがみると、Xらの上記①の主張は採用することができない。

(3) また、上記②、④及び⑤の点については、原判決の認定事実及び上記1で判示したとおり、Aの上司らがAに対して過剰なノルマの達成や架空出来高の改善を強要したり、社会通念上正当と認められる職務上の業務命令の限度を著しく超えた執拗な叱責を行ったと認めることはできないから、Xらのこれらの主張は採用することができない。

(4) さらに、上記③の点についても、Aが上司らに対して東予営業所の所員の補強を要請した事実は証拠上認められない上、平成16年9月5日付けのHの東予営業所から高松高速道路工事現場への異動は、東予営業所の粗利益の向上等を目的としたものであって、Aもこれを事前に了解していたことは原判決認定のとおりであるから、Xらの上記③の主張は採用することができない。

(5) 上記⑥の点については、平成16年5月19日に四国支店において職場のメンタルヘルス等についての管理者研修が実施され、Aを含む管理者が受講していることは原判決認定のとおりであって、Yにおいてメンタルヘルス対策が何ら執られていないということはできない。

　また、同年7月から9月ころにかけてのAの様子について、東予営業所のAの部下らには、Aに元気がないあるいはAが疲れていると感じていた者はいたものの、Aが精神的な疾患に罹っているかもしれないとか、Aに自殺の可能性があると感じていた者がいなかったことは原判決認定のとおりであり、さらに、Aの上司らは、Aが行った架空出来高の計上額は約1,800万円であると認識していたのであって、これを遅くとも平成16年度末までに解消することを目標とする業務改善の指導は、必ずしも達成が容易な目標ではなかったものの、東予営業所の業績環境にかんがみると、不可能を強いるものということはできないのであり、架空出来高の計上の解消を求めることによりAが強度の心理的負荷を受け、精神的疾患を発症するなどして自殺に至ると

いうことについては、Aの上司らに予見可能性はなかったというほかない。

　　したがって、Xらの上記⑥の主張は採用することができない。

(6)　以上のとおり、安全配慮義務違反を基礎付ける事実としてXらが主張する事実はいずれも採用することができず、Yに安全配慮義務違反があったと認めることはできない。

3　まとめ

　　以上によれば、Yにつき不法行為又は債務不履行（安全配慮義務違反）が成立するということはできないから、その余の争点について判断するまでもなく、Xらの請求はいずれも理由がない。

事案の概要

　本件は、株式会社小田急レストランシステムに雇用されていたＺが、精神障害（うつ病）を発症して自殺したのは、業務に起因するものであるとして、Ｚの子であるＸらが、渋谷労働基準監督署長に対し、労働者災害補償保険法による遺族補償給付の支給を請求したところ、平成15年10月27日付けでいずれも支給しない旨の処分を受けたことから、その取消しを求めた事案である。

　Ｚは、小田急レストランシステムに入社後、一貫して、営業第2部の給食事業部門に配属され、平成7年6月21日に給食事業料理長に就任した後も、その傘下の新宿第2店員食堂等の店長を兼務するなどしていた。そして、Ｚは、専ら給食事業料理長として、傘下の数箇所の各店舗を巡回し、各店舗の調理面からのチェック、指導、メニューの決定等を行っていた。

　小田急レストランシステムの給食事業部門の新宿第1店員食堂で稼働する従業員Ａは、その処遇に不満を持ち、平成9年2月、Ｚが、①食券を再利用して売上げを着服している、②同人が管理する金庫から1万5,000円を盗んだ、③部下の女性職員に対するセクハラをした、④小田急百貨店の酒売場倉庫から窃取されたビールを飲んだ、等の内容を含む、小田急レストランシステムの職員を中傷するビラ（以下「本件ビラ」という。）を、小田急百貨店の労働組合に持ち込んだ。

　その結果、Ｚを含む小田急レストランシステムの職員らを対象とする調査がされ、結局、職員の一部やＡに対しては、懲戒処分がされた。そして、Ｚには懲戒処分はされなかったものの、Ｚは、同年5月、営業第2部長に対する始末書を提出し、給食事業料理長と兼務していた食堂の店長職を解かれた。

　その後、平成10年3月になって、Ａは雇用契約更新に当たり、再度上記中傷ビラを小田急レストランシステムの上層部へ送付して、これを蒸し返した。

その結果、Zに対しても、再び、小田急レストランシステムからの事情聴取がされ、その後、Zは、入社以来30年間勤務した給食事業部から、同年4月16日付けでレストラン事業部へ配置転換された。

　Zは、同年4月24日、自宅を出た後、前記配置転換後に勤務することとされていたイタリア料理店に出勤しないまま所在不明となり、そのころ、長野県内の雑木林において縊死した。

結　果

　請求認容。

コメント

　本件は、部下に中傷ビラを配布されたZがうつ病を発症して自殺したという事案であり、いわゆるパワーハラスメントで通常問題となる上司によるいじめではなく、部下によるいじめとして、一部で報道されたものである。

判　旨

1　業務起因性に関する法的判断の枠組みについて

　　労働基準法及び労災保険法に基づく保険給付は、労働者の業務上の死亡について行われるが、業務上死亡した場合とは、労働者が業務に起因して死亡した場合をいい、業務と死亡との間に相当因果関係があることが必要であると解される（最高裁昭和51年11月12日第2小法廷判決・裁判集民事119号189頁参照）。

　　また、労働基準法及び労災保険法による労働者災害補償制度は、業務に内在する各種の危険が現実化して労働者が死亡した場合に、使用者等に過失がなくとも、その危険を負担して損失の補填の責任を負わせるべきであるとする危険責任の法理に基づくものであるから、上記にいう、業務と死亡との相

当因果関係の有無は、その死亡が当該業務に内在する危険が現実化したものと評価し得るか否かによって決せられるべきである。

そして、精神障害の病因には、個体側の要因としての脆弱性と環境因としてのストレスがあり得るところ、上記の危険責任の法理にかんがみれば、業務の危険性の判断は、当該労働者と同種の平均的な労働者、すなわち、何らかの個体側の脆弱性を有しながらも、当該労働者と職種、職場における立場、経験等の点で同種の者であって、特段の勤務軽減まで必要とせずに通常業務を遂行することができる者を基準とすべきであり、このような意味での平均的労働者にとって、当該労働者の置かれた具体的状況における心理的負荷が一般に精神障害を発症させる危険性を有しているといえ、特段の業務以外の心理的負荷及び個体側の要因のない場合には、業務と精神障害発症及び死亡との間に相当因果関係が認められると解するのが相当である。

ここで、当該労働者の置かれた具体的状況における心理的負荷とは、精神障害発症以前の6か月間等、一定期間のうちに同人が経験した出来事による心理的負荷に限定して検討されるべきものではないが、ある出来事による心理的負荷が時間の経過とともに受容されるという心理的過程を考慮して、その負荷の程度を判断すべきである。

また、精神疾患を引き起こすストレス等に関する研究報告等をふまえるときは、心理的負荷を伴う複数の出来事が問題となる場合、これらが相互に関連し一体となって精神障害の発症に寄与していると認められるのであれば、これらの出来事による心理的負荷を総合的に判断するのが相当である。

なお、厚生労働省基準局通達による「判断指針」は、その策定経緯や内容に照らして不合理なものとはいえず、業務と精神障害発症（及び死亡）との間に相当因果関係を判断するにあたっては、医学的知見に基づいた判断指針をふまえつつ、これを上記観点から修正して行うのが相当であると解される。

2　Zのうつ病の発症時期について

Zは、遅くとも平成10年3月下旬ころには、うつ病を発症していたと認めるのが相当である。

3　Zが業務により受けた心理的負荷の強度について

(1) 発症前の業務による心理的負荷

ア　専門部会の見解及びB准教授の意見によれば、平成10年3月ころ生じた平成10年本件ビラ問題についてZがE部長等から事情聴取を受けたこと

が判断指針における「会社で起きた事件について責任を問われた」に該当するとしている。

イ　この平成10年の本件ビラ問題は、Zの部下であるAによるものであり、前年に生じた本件ビラ問題の蒸し返しであった。そして、本件ビラの内容については、Zに関する部分については事実であることを確認できていないのであるから、これを「仕事上のミス」ということはできない。

　しかしながら、Aが小田急百貨店労働組合に本件ビラを持ち込んだことで、顧客である小田急百貨店から小田急レストランシステムの給食事業の管理責任を問われることに発展し、平成9年には、上司のF支配人や部下のIが懲戒処分を受けるとともに、Zも自らが疑われた金銭の管理に関する事項を含む始末書を提出させられた上（Zの同始末書は小田急百貨店に対する信用回復の措置としてされたものであった）、給食事業料理長の地位には変化はなかったが、当時兼務していた店長職を解任されているし、平成10年3月には、Zが店員食堂改善案を提出しているところ、これは小田急百貨店から給食事業の委託を打ち切られかねない状況のなか、Zが、小田急レストランシステムの給食事業の委託の継続に向けての責任の一端を負わされたものであるということができる。

　そのような状況下で再び本件ビラ問題が再燃したのであり、しかも、平成9年には把握されていなかった酒売場倉庫のビール窃取の件について、F支配人らが小田急百貨店に出向いて謝罪していることからして、小田急レストランシステムは本件ビラ問題を小田急百貨店との関係を悪化させかねない重大問題として扱っていたものと認められる。

　そして、E部長らの事実聴取は、本件ビラの内容が事実でないとしながらも、約2時間にわたり、逐一詳細にZに尋ねており、かつ、その質問内容も本件ビラに直接的に記載されていないものにも及んでいる上、その態様も相当に糾問的であったといわざるを得ない。そして、Zは、平成10年3月末までの間に、自らの手帳に「自分に対する処分は必至」、「配転やむなし」、「支配人と自分の異動は不動であろう。早く結着を」、「30年間続けて来た仕事を奪われることはつらい」等と記載し、自分が給食事業から外されることを予想しているが、事情聴取時に「小田急百貨店事業所に立入り禁止」と告げられ小田急百貨店との関係悪化の責任を感じさせられていること及び同年4月にはFとともに給食事業から外されていることから

すれば、同年3月当時のZの予想は、職種、職場における立場、経験が類似の労働者からみても、そのように受け止めることができるものであったと認めるのが相当である。

　加えて、ZはAを雇用契約時に推薦していたことがあり、いわば小田急レストランシステムにとってのトラブルメーカーを積極的に推薦してしまった負い目を感じていたとしても不自然ではない（平成10年3月末のX1に対して「ミスをしてしまった。」と述べた言葉には、このことが表れているともいい得る。）。

　このように、平成10年3月ころ生じた平成10年本件ビラ問題についてZがE部長等から事情聴取を受けたことは、判断指針における「会社で起きた事件について責任を問われた」に該当するとしても、その心理的負荷の強度は、事件の内容、関与・責任の大きさを考慮して修正されるべきであるし、これに伴う変化としても、自らが長年従事していた給食事業を外されるという仕事の質の変化が客観的に予想される事態であったことを考慮するのが相当である。

ウ　加えて、Aが本件ビラを小田急レストランシステムの上層部（社長）あてに送付したり、家族への脅迫を疑わせる行動を（間接的にでも）したことは判断指針の「部下とのトラブル」に該当するし、本件ビラ問題が小田急レストランシステムと小田急百貨店との関係悪化の要因になったことは「顧客とのトラブル」にも該当するところ、これらは、前記事情聴取と相互に関連するものであって、一体となってZに心理的負荷を与えたと認められる。

エ　してみると、平成10年3月ころ生じた平成10年本件ビラ問題についてZがE部長等から事情聴取を受けたことが判断指針における「会社で起きた事件について責任を問われた」に該当するとしても、その心理的負荷の強度は、「Ⅱ」ではなく「Ⅲ」に修正されるべきであり、この出来事に伴う変化として、自らが長年従事していた給食事業を外されるという仕事の質の変化が客観的に予想される事態であったこと、Aの言動による「部下とのトラブル」、小田急百貨店との関係悪化の要因になった「顧客とのトラブル」とも一体となってZに心理的負荷を与えたと認められることから、その心理的負荷の総合評価は「特に過重」なものとして「強」であるというのが相当である。

(2) 発症後の業務による心理的負荷

　Zは、発病後の平成10年4月16日付でレストラン第1事業事業付料理長に配置転換されているところ、専門部会の見解及びB准教授の意見によっても、判断指針の「配置転換があった」に該当するとしている。

　この配置転換について、小田急レストランシステムの総務担当者やFは降格や左遷ではないとするが、平成10年3月の事情聴取の後に行われた人事異動であること、同時期にされた給食事業支配人のFの配置転換は監督不行届を理由とした降格であったこと、当時社内には3名しかいなかった事業料理長から事業付料理長という例外的地位への異動であったこと、Zが長年従事してきた給食事業（の管理業務）から外れ長年離れていた現場作業（調理）を担当することになったこと、異動理由が明確に告げられておらず、将来的に管理業務に戻ることが予定されていたことも告げられていなかったこと、上層部が給食事業を担当していた者を疎ましく思うような態度を示していたことからして、組織上・人事管理上はともかく、少なくとも職種、職場における立場、経験が類似の労働者からみて、「左遷」と受け止めても不自然ではない異動であったと認めるのが相当である。

　そして、この配置転換により、営業第2部から営業第1部へ所属が変わり、勤務場所も変わったことから、職場の人的・物的環境の変化があったといえるほか、自らの裁量で行う管理業務から他の料理長の指示を受けて行う現場作業業務（調理）へと仕事の質も変わったのである。

　そうすると、Zの平成10年の配置転換による心理的負荷の強度については、少なくとも「中」であり、すでに罹患していたうつ病を悪化させる可能性があったとはいえ、逆に軽減させるものではなかったと評価するのが相当である。

(3) 業務以外の心理的負荷や個体側要因の検討

　専門部会の見解、C医師の意見及びB准教授の意見が一致して示すとおり、Zに業務以外のうつ病等の精神障害が発病する原因となるべき心理的負荷要因や精神障害の既往症もなく、うつ病の発症につながる個体側要因は存在しない。

(4) 検討

　以上、認定したとおり、Zのうつ病発症前の業務の心理的負荷の総合評価は「強」であり、うつ病の発症につながる業務以外の心理的負荷やZの

個体側要因もないのであるから、判断指針によっても、Zのうつ病発症が同人の業務に起因するものであると認めることができる。

　また、Zのうつ病発症後の業務の心理的負荷の強度についても、少なくとも「中」程度のものであって、うつ病に特徴的な希死念慮の他にZが自殺をするような要因・動機を認めるに足りる証拠はないから、Zの自殺についても、同人が従事した業務に内在する危険が現実化したものと評価するのが相当である。

4　まとめ

　以上によれば、Zの精神障害の発症及び自殺は、Zが、その業務の中で、同種の平均的労働者にとって、一般的に精神障害を発症させる危険性を有する心理的負荷を受けたことに起因して生じたものと見るのが相当であり、Zの業務と同人の精神障害の発症及び自殺との間に相当因果関係の存在を肯定することができる。

5　結語

　以上の次第で、Zの精神障害の発症及び自殺は業務上の事由によるものとは認められないとしてXらに対する遺族補償給付を支給しないとした本件不支給処分は違法であり、取消しを免れない。

三洋電機コンシューマ
エレクトロニクス事件（控訴審）

広島高松江支判　平21・5・22　　　　　労判987号29頁

事案の概要

　本件は、Xが、Y3の「準社員」として勤務していたところ、①Y3の従業員であるY1から、Y3の人事課会議室において、Xの行動について大声で罵倒されたこと、Y3の従業員であるY2から、自己研鑽と称して、Y3の社内規程を精読するように指示され、通常の業務に従事できなくさせられたこと、Y2から、清掃会社であるB社に出向し、清掃業務に従事するように指示されたことについて、Y1及びY2の上記行為はXに対する不法行為を構成するとして、Y3については民法715条1項前段に基づく使用者責任として、Y1及びY2については民法709条に基づく不法行為責任として、控訴人らに対して、連帯して、慰謝料の支払いを、②平成17年4月から平成18年3月まで、正当な理由がなくXの給与を少なくとも3万6,000円減額させられたとし、Y3に対し、債務不履行ないし不法行為に基づく損害賠償として、上記減額分の支払いを、③Y3が平成17年1月から平成19年3月まで毎月100円を「政治活動」名目で給与から強制的に控除したことによって2,700円の損害を被ったとし、Y3に対し、債務不履行ないし不法行為に基づく損害賠償として、上記控除分の支払いを、それぞれ求めた事案である。

　第1審判決は、Xの請求を一部認容（慰謝料300万円）した（鳥取地判平20.3.31）。

　Yらはこれを不服として控訴し、Xは附帯控訴した。

結　果

控訴一部認容（原判決一部変更）。

慰謝料10万円（Y3及びY1連帯して）。

附帯控訴棄却。

コメント

　本判決は、Y1とXの面談は、企業の人事担当者が問題行動を起こした従業員に対する適切な注意、指導のために行ったものであり、その目的は正当であるとしたものの、Y1が、感情的になって大きな声を出し、Xを叱責する場面が見られたことなどから、従業員に対する注意、指導として社会通念上許容される範囲を超えているとして、Xに対する不法行為を構成すると判断した。

　もっとも、Y1が感情的になって大きな声を出したのは、Xが、人事担当者であるY1に対して、ふて腐れ、横を向くなどの不遜な態度を取り続けたことが多分に起因しているとして、慰謝料は10万円という低額とした。

判　旨

1　争点（1）（平成18年6月16日におけるY1とXとの面談（以下「本件面談」という。）の際のY1の発言は不法行為を構成するか）について

　Y1が、B課長とともに、Xを呼び、本件面談に及んだのは、直接的には、当日朝、E取締役から「（Yの話は）不適切な内容なのでよく話を聞いて注意しておくように。」と指示を受けたためであるが、具体的には、Xが平成18年5月10日女子ロッカールームで「Aさんは以前会社のお金を何億も使い込んで、それで今の職場（マルチメディアビジネスユニット）に飛ばされたんだで、それでY1課長も迷惑しとるんだよ。」と述べ、Aを中傷する発言をしたことについて、その発言を直接聞いた女子従業員2名から確認しているにもかかわらず、Xが2度にわたる面談で上記発言を否定した上、同年6月16日にE取締役に「フォトニクスビジネスユニットでサンプルの不正出荷をしている人がいる。」と述べるなど、上記中傷行為について依然として反省の態度が見られないこと、従業員の県外出向については労使間の協議を経て、従業員の雇用確保のために会社が執った施策であるにもかかわらず、労使間

のルールを無視してY3の役員に直接電話をかけ、かつ、脅迫的な言辞を用いて妨害・中止させようとしたことについては従業員として不相当な行為であるから注意、指導する必要があると考えたことによるものであり、企業の人事担当者が問題行動を起こした従業員に対する適切な注意、指導のために行った面談であって、その目的は正当であるといえる。

　しかしながら、Xの上記の中傷発言があったことを前提としても、本件面談の際のY1の発言態度や発言内容は、X提出のCD－Rのとおりであり、感情的になって大きな声を出し、Xを叱責する場面が見られ、従業員に対する注意、指導としてはいささか行き過ぎであったことは否定し難い。すなわち、Y1が、大きな声を出し、Xの人間性を否定するかのような不相当な表現を用いてXを叱責した点については、従業員に対する注意、指導として社会通念上許容される範囲を超えているものであり、Xに対する不法行為を構成するというべきである。もっとも、本件面談の際、Y1が感情的になって大きな声を出したのは、Xが、人事担当者であるY1に対して、ふて腐れ、横を向くなどの不遜な態度を取り続けたことが多分に起因していると考えられるところ、Xはこの場でのY1との会話を同人に秘して録音していたのであり、Xは録音を意識して会話に臨んでいるのに対し、Y1は録音されていることに気付かず、Xの対応に発言内容をエスカレートさせていったと見られるのであるが、Xの言動に誘発された面があるとはいっても、やはり、会社の人事担当者が面談に際して取る行動としては不適切であって、Y1及びY3は慰謝料支払義務を免れない。もっとも、Y1の上記発言に至るまでの経緯などからすれば、その額は相当低額で足りるというべきである。なお、相当な慰謝料額については後述する。

2　争点（2）（YらがXに対し、「即時懲戒解雇も有り得る。」との覚書に署名押印を求めたことは不法行為を構成するか）について

　Y3とXは、平成18年6月21日、契約期間を同日から平成19年6月20日までとする「労働契約書」を取り交わしたところ、Y3は、契約更新直前の1年間において、XにAに対する中傷行為及び県外出向への妨害行為という問題行動があったことから、注意を喚起する必要があると考え、Xに対し、「新準社員就業規則の懲戒事由に該当する行為が見受けられた場合は、労使懲戒委員会の決定を受け、譴責以上の懲戒処分を下す。その処分の内容は、当該事由の程度によって判断するが、即時懲戒解雇も有り得る。（1）人格および

名誉を傷つける言動をした時、(2) 会社経営に関する虚偽事実を宣伝流布した時、あるいは誹謗・中傷した時、(3) その他、新準社員就業規則に定める懲戒事由に該当した時」と記載した「覚書」に署名押印を求めたのであり、その記載内容は新準社員就業規則に照らして必ずしも不当であるとはいえず、裁量の範囲内の措置というべきものであって、Y3がXと「労働契約書」を取り交わすに際して、上記内容の「覚書」に署名押印を求めたことがXに対する不法行為を構成するとはいえない。同様に、Y3が、XのC社への異動命令発令日である平成18年7月11日付けで、前記「覚書」と同趣旨の「覚書」に再度署名押印を求めたことも、Xに対する不法行為を構成するとはいえない。

3 争点(3)(Y2がXに社内規程の精読を指示したことは不法行為を構成するか)について

　Y3は、平成18年6月30日でマルチメディアビジネスユニットでの携帯電話製造業務が終了することにともない、Xの新たな異動先を検討する必要が生じ、Xが希望する勤務時間に沿う新しい就労場所として、清掃業務を主たる目的とするC社に出向させ、Y3の独身寮「吉方寮」の清掃業務を選定したこと、Y3の給料体系では毎月10日を給与計算事務の締め日としていることから、Y3では異動等の発令日を11日とすることが多く、Xについても同年7月11日を発令日とすることにし、同年6月30日、労働組合に対して異動通知（異動発令日の10日前まで）を行ったこと、Y3としては、平成18年7月3日から異動発令日の前日である同年7月10日までの待機期間中にXに就労させる通常の業務がなかったこと、Y2は、Xには、上司や役員を「くん、ちゃん」付けで呼ぶ、自分がフォトニクスビジネスユニットの技術にいたときには歩留まり90パーセントを維持していたが、自分が職場を異動させられた後は40パーセント程度に落ちたなどと言いふらす、サンプルの不正出荷をして職場を変わらされた人がいるという話を流布する、「人事担当者をドスで刺すと言っている人がいる。」と言って会社役員を脅迫する等の職場のモラルや社員としての品位を著しく低下させる行為があり、次の職場でも問題を起こさないためにも上記待機期間中に就業規則等の社内規程類の理解を促す必要があると考え、同年7月3日午前、Xに対し、社内規程類を精読するように指示したことの各事実が認められるのであり、これらの事実によれば、Y2がXに対して社内規程類の精読を指示したのは、Xに職場の規律を乱す問題行動が見られたことから、次の職場でも問題を起こさないためにも社内

規程類の理解を促す必要があると考え、出向直前の待機期間における指導の一環として行ったものであり、懲罰の意図あるいは退職を促す意図に基づくものとまでは認め難く、社会通念に照らして相当な措置であって、Xに対する不法行為を構成するものであるとはいえない。

4 争点（4）（Y2がXにC社への出向を指示したことは不法行為を構成するか）について

　　Y3は、平成18年6月30日でマルチメディアビジネスユニットでの携帯電話製造業務が終了することにともない、Xの新たな異動先を検討する必要が生じたところ、Xが希望する勤務時間に沿う就労場所を製造業務で見つけることができず、Xが希望する勤務時間に沿う新しい就労場所として、清掃業務を主たる目的とするC社に出向させ、Y3の独身寮「吉方寮」の清掃業務を選定したこと、同年6月末の時点で、C社には36名の正社員が出向しており、吉方寮にも3名の女性従業員が清掃業務に就いていたこと、C社に出向しても、Xの給与、待遇等の労働条件に変化はなく、Xのみを格別不利益に扱ったものではないこと等の事実が認められるのであり、これらの事実によれば、Y3がXに対してC社へ出向を命じたことは、Xを退職させようとの意図に基づくものではなく、Xの就労先確保のための異動であり、企業における人事施策の裁量の範囲内の措置であって、Xに対する不法行為を構成するものであるとはいえない。

5 争点（5）（Y3は、Xの人事評価について一次評価者の評価に不当に介入するなどして、不当に給与を減額したのか）について

　　Y3においては、毎年、労働組合との間で「昇級に関する協定書」を締結し、給与額を決定し、平成19年度給与については、「2007年度昇級に関する協定書」を締結しているところ、同協定書には新準社員の給与額は勤続期間（号級区分）及び勤務評定の結果によって決定されるものとされていること、Xは昭和59年6月の入社であり、平成19年6月の時点で勤続20年を超えていることから、号級区分は最上位の12号であったこと、同協定書の別表3「2007年度新準社員賃金表」によれば、12号の基礎給は、①152,400円、②150,900円、③149,400円、④147,900円、⑤146,400円の5段階に分かれていたこと、Xの人事評価については、平成18年4月1日から同年7月10日までのマルチメディアビジネスユニットでの製造応援時期分の「新準社員評価シート（出向者用）」（提出日平成19年5月10日）の評価は5段階評価（S、A、

B、C、D）の「C」（上から4番目、標準はB）とされ、また、C社出向後の分の「新準社員評価シート（出向者用）」（提出日平成19年5月10日）の評価も5段階評価の「C」とされていたこと、Y3は、上記評価を踏まえ、平成19年度におけるXの総合評価を「C」とし、平成19年6月21日から平成20年6月20日までの1年間のXの基本給を「2007年度昇級に関する協定書」の別表3の12号④級が定める14万7,900円と決定したことの各事実が認められるのであり、これらの事実によれば、Xに対する人事評価は、Y3における人事評価制度及び労働組合との間で締結した「2007年度昇級に関する協定書」に定める基準に従ったものであるところ、Xへの「C」評価が不当であることを窺わせる事情は見当たらないことからすれば、企業における人事評価の裁量権を逸脱したものであるとはいえず、Xに対する不法行為を構成するとはいえない。

　したがって、C社の一次評価に対するY3の介入が不法行為であることを前提とするXのY3に対する給料減額分2万1,600円及びこれに対する平成20年6月26日から支払済みまで年5分の割合による遅延損害金を求める部分にも理由がない。

6　争点（6）（損害額）について

　Y1が、本件面談の際、大きな声を出し、Xの人間性を否定するかのような不相当な表現を用いてXを叱責した点については、Xに対する不法行為を構成するというべきである。もっとも、前述のとおり、本件面談の際、Y1が感情的になって大きな声を出したのは、Xが、人事担当者であるY1に対して、ふて腐れ、横を向くなどの不遜な態度を取り続けたことが多分に起因していると考えられるのであり、原判決が認容する慰謝料額は相当な額であるとはいえない。

　以上の事情及び本件に顕れた全事情を総合勘案すると、上記行為に対する慰謝料は10万円とするのが相当である。

<table>
<tr><td rowspan="2">precedent
22</td><td>JR 西日本（森ノ宮電車区・
日勤教育等）事件（控訴審）</td></tr>
<tr><td>大阪高判　平21・5・28　　　　　　　労判987号5頁</td></tr>
</table>

▌事案の概要

　本件は、①X1、X2及びX3が、Y2及びY1から、必要性のない日勤教育を指定され、いじめや嫌がらせというほかない業務指示を受け、過酷で屈辱的な扱いを受けるなどしたとして、またこれらは上記X3名がX5組合に所属し、組合活動を行っていることを嫌悪してなされたものであるから不当労働行為に該当するとして、Y2、Y1及びその使用者であるY3社に対して、共同不法行為責任に基づく損害賠償として、Y3社に対しては、選択的に労働契約上の安全配慮義務違反に基づく損害賠償として、各Xにつき慰謝料の連帯支払を請求し、②X4、X5組合及びX近畿地本を承継したX6が、Y2及びY1によって、配管工事を理由にX5組合の掲示板が移設され、工事終了後も元の位置に戻されないこと及び掲示板に貼り出した掲示物が強制的に撤去されたことは、いずれも不当労働行為に該当し、団結権に基づく組合活動の侵害に当たるとして、Y2、Y1及びその使用者であるY3社に対し、共同不法行為責任に基づく損害賠償として、各Xにつき無形損害等の連帯支払を請求した事案である。

　原審は、前記①のうちX2の請求について、X2に対する日勤教育は必要性のないものであり違法であるとして、慰謝料10万円及び弁護士費用5万円とこれに対する遅延損害金の限度で、また前記②の請求のうち、一部の掲示物の撤去は支配介入に該当し違法であるとして、X近畿地本の無形損害2万円及び弁護士費用1万円とこれに対する遅延損害金の限度で、それぞれYらに対する請求を認容し、その余の請求をいずれも棄却した（大阪地判平19.9.19労判959号120頁）。

　そこで、Xらが控訴を提起して請求の全部認容を求め、Yらが敗訴部分を不服として附帯控訴を提起し請求の全部棄却を求めた。

結　果

控訴一部認容（原判決一部変更）。

上記①に関し

　X1に対し、慰謝料30万円、弁護士費用10万円（Yら連帯）。

　X2に対し、慰謝料40万円、弁護士費用10万円（Yら連帯）。

上記②に関し

　X5組合に対し、2万5,000円（Yら連帯）。

　X6に対し、17万5,000円（Yら連帯）。

　X6に対し、10万円（Y3社及びY1の連帯）。

附帯控訴棄却。

コメント

　本判決は、X1に対する平成15年6月23日からの日勤教育について、日勤教育に指定すること自体は必要性及び相当性が認められ、その間の教育内容も是認できるものが多いが、期間については、不安定なまま長期に過ぎることにより必要性及び相当性を欠き、違法であると判断した。

　また、X2に対する平成16年4月30日からの日勤教育については、必要性がないのに日勤教育の指定を受け、日勤教育として不必要な業務に従事させられたという点で違法であると判断した。

　一方、X3に対する日勤教育等については、違法性を否定した。

判　旨

1　X1に対する措置等の違法性についての判断

（1）平成15年6月23日からの日勤教育の期間について、X1は、日勤教育は運転士にとってペナルティ、苦行であり、予め期間を決めず、本人にも明らかにしないことは、人権侵害の疑いが強い不定期刑と同じであって、X1

の人権を侵害する違法なものであるほか、期間にして73日間、実勤務日数だけでも45日間もの長期にわたったことは違法であると主張するので、この点について判断する。

　ところで、Xらは、そもそも日勤教育の実態は労働者の恐怖心をてこにした労務管理であり、懲罰に他ならない旨主張するが、労働者の教育をいかに行うかは、基本的に使用者の裁量に委ねられており、使用者が労働者に対し具体的にいかなる教育を実施するかについては、当該企業の経営方針や業務内容、経営環境、受け手となる労働者の能力、教育の原因となった事象の内容等、諸般の事情に照らして決することになるところ、旅客鉄道輸送を業とするY3社において、安全安定輸送の実現のため、社員一人一人の安全意識の向上、決められた手順等を確実に実行するという意味での基本の徹底、知識・技能の向上を理念として掲げ、その理念の徹底を図る方策として、社員に対する個別の教育という方策を用いることは、必要かつ有効な一つの方法であると認められ、事故等が発生した場合や服務規律違反等があった場合に、その再発防止の観点から、事故等の原因に応じて、更なる知識・技能の習得、事故防止に対する意識・意欲の向上等を目的として教育を実施することは、その必要性を肯定することができる。そして、その実施方法は、基本的にY3社の裁量的判断に委ねられているといえるから、その方策として日勤教育を行うこと自体は何ら違法なものではなく、許されるというべきである。また、日勤教育に際し、事実関係を正しく把握するために、顛末書を作成させたり事情聴取を行い、客観的な事実との食い違い等があれば問い質すことも、必要なものと認められる。

　しかしながら、例えば運転士が日勤勤務に指定されると、その期間は、月額約10万円の乗務員手当が支払われず、これが賃金に占める割合も小さいとはいえず、実質的な減給になることからすると、いかに必要な教育のためとはいえ、その教育期間は合理的な範囲のものでなければならないというべきである。加えて、日勤教育は、少なくとも一部の者にとってはペナルティであるとして恐怖心をもって受けとめられていたことに照らせば、Y3社の経営方針や業務内容、経営環境、受け手となる労働者の能力等のほか、特に教育の原因となった事象の内容との均衡を勘案した上でも、いたずらに長期間労働者を賃金上不利益でかつ不安定な地位におくこととなる教育は、必要かつ相当なものとはいえず、使用者の裁量を逸脱して違法であるというべきである。

(2) X1の当該日勤教育についてみると、日勤教育の期間は73日間、実勤務日数だけでも45日間と長期にわたっている。また、あらかじめ教育の予定期間や教育計画、到達目標等が本人に明示されず、本人にとっては、いつ、どのような状態になれば教育が終了になるのかがわからないという不安定な地位に、長期間置かれていたことになる。

　この点、福知山線脱線事故の事故調査報告の資料としてY3社から事故調査委員会に提出された資料「平成15年・16年度に発生した再教育対象事故等に関して大阪支社の運転士に対して行われた事故者に対する再教育にかかる事故区分等と再教育日数との関係」によれば、再教育総数363件のうち、事故の種別を問わず最大のものは44日間であり、これは所定停止位置を50メートル行き過ぎた事象であった。X1のATS作動の件と同種のATS直下作動では最大値は41日で、平均値は13.4日であったから、これらと比較すると、X1の当該日勤教育は極めて長期であるといえる。

　もっとも、X1の問題とされた事象は、単に停止位置を行き過ぎたことのみが問題とされたものではなく、禁止事項に違反することを認識しつつ無断でATS－Pを開放扱いとし、無断で後退し、さらに意図的に報告せずに退出したことが併せて問題とされたものであって、単純にATS直下作動の場合の教育日数と比較することはできない。また、期間中漫然と日勤教育が行われていたわけではなく、区切り毎に知悉度試験等が実施され、その成績に応じて再教育を実施するなどの対応が取られており、結果として日勤教育が長期に及んだのは、知悉度試験の成績が上がらず、シミュレータを利用した確認試験の際に、ATS作動の件と全く同じ禁止事項違反を犯すなど、X1自身に問題が残っていたからであるということはでき、この点で、結果としてX1について他の者と比較して教育期間が長期にわたったのは、X1の取り組み等に問題があったからに他ならないとするYらの主張も、理由があるかに思える。また、教育の内容や方法については基本的にY3社の裁量に委ねられるものであることからすれば、予め期間を定めず、またその告知をしないという教育方法について、それのみをもって直ちに違法ということはできない。

　しかし、X1に対する教育内容と期間を個別に見ると、例えば平成15年6月23日から同年7月3日まではレポート作成による時系列の把握や意識面の整理が行われていたが、より短期間でこれを行うことができなかったの

かには疑問がある（例えば、従前のレポートを参照させずに一から書き直させるなどは、時系列の把握や意識面の整理という目的に照らして、一般に効率的な方法とはいい難い。）。そして、同年7月4日からのATSに関するパソコン等も使った5日間の教育や、ATSに関する3日間の追加学習、運転取扱実施基準規程などについての6日間の教育、同年8月14日から同年9月1日までのシミュレータを使用しての確認と出区点検による車両に対する理解度の確認試験やそれに不合格だった際の再教育（実日数5日間）などは、その内容自体を個々的にみると、違法とはいえないことは前記のとおりであって、Yらにおいてあえて日勤教育を長引かせたとはいえないが、予め達成目標が本人に明示されずに、結果として73日間にも及んだ日勤教育は、いたずらに労働者を不安定な地位に置くものであり、また、賃金の面でも過分な不利益を与えるものであるといえる。したがって、X1に対する当該日勤教育は、全体として教育として必要かつ相当なものとはいえず、使用者の教育に関する裁量を逸脱したものとして、結果として違法であるというべきである。

(3) Yらは、教育の目的を遂げないと教育の終了とはならないものであるところ、本人の理解度、安全意識等にもよるのであるから、教育を開始するに際し教育の目的を遂げる時期を予め具体的に定めることはそもそもできず、あくまでも不安全事象の再発防止という教育の目的を遂げた段階で教育は終了するものであって、終了時期が恣意的に決定されることはない旨、その間乗務員手当が支払われないことは事実であるが、そもそも乗務員手当は乗務したことの対価であって、本人の過誤によって不安全事象を発生させ、その再発防止のために教育を行っている間、本人は乗務していないのであるから、乗務員手当の支給がないことは当然である旨主張する。しかし、終了時期を予め具体的に定めることはできなくとも、標準的な期間や予定を定めることが可能であることは、福知山線脱線事故後のY3社による教育の見直しにより実現されていることから明らかであって、終了時期の見極めが標準化、客観化されておらず主観的な判断に任されている以上、労働者にとっては管理者の恣意的な判断であると受け取られても仕方のない面があり、前記説示に反する限度で、Yらの主張は採用できない。

(4) 以上のとおり、当該日勤教育の態様に違法な点があるとのX1の主張は、上記の限度で理由がある。

2 X2に対する措置等の違法性についての判断

(1) 当該日勤教育の必要性

　　Yらは、X2に対する平成16年4月30日からの日勤教育の必要性について、次のとおり主張する。限定免許運転士を含む運転士は安全な運行確保のための最後の砦であり、自らの職責を十分に理解し、冷静かつ適切に行動することが求められる。X2は、一旦停止標の手前10mで停車させた後、警笛を鳴らすと雀が線路から退いたので、ノッチを投入しようとしたが、一旦退いた雀が再び線路上に乗ってきて、車止めに向かって移動してきたので、また線路上に雀が乗るかも知れないと考えて停車を続けた上、信号担当に無線で「雀が進路を妨害している」という表現を用いて連絡したものである。X2は、この間の心境として、雀がどかないので苛立ってしまい、そのために「進路妨害」という重大な言葉を不用意に発してしまったことを事情聴取において自認しているのであって、雀が進路妨害をすることはあり得ず落ち着いて冷静に対処すれば警笛を鳴らす必要も停車する必要もなかった上、苛立ってしまったというのであるから、X2の対応の背景には業務に対する弛緩した意識が認められる。しかも、工具忘れの件（平成16年4月22日、車両屋根上で作業を行った作業員が車両屋根上に工具類を置き忘れ、翌23日に、工具類が車両屋根上に残されているのが発見され、同電車が運休する事態が発生した件）の発生直後で「非常事態宣言」まで発して緊張感をもって業務を遂行するよう取り組みが強化されている矢先の事象であって、X2が工具忘れの件を即答できずこの森ノ宮電車区の取り組みを十分に理解していなかったことも、上記事象に結びつくものである。緊張感を欠いて職務を遂行することは不安全事象発生の誘因となるものであるから、これを放置することなどできず、教育の必要性は優に認められる。X2の職責に対する自覚を喚起するために行われたのが、構内運転係員作業標準の書き写しやレポートの作成であって、X2作成のレポートからも、その教育の効果が確認できる。

　　そこで、Yらの上記主張について判断するに、X2は、このときは特に緊張感をもって運転していた旨供述・陳述記載しているところであり、X2が雀の動静に苛立ったとはいっても、そのために不適切な無線用語を用いたとまでは認められず、そもそもこのような場合の定まった無線用語もないことや、当初雀を石と誤認してブレーキをかけたこと自体を責めることは

できないことなどを考慮すると、これをもって緊張感に欠ける行為であると評価することは直ちに理解し難い。むしろ、Yらの主張やその後の日勤教育の内容からすると、Y2においてX2に緊張感が希薄であると判断した大きな要因は、「非常事態宣言」まで発していたにもかかわらず、事情聴取においてX2が工具忘れの件を即答できなかったことにあることがうかがわれるが、このころ全社的な輸送安全総点検の実施期間中であったことを考慮に入れても、工具忘れの件を即答できなかったことをもって日勤教育の必要性があるということはできず、少なくとも、X2に対し現実に行われた内容の日勤教育は、その必要性が認められないというべきものである。

（2）まとめ

　以上のとおり、平成16年4月30日からの日勤教育についてのX2の主張は、必要性がないのに日勤教育としての業務（レポート等の作成、規程類の書き写し、清掃及び除草作業）に従事させられた違法をいう限度で理由があると認められる。

3　X3に対する措置等の違法性についての判断

（1）ハンガーの件（架線を吊るハンガーが車両屋根上で発見され、X2から連絡を受けたX3が、X2とともにハンガーを持って降りたが、H係長に直ちに報告せず放置した件）

　X3は、ハンガー1本の落失は、直ちに停電やパンタグラフへの損傷、列車の運行への重大な支障を発生させるものではなく、むしろハンガーを脱落しやすくしてより重大な事故を事前に防止しているのであって、電気担当者も重大事故につながることはない旨述べているし、Y3社は実際にハンガーが脱落している箇所をそのまま放置している上、本件でも報告を受けたH係長が安心感を持ってしまって他の業務を優先させたなどと発言をしていることからも、ハンガー落失は安全の見地から看過できない重大な事象あるいはそれを惹起する具体的危険性のある行為とはいえず、少なくともハンガー作業の担当者ではないX3が、抽象的な危惧を予測せず、発見後約2時間経過して報告したことが「軽視できない事態」であるとして、事情聴取、反省文作成や口頭厳重注意に値する事象であるとすることはできず、X3がこれを甘受すべきいわれはないし、H係長について公表せず同Xについてのみ「報告の遅れ」を掲示板で公表することは、合理的な根拠のない差別的取扱いである、また、実際の仕業検査の作業手順はある程度弾

力的なものであり、それは安全面からも作業効率面からも好ましいものであって、厳しい指導や反省文の作成は行き過ぎた指導であると主張する。

　しかし、Y3社においては、ハンガーバーに落失の危険のある激しい電蝕が発見された場合には即座に取り替えるとされていること、上記X3の主張にあるハンガーが脱落している箇所に対しても別途の対応がとられており、放置されているとは認められないこと、ハンガーの件の報告を受けた電力指令は、広範囲の巡視等の対策を実際に速やかに行っていることなどから、ハンガーバーの落失が抽象的な危惧にすぎないとは到底いえず、具体的な危険が生ずるおそれがあるものとして注意や指導を行うのは当然であるというべきであり、また、責任の所在や態様、他の社員への注意喚起の必要性等は様々であるから、掲示板への公表の有無をもって、直ちに差別的取扱いで違法であるということはできない。

　他方で、仕業検査の現場においては、前日の夜の作業打ち合わせを運用当直・検修当直・構内担当・信号担当・仕業検査の5名で決めており、具体的な順番は洗浄や転線のために3番目までしか決めておらず、後の検査については当日の仕業検査の進捗状況等を勘案しつつ構内担当と仕業検査担当で打ち合わせながら進めていたとするX3の主張は、作業指示書でも「仕業」の欄に1から3までの番号しか記入されていないことなどから、これを認めることができ、これに反するV助役の陳述書は、同助役が放出派出所で実際の作業に携わっていたとは認められないことなどから、採用することができない。したがって、これまで現場において、清掃がある時などに必要に応じて事実上作業手順を変更することもあり、これについてH係長には注意や指摘を受けたことがなかったというのが仕業検査の現場の実情であったことが認められる。もっとも、本来仕業検査は決められた作業手順に従って行うべきものであり、それは業務の円滑な遂行のほか、労働安全の確保及び緊急事態への備えの観点から根拠のあるものである以上、作業手順の現場における変更に気付いたY1がこれを注意することについて、行き過ぎた指導であるなどとして違法であるということはできない。また、H係長に対しても、勝手な作業手順変更を直ちに厳しく指導しなかった点について注意指導がなされているのであるから、この点についてもX3に対する差別的取扱いであるとは認められない。

　X3及びX2は、ハンガーの件に関しY1がX3及びX2に対し、「隠蔽しよ

うとしたんだろ。」「隠蔽を認めろ。」「そんな社員は要らない。職業選択の自由がある。」「検修だけが仕事ではない。」などと一方的な憶測のもとに恫喝し、精神的に追い詰めた旨述べ、X3は、このように上司が部下に対し、なんの根拠もないのに問題事象を隠蔽したと断定することは労働契約法3条4項の趣旨からいっても許されないと主張する。Y1自身、「報告が遅れることは隠蔽することと同じではないのか。」と発言した旨自認しており、これに照らすと、X3及びX2に対し、その供述・陳述記載のように受け取れるY1の発言があったことが推認されるが、その発言やそうした追及をもって損害賠償請求権を発生させるような違法な行為であるとまでは認められない。

(2) 手歯止め割損の件（Kが木製の手歯止め（電車の車止めのこと）を取り外すのを失念したまま車両を移動させて手歯止めを割損したが、K、L、MはY3社にそのことを報告せず、Y3社の了解なく手歯止めを取り替えた件）

　　X3は、手歯止め割損の件について何も聞いておらず、責任を負うことはありえないにもかかわらず、Y1は、X3に対し、「嘘をつくのはやめろよ。ハンガーのことで反省したんではないのか。また隠蔽をするのか。KとMがお前に話したと言っているぞ。」と切り違え尋問による取調べに類する発言をし、偽計を用いて錯誤に陥れて自白させようとし、さらに執拗に「まだ嘘を言うんか。どんどん自分の罪を大きくしていることが分からんのか。」などと責め立てたが、Y1の質問は、社会通念上威圧的であり、虚偽の供述を導くためのものであって違法であるし、X3がX5組合に所属していることに基づく差別的不利益扱いである旨主張する。

　　証拠によれば、Y1が、Mは話したと言っているのに、本当に知らないと言えるのか、などとX3を執拗に追及し、またX3やM社員らに対し、誰が嘘をついているのか裁判ではっきりさせろ、などと言って追及したことが認められるが、X3に話をしたと事情聴取で述べた者がいたためその食い違いをただす必要があったことからすると、知らないと一貫して述べていたX3に対する事情聴取が厳しいものになったとしてもやむを得ない面があったというべきである。このような事情聴取がX3がX5組合に所属していることを嫌悪しての差別的不利益扱いであったことはうかがわれず、最終的に何らの処分も措置もなされていないことからも、事情聴取自体をもって損害賠償請求権を発生させるほどの違法なものとまではいえない。

　　また、X3は、除草作業の命令は待ち時間を利用するためのものではなく、

この時期に大雨のなかを労働組合の抗議にもかかわらず続行しなければならない必要性もなく、手歯止め割損の件を否認したことへの報復とみるほかなく、違法な業務命令であるし、X3がX5組合に所属していることに基づく差別的不利益扱いである旨主張するが、除草作業は事情聴取を予定されていた社員全員に対し命じられていたこと、除草作業は一応車両管理係の業務といえることに照らすと、隠蔽に対するペナルティであるとか、差別的不利益扱いであるとは認められない。

(3) 離席の件

X3は、通常は上司は深夜勤務をしていないから、誰かに断ってから信号室を出ることはないし、上司がいる時間帯であっても、手待ち時間内に用便や喫煙のため執務室を離れるときにも上司の許可が必要であるとするのは社会通念上不合理であり、実際にもZ6社員も管理者の了解等はとることなくトイレや喫煙に行っており、これが職場の実態であって、これまで何ら指摘されたことはなかったのに、Y1は、X3の弁明を聞く姿勢もなく一方的に職場離脱である旨断定して叱責しており、これは労働契約上対等な存在として労働者を取り扱う義務に違反し、X3の名誉感情を侵害して違法であり、またY1の対応は、X3がX5組合に所属することを嫌悪していたからというほかない旨主張する。しかし、当日はダイヤ改正実施日であって、Y1ら管理者も夜間に放出派出所に詰めているという、通常とは異なる緊張感をもって業務に臨むべき日であったことを考慮すれば、その場にいる管理者に明確に告げずに喫煙のため信号室を離れたX3に対し、通常とは異なってY1が厳しく叱責したとしても、やむを得ないところがあったというべきである。

(4) 工具忘れの件

前任作業員とX3を含む後任作業員の作業は、作業自体は独立したものであるとはいえるが、そうであるからといって、引き継ぎの関係にはないとするX3の主張は採用できない。したがって、後任作業員が前任作業員の作業の結果を点検したり、工具類が残されているかどうかを見返す義務まではなかったとするX3の主張は採用できないし、X3に何ら責任を負うべき事実がないことを前提に、日勤教育や訓告処分がなされたこと、夏季手当を5万円カットされたことが労働契約上許されない違法な処遇であるとする主張も、採用できない。

(5) 決定通知書読み上げの件

　　X3は、使用者又はその履行補助者たる管理監督者は、労働契約上の付随義務として労働者のプライバシーを侵害してはならない義務を負っており、X3に係る苦情処理会議の決定内容はX3のプライバシーに係る事項であって、これを、第三者に知られないよう配慮することも一切なく、X3の抗議をも無視して読み上げたY1の行為は違法であり、慰謝料の支払が必要な程度に違法性が強いものであったというべきであるし、X3がX5組合に所属していることに対する嫌悪に発する行為であることも明らかであるから、不当労働行為ともなる旨主張する。しかしながら、読み上げられた場所は、職場の1室であり、Y1及びX3のほか、同席していたのは、助役等4名であり、読み上げられた内容は、苦情処理会議で審議を行った結果、双方委員に意見の相違があったので労働協約の規定に基づき棄却するという程度であって、X3が申し立てた苦情の内容が明らかにされたわけではない上、苦情申告自体職務に関するものであるし、この棄却の結論がX3の非違行為や不利益処分の存在を推測させることになるものでもなく、プライバシー侵害の要素があるとしても極めて僅かであって、損害賠償請求権を発生させるほどのものでないことは明らかである。また、Y1の行ったこの読み上げ行為がX3がX5組合に所属していることを嫌悪してなされたことを認めるに足りる証拠はない。

　　決定通知書読み上げの件に関するX3の主張は採用することができない。

(6) テコ扱い時機の件

　　X3は、テコ扱い（車両が出区する際の信号を操作する業務）時機を誤ったことによっても、放出派出所を30秒遅れて出区した列車の放出駅への到着時刻に遅れはなく、ダイヤどおりに運行されており、生じた結果は軽微であるから、それ相当の注意に留めるべきであるにもかかわらず、Y1は、P助役に既に謝罪していたX3に対し、さらに重ねて不必要な謝罪を要求し、しかも「何かいいことでもあったんか、へらへらして。」などと対等な関係においてはありえない発言までしていて、違法というほかないし、X3がX5組合に加入したことを嫌悪したものであって、不当労働行為にも当たる旨主張する。しかし、結果として列車がダイヤどおりに運行されたことを考慮しても、信号を操作するテコ扱いという重要な業務を、用便のほか喫煙までして失念したことは、厳しい叱責に値する行為であるというべきで

あるし、前記認定以上に、へらへらしてなどというY1の発言を認めるに足りる証拠はない。

4 損害の発生及びその数額についての判断

(1) X1について

　　上記1で認定説示したとおり、X1に対する措置等のうち、平成15年6月23日からの日勤教育は、日勤教育に指定すること自体は必要性及び相当性が認められ、その間の教育内容も是認できるものが多いが、期間については、不安定なまま長期に過ぎることにより必要性及び相当性を欠き、違法である。

　　このように、日勤教育が指定された期間、その間の指示された業務の内容及び程度等のほか、給与や賞与に対する影響や、心身への影響等、本件に顕れた一切の事情を総合考慮すれば、上記違法行為によりX1が被った精神的、肉体的苦痛に対する慰謝料は、30万円をもって相当というべきである。

　　そして、本件訴訟の内容、審理経過とその結果に鑑み、弁護士費用として10万円を相当因果関係のある損害と認める。

(2) X2について

　　上記2で認定説示したとおり、X2に対する措置等は、平成16年4月30日からの日勤教育について、必要性がないのに日勤教育の指定を受け、日勤教育として不必要な業務に従事させられたという点で違法である。

　　証拠によれば、X2は、日勤教育期間中に通常の検修業務についていた場合に得られたはずの徹夜勤務手当（夜勤手当、特殊勤務手当）等合計9万5,605円を得られなかったことが認められる。

　　そこで、日勤教育が指定された期間、その業務の内容及び程度、前記のとおりの手当額やその他給与や賞与に対する影響等、本件に顕れた一切の事情を総合考慮すれば、上記違法行為によりX2が被った精神的、肉体的苦痛に対する慰謝料は、40万円をもって相当というべきである。

　　そして、本件訴訟の内容、審理経過とその結果に鑑み、弁護士費用として10万円を相当因果関係のある損害と認める。

(3) X3について

　　上記3で説示したとおり、X3に対する措置等は違法とはいえないから、X3の損害を判断する必要はない。

(4) X5組合、X6及びX4について

　ア　本件掲示板に関する措置等（Y5組合が使用していた掲示板を、腐食し

た消火栓配水管の取替工事のため撤去し、他の場所に移設した措置）は違法といえないから、X5組合等の損害を判断する必要はない。

イ　本件掲示物に関する措置等は、一部の掲示物が不当に撤去されたという限度で違法である。

　　そして、掲示物①等は、いずれもX5組合近畿地本（当時）森ノ宮電車区分会が発行したものであるから、近畿地本（その承継人であるX6）は、これらが撤去されたことにより、その団結権に基づく組合活動を侵害される損害を被ったものと認められる。この無形損害を金銭に換算すると、掲示物1枚につき3万円、合計15万円をもって相当というべきである。

　　そして、本件訴訟の内容、審理経過とその結果に鑑み、弁護士費用として、掲示物1枚につき2万円、合計10万円を相当因果関係のある損害と認める。

　　また、掲示物②は、X5組合が発行し、これを近畿地本が掲示したものであることが認められるから、X5組合及びX6は、これが撤去されたことにより、その団結権に基づく組合活動を侵害される損害を被ったものと認められる。この無形損害を金銭に換算すると、3万円をもって相当というべきである。

　　そして、本件訴訟の内容、審理経過とその結果に鑑み、弁護士費用として2万円を相当因果関係のある損害と認める。

　　したがって、X5組合とX6の掲示物②についての損害額は、それぞれ2万5,000円ずつとなる。

(5) Yらの責任

　　X1に対する平成15年6月23日からの日勤教育及びX2に対する平成16年4月30日からの日勤教育並びに平成15年9月から平成17年2月に行われた掲示物の撤去は、Y2の承認のもと、Y1によって行われた共同不法行為ということができる。

　　そして、Y3社は、Y2及びY1の使用者として、Y2及びY1の上記各不法行為に対し、使用者責任を負う。

　　また、平成15年2月に行われた掲示物の撤去は、当時の森ノ宮電車区長の承認のもと、Y1によって行われた不法行為であるということができる。

　　そして、Y3社は、Y1の使用者として、Y1の上記各不法行為に対し、使用者責任を負う。

なお、Y3社の債務不履行（労働契約上の安全配慮義務違反）に基づく請求が認められるとしても、上記不法行為に基づく損害賠償義務を超える支払義務を負うことはないものと認められる。

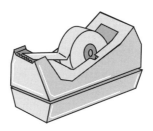

precedent 23	日本レストランシステム事件	
	大阪地判　平21・10・8	労判999号69頁

事案の概要

　本件は、Yに雇用されていたXが、Yが適正な人事権の行使をせず、Xに対して差別的人事を行って、あり得べき賃金額よりも低額の賃金しか支払わなかったのみならず、Xの処遇に関する期待権を侵害し、ひいてはXを退職のやむなきに至らしめた等と主張して、雇用契約上の賃金請求権又は不法行為に基づく損害賠償請求権に基づき、昇格後の賃金と現実に支給された賃金との差額の支払を求めるとともに、不法行為に基づく損害賠償金の支払を求めた事案である。

　なお、XとY間では、本件の前に、以下の訴訟等がなされていた。

（1）Yが、Xに対して降格処分及び配転命令をした後、Xは、裁判所に対し、Yを相手方として、Xが、Yの営業4部において勤務する義務のないこと、YにおいてマネージャーB職の地位にあることを仮に定めることを求める旨の地位保全等の仮処分を申し立てた。そして、平成14年12月5日、XがYの営業4部において勤務する義務のないことを仮に定める旨の仮処分決定がなされた。

（2）平成15年、Xは、裁判所に対し、Yを相手方として、①本件降格処分前の地位にあること並びに配転先及び出向先における就労義務がないことの確認、②本件降格処分以降の賃金差額及び慰謝料等の支払を求める訴え（以下「前件訴訟」という。）を提起した。

　平成16年1月23日、前件訴訟につき請求棄却の判決が言い渡されたが、Xはこれを不服として大阪高等裁判所に対して控訴した。平成17年1月25日、同裁判所は、Xの控訴に基づき、Yに対し、①XがYの営業4部で勤務する義務のないことの確認、②Xが大阪デリバリーで勤務する義務のないことの確認、③100万円の慰謝料等の支払を命じる判決を言い渡した（以下この判決を「前件高裁判決」という。）。

Yは、前件高裁判決を不服として、最高裁判所に対して上告受理申立をしたが、最高裁判所第2小法廷は、平成18年10月13日付けで上告不受理決定をし、同判決は確定した。

結　果

　一部認容。
・　前件高裁判決において、本件出向命令は無効であり、不法行為に当たるとの判断が示された後も平成18年11月1日に至るまでXを出向先で就労させ続けたことについて：
　　慰謝料200万円。
・　大阪デリバリー出向中に、YがXに対して行った異常に低い人事考課について：
　　慰謝料300万円、弁護士費用30万円。

コメント

　本判決は、①前件高裁判決において、本件出向命令が人事権を濫用してなされたものであって無効であり、本件出向命令は不法行為に当たるとの判断が示されたにもかかわらず、それ以降もXを出向先で就労させ続けたこと、②出向期間中にXに対して異常に低い評価を行ったことは、いずれも不法行為に当たると認定した。

判　旨

1　争点（1）（Xが、Yに対し、マネージャーB職に昇格したことを前提とする賃金請求をすることができるか）及び争点（2）（Xの賃金請求権の有無及び金額）について
　　Yにおいては、人事システムとして、職能資格制度が採用されており、す

べての従業員（正社員）は、12ある職位のいずれかに位置づけられ、それに相応するポストないし役割が付与される仕組みがとられていたこと、Yの内規である人事規程においては、従業員がマネージャー職以上の職位へ昇格するためには、それ以前の資格の在任期間や特定のポストの経験期間が重視されるのではなく、人事考課における評価を踏まえた室長ないし本部長による推薦が必要であるとされており、現実にそのような運用がされていること、人事考課は年2回行われ、その評価項目は、担当業務の遂行能力から当該従業員の管理能力、指導能力に至るまで多岐にわたるものであること、人事考課は所属長による1次考課、部長クラスによる2次考課を経た後、調整会で検討が行われ、最終的にはY代表者が決裁するものとされていること、実際の昇格の決定に当たっては、人事考課の点数が重視されていることが窺えるものの、それ以外の要素も考慮に入れられていることが認められる。

　そうすると、Yの就業規則ないし労使慣行上、従業員が一定の要件を満たした場合には当然に昇格させるというような取り扱いが予定されているものということはできないのであって、かえって、昇格の決定に当たっては、人事考課の結果をふまえたYの幅広い裁量があることが前提とされていたというべきである。以上によれば、XとY間の雇用契約上、Xが、Yに対して上位の職位に昇格させることを求めることはできないといわざるを得ないし、上位の職位に就いたことを前提とする賃金請求をすることもできないといわざるを得ない。もとより、昇格について不公平あるいは不合理な取扱いが望ましくないことはいうまでもないことであるが、上記認定にかかるYの就業規則（給与規程）の定め及びYによる人事システムの運用を前提とする限り、Xに上記のような請求権を認めることは困難というよりほかはない。もっとも、Yにおいて、社会通念上許容しがたい不公平な取扱いが存在したとすれば、別途不法行為責任を問われることになるのであるが、その点については後に認定説示する。

　したがって、Xが平成17年5月にマネージャーB職に昇格していたことを前提とするXのYに対する賃金請求及び損害賠償請求については、その余の点につき判断するまでもなくいずれも理由がない。

2　争点（3）（前件高裁判決後のXの処遇についての不法行為）及び争点（4）（Xに対して不当な評価を継続した事実、Xを退職に追い込んだ事実の有無及びそれらについての不法行為の成否）について

（1）Xの請求及び本件訴訟における審理の対象について

　　Xは、本件訴訟において、前件高裁判決によって本件出向命令はXに対する不法行為に当たるとされたにもかかわらず、Xに対する大阪デリバリーへの出向命令を維持して過酷な業務に従事させ、営業部門に復帰させるに際しても優良店とはいえない店舗に異動させたとして、そのことに対する慰謝料として、Yに対して365万円を請求し（以下この請求を「訴え拡張前の慰謝料請求」という。）、Yによる不当な人事考課及びこれによってXが退職のやむなきに至ったことに対する財産的損害及び慰謝料の内金として1,139万1,420円を請求している（以下この請求を「訴え拡張後の慰謝料等請求」という。）ものである。したがって、上記訴え拡張前の慰謝料請求の関係では、Yによる①Xに対する本件出向命令を維持して大阪デリバリーでの就労を続けさせた行為、②Xの営業部門復帰に際してセイチェント三宮店に異動させた行為の不法行為該当性が問題となり、上記訴え拡張後の慰謝料等請求の関係では、YによるXの人事考課の不法行為該当性が問題となると解される（なお、Yは、上記のXに大阪デリバリーでの就労を続けさせた行為の不法行為該当性については積極的に争っていない。）。

　　なお、Xは、前件訴訟において、「本件降格処分、本件配転命令及び本件出向命令は、Xに対するYの大阪事務所での研修指示、大阪デリバリーでの研修指示、平成14年冬期賞与の著しい低査定と併せて、Xに対する報復的、見せしめ的な命令として、Xの人格権を侵害する一連の不法行為を構成する」旨主張し、Yに対して、慰謝料200万円の支払を求めた。これに対して、前件高裁判決は慰謝料の一部を認容する旨の判断をし、同判決は確定した。そうすると、Xが前件訴訟において主張していた上記各権利侵害行為を原因とする慰謝料請求権の有無及び額については既判力が生じており、本件で改めて審理判断することはできないが、その余の事実を原因とする慰謝料請求権の有無及び額については、本件訴訟における審理判断の対象となり得るものと解される。以下、このような前提のもとに判断を進めていくこととする。

（2）Yによる不法行為

　ア　訴え拡張前の慰謝料請求にかかる不法行為

　　　認定した事実からすれば、Yは、前件高裁判決において、本件出向命令が人事権を濫用してなされたものであって無効であり、本件出向命令は不

法行為に当たるとの判断が示されたにもかかわらず、それ以降も平成18年11月1日に至るまでXを大阪デリバリーにおいて就労させ続けたものであり、このこと自体によってXが強い絶望感を抱くに至ったことは容易に推察される。言い換えれば、前件訴訟の口頭弁論終結時までに生じていた本件出向命令による精神的苦痛と相まって、前件高裁判決以降、Xは、それまで以上に強い精神的苦痛を甘受せざるを得ない状況に置かれ、かかる状況のもとで大阪デリバリーにおける就労を強いられたものと認められる。そうすると、前件高裁判決後平成18年11月1日までの期間、Xを大阪デリバリーにおいて就労させたことについて、Yは、Xに対する不法行為責任を負うべきものと認められる。

イ　訴え拡張後の慰謝料等請求にかかる不法行為

(ア)　認定した事実に弁論の全趣旨を総合すると、Xは、大阪デリバリー出向期間中、人事考課において、平均を大幅に下回る異常に低い点数しか与えられなかったことは明らかである。

労働契約関係において、使用者が人事管理の一環として行う考課ないし評定については、基本的には使用者の裁量的判断で行われるべきものであり、原則として違法と評価されることはないと解される。しかしながら、性別や社会的身分といったおよそ差別的取扱の基礎とすることができないような事由に基づいて差別的な評価がなされた場合だけでなく、使用者が、嫌がらせや見せしめなど不当な目的のもとに特定の労働者に対して著しく不合理な評価を行った場合など、社会通念上とうてい許容することができない評価が行われたと認められる場合には、人事権の甚だしい濫用があったものとして、労働契約上又は不法行為法上違法の評価をすることが相当である。

本件についてこれをみると、Yが作成したXに関する考課表は、特段の改善点の指摘がないにもかかわらず、一貫して他の従業員と比較して異常に低い評価点数しか付けられていない。そればかりでなく、大きく減点される項目が考課表ごとに一貫していなかったり、Xの勤務の実態を直接把握することのできない2次考課者が10点以上も1次考課の考課点数を下げたりするなどしており、Xに関する考課表がおよそ正当な人事考課を行う意図をもって作成された考課表とは認めがたい。かえって、例外なく、考課表に記載された2次考課の点数（調整会を経た後のもの）は、

1次考課の低い点数を追認した点数か、さらに低下させた点数でしかない事実、大阪デリバリー出向中にXに対して具体的な改善指導が行われた形跡がない事実に照らすならば、Yは、Xについて初めから低い評価にする意図を持って、形だけの人事考課を行っていたとしか考えられない。このことに、Xが東京への異動に対して難色を示すや否やYが法的根拠なく本件出向命令を発した事実、Xは、大阪デリバリー出向中、Xが出向期間中に勤務態度について上司から注意を受けたり、始末書の提出を求められたりしたことはなく、かえって作業の効率化に貢献したにもかかわらず一貫して低い評価を継続させた事実を考慮するならば、大阪デリバリー出向期間中にXに対して行われた異常に低い評価は、Yの意に沿わない言動を行ったXに対する嫌がらせないし見せしめの目的をもってなされたものと認めるのが相当である。

　そうすると、Xの大阪デリバリー出向中に、YがXに対して行った人事考課は、人事権を甚だしく濫用したものとして不法行為に当たるものと認めるのが相当である。

（イ）Xは、上記（ア）の不法行為とは別に、営業部門への復帰に関し、優良店とはとうていいえないセイチェント三宮店にXを異動させたのも、Xに対する不当な処遇の一環であり、不法行為を構成すると主張する。確かに、証拠及び弁論の全趣旨によれば、平成12年当時の半期実績会議において、セイチェント三宮店は原価管理に問題がある店舗の筆頭に挙げられ、Y内部において改善が求められる店舗として認識されていたことが窺われるが、他方、証拠によれば、Yは、X着任後に大規模な店舗の改装を行ったり、2度にわたってブランド名の変更を行うなど、それなりに経営のてこ入れを行っていたことが認められるのであって、Xをセイチェント三宮店に異動させたこと自体が不当な処遇の一環であるとまで認めることはできない。この点に関するXの主張を採用することはできない。

　また、Xは、Yによる不当な低査定により退職を余儀なくされ、精神的苦痛を受けたとして、この点も不法行為として主張する。確かに、大阪デリバリー出向期間中、Xに対して不当な人事考課がなされたことに加え、証人Zの証言によれば、Xが営業部門に復帰した後の人事考課においても、2次考課者のZは合理的な根拠もないまま1次考課者の評価を

6点引き下げるなどしていたことが認められるのであって、このような長期間にわたる不当な低評価によって、Xが不遇感を抱き、Xの職務に対する意欲が削がれていったであろうことは想像に難くない。しかしながら、Xがその自発的意思で退職の意思表示をしたことは当事者間に争いがないところ、本件においては、Yは人事権を濫用してXに低評価をしたものの、退職を勧奨するなどXに対して直接に退職を求める行為には及んでいない。そうだとするとYの行為とXの退職との間に相当因果関係があると認めることはできない。この点に関するXの主張を採用することもできない。

(3) 慰謝料等の額

ア 訴え拡張前の慰謝料請求について

　認定した事実及び前件高裁判決の認容額等本件口頭弁論に顕れた一切の事情を考慮すると、上記（2）のアに認定したYの不法行為によるXの精神的苦痛を慰謝するための慰謝料としては、200万円をもって相当と認める。Xの訴え拡張前の慰謝料請求はこの限度で理由がある。

イ 訴え拡張後の慰謝料等請求について

（ア）認定した事実に加え、Yが人事権を甚だしく濫用した人事考課を行っていた期間は、Xの大阪デリバリー出向期間中の全期間にわたる概ね4年間にわたること、Yの人事システムのもとにおいては、正当な人事考課がなされなかった場合、昇格の機会すら与えられないことになり、このことによりXは強い不遇感、焦燥感を感じたであろうことは想像に難くないこと、正当な人事考課がなされなかったことにより、Xは賞与額においても不利益を被った可能性が高いこと等本件口頭弁論に顕れた一切の事情を考慮すると、上記（2）のイに認定したYの不法行為によるXの精神的苦痛を慰謝するための慰謝料としては、300万円をもって相当と認める。

（イ）ところで、Xは、不当な人事考課が本件降格処分及びその後の不昇格、不昇給をもたらし、その結果減収につながったと主張して、Xの本件降格処分前の賃金額、あるいはマネージャーB職もしくは店長A職の平均賃金額と平成14年10月以降平成20年2月までの実際のXの賃金額との差額を逸失利益として請求している。しかしながら、本件降格処分の違法を前提とする地位確認の訴えについては前件訴訟において棄却判決が確

定しているものであって、この点を前提とするXの損害賠償請求はその前提において失当である。また、不当な人事考課による不昇格、不昇給を理由とする損害賠償請求についてもYの就業規則（給与規程）の定め及びYによる人事システムの運用を前提とする限り、Xに一定の職位に昇格し、あるいは一定の等級に昇給することについての期待権を認めることはできないと解されるところであり、そうだとすると、昇格後の賃金と実際に受け取っていた賃金との差額を損害として請求することはできないと解され、この点に関するXの主張もまた失当である。

（ウ）Xが訴え拡張後の慰謝料等請求を行うために、弁護士にその訴訟追行を委任したことは当裁判所に顕著な事実であるところ、請求額、認容額その他諸般の事情を斟酌し、上記（2）のイ認定の不法行為と相当因果関係を有する弁護士費用は30万円をもって相当と認める。

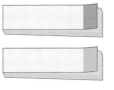

precedent 24	医療法人財団健和会事件
	東京地判　平21・10・15　　　　労判999号54頁

▌ 事案の概要

　本件は、Yの経営する病院の健康管理室に事務総合職として採用されたXが、試用期間中に採用を取り消されたところ、同採用取消しは無効であるとして、雇用契約上の権利を有する地位にあることの確認、採用取消後本訴提起までの賃金の支払、将来の賃金（本訴提起以降本判決確定日まで）の支払を求めるとともに、Xが職場でパワーハラスメント（本判決における定義：組織・上司が職務権限を使って、職務とは関係ない事項あるいは職務上であっても適正な範囲を超えて、部下に対し、有形無形に継続的な圧力を加え、受ける側がそれを精神的負担と感じたときに成立するもの）及びいじめを受け、さらに違法な退職強要及び採用取消しを受けたために精神疾患にり患したとして、債務不履行（安全配慮義務違反）及び不法行為（民法709条）による損害賠償請求権に基づき、治療費、診断書作成料、通院交通費、慰謝料及び弁護士費用の支払を求めた事案である。

▌ 結　果

　一部認容。

　労働契約上の地位確認。

　未払給与（解雇後本訴提起まで）及び将来の賃金（本訴提起以降本判決確定日まで）。

コメント

　本判決は、Xのミスないし不手際は、Xの本件病院における業務遂行能力ないし適格性の判断において相応のマイナス評価を受けるものであるということができるとしたものの、試用期間満了まで20日間程度を残す時点において解雇をしたことは、解雇すべき時期の選択を誤ったものというべきであるとして、本件解雇は無効であると判断した。

　もっとも、パワハラ及びいじめ並びに違法な退職強要の事実についてはいずれも否定し、Yの安全配慮義務違反及び不法行為責任は認めなかった。

判　旨

1　Xのミス等

　　Xには、平成19年2月5日以降3月9日までの間に、以下のような事務処理上のミスや事務の不手際があり、A又はBからその都度、注意・指導がされた。また、Xが試用期間中であることから、Xの行った入力については、常勤者（A及びB）において点検を行い、そのため同人らが行うべき通常の業務がX帰宅後にずれ込んでしまうことも多かった。また、常勤者による点検は通常1か月程度であったが、Xには以下のような入力ミスが重なったため、配属後一月を経過しても、常勤者による点検を継続せざるを得なかった。

(1)　健康診断問診票の記載内容をコンピューターの所見データに入力するに当たり、AやBは、Xに対し、「自覚症状」に〇がついているものはそのまま〇と入力し、受診者がコメントをした部分は、コメント通りに入力するよう指示したが、Xは〇のついていないものを〇と入力したり、〇がついているものを飛ばしてしまったり、コメントの文章を短く要約して入力したりするなど正確性に欠けることが何度かあった。

(2)　健康診断問診表のコメント欄（「その他、気になる症状がありましたらご記入下さい。」欄）が未記入の場合は、所見データへの入力は、未記入のままにするよう指示されていたにもかかわらず、Xは「なし」と入力したことが数回あった。

(3) 計測結果の所見データへの入力では、通常は、「身長・体重」欄が一番上に来るが、コースやオプションによっては、「身長・体重」欄が異なることがあるところ、Xは、それに気付かず、別の欄に「身長・体重」を入力してしまうことが数回あった。

(4) Yでは、健康診断の受診者に対し、2週間以内に（必着）結果を送っているところ、Xが受診者の住所を入力する際、「丁目・番地・号」をうった後にエンターキーで確定登録しなかったため、これらが抜けてしまい、検査結果の通知が返戻されてきたものが4通あった。

(5) 人間ドックでは、眼科の眼底検査がある場合、順路案内表に「視力・眼圧」のゴム印を押した上で、診察の所見や眼底フィルムを貼付するための眼科の用紙を入れる必要があるが、Xはゴム印を押すことと眼科の用紙を入れることを失念したことがあった。

(6) Xは、健康診断の前日までに行うところの受診者が当日持って各種検査に回る順路案内表の事前準備において、受診者がオプションとして眼科検診を追加したことから、順路案内表には「＋眼科」と記載すべきところ、PSA（前立腺癌検診の血液検査）の意味も知らずに、「＋PSA」と記載したことがあった。

(7) 聴力検査において、受診者が装着するヘッドホンの耳あて部分は、右側がRと記載され全体が赤く、左側がLと記載され全体が青くなっていて区別できるようになっていたところ、Xは、受診者ではなく、計測者であるXの右左を基準にヘッドホンを受診者につけて計測したため、聴力について左右逆に計測したことがあった。ただし、Xは、計測記入用紙に左右逆に記録していたため、結果的にではあるが測定結果は合っていた。

(8) Xは、AやBが、電話中であったり受診者と対応中であっても、「何をすれば良いですか？」と聞くことがあり、「対応中は受診者が優先なので少し待っていてね。」とたしなめられたことがあった。

(9) Xは、レントゲンフィルムや心電図結果用紙等の入った病歴整理をする際、整理番号を書き間違えたことがあった。

(10) Xは、院外からの電話による問い合わせに対して、企業名や氏名等を聞き間違えたり、相手先の住所や電話番号を聞き忘れたり、Xが書いたメモをX自身が読めずに伝言内容が不明であったりしたため、その後の対応に手間取り、相手先から苦情が寄せられたことがあった。また、Xは、院内

の電話に対しても、どの課の誰からのどんな内容の電話なのかを正確に聞き取った上で伝言することができずに要領を得ないことがあった。

2　争点（1）（本件解雇の有効性）について

（1）本件就業規則17条又は労基法19条違反による無効について

　　後記3のとおり、YのXに対する職場でのパワハラや退職強要の事実は認められない。そのため、Xの精神疾患の発症と業務との間に相当因果関係があるとは認められないから、Xの平成19年4月4日以後の休業を、業務上の疾病にかかり療養のために休業する期間ということはできない。

　　したがって、本件解雇が、本件就業規則17条又は労基法19条に違反し無効ということはできない。

（2）解雇権濫用による無効について

　　健康管理室において、Aは、Xに対し、「図解　健診の流れと保健師業務」及び「健診課業務」等を渡し、事務処理等に関するオリエンテーションを行った上で、他の職員の業務を見学した後に実際にXに業務を行わせるなど、Xが徐々に業務に慣れるよう配慮し、また、上記「健診課業務」もその内容は、健康診断における基本的な業務の遂行方法や確認すべき事項及び注意点等が詳しくほぼ網羅的に記載されており、それ以外の業務遂行上生ずる様々なパターンや細かい事務処理上の問題点については、仕事をしていく中で覚えていくこととされ、Xも指導・注意を受けた点についてはその都度メモにとっていたのであるから、Xの業務遂行について教育・指導が不十分であったということはできない。

　　そして、Xには同年2月5日以降3月9日までの間に、前記1（1）ないし（10）認定の事務処理上のミスや不手際があり、このうち、同（1）及び（2）は健康診断の基礎データの入力として基本的な事項に関するミスであること、同（3）については入力データ画面の入力欄の記載を注意して見さえすれば間違わないようなミスであること、同（4）についてはパソコンでの文字・数字入力における基本的なミスであること、同（5）及び（9）もXの注意不足によるミスであり、同（6）については医療従事者として業務上の用語で分からないものがあれば自ら調べるとの基本的な勤務姿勢に欠けるものであること、同（7）は正確な聴力検査を不能とする基本的なミスであるとともに、計測記入用紙に左右を間違えて逆に記録することもまた基本的なミスであること、同（8）は健康管理室で他の職員とともに業務を遂行する

ことに慣れるに従って改善されるであろう不都合にすぎないと考えられること、同（10）は社会人として一般常識に属する事柄ができなかったことを示す事実であることが認められるが、これら同（1）ないし（7）、（9）及び（10）のXのミスないし不手際は、いずれも、正確性を要請される医療機関においては見過ごせないものであり、Xの本件病院における業務遂行能力ないし適格性の判断において相応のマイナス評価を受けるものであるということができる。

　しかしながら、Xは、第1回面接において、上記の点をAから厳しく指摘され、第2回面接までの間に、入力についてはその都度3回の見直しをするなどの注意を払うようになったため、少なくとも入力についてのミスが指摘されることはなくなり、周りの職員に対する気配りも一定程度するようになるなど、業務態度等に担当程度の改善が見られた。第2回面接においては、上記改善が確認されたものの、Xについては、未だ入力内容を常勤職員が点検している段階で、ほぼ同時期に入職した派遣事務のDと比較して仕事内容に広がりが生じていることや、5月以後に受診者が増えたときに健康管理室の業務に対応できないおそれがあるなど、未だYが常勤事務職員として要求する水準に達していないとして、Aから、この点が厳しく指摘された。そして、Xは、一度は退職する意向を示したものの、同年3月26日の本件面談の結果、退職せずに、引き続き試用期間中は、健康管理室で勤務し、その間のXの勤務状況を見て、Yの要求する常勤事務職員の水準に達するかどうかを見極めることとなった。

　しかるに、Yは、上記の経緯があるにもかかわらず、3月28日にH事務長及びEからそれまでの事実経過等を聴取したにとどまり、直属の上司であるAからXの勤務態度、勤務成績、勤務状況、執務の改善状況及び今後の改善の見込み等を直接に聴取することもなく、また、勤務状況等が改善傾向にあり、Xの努力如何によっては、残りの試用期間を勤務することによってYの要求する常勤事務職員の水準に達する可能性もあるのに、さらに、Xから、同年3月25日にY理事長に宛てて退職強要や劣悪な労働環境を訴えた手紙が送付され、次いで、同年4月4日から6日にかけて全日本民主医療機関連合会会長その他に宛てて、Yのパワハラ等を訴える手紙が送付されたのであるから、YからXに対し、これらの手紙の内容が誤解であるならばその旨真摯に誤解を解くなどの努力を行い、その上で職務復帰を

命じ、それでも職務に復帰しないとか、復帰してもやはりYの要求する常勤事務職の水準に達しないというのであれば、その時点で採用を取り消すとするのが前記経緯に照らしても相当であったというべきであり、加えて、第2回面接があった同年3月23日の時点ではA及びEのいずれもXを退職させるとは全く考えていなかったことも併せ考えれば、試用期間満了まで20日間程度を残す同年4月10日の時点において、事務能力の欠如により常勤事務としての適性に欠けると判断して本件解雇をしたことは、解雇すべき時期の選択を誤ったものというべく、試用期間中の本採用拒否としては、客観的に合理的理由を有し社会通念上相当であるとまでは認められず、無効というべきである。

(3) そうすると、XのYに対する労働契約上の権利を有する地位にあることを確認する請求は理由がある。

　　また、Xは、本件解雇後の賃金請求権を失わないから、平成19年4月分から本訴提起のされた平成20年5月分までの14か月分の未払給与371万8,400円（26万5,600円×14か月＝371万8,400円）及び内平成20年4月分までの給与額345万2,800円に対する最終弁済期である同月26日から支払済みまで商事法定利率年6分の割合による遅延損害金の、内同年5月分の給与額26万5,600円に対する弁済期の翌日である同月26日から支払済みまで商事法定利率年6分の割合による遅延損害金の支払請求権を有するとともに、将来の賃金として平成20年6月以降本判決確定の日まで毎月25日限り26万5,600円及びこれに対する弁済期の翌日である各月26日から支払済みまで商事法定利率年6分の割合による遅延損害金の支払を求めることができる。

3　争点（2）（職場のパワハラ・いじめ等に基づく損害賠償請求権）について

　　Xは、Yが健康管理室において、必要な指導・教育を行わないまま職務に就かせ、業務上の間違いを誘発させたにもかかわらず、あげてXの責任として叱責した旨主張する。しかしながら、前記2（2）で検討したとおり、Xの業務遂行についてYによる教育・指導が不十分であったということはできず、前記1（1）ないし（7）、（9）及び（10）認定のXの事務処理上のミスや事務の不手際は、いずれも、正確性を要請される医療機関においては見過ごせないものであり、これに対するA又はBによる都度の注意・指導は、必要かつ的確なものというほかない。そして、一般に医療事故は単純ミスがその原因の大きな部分を占めることは顕著な事実であり、そのため、Aが、Xを責

任ある常勤スタッフとして育てるため、単純ミスを繰り返すXに対して、時には厳しい指摘・指導や物言いをしたことが窺われるが、それは生命・健康を預かる職場の管理職が医療現場において当然になすべき業務上の指示の範囲内にとどまるものであり、到底違法ということはできない。

　次に、Xは、平成19年2月10日ころからXを無視して職場で孤立させるなどの謂れなき職場のいじめが始まり、日常的・継続的に繰り返された旨主張し、証拠中には同主張に沿う部分がある。しかし、第1回面接において、AからXに対して他のスタッフと和気あいあいとやってくれているとの評価がされていること、Xが、Dから、第1回面接のあった同年3月9日に病歴室で長い間励まされたことや、同月12日にも励まされたことは、Xが証拠中において自認するところであることからすれば、Xを無視して職場で孤立させるようなことが行われていたと認定するのは困難であり、X主張に沿う前掲証拠部分は、反対証拠に照らし措信し難く、他にXの主張を認めるに足りる証拠はない。

　次に、Xは、3月13日にA又はBが意図的にXの机に鍵をかけた旨主張する。たしかに、Xのメモが入っていた机の鍵がかかった経緯については、Aはその尋問において、Bの机に鍵がかかったので解錠するために合い鍵の束を持ってきて、各机毎に鍵を確認した旨証言するが、Bの机の鍵を開けるのであれば、合い鍵の束から一つずつBの机に合う鍵であるか否かを確認すれば足り、あえてXの机に合う鍵かを確認する必要はないのであって、不自然な感を否めない。しかし、机の中にXのメモが入っていることを知っているA又はBが故意に鍵をかけることによって、Xがメモを見ることができずに仕事が停滞してしまうと、かえってXの仕事を点検しなければならないA又はBの事務負担が増えてしまうのであるから、あえてかかる嫌がらせをするとは想定し難いこと、また、Xに机の中のメモを見せないというだけのために、机の鍵をあえて紛失させて、その後に合い鍵を発注したり、健康管理室の職員全員で鍵を探したりまでするようなことをしたとは考え難いことから、A又はBが意図的にXの机の引き出しに鍵をかけたとすることには多大な疑問がある。仮に、Aが、第1回面接において、Xに対し、メモは自宅で復習し自らの課題を確認することを指示したにもかかわらず、Xがメモを健康管理室の机に入れたまま帰宅して同指示に従っていないことに対する制裁として、Xの机の鍵をかけたとの事実があったとしても、Aは、Xに対し、机の

中に貴重品は入っているかを尋ねたところ、メモが入ってはいるが貴重品は入っていないとのことであり、それ以上に、Xから錠前屋を呼ぶようにとの要請もなかったこと、その後、Xは自ら作成したメモを見ずとも、入力ミスを指摘されることもなく業務を遂行していることからすれば、不法行為を構成するほどの違法性があるとまではいえない。

　また、Xは、第1回面接及び第2回面接において退職強要がされた旨主張するが、いずれの面接も、その内容は、面接までの間のXの勤務態度及び勤務成績等に対するAの評価がされ（Aの評価は厳しいものではあるけれども、認定したXの勤務状況等に対する評価としては、合理性を有するものということができる。）、それを踏まえてXにさらに頑張るよう伝える内容のものであったことは明らかであり、加えて、A及びEは各面接においてXを退職させる意思も権限も有していなかったのであるから、上記各面接においてA又はEがXに対して退職強要をしたとの事実は、これを認めることができない。

　さらに、Xは、同年3月26日以降も職場でのパワハラが続けられた旨主張する。たしかに、Aが、同月27日の昼の休憩時間の食事中に、「前に勤めていた大学病院は自民党系で、組合員立ち入り禁止と貼ってあった。組合員って、権利、権利言うけど、患者の命を放っておいて、何が権利か。」、「前の病院の後輩の話なんだけど、ある1人は、残業代を何で出さないのかと親が乗り込んで来た。残業代っていっても、教える人だって残ってるんだから。金、金言うけど、結局辞めた。」、「看護体験で、学生から、夜勤は大変か、給料は安いと聞くがどうかと質問された。どの仕事でも大変。お金のことを考えてるなら辞めた方がいいと答えた。仕事を、患者さんとどう関わるかを考えないで、お金のことしか考えてない。私って、うざいと思われるみたい。最近の若い人は、何かあると、何でもすぐ教育委員会とかに訴える。」旨の発言をした事実が認められるが、Aが同発言をした前後の経緯が何ら明らかでないために、同発言だけをもってXに対するパワハラと認定するには無理があるばかりか、同発言はAの経験に基づいた意見を述べているに過ぎないのであって、Xを非難するような内容のものとは解し難く、また、Aの第1回面接及び第2回面接並びに日常的な指導について、Xがこれを退職強要又はいじめ・冷遇と捉えていることに対して、Aが病院業務における職務の厳しさを諭す一例として話した可能性もあり、結局、Aの上記発言をもってXに対する不法行為と認定することはできない。

以上検討したように、Yには、安全配慮義務違反及び不法行為を構成するようなパワハラ及びいじめ並びに違法な退職強要の事実は、いずれもこれを認めることができない。

　また、本件解雇は、客観的に合理的理由を有し社会通念上相当とはいえないことから無効ではあるけれども、これが無効とされた事情は、前記2（2）で検討したとおりであって、Yにおいて、解雇事由が存在しないことを知りながらあえて解約権を行使したとの事実は特段認められず、また、解約権行使の相当性の判断において明白かつ重大な誤りがあるとまではいえないことからすれば、本件解雇が相当性を欠くことから無効であるとの評価を超えて、Xに対する不法行為を構成するほどの違法性を有するものとまで認めることは困難である。

　以上によれば、XのYに対する安全配慮義務違反（債務不履行）又は不法行為を理由とする損害賠償請求は、その余の点について検討するまでもなく理由がない。

precedent

25

富国生命保険ほか事件

鳥取地米子支判　平21・10・21　　　労判996号28頁

労経速2053号 3 頁

事案の概要

　本件は、生命保険会社であるY1において、鳥取支社米子営業所の班長・マネージャーであったXが、支店長であるY2および営業所長であるY3からの嫌がらせによりストレス性うつ病に罹患し、欠勤、休職の後、自動退職となったとして、Y1～Y3に慰謝料の他、治療関係費や逸失利益等の損害賠償を請求した事案である。

結　果

　一部認容。慰謝料300万円、弁護士費用30万円。

コメント

　本判決は、生命保険会社の営業職員にとって不名誉な事柄である不告知教唆について、他の社員が聞き及ぶ状況下で指摘したことを問題とし、上司として問いただす必要があるとすれば、誰もいない別室に呼び出すなどの配慮があって然るべきと指摘しており、指導の「場所」を重視している。

　また、Xの班の分離という人事裁量が広いと思われる決定に対しても、必要性を否定し違法性を認めた点は踏み込んだ判断といえよう。

　さらに、「マネージャーが務まると思っているのか。」「マネージャーをいつ降りてもらっても構わない。」等の言葉による叱責も違法としており、誇りを傷つける違法な言葉の一例として参考になる。

判　旨

1　事実関係

(1) Aの保険契約をめぐるトラブル

　Y1のグループ保険に加入していたAが、勤務先を退職することになり、コンバージョン（職場のグループ保険に加入していた者が、退職後一定期間内に手続をすることにより、その時点の健康状態如何にかかわらず、従前の団体保険の保険金額の範囲内で、団体保険から個人保険に移行できること）を申し出たが、Y3が1か月という期間内に手続をとらなかったため、コンバージョンによる個人保険への移行ができなくなった。この手続懈怠が判明し、Xが担当者となって交渉に当たるなどした結果、Aとは、平成14年7月12日、医療保険をセットにした生命保険契約を新規に締結した。

　しかし、Aはその3カ月後の同年10月29日に死亡し、その妻から平成15年1月17日付けで正式に保険金請求があったが、Y1では、新規契約直後の死亡であったことから、告知義務違反の有無が問題になった。内務次長のEは、同月21日頃、Y2に対し、米子営業所でコンバージョンミスのあったことを報告するとともに、Y3と営業次長のDにヒアリングをし、Dに対し、Xのヒアリングを行うよう指示した。

　Dは、同月23日、Xのヒアリングを行ったところ、Xは、被保険者に対して不告知教唆はしていない旨等を述べた。Dは、これをメモにまとめ、Eに提出し、Eは、同月24日付けで、上記のメモを添えた報告書を本社に提出した。上記メモには、「担当者として、被保険者に対する不告知の教唆はないとのこと」と記載されていて、D及びEとともにY2も、これに認め印を押捺している。

　また、Y2及びY3は、同年2月初め頃には、保険金部において、Aの案件については保険金支払の方向で処理されようとしていることを知っていた。

　Y2は、同年2月7日頃に米子営業所を訪れた際、朝礼の後、Xから、Aの保険金について尋ねられたので、新規契約に応じた以上、告知義務違反に問われることもあるなどと答えた。そして、Y2は、前々から、Y1のミスがあったことからXが不告知教唆をしてはいないか、気になっていたので、Xに対し、告反（告知義務違反）を誘導していないか確認したところ、Xは、これを否

定した。そこで、Y2は、告反があれば保険金は支払われない、保険金グループが支払わないと決定すれば、十分な資料に基づくものだろうから、顧客が裁判をしても勝つことは難しいなどと言った。

　このやりとりは、Xの席の近くで行われ、やりとりの後、X班の班員の1人が、Xに対し、何があったのかと声をかけた。

　Xは、Aの妻から、保険金の支払に関して尋ねられていたので、同女に対し、調査が入るので、しばらく時間がかかる、支社長は、保険金の支払は絶対ないと言っているので、難しいかもしれないと答えたところ、Aの妻は、同年2月15日付けで、Y1代表取締役に宛てて、Y1の手続ミスでやむなく新規契約を締結したのに、保険金が支払われないのは納得できないとする抗議の手紙を送った。

　Dは、同月19日頃、Xを喫茶店に呼び出し、Aの妻の手紙への関与を確認し、軽率な行動をして顧客を混乱させないよう指導した。また、Y3も、同月20日頃、Xを会議室に呼び出し、少なくとも20分間にわたり、Y2の言葉をそのままAの妻に伝えたのではないかと問いただし、こんなことをして支払が遅れるだけであるなどと述べて、Xを叱責した。

　Aの案件は、Y1の査定の結果、新規契約時に告知義務違反が認められたため、医療保険契約部分は解除となったが、1,000万円の死亡保険金については支払われた。

(2)　班の分離

　Y2とY3は、X班の成績が良くないなどの理由から、将来、X班からB班を分離することを計画し、その準備のため、X班の中に、Bを長とするグループを結成した。そして、Y2とY3は、Bグループの実績を見た上で、分離の時期としては、新年度の始まる平成15年4月を想定していた。

　Y3は、平成15年2月末頃、Xに対し、BらをX班から分離させる話をしたところ、Xは、考えさせてほしいと言った。しかし、Y3は、Xの意思で取りやめることもできず、Xには採用力（班員となる新入社員を勧誘し採用する能力）があるので、分離しても大丈夫であろうと思い、他のマネージャーに対してXの説得を依頼するとともに、自らもXに対し、営業所は班の分離を通じて活性化されていくことや、分離した班の成績も経過的に加算されるので、分離によるXの不利益は緩和されることなどを説明し、Xを説得しようとしたが、Xは納得しなかった。

Y3は、同年3月頃には、Bに対しても、マネージャーになるよう何回か話をしたが、Bは、Xが納得しないことはしたくないとして、まだその時期ではないなどと述べた。

Y3は、同年3月24日頃、Xに対し、Xの同意がなくても分離はできるなどの話をしたが、Xの同意を得ることはできなかった。そのため、Y3は、Xの同意を得ることを諦め、X班の分離は、Xの同意がないまま、同年4月1日、実施された。

(3) 営業成績等に対する叱責等

平成14年度の班別の営業成績（班員1人当たりの個人保険契約額）は、X班の成績は芳しくなく、Bらの分離後もX班の低迷が続いた。

また、X個人の営業成績を見ても、平成14年度は、マネージャーの中で最下位で、班分離直後に一時的に盛り返したものの、平成15年6月は最下位となり、同年7月の成績は極端に悪かった。

Y2は、平成15年2月7日頃、米子営業所を訪れた際に、朝礼の後のマネージャー会議において、X班の成績の悪いことを指摘したほか、同日のXとの個別面談では、Xに対し、業績が悪い、職員を養成していない、マネージャーをいつ降りてもらっても構わないなどと言った。また、Y2は、同月3月初旬頃にも、朝礼の後、副所長の席に座り、Xを呼びつけて、他の職員もいるところで、X班の成績が良くないことについて叱責をし、その後も、会議室で、Xに叱責を加えた。

Y3は、平成15年頃のX班の成績について、特に悪いという認識を有していたわけではないが、米子営業所としての成績が悪く、そのため、Xに対して叱責を加えることがあった。

(4) Xの体調悪化

Xは、平成15年7月31日、出社はしたが、動悸が激しくなったので、早退して山陰労災病院心療科を受診したところ、ストレス性うつ病と診断された。そこで、Xは、同年8月1日からY1を休み、入院して治療を受けた。Xは、その後も欠勤を続け、平成16年3月1日付けで休職届を提出し、平成17年8月31日付けで自動退職となった。

2 判断

(1) 不告知教唆の問いただしについて

Y2は、前記認定のとおり、他の社員の居る中で、Xに対し、不告知教唆の

有無を問いただしているが、この点は、管理職としての配慮に欠けるものであり、違法であるといわねばならない。すなわち、生命保険会社の営業職員にとって、不告知を教唆することは、その職業倫理に反する不名誉な事柄なのであるから、その点について、上司として問いただす必要があるとすれば、誰もいない別室に呼び出すなどの配慮があって然るべきであって、この点において、Y2の上記行為は配慮が欠けていたといわねばならない。しかも、同被告は、Dの報告書により、Xは不告知教唆をしていないと述べている旨の情報を事前に知っていたものと推認されるばかりか、Aの案件に関しては、Y1のコンバージョンミスによるものであるから、告知義務違反の有無を問わず保険金を支払うのが望ましいとの認識を持ち、現に保険金部においてもその方向で処理されようとしていることを知っていたというのであるから、Xに対し、不告知教唆の有無を確認しなければならない現実の必要性があったかも疑問である。そうすると、同被告は、Xとのやりとりをしているうち、不用意に、その現実の必要性も乏しいのに、他の社員が聞き及ぶおそれのある状況下において、Xに対し、営業職員としてのXの名誉に関わる質問をしたものであって、違法との評価を免れない。

(2) 班の分離について

　また、Xの承諾なくしてX班の分離を実施したことについても、違法との評価を免れない。すなわち、Y1においては、マネージャーの承諾を必要とする旨の規則があったと認めることはでき、また、マネージャーは、将来自班の分離があるかもしれないことを了解した上で、これに就任しているものといえるにしても、班の分離は、緩和措置が採られているものの、マネージャーの収入に直結し、その後の班の運営を大きく左右する問題であって、当時のマネージャーのうち少なくない者が、マネージャーの承諾が必要と考え、しかも、当のB自身がXの承諾がない中でマネージャーには就任したくないとの意向を表明していた状況下において、計画どおり平成15年4月にX班を分離しなければならない必要性があったと認めるに足りる証拠はない。平成14年7月にはX班の中にBグループが結成され、同グループが将来X班から分離されることは、Xにおいても認識していたとしても、その実施時期が平成15年4月であることをXが知らされたのは、被告らの主張によっても、実施の約1か月前である。その間、Y3や他のマネージャーがXを説得したことが認められるが、説得の期間として十分なものであったとはいいがたい。

班の分離が、営業所の活性化をもたらすもので、経営上の配慮の必要な事項であるとしても、上記のような状況下において分離を決行することが、果たして営業所の活性化をもたらすことになるとも考えがたく、Bの昇格の点も、Bが上記のような意向を示している以上は、X班の分離を平成15年4月に行わなければならない事情とは認めがたい。また、このほかに、X班の分離を平成15年4月に行わなければならなかった必要性を認めるに足りる証拠はなく、もう少し時間をかけてXを説得することが必要であったといわねばならない。このような説得を怠った点において、違法との評価を免れない。

(3) 指導について

　　更には、Y2やY3は、Xに対し、「マネージャーが務まると思っているのか。」「マネージャーをいつ降りてもらっても構わない。」等の言葉を使って叱責を与えることがあったものであり、この点においても、違法といわねばならない。確かに、前記認定のとおり、当時のX班の成績は、他の班に比べて芳しくなく、この点について、Xを叱責してその奮闘を促す必要性があったことは否定できないが、長年マネージャーを務めてきたXに対し、いかにもマネージャー失格であるかのような上記の言葉を使って、叱責することは、マネージャーとしてXの誇りを傷つけるもので、違法といわねばならない。

(4) 損害

　　Xのストレス性うつ病は、Y2やY3の行為をきっかけに発病したもので、Y1における仕事上の問題を主たる原因とするものということができる。

　　しかし、就労者の中には様々な素因を有する者がいることを念頭に置いても、Y2およびY3の上記行為から、有給休暇では処理できないほどの休業や入院を必要とし、更には、回復に時間を要して自動退職せざるを得ないほど重篤な症状を引き起こすことは、社会通念上予見することは不可能といわざるを得ない。Xの症状が、上記のように重篤化したのは、Xが、Y2やY3が、Xに対する嫌がらせないしは逆恨みのため、Xに対し、X班の分離を強行したり、殊更に厳しい叱責を加えていると思い込んだことに、大きな原因があると考えられるが、Y2やY3が嫌がらせや報復の意図を有していたとは認めらず、また、Xが上記のような思い込みをしたことについても、Yらに予見可能性があったと認めるに足りる証拠はない。

　　Y2及びY3の行為中には、Xに対する配慮を欠き、不法行為を構成すると評価できるものが含まれていることは、前記判示のとおりであるが、その不

法行為との間に相当因果関係が認められるのは、ストレス性うつ病の発症までであり、その重篤化やXの入院、更には有給休暇では処理できないほどの休業や退職との間に相当因果関係を認めることは困難である。

　そうすると、X主張の逸失利益については、上記不法行為と相当因果関係のある損害とは認められないし、治療関係費についても、重篤化や入院を前提とするものについては、相当因果関係のある損害とは認められない。重篤化や入院を前提としない治療関係費については、相当因果関係のある損害といえるが、その額を正確に算定することはできないので、その点は、慰謝料の算定において考慮することとする。

　そこで、本件不法行為につき被告らがXに支払うべき慰謝料の額について検討すると、本件不法行為の内容のほか、本件不法行為は、Xのストレス性うつ病の発症の原因となったものであり、Xは、そのために一定の治療費や通院交通費の負担を余儀なくされたこと、Xは、これまでの罹患歴に照らすと、精神的ストレスによる変調を来しやすく、診療録の記載からは、本件以外のストレスも、上記発症に寄与している可能性を否定できないこと、その他本件に顕れた一切の事情を斟酌すると、上記慰謝料の額は300万円と認めるのが相当である。

　また、Xが要した弁護士費用のうち本件不法行為と相当因果関係のある損害として、30万円を認めるのが相当である。

　Yらは、Xの精神疾患の罹患歴や家庭上の問題を理由に、素因減額の主張をするが、本件においては、Xの損害を慰謝料と弁護士費用に限定し、本件以外のストレスが寄与している可能性を否定できないことも考慮して、その慰謝料を算定したものであるから、その上更に素因減額するのは相当ではない。

UBSセキュリティーズ・ジャパン事件

東京地判　平21・11・4　　　　　　労判1001号48頁

事案の概要

　本件は、Yの従業員であったXが、（1）Yから、平成19年度の賞与が支払われなかったことから、①主位的に、賞与の支払を、②予備的に、賞与の支給に対する期待権が侵害されたとして、不法行為に基づく損害賠償の支払を求め、また、（2）Yから、違法な退職勧奨及び自宅待機命令を受けたとして、不法行為に基づく損害賠償として、慰謝料の支払を求めた事案である。

結　果

　請求棄却。

コメント

　本判決は、賞与の不支給、退職勧奨及び自宅待機命令のいずれについても違法性を否定した。

判　旨

1　争点（1）ア（賞与請求権）について
　　Yには、平成19年当時、賞与の支給基準や計算方法を定めたものは存在しなかったこと、入社初年度については賞与の最低保証額を定める場合もあっ

たが、その他の場合には下限額の定めもなかったこと、賞与の支給等については、各年毎に、Yにおいて、Yの業績、各従業員個人の業績のほか、当該従業員の将来性、さらに、チームヘッドの場合は、当該チームの業績、部下に対する管理能力等、客観的な数値で現すことのできない要素も含め、種々の要素を総合的に考慮して決定されていたことが認められる。

以上によると、Yにおける賞与請求権は、従業員の地位に基づいて当然に何らかの基準により発生するものではなく、Yが支給すべき金額を定めることにより初めて具体的権利として発生するものと認められる。そうすると、Yが本件賞与を支給する旨の決定をしていない以上、本件賞与の支払請求権が発生したとは認められない。

よって、Xの本件賞与の支払請求は理由がない。

2 争点（1）イ（期待権侵害の不法行為に基づく損害賠償請求権）について

（1）査定義務に違反し期待権を侵害した不法行為に基づく損害賠償請求権について

Xは、Yが、Xに対し、平成19年度末に、PMMによる人事考課査定をして、Xの賞与額を決定し、賞与を支給する義務を負っていたにもかかわらず、これを怠ったことにより、賞与の支給に対する期待権を侵害された旨主張する。

しかし、認定事実等によると、Yは、Yの業績、各従業員個人の業績、当該従業員の将来性、チーム全体の収益、部下に対する管理能力等、種々の事情を考慮して賞与の支給等について決定しており、PMM評価は賞与の支給等の決定の際の参考にすぎなかったことが認められる。

以上によると、賞与の支給等の決定にPMM評価が不可欠であったとは認められないから、YがPMM評価を実施しなかったことにより、Xの期待権が侵害されたとは認められない。

したがって、Xの前記損害賠償請求は理由がない。

（2）期待権侵害の不法行為に基づく損害賠償請求権について

Xは、①UBS証券入社時に業績に応じた賞与を支給する旨の説明を受け、特に、初年度は1,500万円のボーナスが保証されていたこと、②本件ホームページにおいて、パフォーマンス評価に連動したボーナス制度がうたわれていること、③毎年1回賞与が支給されてきたこと、④Yと従業員個人の業績に応じた賞与が支給されてきたこと、⑤賞与の決定過程にも従業員が

参加できていたこと（ボーナスコミュニケーション）、⑥賞与は年俸の何倍もの額で、賞与が報酬の大半を占めており、従業員は高額の賞与を受領するために働いていること、⑦平成19年度のY、日本国債部、X個人の業績が良かったこと、⑧同年度は、日本国債部の全員に前年度と遜色のない金額の賞与が支給されていることからすると、Xは、Yに対し、賞与の支給に対する期待権を有しており、当該期待権は法的保護に値する旨主張する。

　しかし、Yが従業員らに対し高額の賞与を支給していたのは、従業員の意欲の向上を図るとともに、有能な従業員が競業他社へ移籍するのを防止するためであり、Yは、Yの業績、各従業員個人の業績、部下に対する管理能力等のほか、当該従業員の将来性をも考慮して、賞与の支給等を決定していたと認められることからすると、単に過去の業績を評価してこれに応じた賞与を支給するものではなく、Yの賞与の支給等の決定における裁量は相当広範であったといえる。そして、Xは、賞与の額はYが決定するものであり、業績がYから評価されなければ賞与が支給されない場合もあることを認識していたことが認められるから、Xも、賞与の支給等については、Yが裁量により決定することを認識していたといえる。

　以上によると、Yは、賞与の支給等の決定について広範な裁量を有していたのであるから、Xの賞与の支給に対する期待が合理的期待として法的保護に値する場合は自ずと限定されるのであって、Xの業績がYの要求に十分にこたえているといえるなど、Yが本件賞与を支給しないことがYの前記広範な裁量権を逸脱又は濫用したものと認められる場合でない限り、Xは、賞与の支給に対する合理的期待が侵害されたとして、不法行為に基づく損害賠償を請求することはできないものといえる。

　この点、Yは、本件賞与を支給しなかったのは、総合考慮した結果であるが、Xが平成17年度、平成18年度のパフォーマンス・セグメンテーション評価において連続して最低評価である「4」という評価を受けた上に、平成19年度上期のパフォーマンス・セグメンテーション評価においても、リーダーシップの欠如やパフォーマンスの悪さなどの理由から、最低評価である「4」という評価を受けたことを特に考慮した旨主張する。

　そこで、以下、Yが、本件賞与を支給しなかったことが、裁量権の逸脱又は濫用に当たるかについて検討する。

　この点、①平成19年度は、同年9月21日までに、日本国債部は20億

2,870万円の収益を上げたものの、Xは、個人で3億円を超える損失を出したこと、②Yは、Xの部下に対する管理能力について、遅くとも平成17年度以降、問題視していたこと、③平成17年度は日本国債部が数億円の損失を出し、平成18年度は日本国債部及びX個人の双方とも収益を上げたものの、その額は大きくなく、その間、Xの部下に対する管理能力には問題があったところ、YのXに対する評価は、平成17年度以降、絶対評価（PMM評価）、相対評価（パフォーマンス・セグメンテーション評価）共に低く、特に後者は、各年度ともに最低評価であったことが認められる。

　以上によると、Xの業績は、平成19年度（同年9月21日まで）に日本国債部において20億円を超える収益を上げたことを加味してもなお、Yの要求に十分にこたえたものではなかったといえるから、Yが、本件賞与を支給しなかったことが、裁量権の逸脱又は濫用に当たるとは認められない。よって、Xが賞与の支給につき、法的保護に値する期待権を有しており、これが侵害されたものとは認められない。

　よって、Xの期待権侵害の不法行為に基づく損害賠償請求は理由がない。

3　争点（2）（慰謝料請求権）について

（1）本件退職勧奨等について

　ア　本件退職勧奨について

　（ア）解雇か退職勧奨かについて

　　　Xの主張によっても、B及びCは、本件退職勧奨の際、解雇である旨述べておらず、また、Yは、本件退職勧奨以降も、平成21年2月に至るまでXを解雇することなく雇い続けていることが認められることからすると、本件退職勧奨は解雇であったとは認められず、退職勧奨であったと認められる。

　（イ）本件退職勧奨の理由について

　　　Xは、本件退職勧奨には理由がないから違法である旨主張する。

　　　しかし、退職勧奨を行うことは、不当労働行為に該当する場合や、不当な差別に該当する場合等を除き、労働者の任意の意思を尊重する態様で行われる限り、原則として使用者の自由であり、不法行為を構成するものではない。そして、証拠によると、Yは、本件賞与を支給しなかったのと同様、Xの業績がYの評価に値しなかったことから、本件退職勧奨を行ったことが認められるのであって、前記のような不当性は

認められない。

　　　よって、Xの前記主張は理由がない。

（ウ）本件退職勧奨の態様について

　　　証拠によると、Bは、平成19年9月21日午前9時ころ、Xを別室に呼び出し、Yを辞めるよう伝えたこと、Xから理由を尋ねられたBは、Xに対し、理由はないが、Aから首にしろと言われたと言ったこと、その後、Bと交代をしたCは、退職（解雇）を拒否するXに対し、「これはマネジメントの決定事項だ。」と言って、退職手続を進めようとしたことが認められる。

　　　上記B及びCの言動は、拙速で、Xに不安や不信感を与えるものであり、適切さを欠いていたものといえる。

　　　しかし、その後、Bは、Cから、Xに対し、リーダーシップの欠如、パフォーマンスが悪いことが理由であると伝えるよう指示され、その旨Xに伝えたこと、Xが退職を拒否したところ、Yは、同日の退職勧奨を打ち切り、その後も、本件訴え提起に至るまで、合意退職に向けた話合いをしたり、他部署への異動の面接を受けることを提案したりするなどしており、また、本件訴え提起後も、平成21年2月までXを雇い続け、年間基本給2,100万円を支払い続けたことが認められる。

　　　以上によると、Yは、Xの意思に配慮し、本件退職勧奨を打ち切り、後日、話合いを継続したことが認められるから、本件退職勧奨が社会的相当性を逸脱した態様で半強制的に行われたものとは評価できず、違法であったとは認められない。

イ　本件退職勧奨後の対応について

　　Yは、本件退職勧奨後、①Xが自席に戻ることを禁止し、そのまま退社させたこと、②XのYにおけるメールアドレスにメールが送信された場合、「ただいま不在です。」という自動返信がされるように設定したこと、③Xが、顧客や取引先の名刺やメールリストを持ち出すことを拒否したことは当事者間に争いがない。

　　そして、Xは、Yの前記各行為により、Xが長年にわたって培ってきた人間関係や信頼を遮断され、失われたなどとして、名誉感情を害された旨主張する。

　　しかし、顧客や取引先は飽くまでもYの財産であることからすると、

Xが、これらの連絡先を知り得ない状況を作出したことが違法であるとは認められず、また、メールの自動返信についても、虚偽の事実を述べてXの名誉を毀損したものでもないから、違法性は認められない。

ウ　以上によると、本件退職勧奨及びその後のYの対応に違法性は認められないから、Xの前記主張は採用しない。

(2)　本件自宅待機命令について

ア　自宅待機命令の有無

Yは、業務命令として自宅待機を命じたことはない旨主張する。

しかし、証拠及び弁論の全趣旨によると、Dは、Xに対し、平成19年9月25日、自宅待機である旨述べたことが認められ、また、証人Dは、Xに自宅待機を命じたことを認める証言をしていることからすると、Yは、Xに対し、自宅待機を命じたものと認められる。

よって、Yの前記主張は理由がない。

イ　就労請求権侵害の有無

Yは、Xに対し、本件自宅待機命令期間中、年間基本給2,100万円を支払い続けたことが認められるところ、雇用契約においては、労働者は使用者の指揮命令に従って一定の労務を提供する義務を負担し、使用者はこれに対して一定の賃金を支払う義務を負担するのが、その最も基本的な法律関係であるから、労働者の就労請求権について雇用契約等に特別の定めがある場合又は業務の性質上労働者が労務の提供について特別の合理的な利益を有する場合を除いて、一般的には労働者は就労請求権を有するものではないと解される。

本件においては、前記特別の定めは認められないことから、以下、前記特別の合理的な利益を有するかについて検討する。

（ア）Xは、トレーディングの知識や技能の維持、向上の必要性があるから、前記合理的な利益を有する旨主張する。

しかし、トレーディング業務を離れることにより、一定程度、知識や技能が低下し、又は、向上しない事態が生じることは考えられるものの、その程度等について、具体的にこれを認めるに足りる証拠はないから、Xの前記主張は採用しない。

（イ）次に、Xは、高額の賞与を得るために、業績を上げる機会を得ることが必要である旨主張する。

しかし、Yに対する賞与支払請求権は、Yが賞与の支給等を決定することにより初めて発生するものであり、支給が保証されているものではないことからすると、賞与の支給を受けるためにYに対し就労を請求する権利もまた保証されていないといわざるを得ない。

　　よって、Xの前記主張は採用しない。

　（ウ）以上によると、Xが、Yに対し就労請求権を有しているとは認められないから、本件自宅待機命令は、Xの就労請求権を侵害するものとは認められない。

　ウ　Xは、就業規則に定めがないため、自宅待機命令は違法であると主張するが、本件自宅待機命令は、懲戒処分ではなく、Yの有する労務指揮権に基づく業務命令であると解され、就業規則の定めは必要でないから、Xの前記主張は採用しない。

（3）以上によると、本件退職勧奨及びその後のYの対応並びに本件自宅待機命令が違法であるとは認められないから、Xの前記慰謝料請求は理由がない。

<table>
<tr><td>precedent
27</td><td>日野市事件
東京地判　平21・11・16</td><td>労判998号47頁
判時2074号155頁</td></tr>
</table>

事案の概要

　本件は、Z病院の参事副院長であったXが、不当な退職勧奨を拒否したことに対する報復人事として、Y市長（処分者）により参事に降格させられる不利益処分（地方公務員法49条1項）を受け、市民健康相談室勤務の閑職に追いやられて多大な精神的苦痛を被ったなどと主張して、Yに対し、この処分の取消しと、国家賠償法1条1項に基づき損害賠償の支払いを求めた事案である。

結　果

　一部認容。
　処分取り消し。

コメント

　本判決は、YのXに対する不利益処分は裁量権の範囲内のものとは認められないとして、同処分を取り消したが、同処分の取消しにより、Xは元の職務に戻るのであるから、それ以上の損害賠償の必要性は認められないとして、国家賠償法1条1項に基づく損害賠償請求は認めなかった。

判　旨

1　本件処分が地方公務員法49条1項の不利益処分に当たるか否か（争点（1））
　　について

(1)　Xは、本件処分により副院長を外れたが、その前後において給料表（三）
　　4級17号の給与を受給していることから、部長職待遇に変わりはないこと
　　が認められる。また、本件病院の配置板において、Xのネームプレートは
　　診療部長の次の位置に移されたが、これによりXが何らかの法律上の不利
　　益を被るものとはいえない。

　　　しかし、本件処分の後、Xの給与は、各種手当の支給を止められて月額
　　で約20万円の減額になったのであるから、Xは、本件処分により、給与に
　　おいて降格されたというべきである。

(2)　本件処分前、Xは、平成16年4月に医療行為を禁止されていたが、副院
　　長として、医療事故対策や病院機能評価受審に取り組んだり、A大学病院
　　の研修管理委員会や本件病院の管理会議等の委員会に出席したり、医療安
　　全対策委員会のリスクマネージャーを務めるなど、約300人の職員を擁す
　　る本件病院の経営について、広範な職務を担当していた。

　　　これに対し、本件処分によりXが配置された本件相談室は、啓発活動が
　　行われることはなく、利用者がごく少数であり、Xの部下が配置されず、
　　健康事業の効果等の分析、予防医療的アドバイスや本件病院の役割等の調
　　査等の機会がなく、医師の処方がなくても使える薬しか置かれていないこ
　　となどから、Z病院処務規定6条に定められた実体を伴った施設ということ
　　はできない。

　　　Yは、本件処分を水平異動と主張する。しかし、本件病院の副院長の職
　　務内容と本件相談室のそれとの違いに照らすと、Xが本件処分前の約2年間
　　にわたり医療行為を担当していなかったことを考慮しても、これを水平異
　　動というのは無理がある。また、Yは、適材適所の見地から本件処分をし
　　たと主張し、G事務長は証人尋問で、「これから地方自治体では健康行政に
　　力を入れるべきである。その中で市立病院があり医療知識を持つ専門家が
　　施策の立案に関わっていくなどが必要であり、その適任者はXである。」と
　　証言している。しかし、上記のとおり実体を伴わない（特に、利用者がごく

少数であり、医師の処方がなくても使える薬しか置かれていない）本件相談室に、医師として長年のキャリアを有するXをあえて配置する必要性を認めることはできない。

　そうすると、Xは、本件処分により、職務内容において降格されたというべきである。

(3) Yが平成17年12月ころからXに対し、繰り返し退職勧奨をした目的は、市長が本件病院の約27億円の累積赤字を問題視して、経営責任者の人心一新を図るところにあると認められるのであり、これをただちに不当なものということはできない（Xは、経営に卓越した手腕を発揮したのであり責任を負う理由がないと主張するが、約27億円もの累積赤字額に照らして経営責任を追及されてもやむを得ない状況であったと考えられる。一方、Yは、勇退を促したのであり退職勧奨をしたわけではないと主張するが、C院長はXが更迭されたと認識しているし、勇退とはみずから進んで官職等から身を引くことであり、退職にほかならないものというべきであるから、この主張は失当である）。

　ただし、本件処分と同時期にもう1人の副院長が退任したために、その後1年以上副院長不在の状態が続いたこと、Xと同じく退職勧奨を受けたと考えられるC院長の退任が本件処分の約1年後であったことなどを考慮すると、本件処分により本件病院の経営責任者の人心一新を図るという当初の目的は、達成されなかったといわざるを得ない。また、Xの退職の見通しが立たない状況において、Yは、管理会議の議論を経ることもなく、急きょ本件病院を離れて市庁舎内に本件相談室を新設し、Xをそこで勤務させることを決めて、本件処分の4日前の3月27日、Xに内示をしたが、前記のとおり、本件相談室は実体を伴わない施設であり、ここにXを配置する必要性が認められない。このような経緯等によれば、本件相談室は、健康行政の充実等を図るための施設ではなく、退職勧奨を拒否するXの処遇に窮したYが、Xの受入先とするだけのために新設した、形ばかりのものというべきである。すなわち、仮にXが退職勧奨に応じたとすれば、Yがこの時期にこのような相談室を新設する事態には至らなかったものと考えられる。

　そうだとすると、Yは、あからさまな報復とまではいえないとしても、Xを副院長から外し、本件病院から排除する目的で本件処分をしたと認めるのが相当である。

（4）　したがって、Ｘは、本件処分により、元の職に戻ることによって回復すべき法律上の利益を侵害されているというべきであるから、本件処分は49条1項の不利益処分に当たると認められる。

（5）　なお、Ｙは、本件病院がＡ大学医学部の関連病院であることから、その人事には同学部長の意向が強く反映されるなどと主張する。たしかに、本件病院が同学部の関連病院であり、Ｘ自身も同学部長の人選により本件病院に着任したことが認められるが、そうであるからといって本件処分がＸにとって不利益なものであることに変わりはないし、その責任をＡ大学に転嫁しうるものでもない。

2　本件処分がＹの裁量権の範囲内のものか否か（争点（2））について

（1）　Ｙは、Ｘが双極性障害（躁病）であり、これにより副院長の職務の遂行に支障があると主張し、Ｄ医師の陳述書には、Ａ大学精神科のＥ医師が、Ｘの精神病について、「精神科の疾患は、統合失調症と躁うつ病に二分されるが、Ｘの場合は典型的な躁うつ病である。躁状態が長くてひどいものであればあるほど、うつ状態も重篤な状態に陥ることになる。この病気の特徴は、躁状態で弱者や下位の者に対して、非情であったり、残忍であったりすることで、他人を攻撃することで自分が一番であることを誇示することである。今、Ｘは躁状態で最高の気分であり、病気に気付いていないから、精神科を受診するつもりはない。羞恥心も低く、暴力的であることも多い。常に自分自身の自慢に終始し、自分が優秀で素晴らしい人間であることを鼓舞しようとし、自分は最高の手術ができると思い込んでいるため、失敗やミスに気付かない。たとえ気付いていても他人のせいにしたり、嘘をついたり、隠蔽する危険がある。他人の思いやりや優しい心が欠如し、攻撃的な言葉を発すること、他人が傷ついても自分さえよければよいと考え、法律や規律を分析して、他人をがんじがらめにして、犯罪者に仕立てることもある。何をしでかすかわからない。嘘をつくが、本人が嘘を自覚しているのか、妄想的に信じ込んだ嘘なのかわからない。」と説明したという記述がある。

　　　しかし、Ｘがこのような病状にあることや、Ｅ医師がＸの承諾もなくこれほど詳細な説明をしたことの裏付けはないから、上記記述部分をそのまま採用することはできず、そのほかにＹの主張事実を認めるべき証拠はない。したがって、本件において、Ｘが心身の故障により副院長の職務の遂行に

支障があると認めることはできない。

　なお、Xのうつ病治療に関する診療録等の送付嘱託（Yの申立て）について、Xが嘱託先のB総合病院に対し送付に同意しないと申し入れたために、文書の送付はされなかった。しかし、Xがうつ状態であったのは平成14年以前であり、本件処分との直接の関連性は認められないし、YがXの不適格性の根拠に挙げているのは躁病でありうつ病ではない。そうすると、Xの申入れにより文書の送付がされなかったために、Yが立証において不測の不利益を被るおそれはないと考えられる。

(2) Xは、直腸癌の手術で初歩的なミスを起こしたが、その後の対応がミスの自覚を欠いているとの印象であったこと（平成15年10月）、A大学医学部長の講演の謝礼額に関して薬品会社にひんしゅくを買うような申入れをしたこと（平成16年3月）、C院長からすべての医療行為を禁止されたこと（平成16年4月）、主治医でもないのに他の医師の医療行為に介入し、予定されていた手術をしなくてもよいと述べて周囲の混乱を招いたこと（平成17年4月）、医療事故対策等に関して高価なシステムを導入し、他の医療機器を購入できない職員の不満を招いたこと（平成18年1月）、写真の読影に誤りがあるのではないかと指摘した患者に対し、居丈高な応答をして不快感を覚えさせたこと（平成18年2月）など、しばしば本件病院の患者や関係者の信頼を損なうような言動をしている。

　しかし、Xの手術ミス（平成15年10月）は、決して軽視されるべきではないが、これだけですべての医療行為を禁止しなければならないほど重大なものということはできない。C院長は、この手術ミス以外にも、病院機能評価受審に集中すべき時期であったことなど諸般の事情を考慮して、その約半年後にXの医療行為を禁止したものと考えられる。また、そのほかの言動も、患者等の信頼を損なうものであったが、本件病院の経営について広範な職務を担当していた副院長を、その意思に反して実体を伴わない新設部署（本件相談室）に異動させるべき事由であるともいいがたい。そうすると、上記の言動によって、ただちにXが副院長の職務に必要な適格性を欠くとは認められない。

(3) D医師の陳述書には、「（人心一新とは）経営状態が悪いので経営能力の長けた副院長を要求するという趣旨ではなく、副院長等は経営のことは経営責任者にまかせて、医師や職員をまとめあげ指導と管理を充分できる者

を派遣して欲しいという趣旨である。」とか、「Xは、平成15年夏ころ以降、豹変して高圧的になり、非情な態度をとり自分を過大評価し、職員を罵倒したり中傷したり恫喝したりしたことが度々あり、医局をはじめ職員は、Xを避けるようになり、困り果てたY市長が医学部長に対し、医局をまとめ、病院をまとめる能力を持った人物の派遣を依頼したというのが真相である。」という記述がある。しかし、その前半部分は、証拠の書簡の内容と矛盾しており失当というべきであるし、後半部分もこれを裏付ける証拠がないから、いずれも採用することはできない。

(4) したがって、本件処分がYの裁量権の範囲内のものと認めることはできない。

3 YのXに対する国家賠償法1条1項の責任の有無（争点（3））について

(1) 前記のとおり、YのXに対する退職勧奨は、ただちに不当なものということができないし、Xは、しばしば本件病院の関係者や患者等の信頼を損なう言動をしており、そのため職員の信頼を失っていることを理由に退職勧奨をされている（平成18年3月）。そうすると、YがXを副院長に置くべき法律上の義務を負っていたと認めることはできない。

また、Xは、本件処分の取消しにより、参事副院長の職務に戻るのであるから、それ以上の損害賠償の必要性は認められない。

(2) したがって、YのXに対する国家賠償法1条1項の責任を認めるべきではない。

<table>
<tr><td>precedent
28</td><td colspan="2">東京都ほか（警視庁海技職員）事件
（控訴審）</td></tr>
<tr><td></td><td>東京高判　平22・1・21
原審：東京地判　平20・11・26</td><td>労判1001号5頁
労判981号91頁</td></tr>
</table>

事案の概要

　本件の原告であるXは、平成11年4月に警視庁海技職員として採用され、警視庁B'警察署（現在の警視庁B警察署。以下「B'署」という。）の舟艇課に配置されたが、警備艇の操縦が怖くて自信がないなどと拒否するようになり、見張り業務担当とするなど担当業務への配慮がなされた。その一方で、Xの勤務態度には問題があり、上司らの指導にもかかわらず改善せず、Xは上司や同僚との間で十分な信頼関係を築くことができなかった。

　Xは、腰椎椎間板ヘルニア治療のため、平成12年末まで180日間病気休暇を取得し、その後3カ月間ごとの分限休職処分を受けて平成15年12月22日まで3年間（分限休職の限度）休職し、同年11月からの試み出勤を経て12月23日から復職した。

　本件は、Xが、復職前後の約2年間にわたり、上司および同僚からXに退職を強要する意図で日常的に暴行や脅迫を含む嫌がらせ等を受けたとして、東京都（以下「Y」という。）および上司・同僚（Y1〜Y10の10名。以下「Yら」という。）に対して損害賠償を請求した事案である。

　1審判決は、Yらの行為を18の事実にまとめた上で、これらの行為は、Xの職場復帰を妨げ、あるいは依願退職を強いるための嫌がらせであるとして、全体として不法行為を構成するとした。そして、国家賠償法（以下「国賠法」という。）1条1項に基づき、Yの損害賠償責任を認めたが、Yらについては、個人としての損害賠償責任は負わないとした。1審判決は、Xの損害につき、慰謝料270万円、治療費7700円、弁護士費用30万円を認め、合計300万円余円の支払いをYに命じた。

結　果

一部認容。150万円、弁護士費用15万円。

コメント

　本判決は、1審とは異なり、1審判決がまとめた事実1〜18のうち、一部のみ不法行為の成立を認めた。そして、Yらの各行為を全体として不法行為に該当するとした1審判断を変更した。認容した損害額についても、慰謝料150万円に減じている。

判　旨

1　不法行為の成否
（1）　事実1について
　　平成15年9月12日に行われたXとY2課長らとの面談は、医師の告知を前提とするとXに対し分限免職処分がされることになるという認識の下、Xは辞職願を提出することに応じる意思を示し、人事担当部署の指示に基づき、F代理が、Xに日付を空白にした辞職願を作成するために印鑑を持参するよう指示しXが印鑑を持参してB′署に登庁した場面で行われたものである。
　　この面談において、Y2課長及びY3代理は、Xに対して辞職願を作成することを求める発言をしているが、これは上記状況に置かれたXが辞職願の作成に応じないことに対し、Xにとって分限免職処分がされるより辞職願を提出する方が有利であるとの趣旨で行われたものであることが明らかであって、これをもってXの権利又は法律上保護すべき利益を違法に侵害するものということはできない。
　　また、Y2課長らがXに辞職願を作成しない理由を問うても1時間にわたりXはその理由を明らかにしないでいて、その挙げ句、Xが理由はないと答えたことに立腹したY2課長がXのネクタイを掴んで引っ張ったが、直ちに手

を離し、Xはそのまま椅子に座り込んだ事実が認められるが、Y2課長が上記行為をするに至る経緯を全体として考察し、その態様、有形力の程度及びその結果に照らしてこれを評価すると、これをもってXの権利又は法律上保護すべき利益を違法に侵害するものということはできない。

(2) 事実2について

Xと Y4副署長との面談の中で、Xは、平成15年9月12日の出来事について、事実と異なる説明をしたものであって、これに対するY4副署長及びY2課長の応答をもってXの権利又は法律上保護すべき利益を違法に侵害するものということはできないし、当日のY4副署長の「病気で分限退職というのをするよりも、世間の評価が依願退職というほうが、まあいいよ。」等の発言は、Xにとって分限免職処分がされるより辞職願を提出する方が有利であるとの趣旨で行われたものであることが明らかであって、これをもってXの権利又は法律上保護すべき利益を違法に侵害するものということはできない。

(3) 事実3について

Xに対し同月13日から試み出勤を実施することとなり、Y2課長らは、Xの休職期間中に変更された新しい制服等を準備して、同月11日に試み出勤の準備のために登庁したXに対し、必要な書類作成等を求めた。定型の誓約書の文言に「病気が再発した際は、辞職願いを提出いたします。これらのことについて、異議の申立てはいたしません。」となっているのに対して、Xが、「試み出勤中に上記病気が再発した際は、辞職願いを提出いたします。」にしたいと言い出したため、Y2課長は、「なにがだ、書いたじゃんお前。これ以上このとおり書けって。嫌なら帰れって何回も言ってるだろ。もう帰れよ。もう明日から一切、ここにも電話するなよ。な、お前は認めねえんだから。署長の命令聞かないんだから。うちの職員として認めねえんだから。命令違反なんだから。え。署長が一番偉いんだから、その命令の通りに書けつってんのによ、それを書かねえんだから、ここにも一切電話すんなよ。」等と発言した。このY2の発言は、誓約書の趣旨から試み出勤中のことであることは明らかであって、Xが希望する文言とする合理的理由も必要性もないにもかかわらず、これに固執し続けるXに対し、署長の決裁を受けた文案の文書を自分の判断で変更することはできないと説明するY2課長と文言の変更を求めるXとの間のやりとりの経緯の中での出来事であって、これをもってXの権利又は法律上保護すべき利益を違法に侵害したものと認めることはできない。

また、翌12日、Xが定型の誓約書を作成することを拒絶したことの報告を受けたJ署長から「試み出勤はしたいが誓約書は書きたくない。」との文書を作成させるように命じられたY2課長が、同日登庁したXに対し、その趣旨の文書を作成することを求めたのに対し、Xはこれに応じるとも応じないとも態度を明確にしないまま、誓約書やJ署長が作成を命じた上記文書とも無関係な事柄について延々と話を続けているのであって、この日のやりとりについてY2課長がXに対し誓約書の作成を強要したとみる余地はなく、この日のやりとりをもってXの権利又は法律上保護すべき利益を違法に侵害したものと認めることはできない。

(4)　事実4について

　Xが、同年11月26日に試み出勤のため出勤すると、D課執務室の出入口正面の壁に貼付された「本署を基点とする理程所要時間一覧図」の上の高い位置に、A4版の紙の中央に大きく「Xの顔写真」が印刷され、その上に大きく「欠格者」、その下に赤字で「この者とは一緒に勤務したくありません！」、黒字で「D課一同」とそれぞれ印字され、上端と下端にピンク色のラインが引かれ、プラスチック製保護カバーに入れられたポスターが掲示されていた。同様のポスターはその他の場所にも掲示された。

　このポスターの掲示は、その記載内容及び掲示の態様から、客観的にみて、Xの名誉を毀損し、Xを侮辱するものであることは明白である。ポスターの記載内容及びY2課長の言動からして、ポスターの掲示は、試み出勤を経て復職を希望するXに対し、心理的に追いつめて圧力をかけ、辞職せざるを得ないように仕向けて放逐する目的で、Xの名誉を毀損し、Xを侮辱するために行われたことは明らかであって、Xの権利又は法律上保護すべき利益を違法に侵害するもので、不法行為が成立するというべきである。

(5)　事実5について

　同年11月27日、Y2課長は、部下にシンナーを持ってこさせた上、これをXに示して「いい臭いすんな、ほら、この野郎、来い。」などと言った。

　これは、アルコール、シンナー及びアセトンなどの有機溶剤に対する接触性皮膚炎やアナフィラキシーショックを起こす可能性が高い体質であると診断されているXに対し、シンナーを用いた嫌がらせを行うことを示して辞職を強要したものであって、Xの権利又は法律上保護すべき利益を違法に侵害するもので、不法行為が成立するというべきである。

(6)　事実6について

　　Xが同年12月2日に試み出勤のため出勤すると、D課更衣室内のXが使用
する ロッカーの中にシンナーが撒かれ、更衣室内全体に強いシンナー臭が漂
う状態であった。Xは、着替えも困難であることをY1係長とY2課長に訴え
たが、両名は特段の対応をしようとはしなかった。

　　Xのロッカーにシンナーが撒布されていると認識される以上、B′署の庁舎
の管理権者及びこれを補助する幹部職員においては、Xのロッカーに撒布さ
れたシンナーを除去して、Xが残留するシンナーのガスや臭気による健康被
害を受けないように配慮して執務環境を良好に保つべき義務を負うというべ
きところ、これを怠ったものであるし、Xが辞職するように仕向けるために、
執務環境が作為的に悪化されたままにしてシンナーを除去すべき義務を故意
に怠ったものと推認することができ、Xの権利又は法律上保護すべき利益を
違法に侵害するもので、不法行為が成立するというべきである。

(7)　事実7について

　　Y2課長は、同年12月2日、Xに対し、Xが辞職願を出さなければ、Xを誹
謗する記事が週刊誌に掲載される見込みであると述べ、同月15日には、Xが
退職願を提出しなければXを誹謗する内容の週刊誌の記事をXの周囲に頒布
する意図であると述べた。

　　Y2課長は、Xが辞職するように仕向ける意図で、Xの名誉に対し害悪を加
えることを告知したものであって、これは脅迫に該当し、Xの権利又は法律
上保護すべき利益を違法に侵害するもので、不法行為が成立するというべき
である。

(8)　事実8について

　　Xが、D課執務室内で「アセトンと書かれたプラスチック容器」を写真撮
影したり、アセトンを掛けられた旨の119番通報をした事実は認められる。
しかし、Xの通報を受けて、救急車と共に化学消防車が臨場し、救急隊員は、
Xに対して、アセトンを掛けられた部分を水で洗うことを指示しているもの
であるところ、当日現場において、粘膜刺激を訴える者はなく、消防法上の
危険物であるアセトンを除去する措置が講じられた形跡もない。Xが依頼し
た室内環境検査によってもアセトンの測定値は有機溶剤中毒予防規則におけ
る管理濃度の1万5,000分の1というものであったし、救急隊員は、臨場後早
期にアセトン撒布の事実を疑うに至っている。すなわち、平成15年12月15

日当日、B′署においてアセトンが撒布されたのであれば当然存在するべき客観的痕跡が皆無というべき事実関係なのであり、頭書事実をもってアセトンが撒布されたことを認めることはできず、他にアセトン撒布の事実を認めるに足りる証拠はない。

(9) 事実9について

　Xが、Y2課長が退室した後に机を叩くなどし、会議に出席するために署長室に向かうY3代理に付いていこうとしたため、Y3代理がこれを制止してD課執務室にとどまるよう指示したのに、Xは指示に従わずにY3代理に付いてくることから、Y3代理はこれを制止するためにXの左腕部をつねったものであり、上記行為に至る経緯及び行為の結果（全治2、3日を要する軽度の左上腕部表皮剥離）に照らし、これをもってXの権利又は法律上保護すべき利益を違法に侵害したものということはできない。

(10) 事実10について

　Y4副署長は、Xに対し、定型の誓約書の作成を求めたところ、Xがこれを拒絶したため、「じゃあ、辞めて帰ればいいじゃないか。懲戒免でもう、退職金も何もなしで。」、「おん出すぞこっから、全署員使って。」、「B′署にはもう入れないよ。」等の発言をした。

　しかし、結局Xは自己の考えるとおりの誓約書を作成し、Y4副署長はそれを受領しているのであるから、Y4副署長の発言は穏当ではないが、これをもってXの権利又は法律上保護すべき利益を違法に侵害したものということはできない。

(11) 事実11について

　非常に寒い時期にXが夜間勤務をする際、すべての暖房機器が使えない等の状況が起きた。これは、組織の計画的、統一的な意思により、Xの執務環境をわざと劣悪にすることによって退職するように仕向けたものと推認することができ、Xの権利又は法律上保護すべき利益を違法に侵害するもので、不法行為が成立するというべきである。

(12) 事実12について

　Y6主任は、同年9月28日、Xを乗船させていた警備艇「△□」がレインボーブリッジ近くを航行しているとき、同艇の拡声器を用いて、「この船には馬鹿が乗っています。」などと発言した。Y5主任も同様に、警備艇「△○」の拡声器を用いて「税金泥棒、Xの税金泥棒、Xの税金泥棒。」と話したり、

Y9主任も警備艇「△○」の拡声器を用いて「アー、アー、アー、本日は晴天なり、本日は晴天なり。税金泥棒、X税金泥棒、恥を知れ。」と放言するなどした。

これは、Y6主任、Y5主任及びY9主任が、退職するように仕向ける目的で、本来はそのような目的で使用してはならない拡声器を不正に用いてXの名誉を毀損する行為をしたものというべきであって、Xの権利又は法律上保護すべき利益を違法に侵害するもので、不法行為が成立するというべきである。

(13) 事実13について

Y6主任は、複数回、Xに向かって唾を吐き掛けた。

Y6主任は、退職するように仕向ける目的で、Xに対する嫌悪感を示してXの人としての尊厳を否定してXを侮辱する態度を唾を吐き掛けるという下劣な行為で示したものというべきであって、Xの権利又は法律上保護すべき利益を違法に侵害するもので、不法行為が成立するというべきである。

(14) 事実14について

Y10課長に対し執務環境の改善を訴えているXに対し、Y3代理は、Xは職場全員から嫌悪されている等と述べて辞職を迫り、Xが更に執務環境の改善を訴えると、火の付いた煙草をXの制服の胸元めがけて投げた。

Y3代理は、退職するように仕向ける目的で、Xに対する嫌悪感を示してXを侮辱したものというべきであって、Xの権利又は法律上保護すべき利益を違法に侵害するもので、不法行為が成立するというべきである。

(15) 事実15について

平成17年7月29日、Y5主任は、退職するように仕向ける目的で、Xが乗船している警備艇「××」を急転舵させてXを転倒させてXに傷害を負わせたものと推認することができる。

Y5主任の上記行為は、Xの権利又は法律上保護すべき利益を違法に侵害するもので、不法行為が成立するというべきである。

(16) 事実16について

Y3代理が、Xの足に向けて椅子を押し出してXの足に当てる行為及びXの襟首を掴んで前に出るという行為をしたことは認められる。

しかし、Xは、あらかじめY3代理に向けてビデオ撮影機材をセットして撮影を開始した上で、近づくことを拒絶して椅子を手に取るY3代理に向かって進み寄ったり、離れるように言うY3代理に発言を続けるなどしているの

であって、XはY3代理による有形力の行使を映像として記録する目的でY3代理が有形力を行使するように仕組んだ上、有形力の行使を誘発した計画的なものと認められるのであって、Y3代理がXに対してした上記各行為は上記認定の程度にとどまることを併せ考慮すると、これをもってXの権利又は法律上保護すべき利益を違法に侵害したものということはできない。

(17) 事実17のうち平成17年10月27日の事実及び事実18について

　　同年10月27日、Xが持参した診断書が、作成した病院がこれまでの病院と異なり、他覚症状の記載もないものであったため、治療経過の疑問点を含めてY10課長がXに事情を問いただしたのに対し、Xはいずれの質問に対してもこれをはぐらかす態度を示したことから、Y10課長は、「仮病じゃねえのか。」と述べたものである。また、その後もXはY10課長の質問に答えることなく、Y10課長が着任する前の出来事について不満を述べることを繰り返し、これに対し、Y10課長は、事実を知らないことを明らかにした上でXの発言に対する応答をしていたものであり、Y10課長の「警備艇の操船ができない体調で出てきては困るんだよ。海技職は船を操船してなんぼなんだよ。お前みたいな、仕事もしないでここんとこに居座られたら、新しい職員も採用できないし、賃金カットがいつまでも続くんだよ。」、「税金泥棒め。何か言ってみろ。」「早く辞めろ。」等の発言内容に不適切なものも含まれていることは否めないものの、これをもってXの権利又は法律上保護すべき利益を違法に侵害したものということはできない。

(18) 事実17のうち平成17年11月9日の事実について

　　同年11月9日、XとY10課長は面談を行い、XはY3代理の行為について話をしたが、Y3代理の同行為が上記(16)のとおり不法行為とならない以上、これに対するY10課長の発言がXの権利又は法律上保護すべき利益を違法に侵害したものとなることはない。

(19) ところで、これらの不法行為に該当する事実を総合して考慮すると、D課の職員やB′署の幹部において、Xの休職前の勤務態度にかんがみて、休職期間満了により復職するであろうXの職場復帰を積極的に受け入れるというよりは、むしろ、Xには任意に退職してもらって職場の平穏と円滑な業務の遂行を維持する方がD課ないしB′署としてはより望ましいという考えの下に、Xに対し、依願退職を働きかけていこうという合意が、少なくとも暗黙のうちに多数の意思によって形成され、上記不法行為と評価される事実として掲

げた行為が行われたものと認めるのが相当である。そして、上記意思はXが
復職した後も維持されていたと認めるのが相当である。

　　しかしながら、上記の事情を考慮しても、前記の（1）、（2）、（3）、（8）、（9）、
（10）、（16）、（17）、（18）において検討した事実については、上記説示のとお
り、Xに対する不法行為を構成するものということはできない。

2　Yの責任

　　Yは、国家賠償法1条1項に基づき、Xに対し、後記損害を賠償する義務を
負う。

3　Y2らの責任

　　Yが国賠法1条1項に基づきXに対して損害賠償責任を負う以上、Y2らは、
個人としてXに対し損害賠償責任を負わない。

4　損害

　　Xが上記各不法行為により被った精神的損害に対する慰謝料としては150
万円をもって相当と認める。この損害に対して相当因果関係を有する弁護士
費用として15万円を認める。

　　Xに損害額を定めるにつき斟酌すべき過失があったということはできず、
過失相殺すべきとのYの主張は採用できない。

5　Xが控訴審で追加した請求について

　　Xの低髄液圧症候群と平成17年7月29日の転倒事故との相当因果関係を肯
定することは困難というべきであって、他にこれを肯定するに足りる証拠は
ない。

事案の概要

　本件は、Yとの間で雇用契約を締結し、その本社情報システム部で就労していたXが、銀座店ストック（倉庫係）に配転をされたことについて、同配転が情報システム専門職に限るとの職種限定合意に反し、また、配転命令権を濫用した無効なものであると主張し、当該配転先で就労する雇用契約上の義務がないことの確認を求めるとともに、Yに対し、同配転が不法行為に当たると主張し、これによって被った精神的損害について、不法行為に基づく損害賠償として慰謝料の支払を、さらに、Yにおいて、Xの被害申告に適切に対応せず、同部内の差別的取扱いや嫌がらせを放置した就業環境配慮義務の不履行があると主張し、これによって被った精神的損害について、債務不履行に基づく損害賠償として慰謝料の支払をそれぞれ求めた事案である。

結　果

　一部認容。
　Xの銀座店ストックにおける就労義務の不存在確認。
　配転命令をした点について：慰謝料50万円。

コメント

　本判決は、Xに対する配転命令については、業務上の必要性が高くなかったにもかかわらず、Yにおいて情報システム専門職としてのキャリアを形成して

いくというＸの期待に配慮せず、その技術や経験をおよそ活かすことのできない、労務的な側面をかなり有する銀座店ストックに配転したものであったことなどから、Ｙの不法行為責任を認めた。

一方、Ｘに対する差別や嫌がらせがあったことを前提とするＹの就業環境配慮義務違反については、差別や嫌がらせがあったとは認められないとして、Ｙの債務不履行責任を否定した。

判　旨

1　銀座店ストックにおける就労義務の不存在確認請求について（争点①）

（1）本件雇用契約においてＸの職種を情報システム専門職に限る旨の合意があったか否か、本件配転命令が配転命令権を濫用するものか否かを検討する。

ア　まず、Ｘは、Ｆ大学を卒業後、約8年間、Ｚ社において、ITプロジェクトにシステム・エンジニア又はプロジェクト・リーダーとして携わってきたという経歴を有する者であり、Ｙに採用されるに至った経緯をみても、Ｚ社を退職後、人材紹介会社にIT技術者として人材登録し、求職活動をしていたところ、同社からIT技術者を求めるＹを紹介されたことから、2度の採用面接を経て、Ｙに採用されるに至ったというものであって、情報システム専門職に就くべき者として中途採用された者である。また、Ｙの採用面接においても、Ｘに対し、情報システム部においてＹのITシステムのリプレース作業を担当してもらいたい、将来的には同部部長になってもらいたいとの話があったこと、実際平成14年7月16日から本件配転命令までの約5年半の間、Ｘが同部に所属し、情報システム関連の業務に従事していたことは、認めることができる。

しかしながら、本件就業規則には、Ｙは、業務の都合又は適材適所の配置を効果的に行うため、必要に応じ、従業員の就業場所、職務の内容、職務上の地位等の人事異動を行うことができる（39条1項）と、この場合には、従業員は正当な理由なしにこれを拒んではならない（同条2項）と規定されているところ、実際Ｙにおいては、平成13年以降情報システム部に所属する従業員に限ってみても、同部から他部署への異動者が3名存し、同年1月にロジスティック部へ1名が、平成14年9月に総務部へ1名が、

平成17年9月にロジスティック部へ1名がそれぞれ異動していることは、認められる。そうすると、Xの経歴、その採用の経緯、Yにおける就労状況に係る上記各事実があるとしても、本件雇用契約を締結するに際し、Xに限って本件就業規則39条の規定の適用を排除したとの事実を伺わせるような事情もない以上、XとYの間において、Xを情報システム専門職以外の職種には一切就かせないという趣旨の職種限定の合意が明示又は黙示に成立したとまで認めることはできない。

イ　しかしながら、一方で、Xは、約8年間、ITプロジェクトにシステム・エンジニア又はプロジェクト・リーダーとして携わってきたという経歴を有する者であり、Yに採用されるに至った経緯をみても、人材紹介会社にIT技術者として人材登録し、求職活動をしていたところ、同社からIT技術者を求めるYを紹介され、Yに採用されるに至ったというものであって、情報技術に関する経歴と能力が見込まれ、情報システム専門職に就くべき者として中途採用された者である。また、Yの採用面接においても、Xに対し、情報システム部においてYのITシステムのリプレース作業を担当してもらいたい、将来的には同部部長になってもらいたいとの話があり、Xは、Yにおいて情報システム専門職としてキャリアを積んでいくことが予定されていたのであり、実際、平成14年7月16日から本件配転命令までの約5年半の間、同部に所属し、情報システム関連の業務に従事していたのである。さらに、Yにおいては、Xのような中途採用者について、様々な職種や職務を経験させることによりそのキャリアを形成させていくといった人事制度が採られているものとも考え難い。そうすると、XがYにおいて情報システム専門職としてのキャリアを形成していくことができるとする期待は、合理的なものであり、法的保護に値するものといわなければならない。したがって、Yにおいて、配転を含め、Xが就業すべき業務を決定するに当たっては、Xのこのような期待に対して相応の配慮が求められるものといわなければならず、具体的な事実関係の如何によっては、このような配慮を欠いた配転命令が配転命令権を濫用するものと解すべき特段の事情があると判断せざるを得ない場合があり得るというべきである。

　　そこで、本件についてみると、まず、本件配転命令は、銀座店ストック担当の正社員が平成19年12月までの出社を最後に退職する旨を表明し、同ストックに欠員が生じたことによるものであるが、平成20年1月以降、

業務委託先の人員を配置することによりその補充が図られていたばかり
でなく、新規採用ではなく、Ｙの業務に精通した既存の正社員を配転する
ことによりその補充を図らなければならないといった事情を伺うことも
できず、また、当時、情報システム部に所属したＭが特に異動先にこだ
わることなく、同部からの異動を希望していたことが認められるから、同
ストックにＸを配転しなければならない業務上の必要性は決して高いも
のではなかったというべきである。一方で、Ｘに対する情報システム部に
おける評価は、平成18年度の業績（目標管理）評価がＤ、能力発揮度評
価がＥであり、平成19年度の業績（目標管理）評価及び能力発揮度評価
がいずれもＥというほぼ最低のものであり、また、ＸのＥ部長及び同部部
員に対する言動には不適切なものと評価せざるを得ないものがあり、それ
が同部部員とのコミュニケーション上の問題を生ぜしめ、同部の円滑な業
務の遂行上妨げとなっていることも否定することができない。しかしなが
ら、トラブルに関するＪとの電子メールのやり取り等をみても、必ずしも
Ｘにのみその責めが存するともいえないのであって、これにＸがＢ部長、
Ａゼネラルマネージャー及びＣ人事部長らによる同和差別問題を強く訴え
ていた時期から既に1年以上が経過していることを併せ考えると、Ｘを同
部から放逐せざるを得なかったといえる程度にまで、Ｘの言動に問題が存
したということもできない。そうすると、本件配転命令に係る業務上の必
要性は高くないといわざるを得ない。

　加えて、本件配転命令の配転先である銀座店ストックにおける業務の内
容は、Ｙの職種の分類上同じメチエに属するとはいうものの、その業務は、
Ｘが有する情報技術に関する技術や経験を活かすことができるものではお
よそなく、むしろ労務的な側面をかなり有するものといわざるを得ない。
このような業務を担当する銀座店ストック以外の他の部署にＸを配転させ
る余地がなおあるか否かについて、フランス・エルメス社の意向により、
部門毎の計画人員数が定められており、その定員数を超えることは原則と
して認められていないとするばかりのＹにおいて、真剣な検討がされたと
も考え難いところである。実際本件配転命令の内示に際し、Ｘから採用の
経緯を理由にその再考を求められたにもかかわらず、Ｙが既に会社として
決定したこととし、これに耳を傾けることもなかったことが認められる。
　そうすると、本件配転命令は、業務上の必要性が高くないにもかかわら

ず、Ｙにおいて情報システム専門職としてのキャリアを形成していくとい
うＸの期待に配慮せず、その理解を求める等の実質的な手続を履践する
こともないまま、その技術や経験をおよそ活かすことのできない、労務的
な側面をかなり有する業務を担当する銀座店ストックに漫然と配転した
ものといわざるを得ない。このような事実関係の下においては、本件配転
命令は、配転命令権を濫用するものと解すべき特段の事情があると評価せ
ざるを得ないから、無効というべきである。

(2) 以上によればＸの銀座店ストックにおける就労義務の不存在確認請求は、
理由がある。

2　不法行為に基づく損害賠償請求について（争点②及び④）

前記1のとおり、本件配転命令は、業務上の必要性が高くなかったにもか
かわらず、Ｙにおいて情報システム専門職としてのキャリアを形成していく
というＸの期待に配慮せず、その技術や経験をおよそ活かすことのできない、
労務的な側面をかなり有する銀座店ストックに配転したものであり、本件配
転命令に際し、Ｘから再考を求められたにもかかわらず、その技術等を活か
す余地のある他の部署への配転を真剣に検討することもなかったことを併せ
考えると、本件配転命令をしたＹにおいて不法行為責任を免れない。

そこで、Ｘが被った損害額について検討するに、平成20年3月以降、銀座
店ストックにおける就労を余儀なくされたＸにおいて、相当の屈辱感を受け
たことが推認されるが、一方で、本件配転命令については、その配転先が銀
座店ストックであるといった事実等から、ＹにおいてＸを退職に追い込もう
とするなどの不当な動機・目的を有していたとまでは認められないこと、本
件配転命令が無効であると実質的に確認されること自体により、Ｘが被った
精神的苦痛が相当程度慰謝されるものと見込まれること等本件に現れた一切
の事情を考慮すると、Ｘの精神的苦痛を慰謝すべき額は、これを50万円と
するのが相当である。

3　就業環境配慮義務違反に基づく損害賠償請求について（争点③及び④）

(1) Ｙにおいて、Ｘが主張するようなＸに対する差別や嫌がらせの中止措置、
実行者の処分及び配置換え並びに再発防止策等を講ずべき義務又はＢ部長、
Ｅ部長及びＪを中心とするグループによるＸに対する差別的取扱いと嫌がら
せの改善措置を講ずべき義務があったか否かを検討する。

ア　まず、Ｘは、前記義務が発生する具体的事情として、Ｘが同和差別用語

を落書きされるといった被害を受けており、Yに対し、その被害等に関して対応を求めたと主張し、その落書きを写したものであるとする写真を提出するとともに、Xの供述中にそれに沿う部分がある。

　しかしながら、同和差別用語の落書きを書類やキーボード等にされたという事実については、他に同様の被害を受けた者も存しない中、そのような特異な方法による嫌がらせをされることがあり得るかについて、そもそも疑念を差し挟むべき余地がないではない。また、その点をひとまず措くとしても、Xは、平成15年11月から机の上の書類に同和差別用語を何度も落書きされるようになり、平成16年1月には遂にキーボード等に同和差別用語を落書きされたことから、執拗で陰湿な嫌がらせが続いていることに何とかしなければならないと思い至り、これを携帯電話のカメラで撮影したと供述するが、XがB部長に対し、同和差別用語の落書きについて初めて被害申告をしたのは、同年2月19日に至ってのことであり、しかも、その申告に係る被害の内容は、Yによる社内調査の内容を確認した同年3月18日に至ってもなお、写真まで撮影したキーボード等への落書きではなく、自らのノートに落書きをされたという事実であり、また、その申告や調査に際し、Xが落書きを写した写真を提示した形跡もないから、全体として不自然との誹りを免れない。さらに、Xの供述の内容をみても、同月1日にC人事部長がXからの申告を聞いただけで、事実関係を確認することもないまま、差別であると認識していると述べた、同月24日にD総務部長がゼネラルマネージャー会議で事実関係を調査するとしながら、Xに対する差別落書き等の嫌がらせが行われた事実を認めた、G弁護士との面談においてG弁護士から損害賠償も請求した方が良いのではないか、G弁護士の方で額を検討してみると言われた等明らかに不自然である。<u>したがって、上記写真の存在やXの上記供述部分をもって、Xにおいて、同和差別用語の落書きがされたという事実を認めることはできない。</u>

イ　また、Yは、それにもかかわらず、Xの被害申告と調査依頼を受け、情報システム部部員の退社時間を調査したり、B部長、Aゼネラルマネージャー及びC人事部長から報告書を提出させるとともに、平成16年4月2日から同月9日まで、同部部員から事情を聴取するといった調査を実施したのであり、その結果として、Xが主張するような差別や嫌がらせがあったと認定することはできないと判断しているところ、このような判

断をしたことが誤りであったということもできない。したがって、このような判断を前提としてされたＸに対するＹによる一連の対応が不適切なものであったということもできない。

ウ　さらに、その余の差別や嫌がらせとしてＸが具体的に主張するところは、平成14年11月7日の伝票印刷のトラブルに関するＸからの電子メールにＪが直ちに対応せず、再度の問合せを受けた同年12月4日にようやく回答したこと、平成15年8月19日以降3度にわたり、HEIMSの不具合に関して電子メールによりＸから対応を依頼されたにもかかわらず、Ｂ部長が一切回答しなかったこと、平成19年2月にＪがＸに対する担当業務の引継ぎもせずに長期休暇に入ったことを含め、いずれも直ちにＸ又はＸが属すると主張するグループへの差別や嫌がらせであると認めることはできず、他に差別や嫌がらせと評価することができるような具体的な事実を認めるに足りる証拠はない。

エ　以上によれば、Ｙにおいて、Ｘが主張するようなＸに対する差別や嫌がらせの中止措置、実行者の処分及び配置換え並びに再発防止策等を講ずべき義務又はＢ部長、Ｅ部長及びＪを中心とするグループによるＸに対する差別的取扱いと嫌がらせの改善措置を講ずべき義務があったということはできない。

(2)　以上によれば、その余の点について判断するまでもなく、Ｘの就業環境配慮義務違反に基づく損害賠償請求は、理由がない。

地公災基金愛知県支部長 (Z市役所職員・うつ病自殺) 事件 (控訴審)

名古屋高判　平22・5・21　　　　　労判1013号102頁

事案の概要

　本件は、Z市役所の職員であった亡Aの妻であるXが、うつ病発症及びこれに続く亡Aの自殺は、児童課へ異動後の公務及び上司であったB部長からのパワーハラスメント等によるものであり、公務に起因するものであると主張して、地方公務員災害補償基金愛知県支部長がした地方公務員災害補償法に基づく公務外認定処分（以下「本件処分」という。）の取消しを求めた事案である。

　原判決は、Xの請求を棄却したところ、Xが控訴した。

結　果

認容。

（原判決取消。公務外認定処分取消）

コメント

　第1審判決は、亡Aの公務とうつ病発症等との間の相当因果関係を否定したが、本判決は、児童課異動後の公務及びパワハラで知られていたB部長からの厳しい指導や指示等による心理的負荷が重なり、亡Aはうつ病を発症して病状を増悪させ、自殺するに至ったとして、公務起因性を認めた。

判　旨

1　当裁判所は、亡Ａのうつ病発症及びこれに続く自殺は公務に起因するものと認められ、これを公務外と認定した本件処分は取り消されるべきものと判断するが、その理由は、以下のとおりである。

2　亡Ａのうつ病発症の時期について

　　亡Ａは、4月下旬ころから遅くとも5月6日ころまでの間には、うつ病診断の際などのガイドラインとなるICD‐10における「F32．2精神病症状をともなわない重症うつ病エピソード」を発症したものと認められる。

3　公務起因性の判断基準について

　　地方公務員災害補償法に基づく遺族補償は、「職員が公務上死亡した場合」に行われるものであるところ（同法31条）、地方公務員災害補償制度が、公務に内在又は随伴する危険が現実化して職員に死亡や傷病等の結果をもたらした場合には、使用者の過失の有無にかかわらず職員の損失を補償するとともに、職員及びその遺族の生活を保障する趣旨から設けられたものであると解されることからすれば、職員の死亡についての公務起因性を肯定するためには、公務と死亡の原因となった傷病等との間に条件関係が存在することのみならず、社会通念上、その傷病等が公務に内在ないし随伴する危険が現実化したものと認められる関係、すなわち相当因果関係があることを要するというべきであり、この理は、その傷病等が精神障害の場合であっても異なるものではない。

　　そして、うつ病などの精神障害については、その発症や増悪は、環境由来のストレスと個体側の反応性、脆弱性との関係で決まり、環境由来のストレスが強ければ個体側の脆弱性が小さくとも精神障害が起こる一方、個体側の脆弱性が大きければ環境由来のストレスが弱くとも精神障害が起こるとする「ストレス－脆弱性理論」が医学的知見として広く受け入れられており、妥当な考え方であると解される。もっとも、この理論に従えば、公務に由来するストレスが、公務に内在し又は通常随伴する危険を生じさせるものであるとまではいえない場合であっても、個体側の要因によっては精神障害を発症し得ることになるところ、そのような場合においても、当該精神障害の公務起因性を肯定するのは前記制度の趣旨からして相当でない。そこで、公務と

精神障害の発症、増悪との間の相当因果関係の判断に当たっては、精神障害の発症の原因と見られる公務の内容、勤務状況、公務上の出来事等を総合的に検討し、当該職員の従事していた公務に、当該精神障害を発症させる一定程度以上の心理的負荷が認められるかどうかを検討することが必要である。

そして、公務の内容、勤務状況及び公務上の出来事等による心理的負荷の有無及びその強度を検討するに当たっては、何を基準にそれを判断するかが問題となるところ、地方公務員災害補償制度の前記趣旨からして、その補償の対象が公務に内在し又は随伴する危険の現実化と評価すべき傷病等であることに鑑み、基本的には、同種の平均的職員、すなわち、職場、職種、年齢及び経験等が類似する者で、通常その公務を遂行できる者を一応観念して、これを基準とするのが相当であると考えられるが、そのような平均的職員は、経歴、職歴、職場における立場、性格等において多様であり、心理的負荷となり得る出来事等の受け止め方には幅があるところであるから、通常想定される多様な職員の範囲内において、その性格傾向に脆弱性が認められたとしても、通常その公務を支障なく遂行できる者は平均的職員の範囲に含まれると解すべきである。

4 検討

本件における亡Aの自殺がうつ病による自殺念慮に起因するものであることは、前記のとおりであり、このことはYも特に争わないところであるから、亡Aの自殺に公務起因性が認められるか否かは、亡Aのうつ病発症が公務に起因するものであるか否か、あるいは、それが否定され、うつ病の発症自体は公務に起因するものとは認められないとしても、公務が同人の発症したうつ病を増悪させたか否かが問題となる。そこで、認定事実及び公務起因性の判断基準を踏まえて、亡Aのうつ病発症の公務起因性の有無について判断するが、亡Aが児童課に異動するより前の公務が特別に過重なものでなかったことについては、Xも特に争っているものとは思われないので、平成14年4月1日以降の公務の過重性について検討する。

(1) 公務の内容自体からくる心理的負荷の過重性

亡Aは、それまで福祉部門の仕事に就いたことがなく、児童課が初めての福祉部門の仕事であった。そして、もともと児童課は一般的に他の課と比べて格段に仕事の種類が多く、難易度の高い仕事が多かったが、亡Aが異動した平成14年4月当時は、本件保育システムの完成遅れの問題やファミリー

サポートセンター計画の遅れの問題があり、しかも、いずれも亡Aが児童課に異動してから知らされた問題であり、早急の対策が求められる事案であって、対応を間違えると重大な問題となりかねない事案であったことが認められ、これによる心理的負荷は相当なものがあったと認められる。

　この点、Yは、上記公務が過重ではない根拠として、Z市においては、課長の職にある者が従来経験したことのない部署に異動することは通例行われるものであること、課長の職務は、上司の命を受けて所管の事務を掌理し、所属の職員を指揮監督することであって、自ら事務に従事することはまれであること、実際、児童課においても課長補佐、係長及び係員が事務に当たっていたこと、児童課が特別に困難な課題を抱えていたわけではないこと、亡Aの時間外勤務時間数からも亡Aの職務がそれほど過重でなかったことが示されていることなどを主張する。

　しかし、もともと児童課は、少子化対策、子育て支援、児童虐待防止等々の重要な課題を多数抱え、関連法令の制定改正も頻繁であり、難解な専門用語も多く、他の課に比べて仕事の種類が多く難易度も高いことが認められるだけでなく、亡Aが課長に就任した当時は、未だ専門用語や仕事内容の把握に十分な時間のない状況下で、Z市役所内では異例にも早々に、4月23日までの本件報告書提出（課別の検討課題について報告書を作成・提出すること）及び本件ヒアリングの実施（本件報告書提出後のB部長によるヒアリング）をB部長から指示され、また、本件保育システムの完成遅れやファミリーサポートセンター計画の遅れという重大な問題が特別に生じていたものであって、このような職務を課長として担当すること自体、平均的な職員にとっても心理的負荷は大きいものであったと認められる。そして、その職務の困難性は質的なものであることに鑑みれば、亡Aの時間外勤務時間が従前に比してさほど長くないからといって、上記心理的負荷の大きさが否定されるものではない。

(2) 人間関係からくる心理的負荷の過重性

　前述のとおり、平成14年4月当時の児童課には重要な課題があり、それまで福祉部門の仕事をした経験のない亡Aにとっては、それによる心理的負荷が大きかったが、それとともに重要な点は、同人の上司である健康福祉部長が、福祉部門の仕事に詳しく、かつ、部下に厳しいB部長であったという点である。

すなわち、B部長の部下に対する指導は、人前で大声を出して感情的、高圧的かつ攻撃的に部下を叱責することもあり、部下の個性や能力に対する配慮が弱く、叱責後のフォローもないというものであり、それが部下の人格を傷つけ、心理的負荷を与えることもあるパワーハラスメント（以下、略して「パワハラ」という。）に当たることは明らかである。また、その程度も、このままでは自殺者が出ると人事課に直訴する職員も出るほどのものであり、B部長のパワハラはZ市役所内では周知の事実であった。亡Aは、3月25日に、未経験の福祉部門で、仕事の種類や内容がこれまでとは大きく異なり、かつ、複雑多岐にわたり、しかも、部下に対する指導が特に厳しいことで知られたB部長を上司とする児童課への異動の内示を受け、大変な職場と不安に思う一方、これまでの約30年間にわたる豊富な経験から、どこへ行っても同じとの自信を示し、心理的な葛藤を見せていたが、その時点では未だ病的ないし病前的な不安状態にあったとまではいえなかった。ところが、現実に4月1日に児童課に異動した後、亡Aは、前記部下の指導に厳しいB部長の下で、前記のとおり質的に困難な公務を突然に担当することになったものであって、55歳という加齢による一般的な稼働能力の低下をも考え合わせると、B部長の下での公務の遂行は、亡Aのみならず、同人と同程度の年齢、経験を有する平均的な職員にとっても、かなりの心理的負荷になるものと認められる。

　Yは、大声で叱責するような口調での指示、指導というだけでは、組織で業務を行う職場ではよくあることであって、B部長の部下に対する指導はパワハラではない上、B部長の指導が直接亡Aに及んだことはなく、B部長から児童課への指示はC次長を通して行われており、B部長と亡Aの日常的な接触はあまりなかったなどと主張する。

　しかし、B部長の部下に対する指導が典型的なパワハラに相当するものであり、その程度も高いものであったといえることは、前記認定説示のとおりであって、このことは、B部長が主観的には善意であったかどうかにかかわらないことである。また、現に、亡Aも児童課におけるわずかの期間に、ファミリーサポートセンター計画の件や保育園入園に関する決裁の際などに、B部長の部下に対するパワハラを目の当たりにし、また、本件ヒアリングの際に自らもこれを体験していることは、前記認定のとおりである。

なお、確かに、B部長が仕事を離れた場面で部下に対し人格的非難に及ぶような叱責をすることがあったとはいえず、指導の内容も正しいことが多かったとはいえるが、それらのことを理由に、これら指導がパワハラであること自体が否定されるものではなく、また、ファミリーサポートセンター計画の件においては、証拠に照らし、D補佐の起案が国の基準に合致したものであったといえるにもかかわらず、B部長は、それを超えた内容の記載を求め続け、高圧的に強く部下を非難、叱責したものであって、このような行為が部下に対して与えた心理的負荷の程度は、大きいものというべきである。

　また、亡Aがファミリーサポートセンター計画の件や保育園入園に関する決裁の際などに目の当たりにしたB部長の部下に対する非難や叱責等は、直接亡Aに向けられたものではなかったといえるが、自分の部下が上司から叱責を受けた場合には、それを自分に対するものとしても受け止め、責任を感じるというのは、平均的な職員にとっても自然な姿であり、むしろそれが誠実な態度というべきである。そうであれば、児童課長であった亡Aは、その直属の部下がB部長から強く叱責等されていた際、自らのこととしても責任を感じ、これらにより心理的負荷を受けたことが容易に推認できるのであって、このことは、亡AがB部長のことを「人望のないB、人格のないB、職員はヤル気をなくす。」などと書き残したメモ書きからも明らかである。そして、仮に、B部長が亡Aに対しては、その仕事ぶり等を当時から評価していたとしても、それが亡Aに伝わっていない限り、同人の心理的負荷を軽減することにはならないというべきところ、本件においてそのような事情を認めるに足りる証拠はない。

　以上のとおりであるから、部下に対する指導のあり方にパワハラという大きな問題のあったB部長のような上司の下で、児童課長として仕事をすることそれ自体による心理的負荷の大きさは、平均的な職員にとっても、うつ病を発症させたり、増悪させることについて大きな影響を与える要因であったと認められる。

(3)　全体としての検討

　認定事実及び上記（1）、（2）で述べたことを総合すれば、亡Aは、これまで経験したことのない福祉部門の部署であり、重要課題も多く抱えた児童課に異動となったのみではなく、当時の児童課には本件保育システムの

完成遅れ、ファミリーサポートセンター計画の遅れなどの重要問題を抱えており、しかも、それは事前に知らされていたわけではなく、異動の後に事情を知らされ、課長としては早急に対応を迫られる問題であったこと、しかも、当時の亡Ａの上司は、パワハラで知られていたＢ部長であり、現実に、亡Ａが児童課に異動後すぐに課別の検討課題についての報告書の提出やヒアリングを求められたり、ファミリーサポートセンター計画に関する文案についてＢ部長の決裁がなかなか得られず、亡Ａの部下であり担当者であるＤ補佐に対して大きな声で厳しく非難するような事態が生じたことなどによる心理的負荷が重なり、そのために、亡Ａは、平成14年４月下旬ころから同年５月６日の連休明けころまでの間にうつ病を発症したものであることが認められ、発症後も、管理職研修での事前準備が間に合わなかった不全感、本件ヒアリングにおけるＢ部長からの厳しい指導や指示、同年５月23日に寄せられたJC（青年会議所）からの苦情などにより、さらに病状を増悪させるに至り、それにより、亡Ａは同月27日に自殺するに至ったものと認められる。

　そして、上記心理的負荷は、前記説示のとおりの平均的職員を基準としても、うつ病を発症させ、あるいは、それを増悪させるに足りる心理的負荷であったと認めるのが相当である。

　なお、以上のとおり述べた平均的職員を基準とした本件における心理的負荷の程度の高さは、Ｙが依って立つ判断基準と同列のものと解される平成11年９月14日付け労働省（当時）労働基準局長発出の「心理的負荷による精神障害等に係る業務上外の判断指針について」（以下「判断指針」という。）において、当該心理的負荷の原因となった出来事等をより具体的かつ客観的に検討するためのものとして作成された同判断指針別表１の基準に当てはめても首肯し得るものである。すなわち、同別表１によれば、本件において平成14年４月中に児童課において亡Ａに起きた様々な出来事は、心理的負荷の強度としてはＩないしⅢの３段階（Ｉが「日常的に経験する心理的負荷で一般的に問題とならない程度の心理的負荷」であり、Ⅲが「人生の中でまれに経験することもある強い心理的負荷」であり、Ⅱは「その中間に位置する心理的負荷」であるとされる。）のうちのⅡとされる「仕事内容・仕事量の大きな変化があった」、「配置転換があった」、「上司とのトラブルがあった」に少なくとも該当するものであり、かつ、これら強度を

修正する視点として、同別表1は「業務の困難度や、経験と仕事内容のギャップの程度」、「職種、職務の変化の程度」、「トラブルの程度」等の着眼事項に考慮すべきものとしているところ、本件の各出来事の心理的負荷の強度は中程度のⅡであっても、上記強度修正の着眼事項を考慮すれば、本件の亡Aに起きた出来事は、Ⅱの中でもその程度は強いものであったということができ、しかも、これら該当事項が重なり合っていることによる複合的相乗的な効果を考慮すれば、上記判断指針に照らしても、亡Aの受けた心理的負荷は、うつ病を発症させ、あるいは、それを増悪させるに足りるものであったと認められるところである。

　これに対し、Yは、亡Aのうつ病の発症の主たる原因は、同人のメランコリー親和型性格、執着性格といった病前性格にある旨主張する。

　しかしながら、確かに、亡Aがうつ病発症の危険因子であるメランコリー親和型性格、執着性格といった病前性格を有していたことは認められるが、亡Aにおいてもまた同人の家族においても、うつ病発症の前歴はなく、また、亡Aは、児童課に異動するまでは約30年間にわたり多くの部署を大過なく歴任し、しかも、その中には、秘書課広報係（クレーム対応）の仕事も含まれていたことからすれば、本来異動に耐える職務遂行能力を十分に有していたといえるところであり、これらからすれば、亡Aの病前性格は、平均的職員が有する性格特性として通常想定される範囲内のものというべきであって、それを超えて特別にストレスに対する脆弱性が大きかったとは認め難く、Yの前記主張は採用し難い。

　以上のとおりであって、亡Aの自殺の公務起因性を検討すれば、亡Aが平成14年4月1日に児童課に異動した後に勤務に関して生じた一連の出来事は、通常の勤務に就くことが期待されている平均的な職員にとっても、社会通念上、うつ病を発症、増悪させる程度の危険を有するものであり、亡Aのうつ病の発症、増悪から自殺に至る過程は、これらの業務に内在又は随伴する危険が現実化したものであるというべきであるから、本件における亡Aの自殺には公務起因性が肯定される。

京都下労働基準監督署長事件

大阪地判　平22・6・23　　　　　　　労経速2086号3頁

事案の概要

　本件は、Z社に勤務していたXが、平成14年12月から通院・投薬を受けて
いる精神障害に罹患したところ、その発症が同会社の同僚等の職務に伴うい
じめとそれに対する適切な措置がZ社においてとられなかったという業務に起
因するものであるとして、労働者災害補償保険法に基づいて京都下労働基準監
督署長（以下「原処分庁」という。）に対し、療養補償給付を請求したところ、
原処分庁が、同請求について平成18年5月9日付けで不支給とする旨の処分を
したため、Yに対し、同処分の取消しを求めた事案である。

結　果

　請求認容。

コメント

　本判決は、Xの精神障害は、同僚の女性社員によるいじめやいやがらせだけ
でなく、会社がそれらに対して何らの防止措置もとらなかったことから発症し
たものであるとして、本件疾病と業務との間に相当因果関係（業務起因性）を
認めた。

判　旨

1　精神障害の業務起因性の判断基準

(1)　精神障害と業務との間の相当因果関係

　　労働者に発症した精神障害について業務起因性が認められるための要件であるが、業務と疾病（精神障害も含めて）との間に条件関係が存在するのみならず、社会通念上、当該疾病が業務に内在又は随伴する危険の現実化したものと認められる関係（相当因果関係）の存在が必要であると解するのが相当である。

(2)　同相当因果関係の内容

　　業務と精神障害の発症・増悪との間に相当因果関係が認められるための要件であるが、「ストレス－脆弱性」理論を踏まえると、ストレス（業務による心理的負荷と業務以外の心理的負荷）と個体側の反応性、脆弱性を総合考慮し、業務による心理的負荷が社会通念上、客観的にみて、精神障害を発症させる程度に過重であるといえることが必要とするのが相当である。

ア　そこで、如何なる場合に業務と精神障害の発症・増悪との間で相当因果関係が認められるかであるが、今日の精神医学において広く受け入れられている「ストレス－脆弱性」理論に依拠して判断するのが相当であるところ、この理論を踏まえると、業務と疾病との間の相当因果関係は、ストレス（業務による心理的負荷と業務以外の心理的負荷）と個体側の反応性、脆弱性とを総合的に考慮し、業務による心理的負荷が、社会通念上、精神障害を発症させる程度に過重であるといえる場合には業務に内在又は随伴する危険が現実化したものとして認められる（当該精神障害の業務起因性が肯定される。）のに対し、業務による心理的負荷が、社会通念上、精神障害を発症させる程度に過重であると認められない場合は、精神障害は業務以外の心理的負荷又は個体的要因に起因するものといわざるを得ないから、それを否定することとなる。

　　なお、Ｙが判断基準として主張する判断指針は、複数の専門家による検討結果に基づき、上記「ストレス－脆弱性」理論を踏まえたもので、現在の医学的知見に沿って作成されたものであって、その内容には一応の合理性が認められる。しかし、それは労働者災害認定のため、大量の事件処理

をしなければならない行政内部の判断の合理性、整合性、統一性を確保するために定められたものであって、基準に対する当てはめや評価に当たって判断者の裁量の幅が大きく、また、業務上外の各出来事相互の関係、相乗効果等を評価する視点が必ずしも明らかでない部分がある。

　以上のような判断指針の設定趣旨及び内容を踏まえると、裁判所の労働者に発症ないし増悪した疾病と業務との相当因果関係（同疾病などとの間の業務起因性）に関する判断を拘束するものではないといわなければならない。

イ　そうすると、本件疾病と業務との間で相当因果関係が認められるか否かを判断するにあたっては、本件疾病発症前の業務の内容及び業務外の生活状況並びにこれらによる心理的負荷の有無及び程度、さらにはX側の反応性及び脆弱性を総合的に検討し、社会通念を踏まえて判断するのが相当ということになる。

2　Xに対する同僚らの行為

(1)　Xは、第3営業部配属中の平成12年6月以降、DやGら同僚の女性社員数名から営業の仕事もしていない、職務等級が自分らより上の6級であるのにそれに相応しい仕事ではなく自分らとそれほど変わらない仕事をしている、それなのに高い給料をもらっている等として、ねたみや逆恨みのような思いをもたれたりしていた。

　なお、Xと同僚の女性社員の職務等級は4級職が中心で、Dは5級であった。4級職と6級職とでは給料も1.5倍以上の差があった。

(2)　Xは、同僚の女性社員等から以下のような行為を受けている。

ア　平成12年6月ころ、Xが自己の仕事の幅を広げようと考えて第3営業部の部内の勉強会に参加した際、部内の全員が参加していたのに、Dから「あなたが参加して意味があるの。」等と文句を言われた。そのため、Xは、次回の勉強会への参加を躊躇して欠席したところ、Dから同僚の前でXのことをいい加減な人との話をされた。

イ　Xは、平成13年6月1日から3日にかけて京都国際会議場で開催された会議の受付を担当したが、その際、Xとともに受付支援にきていたY支社のO、J、Mらから悪口を言われたり、書類の受け渡しの際にいやがらせをされる等のいじめにあった。

ウ　平成13年6月ころ、Nが殊更理由もないのにXに対して飛び蹴りや殴る

まねをした。

エ　平成14年6月ころ、XがEに対してパソコン操作を教示した際、お礼に
　　ケーキをもらったことがあったところ、そのことで、Eを含む女性社員の
　　間でXについて、ケーキにつられて仕事をする女との噂が流され、その
　　噂が大きくなっていった。

オ　同年後半、Z社の社内の女性社員らの間で、Xに対する陰口がIPメッセ
　　ンジャーを利用して行き交い、Xの失敗談などがそこで取り上げられたり
　　するようになった。上記女性社員らによるメッセージの授受は、Xがミス
　　等をした直後に行われ、同社員らは、メッセージ授受の直後に、お互いに
　　目配せをして冷笑するなどしたことから、Xは、上記のIPメッセンジャー
　　による女性社員ら間の悪口について認識していた。

カ　Xは、同年11月22日、京都のリーガロイヤルホテルで開催されたZ社
　　の得意先を対象にしたファミリー会の受付業務をEらとともに担当して
　　いた。

　　その際、Xは、Xらとともに同会の支援業務に当たっていた大阪の社員
　　に対し、EがXの前で悪口を言ったことから、堪えられないと感じ、帰り
　　際にR課長に明日から休む旨の話をして帰った。その後、Xは、間をおく
　　ことなく休職に入った。

3　業務の過重性

(1) Xに発症した精神障害の内容

　　Xが平成14年11月当時、発症した精神障害についてまず、検討すること
　とする。

　　認定した事実を踏まえると、「不安障害、抑うつ状態」であったと推認さ
　れる。

(2) Xに対するいじめの有無、その程度等

　　DらXの同僚の女性社員などからXに対していじめがあったか、また、
　あったとするとどの程度のものであったか検討する。

ア　Xと同僚女性社員の間では2 (1)で認定したとおり同僚の女性社員か
　　らねたみをかっているような状況があったところ、Xは、休職にいたる前
　　に同僚ないし上司等に対して同僚女性からのXに対するいじめについて
　　相談したりしていること、特に、U、W、R課長に対しては具体的な事象
　　を話して相談したりしていること、また、Xは、少なくとも平成12年4月

から平成14年11月までの間に同僚女性やNから上記2（2）で認定したとおりのいじめやいやがらせを受けていること、そして、UもXに対するいじめの内、一部について自身で体験して気づいていること、Xが休職した以降ではあるが、X支社長が交代した際、新任の支社長が、初心挨拶の中で、Xに対するいじめのことを踏まえ、いじめのようなくだらないことがないよう話していること、さらに、休職後、Xは、診察を受けた医師や臨床心理士のカウンセラーにいじめやいやがらせの具体的な事象を話していることがあるところ、以上の事実に証拠及び弁論の全趣旨を総合すると、X主張に係るようないじめやいやがらせは存在したこと、また、同女性社員らによるXに対するいじめやいやがらせは他の人が余り気づかないような陰湿な態様でなされていたこと、それをXが認識し、深刻に悩みUらに相談していたことが推認される。

イ　ところで、Xの同僚の女性社員でXからいじめの加害者として名指しをされたDら女性社員は、本件訴訟に先立つ原処分庁に対する請求段階で京都労働局職員から事情聴取を受けているが、その際、いずれの者もXに対していじめを行ったことはない旨話している。しかし、上記アで認定、説示したことを踏まえると、同女性社員らのXに対するいじめを否定する旨の話はにわかに採用しがたい。その他、同アの認定を覆すに足りる証拠はない。

ウ　Xに対するDら同僚の女性社員のいじめやいやがらせであるが、上記アで認定したとおり個人が個別に行ったものではなく、集団でなされたものであって、しかも、かなりの長期間、継続してなされたものであり、その態様もはなはだ陰湿であった。以上のような事実を踏まえると、Xに対する上記いじめやいやがらせはいわゆる職場内のトラブルという類型に属する事実ではあるが、その陰湿さ及び執拗さの程度において、常軌を逸した悪質なひどいいじめ、いやがらせともいうべきものであって、それによってXが受けた心理的負荷の程度は強度であるといわざるをえない。しかも、Xに対するいじめやいやがらせについて、Z社の上司らは上記で認定した他は気づくことがなく、同気づいた部分についても何らかの対応を採ったわけでもなく、また、Xからその相談を受けた以降も何らかの防止策を採ったわけでもない。Xは、意を決して上司等と相談した後もZ社による何らの対応ないしXに対する支援策が採られなかったため失望感

を深めたことが窺われる。

4　本件疾病発症までに起きた業務外の出来事やXの反応性等

(1)　Xの性格などの素因

　　Xの性格であるが、まじめで責任感の強い性格ではあるが、臨床心理士もXに対するロールシャッハテストの結果、ストレス耐性も人より高く、思考も柔軟で、場面場面で論理を優先したり義理を優先したりと、臨機応変な態度で臨むことができそうである旨判断している。以上の事実を踏まえると、Xは、その性格が脆弱とまで判断することができず、かえって、そのようなことがなかったことが窺われる。確かにXは、16歳当時、受験のストレスで神経性胃炎に罹患したことが認められるが、思春期における受験のストレスからすると、そのような疾病への罹患は通常ありうべきことであって、それをもって殊更Xが脆弱であったと認めることができるわけではない。また、大学4回生の時、また、25、6歳当時の過呼吸もその原因、回数、程度からして、それらをもって殊更Xが脆弱であったと認めることができるわけではない。その他、本件全証拠によるも、Xが殊更脆弱であることを認めることができない。また、Xは、京大病院を受診した際、母について軽症うつ病である旨、兄が精神安定剤を服用している旨述べているが、それらの事実からしてもその原因が何か、また、その程度がどうか、必ずしも明らかでない状況からすると、それらの事実をもってしても、Xが脆弱であることを認めることはできない。

(2)　Xの右乳房硬結、左乳腺線腫瘤等

　　Xは、休職前の平成14年9月4日、右乳房硬結、左乳腺線腫瘤と診断されているが、Xの同疾病にかかる症状経過を踏まえると、同疾病は悪性ではなく、良性であることが推認されるところ、以上の事実を踏まえると、Xが同疾病によって強い心理的負荷を受けたとまで認めることはできない。

　　その他、本件全証拠によっても、Xには本件疾病発症までの間に業務に関する出来事以外で強度の心理的負荷がかかるような出来事があったと認めることができない。

5　業務起因性の判断

(1)　本件疾病について業務起因性が認められること

　　以上の3、4で認定説示した事情を踏まえると、平成14年11月ころXに発症した「不安障害、抑うつ状態」は同僚の女性社員による上記認定した

いじめやいやがらせとともにＺ社がそれらに対して何らの防止措置もとらなかったことから発症したもの（業務に内在する危険が顕在化したもの）として相当因果関係が認められ、同認定を覆すに足りる証拠はない。そうすると、本件疾病と業務との相当因果関係（業務起因性）を認めなかった本件処分は不適法となり、取消しを免れない。

(2) 判断指針による判断

　ところで、本件疾病と業務との相当因果関係はＹが主張する判断指針によっても以下のとおり肯定されるというべきである。

ア　職場における心理的負荷が「強」であること

　Ｘに対する同僚の女性社員からの上記認定したいじめやいやがらせは上記3 (2) で認定説示したとおり常軌を逸したひどいいじめ、いやがらせともいうべきものであって、それによってＸに与えた心理的負荷の程度は「Ⅲ」（強度）で、それに対するＺ社の対応策もなく、上司に相談したにもかかわらず防止措置や改善策が採られず、「出来事に伴う変化等」に係る心理的負荷が「相当程度過重」であって、その総合評価が「強」と認められるというべきである。

イ　職場以外の心理的負荷はなく、個体側要因もないこと

　業務以外の強い心理的負荷は、上記4で認定説示したとおり認められず、Ｘ自身の個体的要因も認められない。

ウ　小括

　したがって、本件疾病は業務により発症したものというべきである。

<table>
<tr>
<td rowspan="2">precedent
32</td>
<td>日本ファンド（パワハラ）事件</td>
</tr>
<tr>
<td>東京地判　平22・7・27　　　　　労判1016号35頁</td>
</tr>
</table>

事案の概要

　本件は、Y1の従業員であるX1、X2及びX3が、Xらの上司であるY2から暴行や暴言を受けたと主張して、Yらに対し、不法行為又は債務不履行による損害賠償請求権に基づき、慰謝料等の支払いを求めた事案である。

結　果

　一部認容。
　X1に対し：連帯して、診療費等約5,000円、休業損害約35万5,000円、
　　　　　　　慰謝料60万円。
　X2に対し：連帯して、慰謝料40万円。
　X3に対し：連帯して、慰謝料10万円。

コメント

　Y2のXらに対する言動は不法行為に当たると認定され、Y2の不法行為責任及びY1の使用者責任が認められた。

判　旨

1（1）X1及びX2に対して扇風機の風を当てた行為について

ア　Y2は、平成19年12月以降、従来扇風機が回されていなかった時期であるにもかかわらず、X1及びX2がたばこ臭いなどとして、扇風機をX1及びX2の席の近くに置き、X1及びX2に扇風機の風が直接当たるよう向きを固定した上で、扇風機を回すようになった。そして、Y2は、X2に対しては平成20年4月1日にX2が他社に異動するまで、X1に対しては同年6月に本件組合が中止を申し入れるまで、しばしば、時期によってはほぼ連日、X2及びX1に扇風機の風を当てていた。

　　Y2によるこれら一連の行為は、Y2が心臓発作を防ぐためたばこの臭いを避けようとしていたことを考慮したとしても、喫煙者であるX1及びX2に対する嫌がらせの目的をもって、長期間にわたり執拗にX1及びX2の身体に著しい不快感を与え続け、それを受忍することを余儀なくされたX1及びX2に対し著しく大きな精神的苦痛を与えたものというべきであるから、X1及びX2に対する不法行為に該当するというべきである。

イ　Yらは、平成20年4月2日付けの本件組合作成の「書記局便り」と題する文書においては、本件組合が問題としていたY2の行為の中に、X1及びX2に対して扇風機の風を当てる行為についての記載はなかったこと、また、同年6月以降に行われた本件組合とY1との団体交渉においては、X1に対して風を当てる行為のみが問題となっており、X2に対して風を当てる行為が問題とされていなかったことを理由として、これらの事実は存在しなかった旨主張する。

　　確かに、平成20年4月2日付けの本件組合作成の上記文書には、Y1の部長によるパワハラに係る事実として、「ある宗教の機関誌の定期購読を強要され、それを断った場合には、公然の場で根拠のない叱責、恫喝をする。」、「無理な目標を掲げ、達成しなければ、公衆の面前での異常なまでの叱責、そして退職を強要。」、「2007年11月30日　15：15頃、机を移動していた部下3名の腹部を拳で殴打。その後、ほかの管理職にも、暴力の強要をした。」、「会社の業績を上げるために、意見を述べたが、それが気に入らなかったらしく、人間性を否定する罵倒をする。」旨の記載があるが、扇風機による風を当てる行為についての記載はなく、また、平成20年6月以降の本件組合とY1との団体交渉においては、本件組合は、X1に対して扇風機の風を当てる行為を問題としており、X2に対する行為は問題としていなかったことが認められる。

しかしながら、仮に本件組合が上記文書作成の時点でY2による扇風機を用いた行為について問題提起すれば、X1及びX2が本件組合に相談していることが特定され、Y2から更なる嫌がらせを受けるおそれがあることを懸念して、本件組合は、当該文書に扇風機の風当てに係ることを記載しないこととし、また、同年6月の時点では、X2は既に本件事務所に在席しておらず、本件事務所においてはX1に対して風を当てる行為が継続されていたことから、本件組合は、X1に対する当該行為を止めるよう緊急に申し入れ、そのような経緯から、その後も、X1に対する行為を問題にしていたのであるから、Yらの主張する事情をもってこれらの行為がなかったということはできない。

(2) X1に対するその他の行為について

　　Y2は、平成17年9月ころ、X1がY2の提案した業務遂行方法を採用していないことを知って、X1から事情を聴取したり、X1に弁明の機会を与えることなく、X1を強い口調で叱責した上で、X1に「今後、このようなことがあった場合には、どのような処分を受けても一切異議はございません。」という内容の始末書を提出させた。また、Y2は、平成19年6月の部門会議において、X1が業務の改善方法についての発言を行ったのに対し、「お前はやる気がない。なんでここでこんなことを言うんだ。明日から来なくていい。」などと怒鳴った。

　　これに対し、Yらは、仮にこれらの行為が存在したとしても、X1の業務上の怠慢に対する業務上必要かつ相当な注意である旨主張する。

　　しかしながら、これらの行為は、X1による業務を一方的に非難するとともに、X1にY1における雇用を継続させないことがありうる旨を示唆することにより、X1に今後の雇用に対する著しい不安を与えたものというべきである。そして、Y2は、第2事業部において、他の従業員が多数いる前で、部下の従業員やその直属の上司を大声で、時には有形力を伴いながら叱責したり、手当なしの残業や休日出勤を行うことを強いるなどして、部下に対し、著しく一方的かつ威圧的な言動を部下に強いることが常態となっており、Y2の下で働く従業員にとっては、Y2の言動に強い恐怖心や反発を抱きつつも、Y2に退職を強要されるかもしれないことを恐れて、それを受忍することを余儀なくされていたことが認められる。このような背景事情に照らせば、Y2によるX1に対する上記の行為は、社会通念上許される業務上の指導を

超えて、X1に過重な心理的負担を与えたものとして、不法行為に該当するというべきである。

(3) X2に対するその他の行為について

ア　Y2は、平成19年8月8日、X2が担当していた顧客の信用情報に係る報告が信用情報機関に行われていなかったことについて、「馬鹿野郎。」、「給料泥棒。」、「責任をとれ。」などとX2及びその上司を叱責し、さらには、X2に「給料をもらっていながら仕事をしていませんでした。」との文言を挿入させた上で本件念書を提出させた。

　これについて、Yらは、X1の業務上の怠慢に対する業務上必要かつ相当な注意指導であるから違法性は認められない旨主張する。

　しかしながら、これらの行為は、そもそも7年以上Y1において当該顧客に係る適切な処理がなされていなかったことに起因する事柄について、X2を執拗に非難し、自己の人格を否定するような文言をY2に宛てた謝罪文として書き加えさせたことにより、X2に多大な屈辱感を与えたものというべきである。そして、上記(2)のとおり、Y2の下で働く従業員が、Y2の一方的かつ威圧的な言動に強い恐怖心や反発を抱きつつも、Y2に退職を強要されるかもしれないことを恐れて、それを受忍することを余儀なくされていたという背景事情にも照らせば、Y2によるX2に対する上記の行為は、社会通念上許される業務上の指導の範囲を逸脱して、X2に過重な心理的負担を与えたものと認められるから、X2に対する不法行為に該当するというべきである。

イ　次に、Y2は、第1事業部と第2事業部の統合後、第2事業部で用いられていた架電による催促を中心とする債権回収方法を行うこととし、第1事業部で用いられていた書面による催促を中心とする債権回収方法を行わないよう事業部全体に命じたことが認められる。

　この点について、X2は、当該指示は上司の権限を濫用して部下の業績と賃金を引き下げる不合理な業務を命じたものであるから違法である旨主張する。

　しかしながら、Y2による当該指示は、事業部統合に伴い、事業部間で異なっていた債権回収方法を統一するため、事業部の次長らとの協議の上で行われたものであり、当該指示の後には事業部の全員が当該方法による債権回収を行っていることに照らせば、業務上の必要性と相当性が

存在したことが認められるから、Y2による当該指示は、正当な業務上の指導ないし指示の範囲内にあるものというべきである。

したがって、Y2による当該指示に違法性は認められない。

(4) X3に対する行為について

ア　Y2は、平成19年11月30日、本件事務所における席替えの際に、立っていたX3の背中を突然右腕を振り下ろして1回殴打し、また、平成20年1月25日にX3と面談していた際にも、X3を叱責しながら、椅子に座った状態からX3の左膝を右足の裏で蹴った。

Y2によるこれらの行為は、何ら正当な理由もないまま、その場の怒りにまかせてX3の身体を殴打したものであるから、違法な暴行として不法行為に該当するというべきである。

この点について、Yらは、静かにするよう注意するためX3の背中を掌でポンと軽く叩いて注意したにすぎない、また、仮にY2の足がX3の足に当たったとしても、Y2が足を組み替えた際に偶然に当たったものであるとして、これらの行為を暴行と評価することはできない旨主張する。

しかしながら、Y2自身、本件事務所の席替えの際に、Kの下腹部付近を掌で押し、その後、X2の背中を叩いたことを自認しているところであって、職場において静かにするよう注意するために他人の腹部を掌で軽く押すなどということは通常考え難いことからすれば、Y2は、席替えによる騒音に腹を立ててKの腹部を殴打したものと認められ、その直後、Kの近くにいたX3を殴打したものと推認できる。また、Y2とX3が座って面談していたならば、両者の間にはある程度の距離があったと推測されるところであって、座った状態から足を組み替えることにより偶然に足の裏が当たったなどということは、通常考え難い。したがって、Yらの主張は、信用できない。

イ　また、Y2は、平成19年11月6日、X3と昼食をとっていた際、X3の配偶者に言及して、「よくこんな奴と結婚したな。もの好きもいるもんだな。」と発言した。

これについて、Yらは、いい奥さんが結婚してくれたねという趣旨のごく普通の会話をしたにすぎない旨主張する。

しかしながら、上記主張に沿うY2の供述は信用することができない。そして、上記（2）のとおり、Y2の下で働く従業員が、Y2の一方的かつ

威圧的な言動に強い恐怖心や反発を抱きつつも、Y2に退職を強要される
かもしれないことを恐れて、それを受忍することを余儀なくされていたこ
とに照らせば、そのような立場にあるY2の当該発言により、X3にとって
自らとその配偶者が侮辱されたにもかかわらず何ら反論できないことにつ
いて大いに屈辱を感じたと認めることができる。そうすると、Y2による
当該発言は、昼食時の会話であることを考慮しても、社会通念上許容され
る範囲を超えて、X2に精神的苦痛を与えたものと認めることができるから、
X2に対する不法行為に該当するというべきである。

ウ　また、上記認定事実によれば、Y2は、同年12月28日の御用納めの昼食
の際、体質的に寿司を食べられず、寿司以外のお弁当を食べていたX3に
対し、「寿司が食えない奴は水でも飲んでろ。」との趣旨の発言をしたこと
が認められる。

　　この発言について、X3は、X3を侮辱するものとして不法行為に該当す
ると主張する。

　　しかしながら、Y2の当該発言は、言い方にやや穏当さを欠くところが
あったとしても、X3の食事の好みを揶揄する趣旨の発言と解するのが相
当であって、X3には寿司以外の弁当が用意されていたことも考えると、
当該発言が、日常的な会話として社会通念上許容される範囲を逸脱するも
のとまで認めることはできないから、違法とは認められない。

2　Xらの損害について

(1)　X1について

ア　X1は、平成19年12月から平成20年5月にかけて、Y2から扇風機の風を
頻繁に当てられ、これにより苦痛を被っていることについて、同月26日に、
Gに相談したにもかかわらず、Gが真摯に対応しなかったことから、精神
的に限界を感じて、同月27日以降、心療内科及び内科に通院することとな
り、抑うつ状態により1か月の治療が必要と診断されたことから、同年6
月10日から同年7月9日まで休職した。

　　以上の経緯に照らせば、X1による上記の心療内科等への通院及び休職は、
Y2による扇風機の風当てによるものとして相当因果関係が認められると
いうべきである。

イ　X1は、Mクリニックにおける診療費として1,170円、薬剤に係る医療費
として990円、Bメンタルクリニックにおける治療費として3,270円を支出

したことが認められるから、これらの合計額5,430円についてはY2の上記不法行為による損害として認められる。

ウ　また、X1は診察及び休職にともない、15日の病休及び9日の有給休暇を取得したものである。これによる休業損害は、X1の月額給与が32万5,000円、休職に係る1か月の所定労働日が22日であることから、1日当たりの賃金額は1万4,773円と算出できることに照らすと、合計35万4,552円と認められる。

エ　そして、上記認定のとおりのY2によるX1に対する扇風機を用いた風当て及び過重な叱責という不法行為の態様、X1がそれに起因して通院及び休職を余儀なくされたこと等を総合すると、Y2の不法行為によるX1の精神的苦痛を慰謝するための慰謝料は、60万円をもって相当と認められる。

オ　よって、Y2の不法行為によりX1が被った損害は、95万9,982円と認められる。

(2)　X2は、平成19年12月から平成20年3月末にわたってY2から扇風機の風を不法に浴びせられるとともに、本件念書の提出を強いられたものである。

　　Y2によるこれらの不法行為の態様等を総合すると、Y2の不法行為によるX2の精神的苦痛を慰謝するための慰謝料は、40万円をもって相当と認められる。

(3)　X3は、Y2から、2回にわたって殴打されるとともに、侮辱的な中傷を受けたものである。

　　Y2によるこれらの不法行為の態様等を総合すると、Y2の不法行為によるX3の精神的苦痛を慰謝するための慰謝料は、10万円をもって相当と認められる。

　3　上記認定のY2のXらに対する不法行為は、いずれもY2がY1の部長として職務の執行中ないしその延長上における昼食時において行われたものであり、これらの行為は、Y2のY1における職務執行行為そのもの又は行為の外形から判断してあたかも職務の範囲内の行為に属するものに該当することは明らかであるから、Y1の事業の執行に際して行われたものと認められる。

　　したがって、Y1は、Y2のXらに対する不法行為について、使用者責任を負う。

事案の概要

　Xは、Yの正社員として一般事務等に従事していたが、平成21年4月6日、身体、精神の障害により業務に耐えられないことなどを理由として解雇された（以下「本件解雇」という）。

　本件は、Xが、Yの社長Cや上司Dによる集団的いじめや嫌がらせを受けて多大な精神的苦痛を被り、さらに本件解雇は解雇理由が存在せず、もしそうでなくても合理性相当性を欠き無効などと主張して、Yに対し、①不法行為に基づく慰謝料等の損害賠償の支払い、②雇用契約上の地位確認、③解雇後本判決確定までの賃金の支払いを求めた事案である。

結　果

　請求棄却。

コメント

　本判決は、Yの社員らによる集団的いじめや嫌がらせの存在を否定し、また、本件解雇は有効であると判断した。

判　旨

1　Ｙは、平成21年1月、試用期間を短縮してＸを本採用にしたこと、Ｘは、いじめや嫌がらせの原因として、平成21年2月以降の事実を主張していることから、以下、本採用後の事実に基づいて争点についての判断をする。前提となる事実と証拠によれば、本件の争点に関連するものとして、次の事実が認められる。

(1)　平成21年2月の経緯

　　ア　Ｙは、平成21年1月、試用期間を短縮してＸを本採用にしたが、Ｂは、Ｘの仕事に慣れるペースが遅いと感じており、2月12日、Ｘに対し、電話を受けたときは必ず相手の名前を確認して、聞き取れなかったら丁寧に問い直すよう助言した。

　　イ　Ｘは、2月27日、取引先のＡ新聞社の担当者に対し、過剰入金の有無を電話で問い合わせたとき、相手の態度が横柄であったために、いらいらしていた。こうした中、Ｘは、担当者から、「調べて電話する。名前は。」と尋ねられたので、「私ですか。」と問い返したら、「あんたに決まってるだろう。」と強い口調で言われたことから、同じく強い口調で「Ｘです。」と答えて電話を切った。

　　　　その様子を見ていたＤは、怒って泣き出したＸを落ち着かせようとしたが、Ｘが「本気で死ねばいいと思った。」とチャットに記載したのを見て言葉を失った。当日の午後、Ｃは、この件の経緯について、一応Ｘをかばったうえで、相手の立場に立って応対するよう忠告した。その後、Ｄは、Ｘに対し、Ｘの態度次第でＹが損失を被るおそれがあることを指摘したが、Ｘは、「しばらくＡ新聞の『Ａ』の字も見たくない気分。」と返答した。Ｄは、顧客を顧客と考えていないことに不安を感じつつ、いつまでも顧客に対し怒りの感情ばかりだと成長できないと助言した。

(2)　平成21年3月の経緯

　　ア　Ｘは、3月4日、Ｂから、電話に出るときは「もしもし。」ではなく、Ｙの社名を名乗るよう注意を受けた際、謝罪の態度を示す一方で、「あんまりいきなり指摘されるのもちょっと。」と不満を漏らした。また、同日、Ｃから、外部からの電話や顧客対応について、「改善の余地がある。突き

放したような言い方や愛想のない言い方はよくない。」と指摘されて、どのようにしたらよいか考えるよう指示を受けた。

イ　Cは、3月6日、Xの仕事の仕方について社内でヒアリングをしたところ、書類をファイルする場所を間違えることなどが多く、そのたびに他の社員が時間をかけて探し出しても、感謝の姿勢を見せないとか、積極的に接客をしないとか、業務と関係のないウェブサイトを閲覧しているなどという問題点の指摘があったことから、Xに対し、他の社員がXをフォローし、ミスをカバーしていることを指摘したうえで、「このメールを読んだら、さっそく改善方法を考えてください。他の人に相談してもいいですから。そして私に報告してください。行動、態度を改め、自分の責任を自覚して仕事をするようになることがXさんが今後当社社員であり続けるための絶対条件です。」という指示をした。これに対し、Xは、3月9日、日報で、Cに対し、反省点として、書類の紛失が多い点はDと相談して善後策を検討したこと、来客に気づくよう気をつけること、私用のインターネットは自粛することなどを挙げた。

　　Dは、3月9日、Xに対し長文のメールを送信して、表現を慎重に選びながら、周囲に対する心遣いの重要性、指導を受けたときの態度や電話応対に依然として問題があることなどを指摘して、「少しずつでも成長していってください。」と励ました。

　　Xは、3月11日、Cから、明るい笑顔ではきはきと話す、電話が一本調子にならないように適当な間をとって話す、「あっ。」とか「えーっと。」という単語をはさまないという注意を受けた。

ウ　Xは、3月13日、Cから、電話応対について注意を受けた。また、同日、顧客であるE社からXのテレアポの感じが悪いという苦情を受けたことから、Dらは、Xと、テレアポの仕方についてミーティングを持ち、声を大きくすること、電話の件数をこなすのではなくアポイントの取得を目指すべきであることなどを指摘して、議事録を作成させ、その場でその読み合わせをした。また、Dは、XとYの社員一人ひとりとの関係を説明させて、誰もが上司であり先輩であることを確認した。Xは、このとき、Dから勤務態度についてかなり厳しく注意されたと感じた。

　　Xは、週明けの3月16日、Dに対する態度を一変させて、翌17日、Dに対し、「だいたいどういう人だかわかった。」、「あなたのためを思ってと

言う人間に関わって良かったことはない。」、「感情抜きでやっていきたい。今までいろいろヘマしていたのはそのせいもある。」などとチャットに記載した。Dは、Xの成長を期待して勤務態度等について助言をしてきたのに、このような批判を浴びたことにショックを受けて、Cに対し、これ以上Xの上司はできないから交替させてほしいと願い出て了承された（CがXの直属の上司を兼ねることになった）。XとDは、他の社員が仲裁に入って、それぞれに対し謝罪をした。

エ　Xは、3月17日、日報に、Cから受け取った請求書を早合点して投函したのはうかつであり、今後は指示されない限り自己判断を控えるという反省の弁を記載した。

　　Yは、3月23日、役員会議で、Xに対し、現状のまま勤務させるのは難しいと伝えて、その意見を聴くことにした。そして、Cは、Xに対し、仕事上のミスについてどのように考えているかをまとめて、翌日までに提出するよう指示した。しかし、退職勧奨を受けたと感じたXは、ショックが大きく考えをまとめることができないという理由で、これを提出しなかった。

　　Xは、3月26日、27日、日報にミスをしたという記載をした。Cは、3月29日（日曜日）、X（携帯電話）に対しメールを送信して、今後のことで話があるので翌日は午前8時50分に出勤するよう指示した。

　　しかし、Xは、3月30日、出勤せず、3月31日も、気持ちの整理がつかないという理由で出勤しなかった。Cは、同日夜、Xを自宅近くの喫茶店に呼び出したうえ、「退職する方向で考えてほしい。明日から引継ぎに入ってほしい。」と言った。なお、Xは、同日、心療内科を受診してうつ状態という診断を受けた。

(3) 平成21年4月の経緯

ア　Xは、4月1日、遅れて出勤したが電話にも出ずに座ったままであったために、心配したDが昼食に誘ったところ、会話を録音してもよければ参加すると言った。Dは、これを承諾して、Cを交えて昼食をとり、食後もう少しXと話そうとしたが、Xはこれを避けた。

イ　Xは、4月2日、出勤せず、Cに対し、うつ状態で精神科を受診していることを明らかにして、解雇理由を書面にして郵送するよう求めた。さらに、翌3日、ミーティングへの出席は避けたほうがよいという医師の助言に

従って欠勤した。これに対し、Cは、同日、Yが求めていることは、XがYに対し何らかの手段を取るのか、それともYで仕事を続けたいのでこうするという意見表明をするのか、待っている状態であるという返信をした。

ウ　Xは、4月6日、Cに対し、あらためて解雇理由を書面にして郵送するよう求めたが、Cは、同日、上記イと同じく、どのようにしたいのか意見を聞きたいという返信をした。Dは、XとCのやりとりが堂々めぐりになっていると感じて、同日、Xに対しメールを送信して、Yに戻る気持ちがあるか否かきちんと答えることを勧めたが、Xは、これに返信をしなかった。

エ　Xは、平成21年4月9日、Yに対し、「うつ状態の治療のため、4月6日から5月6日までの間、休職する」という休職願を郵送した。Yは、この時点でXを解雇するという意思決定をして、休職願を受理せず、4月10日、Xに対し、4月6日付けで本件解雇の通知をした。

2　認定事実に基づく判断

(1)　集団的いじめや嫌がらせの有無について

ア　Xは、Cの指示に従い日報を提出していたが、日報に反省点を記載しなければ叱責されたため、毎日、どんな些細なことでも反省点を探し出して記載せざるを得ず、不合理な自己批判を強制されたと主張して、X本人に、これと同趣旨の供述部分がある。

　　しかし、本件の事実経過を通じて、Xは、日報に反省点を記載しなかったことを理由にCから叱責された形跡がうかがわれない。また、Y（C）は、仕事に慣れるペースが遅く、電話応対にも助言を必要としたXに対し、教育指導的観点から少しでも業務遂行能力を身につけさせるために、日報の作成を命じたと考えられるのであり、不合理な自己批判を強制したものではないことが明らかである。この点に反する上記供述部分は、そのまま採用することができない。

イ　Cは、3月6日、Xの仕事の仕方について社内でヒアリングをしたところ、書類をファイルする場所を間違えることなどが多く、そのたびに他の社員が時間をかけて探し出しても、感謝の姿勢を見せないとか、積極的に接客をしないとか、業務と関係のないウェブサイトを閲覧しているなどという問題点の指摘があった。D証人の証言等によれば、このような指摘は、いずれも真実というべきものと認められる。

　　そうだとすると、Xは、社員らから集団的に個人攻撃を仕掛けられて

いると認めることができない。

ウ　Dらは、3月13日、顧客からXのテレアポの感じが悪いという苦情を受けたことから、Xと、テレアポの仕方についてミーティングを持ったのであり、そこにXに対するいじめや嫌がらせの目的は認められない。その中で、Dは、Xの勤務態度について、かなり厳しく注意をしたことがうかがわれるが、その内容は、声を大きくすること、電話の件数をこなすのではなくアポイントの取得を目指すべきであることなど、上記の苦情に対する改善策として至極もっともなものであり、いじめ等に当たるものではない。Xに対し、議事録を作成させ、その場でその読み合わせをしたことや、XとYの社員一人ひとりとの関係を説明させて、誰もが上司であり先輩であることを確認したことも、部下に対する教育指導の範囲を逸脱したものということができない。

Dは、Xの直属の上司であった当時はもちろん、Xとの感情のぶつかり合いがあって上司を外れた後においても、Xの成長を期待して助言したり、励ましたり、話し合いの機会を持つことを試みたりしているのであり、Xに対し、いじめや嫌がらせ目的で辱めと感じるような仕打ちをするとは考えにくい。

エ　Xは、その仕事ぶりが評価されていたとする一方で、Yの社員らから集団的いじめや嫌がらせを受けたと主張する。しかし、そのようないじめ等の動機・目的は不明といわざるを得ず、上記主張は不自然である。

したがって、Yの社長や社員による集団的いじめや嫌がらせを受けて多大な精神的苦痛を被ったというXの主張は、失当というべきである。

(2) 本件解雇の当否について

ア　本件解雇理由の存否について

（ア）解雇理由1（上司の度重なる注意勧告にもかかわらず、業務と関係のないウェブサイトを閲覧する、積極的に接客をしない、ゴミの回収を手伝わないなどの業務怠慢が継続したこと）について、Xがゴミの回収の手伝いについて注意を受けたこと以外は、いずれも認められる。

（イ）解雇理由2（重要書類を上司の確認を得ずに投函する、クレームに発展した顧客からの電話に対応できずに途中で切ってしまう、重要書類を紛失するなどの深刻なミスが目立ったこと）について、3月17日の日報の「Cから受け取った請求書を早合点して投函したのはうかつであり、

今後は指示されない限り自己判断を控える。」という記載によれば、そのような事実があったと認められる。これに対し、Ｘは、通常の業務の流れに従って投函した後に、納品未了であるから発送してはいけないと指摘されたと主張するが、この事実は認められない。

　Ｘは、2月27日、Ａ新聞社の担当者との間で、軽いとはいえないトラブルが生じたことが認められる。この件については態度が横柄であった相手にも非があるということができるが、そうだとしても、「本気で死ねばいいと思った」とか、「しばらくＡ新聞の『Ａ』の字も見たくない気分」という態度を見せたＸは、社会人として相当のマイナス評価を受けてもやむを得ないものというべきである。

　Ｘは、書類の紛失が多い点についてＤと相談して善後策を検討していることから、その事実が認められる。

（ウ）解雇理由3（特に、重要書類の紛失について、再発防止のために改善策を書面にして提出するよう指示を受けたがこれを無視したこと）、4（そのような状態を心配した直属の上司（Ｄ）がアドバイスをしたところ、感情のぶつかり合いになり、他の社員が仲裁に入らざるを得なくなったこと）、5（Ｃから改善すべき点を伝えて、意見をまとめるよう指示を受けたがこれに応じなかったこと）は、認定事実のとおりである、同6（4月9日、うつ状態の治療のために1か月の休職願を提出したこと）の事実は争いがない。

イ　Ｃは、3月6日の時点で、Ｘに対し、「行動、態度を改め、自分の責任を自覚して仕事をするようになることがＸさんが今後当社社員であり続けるための絶対条件です。」というメールを送信しており、遅くともそのころには、Ｘの社員としての適格性を疑い、よほどの改善のきざしが見えなければ退職させるつもりであったと考えられる。また、Ｃは、3月23日以降、Ｘに対し、現状のまま勤務させるのは難しいと伝えたり、日曜日、携帯電話に翌日の早出を求める連絡を入れたり、欠勤した日の夜、自宅近くの喫茶店に呼び出して退職する方向で考えてほしいなどと言ったりしており、かなり強く退職勧奨をしたというべきである。

　しかし、Ｙは、4月9日に本件解雇の意思決定をするまでは、Ｘに対し、仕事を続けたいのでこうするという意見表明の機会を与えて、退職を選択しない余地を残している。それにもかかわらず、Ｘは、気持ちの整理が

つかないという理由で出勤しなくなり、Yの解雇の意思決定前であるのに、繰り返し解雇理由を書面にして郵送することを求め、それが実現しないと今度は、うつ状態の治療のため、1か月間休職するという休職願を提出して解雇を避けようとした。このような経緯において、Yは、それまでのXの勤務状況等も考慮したうえで、これ以上Xの雇用を継続することはできないと判断して、本件解雇の意思決定をしたと認められる。

　そうだとすると、本件解雇（平成21年4月6日）当時のXは、「身体、精神の障害により、業務に耐えられないとき」（就業規則30条①）、「勤務成績が不良で、就業に適さないと認められたとき」（同条②）に該当すると認められるのであり、また、本件解雇は合理性相当性を欠くものということはできない。

ウ　前記のとおり、Xは、Yの社員らによる集団的いじめや嫌がらせを受けたものではないから、Xのうつ状態は、業務上の傷病と認めることができない。

　したがって、本件解雇は解雇理由が存在せず、もしそうでなくても合理性相当性を欠き無効というXの主張は失当といわざるを得ない。

precedent 34	国・諫早労基署長（ダイハツ長崎販売）事件
	長崎地判　平22・10・26　　　　労判1022号46頁

事案の概要

　本件は、A社に勤務していたXが、上司とのトラブル、事実上の降格・左遷、ノルマの不達成、勤務・拘束時間の長時間化等の心理的負荷によりうつ病を発症・増悪し、自殺を図り、以後、うつ病により就業できなかったことが業務に起因するものであるとして、2度にわたって休業補償給付の支給を請求したが、いずれも不支給処分となったため（以下、これらの処分を併せて「本件各処分」という。）その取消しを求めた事案である。

結　果

　請求認容。

コメント

　精神障害の労災認定にあたっては、精神疾患の発病前おおむね6か月間に、業務による強い心理的負荷が存在していたかどうかを総合的な観点から評価することとされているが、本判決では、心理的負荷の期間は必ずしも発症前6か月間に限られるものではなく、時間の経過とともに出来事が受容され心理的負荷が軽減されることを考慮して負荷の程度を判断するのが相当であるとした点に注目すべきであろう。

判　旨

1　業務起因性の判断基準

(1) 労災保険法に基づく保険給付（休業補償給付）は、労働者の業務上の負傷、
疾病、障害又は死亡について行われるところ（同法7条1項1号）、労働者の
疾病等が業務上の事由によるものであるというためには、業務と疾病等との
間に相当因果関係があることが必要である（最高裁昭和51年11月12日第2
小法廷判決・裁判集民事119号189頁参照）。

　そして、労災保険法に基づく補償制度は、業務に内在ないし随伴する各
種の危険が現実化して労働者に疾病等の結果がもたらされた場合には、使
用者等に過失がなくとも、その危険を負担して損失の填補をさせるべきで
あるとする危険責任の法理に基づくものであることからすれば、上記相当
因果関係の有無は、その疾病等が当該業務に内在する危険が現実化したも
のと評価することができるか否かによって決せられるべきである。

　精神障害の成因には、個体側の要因としての脆弱性と環境要因としての
ストレスがあり得るところ、上記の危険責任の法理にかんがみれば、業務
の危険性の判断は、当該労働者と同種の業務に従事し遂行することを許容
できる程度の心身の健康状態にある平均的な労働者を基準とすべきであり、
このような平均的な労働者にとって、当該労働者の置かれた具体的状況に
おける心理的負荷が一般に精神障害を発症させる危険性を有しているとい
え、特段の業務以外の心理的負荷及び個体側の要因のない場合には、業務
と精神障害の発症又はその増悪との間に相当因果関係が認められると解す
るのが相当である。

(2) 心理的負荷の評価期間

　ア　被告は、Xのうつ病の業務起因性の有無については、発病前おおむね6か月の間に客観的にXにうつ病を発病させるおそれのある業務による強い心理的負荷が認められるか否かによって判断されるべきであると主張する。

　　そして、判断指針にも判断要件として同旨が定められていることは前記のとおりであるところ、発病前おおむね6か月前からの出来事を調査の対象とするのは、専門研究会報告書において、①発病から遡れば遡るほど出来事と発病との関連性を理解するのが困難になるためであり、また、②ICD-10の外傷後ストレス障害の診断ガイドライン（F43.1）に「心的外傷後、数週から数か月にわたる潜伏期間（しかし6か月を超えることは希）」とされていることを踏まえたものと認められる。判断指針の前記内容は、その作成経緯等に照らしても不合理とはいえないが、精神障害の発病に当たって評価対象とすべき心理的負荷の期間は前記の期間に限られるものではなく、前記のような判断指針や前記報告書の趣旨を踏まえ、時間の経過とともに出来事が受容され心理的負荷が軽減されることを考慮して、負荷の程度を判断するのが相当である。

2　本件における業務起因性の有無

(1) 業務による心理的負荷について

　ア　平成13年1月にB部長が着任するまでの間、Xは部品用品部の事実上の責任者の地位にあったところ、B部長が着任した後、同年9月に外販担当に異動するまでの間、Xは、B部長から長時間にわたる説教や叱責を受けることがあった。その叱責が指導目的のものであったとしても、B部長がXに対して「中途半端な人間、凝り固まった化石だろう。」などと、指導とは直接関係しない人格を責めるような内容の発言をしていたことが認められることに加え、XがB部長について「すぐ大声で怒る。」、「一言一言が突き刺さる感じ。」と述べていること、DがB部長について、「今まで接したことがないくらい厳しい性格の人で、そこまで厳しくしたら相手が何も言えなくなる感じ。」、Xに対しての接し方は「他の社員に比べて数段厳しい様子で、外から見かける時も、声は聞こえなくても表情が解るので、かなり厳しいと感じた。」、Xが「同席していた社員が、その場にいるのが嫌になるくらいのものすごい叱責を受けていた。」ことを聞いたことがあ

る旨述べていること（＜証拠略＞）からすると、Ｂ部長のＸに対する叱責は、指導の限度に止まらない程度に厳しいものであったことが推認される。

　そうすると、平成13年1月から同年9月までの間のＢ部長の説教や叱責がＸに与えた心理的負荷は強度なものであったということができ、判断指針の別表1によるとしても、その心理的負荷の強度は「Ⅲ」に修正されるべきである。

　そして、後記イのとおり、外販への異動後もＢ部長はＸの上司であり、厳しいノルマを設定するなどしていたことからすると、前記異動によりＢ部長から上記のような説教や叱責を受けたことによる上記心理的負荷が解消されたとはいえず、上記出来事が認定したうつ病の発病時期よりも相当程度前の出来事であり、発病から遡れば遡るほど出来事と発病の関連性の認定が困難となること（＜証拠略＞）を考慮しても、外販異動前のＢ部長の説教や叱責がＸのうつ病発病に影響し得ない出来事であったということはできない。

イ　前記のとおり、Ｘは、役職定年前に外販担当に配置転換させられており、Ｘには外販業務の経験があったものの、役職定年前の外販への異動は異例の人事であったものと認められ、この異動がＸに与えた心理的負荷も無視できず、前記別表1によれば、心理的負荷の強度は「Ⅱ」とされるべきである。

　また、外販異動後にＸに課されたノルマは、前年同月実績と比べて平成13年10月度が140.5パーセント、同年11月が121.8パーセント、平成14年4月が156.7パーセント、同年6月が177.2パーセントに設定されるなど、他の社員と比べてその比率が高く設定されており、本件証拠上、前任者の実績が極めて低かったなどの事情が認められないことからすると、Ｘに課せられたノルマを達成することは極めて困難な状況であったと考えられる。

　上記ノルマが不達成となった場合にペナルティが課される制度は存在しなかったものの、Ｂ部長が個人別の売上表を作成させ、ミーティングにおいて「売上げ、実績が上がらない、役に立たない者は辞めてもいい。」などと述べていたことや、外販異動前にＸがＢ部長から厳しい叱責を受けていたことからすれば、ノルマの不達成につきペナルティ制度が存在しなかったからといって、厳しいノルマ設定によるＸの心理的負担の程度

が小さかったということはできず、むしろ、ノルマの不達成によりB部長から厳しい叱責を受けることが容易に予測される状況にあったことからすれば、厳しいノルマ設定によりXに心理的負荷を与えたものと認められる。

　そして、ノルマが達成できなかったときには、XはB部長から叱責され、Dの供述等（前記ア）からすれば、その叱責も指導としての限度を超えた厳しいものであったことは容易に推認される上、そのような叱責の中には、他の社員等がいる前で、B部長がXに対して「必要がない。辞めてもいい。」と述べたというものもあり、B部長の当該発言につきCが「退職強要されていると感じとれた。」と述べていること（＜証拠略＞）からすると、B部長の上記発言の仕方も相当厳しいものであったことがうかがわれる。このように、Xは、厳しいノルマを課された上に、その不達成につきB部長から厳しい叱責を受けており、ノルマの不達成やそれに対するB部長の叱責がXに与えた心理的負荷は強度なものであったということができ、その心理的負荷の強度は、前記別表1の「Ⅱ」を修正して「Ⅲ」に該当すると考えられる。

　Xの外販異動後の時間外労働時間は、平成13年10月から平成14年5月ころまでは、毎月おおむね80時間前後と推認され、著しい長時間労働を強いられていたとまではいい難いものの、内勤時よりも労働時間が長時間化しており、厳しい上記ノルマの達成のために相当程度の時間外労働を強いられたことは容易に推認される。加えて、平成14年6月以降は、厳しいノルマ達成のために振替休日にも出勤せざるを得なくなり、時間外労働時間も月90時間前後に達していたものと認められる。このように、外販異動後に継続的に相当程度の長時間労働を強いられ、同月以降は、ノルマの達成のために振替休日に出勤せざるを得なくなるなど、さらに長時間の労働を強いられたことがXに与えた心理的負荷も相当なものであったということができ、これを前記別表1に当てはめるとすれば、「Ⅱ」とされるべきである。

ウ　Xは、平成14年12月24日に島原店への異動の内示を受け、島原店の社員が代わりに多良見部品センターに異動するという交代人事がなされたが、交代社員の事情により引継ぎが円滑に進まず、多良見部品センターの業務と島原店の業務との掛け持ちをすることになり、帰宅時間が午後11

時を過ぎることもあったこと、白内障による車の運転の支障を考えて単身
赴任を希望したにもかかわらず、島原店を通勤範囲内として扱う本件会社
との間で問題が生じたことが認められ、このような転勤による勤務状況の
変化等は、Xに過重な心理的負荷を与えるものであったといえ、前記別表
1に当てはめるとすれば、「Ⅱ」又はこれを修正した「Ⅲ」に該当する。

エ　以上に対し、被告は、役職定年前の外販担当への異動は、社内間の単な
る人事異動であり、役職や給与関係等処遇に変化がないから、過重な心理
的負荷はないし、異動後にXが外販業務に対する意気込みを示していた
から、Xの心理的負荷は解消した旨主張する。

　　しかし、役職定年前の外販担当への異動は異例のことであり、欠員が生
じたことを理由とする人事であるとしても、それだけで十分な合理性があ
るとはいい難く、その心理的負荷は無視できる程度のものとはいえない。
また、外販異動後には、厳しいノルマが設定されるなど業務上の負担が生
じており、その発端が外販担当への異動にあることからすれば、Xがノル
マ達成のために意気込みを示していたとしても、そのことからXの心理
的負荷が解消したと認めることはできない。

　　また、被告は、Xに設定されたノルマは他の社員と比較して高いもので
はなく、ノルマが達成できなくてもペナルティが課されることはないか
ら、心理的負荷は大きいものではない旨主張する。

　　しかし、外販担当の各社員は、担当地区の範囲内で外販活動をしていた
ことが認められ（＜証拠略＞）、このような場合、担当地区内の営業先の
数や内容等により、担当者の売上が左右されるものと考えられる。そうす
ると、異なる地区を担当する社員同士のノルマを単純に比較しても、その
地区の担当者に課されたノルマが厳しいものかどうかは明らかにはなら
ない。他方、同じ地区の前年実績と比してノルマが高く設定されている場
合には、前年の担当者の個人的事情により実績が極めて低かったなどの特
段の事情がない限り、一般的には厳しいノルマが課されているということ
ができる。本件においては、前任者につき上記特段の事情は認められず、
上記のとおり、Xについては、前年実績と比較して高いノルマが設定され
ていることからすれば、Xには他の社員と比べて厳しいノルマが課されて
いたということができる。

　　さらに、被告は、XがB部長を疎んでいたことから、B部長の通常の指

導をX個人に対する攻撃ととらえた可能性がある旨主張するが、Dの前記供述からすると、B部長のXに対する叱責は客観的に見ても指導の限度を超えた厳しいものであったと推認されるから、被告の上記主張は採用できない。

(2) 業務外の出来事による心理的負荷について

　　平成14年5月に長女が結婚したことが認められるものの、Xはこれをノルマ達成の動機付けとしていたこと、長女の結婚式の前日にお菓子作りをするXは妻から幸せそうに見えたこと（同）、Xが長女の結婚に反対していたという事情が認められないことからすれば、長女の結婚がXの心理的負荷となる出来事であるとはいえない。また、Xが高血圧症の治療を受けていたことや、白内障の症状が出現し、その治療を受けていたことが認められるが、これらがXのうつ病を発症させる要因となり得ることを認めるに足りる証拠はない。

(3) Xの個体側要因について

　　Xに精神障害の既往歴はなく、アルコールへの依存も認められない。性格傾向としては、うつ病患者の特徴的性格であるメランコリー親和型人格である旨のL医師の意見があるものの、厚生労働事務官作成の補償給付調査復命書（その1）（＜証拠略＞）において、「うつ病の発症に寄与するような特段の偏りや問題点は認められない」とされており、前記で認定したXの性格傾向等や、平成13年以前のXの勤務状況等に特段問題が生じていたことがうかがわれないことからしても、Xにうつ病の発症に寄与するような個体側要因があるとは認められない。

(4) 業務起因性の有無

　　精神障害に関与したであろう複数の出来事が重なって認められる場合のストレスの強度は総合的に評価すべきであるところ（＜証拠略＞）、前記のとおり、平成13年1月から同年9月に外販担当に配置換えとなるまでの間、B部長から指導の限度を超えた厳しい説教や叱責を受けていたこと、外販異動後もB部長により厳しいノルマ設定がなされ、これを達成するために労働時間が長時間化し、また、ノルマが達成できないと、B部長から厳しい叱責がなされ、平成14年の秋には他の社員の前で「必要ない。辞めてもいい。」などと言われたこと、同年6月以降は、ノルマ達成のために振替休日の出勤を強いられ、さらに労働時間が長時間化したこと、平成15年1月には島原店へ

の異動となり、多良見部品センターとの勤務の掛け持ちや単身赴任に関する問題が生じたことが認められる。

これらの出来事のうち、外販異動前のB部長による指導の範囲を超えた厳しい叱責、外販異動後の厳しいノルマの設定及びそのノルマの不達成など、認定したXのうつ病発病時期前の出来事に限っても、判断指針によれば、その心理的負荷の強度は「相当程度過重」ないし「特に過重」なものとして、総合評価は「強」とされるべきであり、平均的な労働者に精神障害を発症させるおそれのある程度の強度の心理的負荷があったということができる。

また、その後の継続的なノルマの不達成、それに対するB部長の厳しい叱責及び島原店異動に伴う勤務状況の変化等の出来事も、平均的な労働者に対して過重な心理的負荷を与えるものであったということができ、これらの出来事がXのうつ病を増悪させた可能性は高いというべきである。

他方、Xには、業務外の出来事による心理的負荷がうかがわれないこと、Xに個体側の要因が認められないことからすると、業務とXのうつ病発病との間には相当因果関係が認められるというべきであり、また、うつ病発病後は過重とはいえないストレスによりうつ病が増悪し得るとしても、上記のとおり、Xに業務外の出来事による心理的負荷の存在がうかがわれないことを考慮すると、業務とXのうつ病の増悪との間の相当因果関係も認められるというべきである。

(5) 以上によれば、Xの精神障害（うつ病）には業務起因性が認められるから、業務起因性が認められないことを理由とする本件各処分はいずれも違法なものというべきである。

なお、Xは、平成17年12月9日、諫早労働基準監督署長に対し、平成15年6月14日から平成17年10月31日までの期間に係る休業補償給付の支給申請を行っているが（前記前提となる事実）、労災保険法42条により、Xの休業補償給付受給権中、平成15年6月14日から同年12月8日までの部分は、2年の時効期間経過により消滅しているから、諫早労働基準監督署長がXに対して平成17年12月15日付けでした休業補償給付を支給しない旨の処分のうち、上記期間の休業補償給付を不支給とした部分に違法はない。

3　結論

以上のとおり、本件各処分（平成17年12月15日付けの処分のうち、平成15年6月14日から同年12月8日までの休業補償給付を不支給とした部分を

除く。）は、違法であり、取消しを免れない。

　よって、本件各処分の取消しを求めるＸの請求は主文の限度で理由があるので、これを認容することとする。

precedent 35	学校法人兵庫医科大学事件 （控訴審）	
	大阪高判平　22・12・17	労判1024号37頁
	原審 神戸地判　平21・12・3	労判1024号45頁

事案の概要

　本件は、被控訴人であるY1の設置する兵庫医科大学病院（以下「Y病院」という。）の耳鼻咽喉科に所属する医師である控訴人Xが、同大学の耳鼻咽喉科教授である被控訴人Y2から違法な差別的処遇を受けた旨主張し、Y2に対しては民法709条に基づき、Y1に対しては民法715条に基づき、連帯して1,500万円の支払いを求めた事案である。

　1審は、Xの請求について、Yらに対し、連帯して100万円の支払いを求める限度で認容したところ、Xがこれを不服として本件控訴を提起し、Yらも附帯控訴を提起した。

結　果

　一部認容。慰謝料200万円。

コメント

　本判決は、Xが10年以上の長期にわたってY病院の臨床から外されたことについて、差別的処遇であるとして違法性を認め、1審の賠償額を上回る慰謝料を認容した。資質等に何らかの問題があった場合には、具体的な指導等を行うべきであると指摘している点も参考になる。

判　旨

1　争点1（Y2は、Xに対し、違法な差別的処遇を行ったか）について

(1) 事実関係

　ア　Xは、昭和49年5月に医師免許を取得した後、複数の病院勤務を経て、平成2年7月、Y病院の耳鼻咽喉科の医局員となった。

　　　その後、Xは、当時の耳鼻咽喉科のD教授の下で、同科において分類されていたグループのうち、当初は頭頚部腫瘍グループ、次いで耳グループに所属し、他の医師と同様の臨床を担当していたところ、平成3年9月には同科の助手になった。

　イ　Y1では、平成5年12月、平成6年3月をもって定年退職するD前教授の後任教授を選出するための公募制による教授選が行われることになり、耳鼻咽喉科の医局からはP助教授が推薦され、Y1の外部からはY2が応募をしてきた。

　　　その一方で、当時助手であったXが、D前教授に断りなく、上記教授選に立候補をしたことから、D前教授はこれに激怒し、平成6年1月以降、Xを医学部の学生に対する教育担当及びY病院におけるすべての臨床担当から外したが、外部派遣については、従前どおり、Xも担当することとされた。

　　　その後、上記教授選では、Y2が後任教授として選出され、P助教授は、平成8年1月をもってY病院を退職した。

　ウ　Y2は、耳鼻咽喉科の教授就任に際し、D前教授から、Xをすべての臨床担当から外している旨の引き継ぎを受けたが、同科の事務掌理者として、そのような処遇の当否について、Xからあらためて事情聴取をすることもなく、従前どおりの処遇を継続するものとし、Xに対しては、引き続き、Y病院において一切の臨床を担当させなかった。

　エ　Xは、上記のような経緯によって、Y病院におけるすべての臨床担当を外れたが、自主的な研究活動は続ける一方で、外部派遣についても引き続き担当していたところ、平成8年ころ、外部派遣先の1つである県立A病院への派遣担当から外され、次いで、平成11年11月をもって、外部派遣先の1つであるB病院への派遣担当からも外され、その結果、すべての外部派遣の担当から外れることになった。なお、Y2は、平成8年ころ、Xに対し、

県立A病院からXの診療態度等についてクレームが寄せられている旨伝えたものの、その事実関係を確認したり、クレームの具体的内容を説明したりすることはなく、また、平成11年11月をもってXをすべての外部派遣の担当から外すにあたっても、Xに対し、その弁解を聴取したり、上記クレームの原因となるような言動ないし態度を改めるように指導することはなかった。

その一方で、Yらは、Xに対し、Y病院を離れて他の病院等に転出することを勧め、転出先の病院を具体的に紹介するなどしたが、Xはこれに応じなかった。

オ　その後、Xは、Y1の理事長が交代した際などに、Yらに対し、何度も臨床担当に復帰させてほしい旨要望したが、Yらはこれを拒否し続けた。その主な理由は、XがY病院におけるすべての臨床担当から外された後の平成10年ころ、Y2に対し、他大学の教授選に立候補するためにも臨床を担当させてほしい旨述べたことがあったことから、そのような動機によって臨床に復帰させるのは相当でないというものであった。なお、日本耳鼻咽喉科学会においては、大学病院における臨床系の教授選考の基準として、多数の臨床経験に基づく高度な診療能力を有することを重視すべきであり、特に耳鼻咽喉科の教授には、外科的技能とともに内科的な診療能力を兼ね備えることが要求される旨提言されていたことから、Xとしては、臨床の機会が与えられなければ、他大学を含めて教授に選出されることは極めて困難な状況にあった。

カ　Xは、平成16年6月、Y1の理事長が交代した際、Yらに対し、あらためて、臨床担当に復帰させることを要望したところ、同年8月、毎週月曜日に再診の患者を診察する担当が与えられたが、X宛ての紹介状を持参した患者以外の患者の割当を受けることはほとんどなかった上、手術担当の機会も与えられなかったほか、Y1耳鼻咽喉科において分類されていたグループのいずれかに所属するよう命じられたり、その希望が聴取されることはなかった。

キ　Xは、平成16年8月にY病院の臨床担当に一部復帰した以降も、Yらに対し、自らの処遇改善を求めていたところ、Yらは、平成19年4月11日、Xに対し、その担当職務について、以下のような方針とする旨伝えた。

①　診察については、毎週水曜日、初診及び再診の患者をC准教授とともに

に担当する。

② 耳グループに所属し、Y2及びC准教授と協力して耳診察に当たる。

③ 手術については耳を中心に担当し、鼻の手術については、症例があれば、鼻グループの承諾を受けて行う。

上記方針に基づき、Xは、平成19年5月になって毎週水曜日に初診の患者を診察するようになったが、耳グループに所属することには消極的であったことからこれを断り、結局、現在に至るまで、どのグループにも所属していない。

(2) 判断

ア Yらは、Xには他の医師及び職員との協調性がなく、患者とトラブルを起こすなど大学病院に勤務する医師としての資質に欠けていたことから、すべての臨床担当から外すことにしたものであり、人事権の行使として著しく不合理であるとはいえない旨主張する。

しかしながら、Xは、Y病院に赴任するまで15年以上の間、主に勤務医師として働いてきた経験を有するのであるから、Y1としても、そのようなXを採用しておきながら、その後において、Xが大学病院に勤務する医師としての資質に欠けていると判断したのであれば、Xに対し、そのような問題点を具体的に指摘した上でその改善方を促し、一定の合理的な経過観察期間を経過してもなお資質上の問題点について改善が認められない場合は、その旨確認して解雇すべきところ、Yらが、上記のような合理的な経過観察期間を設けた改善指導等を行って、その効果ないし結果を確認したなどの具体的事実は見当たらない。そうすると、Yらは、Xに対する具体的な改善指導を行わず、期限の定めのないまま、Xをいわば医師の生命ともいうべきすべての臨床担当から外し、その機会を全く与えない状態で雇用を継続したというものであって、およそ正当な雇用形態ということはできず、差別的な意図に基づく処遇であったものと断定せざるを得ない。

これに対し、Yらは、①Xは他の医師及び職員との協調性に欠け、患者とトラブルを起こすことが多かった上、②平成6年から平成10年にかけて、外部派遣先の病院から、Xの勤務態度等について複数のクレームが寄せられていた旨主張する。しかしながら、上記①の事実が常習的に存在したことを裏付けるに足りる的確な証拠はなく、また、上記②のような事実が存在したとしても、証拠上窺われる外部派遣先の病院からのクレームは3件

程度にとどまることからすると、平成6年1月以降、Y病院におけるすべての臨床担当から外さなければならない程度の事情があったとまでは認めるに足りないところ、仮に、Y病院の内外及び具体的なクレームの件数如何にかかわらず、Xについて深刻な資質上の問題点が存在したというのであれば、Yらとしては、Xに対し、その旨具体的に指摘した上で合理的な経過観察期間を設けてそれを改善するように指導すべきであって、そのような指摘及び指導をすることなく、すべての外部派遣の担当から外したというのは、Y病院に勤務する職員に対する人事権の行使がYらの裁量に委ねられていることを考慮しても、合理的な裁量の範囲を逸脱したものというほかない。

　　なお、Yらは、XがY病院の外来診療等に復帰した平成16年以降、Y病院に勤務する他の医師及び職員から、Xとは一緒に仕事をしたくない旨の意見が多数寄せられているとして、それらの意見が記載された「嘆願書」等と題する書面を提出するところ、これらによれば、上記医師等からは、Xの診療態度等について、Xは他の医師及び職員との連携意欲に乏しく、医療技術及び医学的知識に不足があり、安心して診療を任せられないなどの問題点が指摘されていることが認められる。しかしながら、本件訴訟において検討すべき事項は、平成6年1月以降のYらのXに対する処遇の違法性であって、Xが、10年以上の長きにわたり、Y病院において臨床を担当する機会が全く与えられてこなかったことを考えれば、Xに上記のような問題点があったとしても、そのことはXに対するそれまでの処遇に起因する側面もあるというべきであり、上記各書面は、必ずしもXに対する平成6年1月以降の処遇の当否を判断するのに的確な資料とはいえない。

イ　なお、Xは、平成6年1月以降、医学部の学生に対する教育担当から外されたことについても、違法な差別的処遇である旨主張するが、医師として医療に従事するのが職務であるのは当然であるとしても、大学病院に勤務しているとはいえ、教育に従事することが必要不可欠であるとまではいえない上、教育という性質を考えると、学生に対する教育担当者の適正判断についてはY1の理念及び方針に基づく独自かつ広範な裁量に委ねられるものというべきであるから、上記教育担当から外されたことが著しく不合理な処遇であったということはできない。また、Xは、Y病院における臨床担当に一部復帰した平成16年8月以降の処遇についての不満を主張するが、

前記認定の事実関係等によれば、それ自体を独立した不法行為ではなく、本件処遇の延長として捉えた上で、損害額の算定事情として考慮するのが相当である。

2　争点2（Xの損害額）について

(1)　Xが大学病院に勤務する医師とはいえ、臨床担当の機会を与えられなければ、医療技術の維持向上及び医学的知識の経験的取得を行うことは極めて困難といわざるを得ず、そのような期間が長期化するほど、臨床経験の不足等から、Y病院において昇進したり、他大学ないし他病院等に転出する機会が失われるであろうことは容易に推測されるところ、前記認定説示のとおり、違法な差別的処遇である本件処遇が10年以上という長期に及んだものであったことからすると、Xが本件処遇によって受けた精神的苦痛は相当に大きいというべきである。そして、Xは、平成16年8月以降、外来診療等の一部を担当するようになったとはいえ、Y病院の耳鼻咽喉科において専門的な診療を継続的に担当するのに必要であることが推認されるグループのうち耳グループに所属するよう命じられたのが平成19年4月であったことを考えると、少なくともそれまでの間は十分な臨床の機会が与えられたものとはいえず、Xの上記精神的苦痛が解消されたものということはできない。

もっとも、前記認定事実によれば、Xとしても、平成5年12月以降に行われたY病院の耳鼻咽喉科の教授選において、上司であるD前教授に何ら相談することもなく独自に教授選に立候補するような行為が当時の実情としては人事的に一定の不利益を生じさせる可能性のあったことは容易に認識し得たというべきであるし、その一方で、Yらは、Y病院においてXがすべての臨床担当から外れるようになった後、Xに対し、Y病院を離れて他の病院等に転出することを勧め、転出先の病院を具体的に紹介するなどしたが、Xはこれに応じないまま、自らY1において研究活動に従事することを選択したことが認められる。さらに、平成6年から平成10年ころにかけて、外部派遣先の病院からXの勤務態度等について複数のクレームが寄せられていたことが認められ、また、平成16年8月にY病院における臨床担当に一部復帰した以降であるとはいえ、Y病院の他の医師及び職員からYらが指摘するような不満が出ているのも事実であることを併せ考えると、Xとしても、大学病院という組織に所属する以上、人事をはじめとする円滑な運営等に配慮したり、外部派遣先の病院並びにY病院の他の医師及び職員との協調を心がけるなど

組織内において円満な人的関係を維持するように柔軟な対応が求められていたにもかかわらず、自己の考え方に固執し、これを優先させる余り、組織の一員として配慮を欠くような行動傾向があり、そのために周囲との軋轢をかなり生じさせたことは否定できないところである。

　以上のような事実関係等のほか、本件に現れた一切の事情を総合考慮すると、Xが違法な差別的処遇というべき本件処遇を受けたことについて、Yらから支払いを受けるべき慰謝料は200万円と認めるのが相当である。

3　争点3（消滅時効の成否）について

　Yらが主張するように遅くとも平成16年8月までに本件処遇による不法行為が終了したものと認めるのは相当でない。Xが耳グループに所属するよう命じられた時点をもって、本件処遇がなされる以前と同質的な処遇にまで改善され得る機会が付与されたものということができるから、本件処遇に基づく不法行為が終了したのは、平成19年4月であったと認めるのが相当である。

　したがって、本件訴訟が提起された平成20年10月8日の時点において、消滅時効の期間が経過しているものとは認められない。

インフォプリント ソリューション ジャパン事件

東京地判　平23・3・28　　　　　　労経速2115号25頁

事案の概要

　本件は、被告Y社と労働契約を締結したXが、Y社から受けた解雇は無効であると主張して、労働契約に基づき、労働契約上の地位の確認（請求1）、解雇無効を前提とする未払賃金（請求2）と未払賞与（請求3）及び遅延損害金の支払を求めるとともに、Y社の従業員の行為を不法行為であると主張して、不法行為に基づく損害賠償（及び遅延損害金）の支払（請求4）を求めた事案である。

結　果

　請求棄却。

コメント

　本判決は、労働時間管理のための報告を求めることは正当な業務命令であってハラスメントにはならず、これに一貫して反抗するXの対応は不合理であるとして、Xに対する解雇を有効とした。

判　旨

1　認定事実

（1）Xは、平成21年1月23日から、主として新規客先開発の仕事をすること

になった。

　従前の業務（営業）から新規客先開発の業務に変更になったことにより、Xの報酬や労働時間管理に変更が生じることは、Xも認識していた。この変更により、コミッションの前提となる売上目標額の設定に必要な前年度の売上が想定できないことから、Xは、営業報酬制度の適用対象外となり、Y社の従業員の原則に戻って、時間管理によって時間外手当が支給されることになり、また、手当が変更されて、セールス・リプレゼンタティブ手当が支給されず、副主任手当が支給されるという賃金体系となった。同月下旬、C部長は、Xに対し、上記の取扱いが、同月1日に遡って適用されることを説明した。

(2) Y社の従業員に対する労働時間管理の仕方は、従業員が勤務ファイルに勤務実績を記入して所属長に電子メールに添付して提出し、所属長が提出された勤務ファイルを確認した上で承認し、この承認を得た後は、勤務管理データボックスに記録がおかれ、人事部が勤務ファイルを管理している。Y社における三六協定によれば、残業の限度時間は、45時間である。

　平成21年2月2日、Xは、C部長に対して、同年1月分のXの勤務ファイルを提出し、C部長はこれを承認した。この勤務ファイルには、所定外労働時間が55時間30分、法定時間外労働時間が47時間30分で、三六協定に反することが人事部により指摘された。

　同年2月12日、C部長は、Xに対し、いったんは口頭で、さらにその内容を確認するために、Xに対して電子メールを出して、残業を行う際には、残業の対象となる業務内容、残業を行う必要性、残業予定時間を記載して事前にC部長に申請をし、その承認を得てから実施すること、事前申請、承認のない残業、休日勤務、代休は、今後は認められないことを通知した。Xの陳述書によれば、C部長の行動について、F前社長とDに相談した。同月16日、XはC部長に具体性を伴わない内容の残業申請をしたのに対し、C部長は、前便での指示に沿っていないとして承認しない旨返答すると、Xは、今後、C部長との会話は、議事録に残すか録音する旨の電子メールを返信した。Xの陳述書によれば、この経緯についてF前社長に相談した。

　同年2月分のXの勤務ファイルは、同年3月6日に提出されたが、事前申請のない時間外労働が6日間、所定時間外労働が56時間記録されていた。同月9日、C部長はXに事前申請のない時間外労働の具体的な内容を報告

することを指示すると、Xは、F前社長とのミーティングやF前社長への
プレゼンテーションのための資料作成であると回答し、残業を認めないの
であれば、サービス残業の強制に該当するから、労働基準局、労働局及び
M組合に提出すると回答した。

　同月13日、C部長は、Xに対し、Xが上記指示に従わないとして、就業
規則上、会社が必要とする手続、届出、報告を拒んだ場合は、服務規程違
反になる旨の注意書を、同月27日には、さらに上記の報告をしなかったと
して、改善が見られないときは、就業規則に照らして、相応の措置をとる
旨の警告書を出した。

(3) 平成21年4月27日、XとF前社長、G管理部長、H人事部長、I人事部員
及びJ法務部長が集まり、第1回面談が行われた。それに先立ち、H人事部
長は、Xについて、交通費の支出や携帯電話の使用についての問題点を分
析していた。Xは、出張の交通費が、Y社出張規程に違反して、出張の経
路が通勤経路と重複していたのに、その間の交通費を請求していることの
指摘を受け、出張規程を良く知らなかったと主張した。なお、Xは、平成
20年6月〜平成21年3月の約170回分の交通費の重複請求分について、同年
5月29日、3万4,980円をY社に返納した。

　Xは、Y社から貸与されていた携帯電話の私的利用について質問を受けた。
Xは、これらの携帯電話の私的利用は全くないと主張したが、Y社から不
審であると指摘された利用先について、Y社に報告することを回答した。

　さらに、Xは、勤務時間記録表に間違いはないかとの質問に対し、間違
いはないと回答した。H人事部長は、Xの勤務時間記録表の記載と、箱崎、
大崎にいるはずの時間にXの自宅付近の携帯電話の発信記録があることや
Y社の事務所の電子認証方式による入退館記録との整合性のなさを指摘さ
れると、勤務の実情は、私的な手帳に書いてあり、勤務時間記録表は正確
ではない、勤務時間記録表は確認できないと主張した。H人事部長は、勤
務時間について再確認をして、同年5月11日までに報告することを指示した。
第1回面談の様子の録音を前提に、Y社により議事録が作成され、Xはそれ
を確認して署名することが求められたが、Xは拒否した。具体的にこの議
事録のどこがXの言い分と異なるかは、明らかではない。

(4) 平成21年5月19日午前2時57分、XはH人事部長に対し、第1回面談の際
に求められた報告を電子メールで送付した。同日、XとF前社長、H人事部長、

I人事部員及びJ法務部長が集まり、第2回面談が行われた。Xは、勤務時間について訂正した勤務時間記録表のとおりであると主張したが、客観的事実との齟齬の点についての質問に対しては、以前のことは覚えておらず、その時点で記録したのだから、相応の根拠があるはずであると主張した。携帯電話の私的利用については、美容院や料理教室に休日に電話したのは、プリンターの営業に関する用件で電話をしたと主張した。

　Xは、同月26日に訂正した勤務時間記録表を提出した。これによれば、Y社は、Xに対し、実際には勤務していない時間外手当16時間相当分、合計4万4,000円を支払ったことになる。

(5) Xは、同年5月末ころ、本件通報制度による通報を行い、同年6月3日、Kによる事情聴取を受けた。事情聴取の際、Xは、勤務時間の報告は、多少不確かな点はあるものの正しくしているし、携帯電話の私的利用は全くないと強く主張していた。Kは、人間は誰しも多少の間違いはあるのだから、もし間違いがあれば、素直に認めたらどうかと問いかけたところ、Xは、これに対しては、一切間違いはないと主張した。Kは、XがC部長を上司として認めたくないという強い意思を有していること、頑なな態度にあり、Y社人事部が少しでもXに落ち度があれば、自分を解雇しようとしているという思いが強いと感じた。Kは、Y社代表者に、Xを他部署に異動させるとともに、上司であるC部長、E部長についても、ツーウェイ・コミュニケーションがうまくいっていないことを理由に、異動させるべきであるという報告をした。同月10日、Kは、F前社長とともにXと面談し、営業の職務を続けるのは適当でないから、他の社内の部署に異動することを打診した。Xは、自分は、営業として採用され、オペレーションや管理の仕事は合わないので、絶対に他に移りたくないと回答した。

　同月末、Xは、Kに対し、C部長の対応に関する苦情の電子メールをしたが、Kが、前に聞いていることと食い違いがあると回答すると、Xから返事はなかった。同年7月3日、Xは、Kに対し、C部長の電子メールの対応がおかしいという電子メールをしたが、Kが、上司として当然の対応であると回答して、内容を問い詰めるメールを送ると、Xからは、不公平な取扱いであるとの返事が来た。

2　本件解雇の有効性

　労働基準法は、労働者保護の要請から、労働時間に関する厳格な法規制

（刑罰の対象にもなり得る。）を使用者に課しており、労働時間を管理することは、同法により使用者に課せられた厳格な法的義務がある。一方で、同法は、事業場外みなし制度により、一定の要件のもとで、所定労働時間を労働したものとみなして、時間外手当を支払わないことを許容している（同法38条の2第1項）。

　以上の法規制のもとで、Y社が、Xの従前従事していた営業職は事業場外での勤務の比重が高いとして事業場外みなし制度が適用されていたのに、平成21年1月23日に、事業場外みなし制度の対象から外して、残業代を支払うようにしたことは、X自身の本意に沿っていたかはともかくとして、労働基準法下での労働者保護の対象となったものである。もっとも、営業職の仕事が事業場外での勤務の比重があることから、使用者が、労働時間を管理するため、時間外労働について、その具体的な業務内容の報告を求め、三六協定に違反しそうな従業員の労働に関して具体的な労働時間の報告を求めることは、労働基準法の見地からは、重要で合理的なものに他ならない。

　してみると、現在の法制度を前提とすれば、C部長や人事部による労働時間管理に関する業務指示、命令の内容自体は、問題はないのであり、上記認定事実によれば、Y社が労働時間管理のための報告を求めていることをハラスメントの行為とし、上司から繰り返して発せられる労働時間管理に関する業務指示、命令に従おうとしていない（Xが、具体性のある残業申請をしたことは、証拠上、認められない。）ことは、現在の法制度のもとで企業に雇用される者として、不適切な行動であるといわなければならないし、労働基準監督署や労働組合等の、労働法制に関する基本的な理解を得ることが期待できる環境にあったXが、C部長や人事部による合理性のある業務指示、命令に一環して抵抗する対応は、あまりにも不合理なものであるといわざるを得ない。

　また、本件の事実経緯を見ると、Y社によって指摘されている非違行為に関して、Xは、強い被害意識のもとで、過度に防衛的なやりとりをし、必ずしも合理的とはいえない自らの言い分に固執し、さらにはその場限りの言い分により主張を変遷させるという傾向が顕著に認められる。上記認定事実によれば、この傾向は、E部長、C部長に対してはもとより、人事部による調査の過程でも同様であるし、本件通報制度による調査担当者であるK（Xの上司に対しても、一定の厳しい評価をしている。）に対しても、本件口頭弁

論における本人尋問に際しても一貫している。その結果、携帯電話の私的利用であれ、勤務時間記録表の記載の不正確さであれ、また、交通費の重複請求の点であれ、Ｙ社の指摘する一つ一つの非違行為自体は、勘違いの範疇に属するという評価の余地もあるものの、上述の対応を一貫して繰り返すＸに対しては、労働契約関係を解消する以外に、方策を失っていると評価せざるを得ない。

precedent 37 オリンパス事件（控訴審）

| 東京高判　平23・8・31 | 労判1035号42頁 |
| 1審　東京地判　平22・1・15 | 労判1035号70頁 |

事案の概要

　Y1は、デジタルカメラ、医療用内視鏡、顕微鏡、非破壊検査機器（NDT）等の製造販売を主たる業とする株式会社であり、Xは、昭和60年1月からY1に勤務している。Y2は、Y1のIMS事業部事業部長であり、Y3は、IMS事業部の一部門であるIMS国内販売部の部長である。

　Xは、平成18年11月から、日本法人であるA株式会社においてNDTシステムの営業に携わっていたが、翌19年4月1日、AがY1に吸収合併されたため、同日から、Y1 IMS事業部のIMS国内販売部NDTシステムグループ営業チームリーダーの職についた。

　本件は、Xが、平成19年10月1日付のIMS事業部IMS企画営業部部長付への配置転換（第1配転命令）は、XがY2やY3らによる取引先企業の従業員の雇入れについてY1のコンプライアンス室に通報したことなどに対する報復としてされたもので無効であるなどと主張して、XがY1 IMS企画営業部部長付として勤務する雇用契約上の義務がないことを確認することを求め、また、違法な第1配転命令と、その後の上司による業務上の嫌がらせ（パワーハラスメント）等によりXの人格的利益が傷付けられたなどと主張して、Yらに対し、民法709条、715条、719条に基づく損害賠償請求として、賞与の減額分23万9,100円、慰謝料876万900円及び弁護士費用100万円の合計1,000万円の各連帯支払を求めた事案である。

　1審判決は、第1配転命令には業務上の必要性があり、また、同命令が、Xが取引先企業従業員の雇入れについてY2に意見を述べたりコンプライアンス室に通報したことを理由にされたものとは認められず、Yらが第1配転命令後にXを精神的に追い詰め退職に追い込もうとした事実は認められないなどとして、Xの請求をいずれも棄却したため、Xが控訴した。

265

Y1は、Xに対し、1審口頭弁論終結後の平成22年1月1日付けで、Y1ライフ・産業システムカンパニー統括本部品質保証部部長付への異動を命じ（第2配転命令）、さらに、同年10月1日付けで、同品質保証部システム品質グループへの異動を命じた（第3配転命令）。このため、Xは、控訴審において、ライフ・産業システムカンパニー統括本部品質保証部システム品質グループにおいて勤務する雇用契約上の義務がないことの確認を求める内容へ訴えを変更した。

結　果

一部認容。ライフ・産業システムカンパニー統括本部品質保証部システム品質グループにおいて勤務する雇用契約上の義務がないことの確認、200万円。

コメント

本判決は、1審判決を変更し、Xに対する第1配転～第3配転をいずれも人事権を濫用したものとして無効とした。その理由として、Xが行った正当な内部通報に対して、Y2が反感を抱き、本来の業務上の必要性とは無関係に配転を行ったとして、不当な動機を認めている点も注目される。

加えて、本判決は、これらの配転命令がいずれも不法行為を構成するとした上で、配転後のXの処遇についても違法なパワハラであると認めた。厚生労働省が示したパワハラ行為の一類型である「業務上の合理性がなく、能力や経験とかけ離れた程度の低い仕事を命じられることや仕事を与えないこと（過小な要求）」の裁判例といえる。

判　旨

1　第3配転命令はY1が配転命令権を濫用したものであるか否か（その前提として第1配転命令及び第2配転命令はY1が配転命令権を濫用したものであるか）について

(1) 就業規則34条の「正当な理由」の解釈について

　　Y1の就業規則33条には、「業務の都合により従業員に対し、同一事業場内の所属変更および職種の変更を命ずることがある。」との定めがあり、34条には、「前2条の場合、従業員は正当な理由がなければ、これを拒むことができない。」との定めがある。

　　使用者は、業務上の必要に応じ、その裁量により労働者の勤務場所を決定することができるものというべきであるが、転勤、特に転居を伴う転勤は、一般に、労働者の生活関係に少なからぬ影響を与えずにはおかないから、使用者の転勤命令権は無制約に行使することができるものではなく、これを濫用することの許されないことはいうまでもないところ、当該転勤命令につき業務上の必要性が存しない場合又は業務上の必要性が存する場合であっても、当該転勤命令が他の不当な動機・目的をもってされたものであるとき若しくは労働者に対し通常甘受すべき程度を著しく超える不利益を負わせるものであるとき等、特段の事情の存する場合でない限りは、当該転勤命令は権利の濫用になるものではないというべきである。そして、業務上の必要性については、当該転勤先への異動が余人をもっては容易に替え難いといった高度の必要性に限定することは相当でなく、労働力の適正配置、業務の能率増進、労働者の能力開発、勤務意欲の高揚、業務運営の円滑化など企業の合理的運営に寄与する点が認められる限りは、業務上の必要性の存在を肯定すべきである。

　　本件における就業規則34条の「正当な理由がなければ、これ（配置転換）を拒むことはできない」との規定も、上記の観点から判断をすべきである。

(2) 不当な動機・目的の有無について

　ア　第1配転命令について

　　Xは、平成19年6月11日、コンプライアンス室のN及びOに対し、重要顧客であるC社からの従業員引抜きの件を説明し、それが今後も実行されるかもしれないし、顧客からの信頼失墜を招くことを防ぎたいと考えているとの本件内部通報をした。Xの本件内部通報の内容についてのコンプライアンス室の認識も、取引先のC従業員のY1への転職によって生じるおそれのある、同社を始めとする取引先からの信用失墜などのビジネス関係の悪化に関するものであったと認められる。

　　このように、Xの通報内容は取引先からの信用が失墜することを危惧す

るものであり、C社を退社したHがAに入社後の平成19年2月にXがC社を訪れた際、同社のI取締役が、Hに同社の従業員と連絡をとらせないよう申し入れるなど、Hの転職について相当の警戒感、不快感を示したことなどに照らすと、その危惧は相当の根拠を持つものであったというべきである。現に、同年5月にC社を訪れたY2は、「既にCさんのほうの責任者の方がこの2人目の希望者のことを御存じでありました。大変気分をもう既に害されておられまして、それ以上は私のほうからその話を進めるわけにいかなくなりました。」と供述し、Q取締役から「人材採用の件はCとの間でも一件落着したと認識している。十分に反省して、2度と取引先との間で問題を起こさないように。」などとの注意を受けた旨陳述し、Nも「Y2事業部長は、『Cの元従業員であるH氏についてはCの役員の了解を得た上で採用したが、2人目についてはCから抗議を受けたため採用を取りやめており、この件に関してCとの関係は既に決着している』と話していました。」と陳述しているところである。

　そうすると、本件内部通報は、少なくとも運用規定第4条（1）の行動規範（第1章第2項「企業活動を展開する上で、企業活動を行なう国や地域の法令や文化、慣習を理解することに努めます。したがって、法令はもとより、倫理に反した活動や、これにより利益を得るような行為はしません。」との規定）に反する、または反する可能性があると感じる行為に該当するし、さらには運用規定第4条（2）の「業務において生じた法令違反等や企業倫理上の疑問や相談」にも該当する。したがって、コンプライアンス室のNらは、Xの秘密を守りつつ、本件内部通報を適正に処理しなければならなかったというべきである。

　運用規定第14条2項は、コンプライアンス室の担当者は、通報者本人の承諾を得た場合を除き、通報者の氏名等、個人の特定されうる情報を他に開示してはならないと定めているところ、コンプライアンス室長であるNは、平成19年7月3日14時36分、Xに対し、本件回答として電子メールを送信したが、この電子メールは、XとJを宛先として、Y2、人事部長であるPへも同時に送信したものであった。この点について、Xが自らの氏名等の特定情報及び通報内容の開示を承諾したと認めることはできず、コンプライアンス室の対応は本件規定第14条の守秘義務に違反したものというべきである。

Y2は、本件内部通報に先立つ平成19年4月12日にXからC社からの2人目の採用は取りやめるべきであると言われたことについて、同月16日、Xに対し、Y3にやり方は任せろと指示したはずで、Xは大間違いをしている旨の電子メールを送信した。Y2は、その後同年5月15日にY3と共にKの転籍について了解を得るためにC社を訪問したが、同社のI取締役が既にKが転職を希望していることを知り大変気分を害していたため、話の進めようがなかったこと、同月21日にX、Y2、Y3、Hの4名が本社25階の会議室で面談したが、Y2は中途半端な面談であったと感じ、再度Xと2人だけで話をすることを希望したこと、しかし、その後もY2とXとの面談はされなかったこと、同年6月27日にY2がNとOからC社からの転職者等について事情聴取され、それを通報したのはXであることを知ったこと、同年7月12日の関係修復の会合でQ取締役からC社からの人材採用の件で注意されたことが認められる。Y2は、C社のI取締役がKのY1への転職希望を知っていたのは、XがI取締役に告げていたからであると認識しており、Kの採用につきC社の了解を得る話を進めることができず、結局これを断念せざるを得なかったのは、Xのこの言動に一因があると考えていたことが認められる。しかし、XがI取締役にKの件を告げたとは認められない。

　Xは、C社を重要な顧客とするNDTシステムグループの営業チームリーダーとして、同社の従業員のY1への転職の情報を得た場合、その事情を調査し、取引上の影響が危惧される場合に、上司にその旨を具申するのは当然である。

　また、平成19年8月8日にQ取締役らがC社に赴きKの件などについて謝罪した後も、C社側は、Y1に対する不信感、不快感を抱いており、Xも完全に信用されていたわけではないことが認められるから、Y1としては、「部長付NDTシステム統括」との肩書でC社との取引を担当するXを配転してNDTシステムグループから外すことにより、同社との関係の修復を図るということも考えられるが、そうであれば、Hらの転職に関与していないXに対しては、配転を内示するに当たり、その趣旨を説明すべきところ、このような説明がされたことについては、主張も立証もない。

　以上の事実を総合すれば、Y2は、Xの言動によってC社からの2人目（K）の転職を阻止されたと考え、さらにはその後もIMS事業部内におけるY2らとXとの人間関係の悪化が解消しなかったことを問題視し、不快の念を抱

いたと推認できる。

　これに加えて、第1配転命令は、XがNDTシステムグループ営業チームリーダーの職位に就いた僅か半年後にされたものであること、Y2が第1配転命令を検討し始めたのはXが本件内部通報をしたことを知った直後の平成19年7月であり、第1配転命令の予定がXに説明されたのが同年8月27日であること、及び第1配転命令の内容や、これについての業務上の必要性の程度に鑑みれば、Y2は、XのC社の従業員転職に関する本件内部通報を含む一連の言動がXの立場上やむを得ずされた正当なものであったにもかかわらず、これを問題視し、業務上の必要性とは無関係に、主として個人的な感情に基づき、いわば制裁的に第1配転命令をしたものと推認できる。そして、Xが本件内部通報をしたことをその動機の一つとしている点において、第1配転命令は、通報による不利益取扱を禁止した運用規定にも反するものである。

イ　第2配転命令及び第3配転命令について

　第2配転命令及び第3配転命令によりXが配置されたライフ・産業システムカンパニー統括本部品質保証部は、IMS事業部長であるY2の担当する部署ではないが、第2配転命令がXの本件訴訟提起後に、第3配転命令が第2配転命令の9か月後にされたものであること、各配転命令による配置先におけるXの担当職務は、第1配転命令前のXの経歴にそぐわないものであること等を斟酌すると、第2配転命令及び第3配転命令は、いずれも本来の業務上の必要性やXの適性とは無関係に、第1配転命令の延長としてされたものと推認できる。

(3)　業務上の必要性（人員配置の変更を行う必要性）の有無について

ア　新事業創生探索活動について

　新事業創生探索活動としてのSHMのフィージビリティーと事業性の検証作業は、短期的な成果を期待できないものの、長期的な成果が否定されるものではなく、Yの非破壊検査ビジネスの拡大という観点から検証作業を継続することが必要かつ重要であった。

　しかし、現在のところ、SHM技術の専門性は著しく高度であり、Xの上司であったFは○○大学工学部の、前任者であるGは□□大学大学院の出身であるのに対し、工業高等専門学校出身のXがこれを理解するのは多大な努力をもってしても相当に困難であり、Xの英語能力も技術的専門性の

高い専門英語についてのものではない。また、SHMの実用化は相当先であり、Xの営業経験を活かして評価することが可能な段階、すなわち実用化された技術の販売戦略を検証する段階にはなかった。そして、F及びGは、いずれも新事業創生探索活動以外の業務も担当していたのに対し、第1配転命令は、Xに新事業創生探索活動の業務に専心することを求めるものであった。

　よって、新事業創生探索活動の担当者としてXに適性があると判断したことについては、合理性・必要性を全く否定することはできないものの、相当程度の疑問があり、NDTシステムグループ営業チームリーダーの職に就いて僅か半年しか経過していなかったXに新事業創生探索活動の業務に専心させることとしたことについて、業務上の必要性が高かったものとは認め難い。

イ　第2配転命令及び第3配転命令による品質保証業務について

　品質保証業務については、Y1が精密機械等の製造会社である以上、一般論として、当該業務に業務上の必要性が認められることはいうまでもない。

　しかしながら、50歳になろうとするXが第2配転命令及び第3配転命令により担当することとされた業務は、顕微鏡及び品質保証の勉強と月1回のテストであって、この業務は、新入社員と同様であり、Xの能力や経験とも関係がないから、品質保証業務の担当者としてXを選択したことには大きな疑問がある。

(4) 第1配転命令ないし第3配転命令によってXが被る不利益・不合理性について

　昇格及び昇給の適否は「能力開発ガイドライン」による評価が重視され、ガイドラインは職場（職種）毎に作成されるから、平成19年当時、47歳であったXを全く未経験の異なる職種に異動させることは、従来のキャリアの蓄積をゼロにして、事実上、昇格及び昇給の機会を失わせる可能性が大きいといえる。実際、第1配転命令後、Xの昇格はなく、平成21年4月及び同22年4月の昇給もなかった。そして、昇格の機会の喪失は、退職金の減少をもたらすし、昇給がないことは賞与の減少をもたらす。

　さらに、Xにとって著しく達成困難な課題、あるいは全くの新人と同様の課題を設定することは、それ自体不合理であり、いずれもXに屈辱感を与えるなど精神的負担を与えるものと認められる。

(5) まとめ

　以上のとおり、①第1配転命令は、Y2において、C社から転職者の受入れ
ができなかったことにつきXの言動がその一因となっているものと考え、Y1
の信用の失墜を防ぐためにしたXの本件内部通報等の行為に反感を抱いて、
本来の業務上の必要性とは無関係にしたものであって、その動機において不
当なもので、内部通報による不利益取扱を禁止した運用規定にも反するもの
であり、第2及び第3配転命令も、いわば第1配転命令の延長線上で、同様に
業務上の必要性とは無関係にされたものであること、②第1ないし第3配転
命令によって配置された職務の担当者としてXを選択したことには疑問があ
ること、③第1ないし第3配転命令はXに相当な経済的・精神的不利益を与
えるものであることなどの事情が認められるから、第1ないし第3配転命令は、
いずれも人事権の濫用であるというべきである。したがって、第3配転命令
については、Xには就業規則34条の「正当な理由」があり、これを拒絶でき
るというべきである。

3　不法行為の成否

(1)　Yらの不法行為

　ア　第1ないし第3配転命令の不法行為性

　　　第1配転命令及び第2配転命令は、いずれもY2が人事権を濫用したもの
であり、第3配転命令もその影響下で行われたものであって、これらにより、
Xに上記2の(4)のような昇格・昇給の機会を事実上失わせ、人格的評価
を貶めるという不利益を課すものであるから、Y2の上記行為は、不法行為
法上も違法というべきである。

　　　これに対し、Y3は、Xに対する第1配転命令の決定に積極的に関与した
ことを認めるに足りる証拠はなく、後記の業務命令等も、上司であるY2の
決定した方針に従ってしたものであることが窺われるから、これをもって
不法行為法上、違法ということはできない。他に、Y3について、Xに対す
る配転命令に関し、不法行為というべき行為を認めるに足りる証拠はない。

　イ　第1配転命令後、第2配転命令までのパワーハラスメント

　(ア)　社外接触禁止の業務命令について

　　　平成19年10月の第1配転命令直後は、T及びFは、Xの業務として社内
外有識者等による勉強や顧客からの勉強、AのSHMメンバーとの打ち合わ
せ等を想定していたが、Xが本件訴訟を提起した日の翌日である平成20年

2月19日、Fが、Xに対し、システムビジネス担当時に知りえた社外企業、その他の社外との接触を禁止し、Aメンバーとの接触に関しても、Fを通してのコミュニケーションとする旨を指示・命令したことが認められる。

このような社外接触禁止命令は、当初、Y1が設定したXの業務目標の実施方法と相反するものであること、そもそも新事業創生探索活動の具体的内容は、文献調査に加え、研究者、技術者、ユーザーなどが集うシンポジウム等から情報を収集して諸外国におけるSHMの研究やビジネス化の動向、市場のSHMに対するニーズの状況等を把握することを重要な内容とするものであること、第1配転以降、Xと社外の人間との間に何ら支障が生じておらず、社外との接触を禁ずることにはせいぜい抽象的なトラブルの予防としての意味しかなかったこと、そしてXが再三にわたり、その理由の説明を求めたにもかかわらず、同年3月5日に至ってFがようやくメールで理由を説明したが、その理由も結局はトラブルの予防に過ぎなかったことからすると、接触禁止命令はその必要性がなく、Xを孤立させて無力感を抱かせることを目的としたものと推認できる。

さらに、接触禁止命令によって翌141PA期から、業務目標の実施方法が「WEB、文献による勉強」に変更されたが、新事業創生探索活動の具体的内容は、研究者、技術者、ユーザーなどが集うシンポジウム等から情報を収集して諸外国におけるSHMの研究やビジネス化の動向、市場のSHMに対するニーズの状況等を把握することを重要な内容とするものであるから、社外接触禁止命令は、それ自体、新事業創生探索活動の実施方法を徒に制限し、ひいては業務目標の達成を困難にするものといえる。

（イ）達成が著しく困難な業務目標を設定し、未達成を理由に低評価をしたかについて

a 業務目標について

i 140PB期の達成目標について

Xに対する140PB期の業務目標の①「SHMに関わる知識レベルをF SBMレベルに到達するまで高める」は、業務目標として余りに抽象的で達成度が確認できる客観的目標とはいえず、また達成したか否かを判断するのは到達目標とされる当のF自身という不合理なものであった。同②の「Aとのコミュニケーションレベルを高める」は、接触禁止命令によって業務方法だけでなく業務目標自体が否定された。同③の「これまでになかった新

しい情報の収集　新情報10件以上発掘」は、少なくともSHMの基礎知識がなければ困難であり、同④の「Technology Application Mapの完成度を高める」については、情報を正確に理解した上で、市場性や実用性を分析・評価することが要求されるものであるから、より高度の知識がなければ、達成するのは不可能であった。XはそのようなSHMに関する知識を得る研修なども経ないままに社外の人脈とも切り離されほぼ独学でSHMに関する知識を習得することを迫られたのであるから、上記③及び④の目標は達成が極めて困難な目標であったといえる。

ii　情報整理について

　141PA期中の平成20年7月18日、Xは、Fから、同月末までに過去にIMSが収集した情報の体系的整理を業務目標とする旨指示された。この「情報整理」について、Yから指示された方法はアプリケーション・マップへのアドレス付与であったところ、Xは、自己の判断によって情報整理の方法をアプリケーション・マップへのアドレス付与からフォルダ整理に変更した。

　Yは、「情報整理」の方法はアドレス付与であり、負荷は大きくないにもかかわらず、Xは完成させなかった旨主張する。

　しかし、既存資料をアプリケーション・マップの座標軸上に配置していくだけであっても、そのためには既存資料の中に果たしてどの程度SHMと関係する情報があるかを理解する必要があり、そのためには既存資料中の専門用語等についての知識を始めSHM関連の知識が一定程度は必要であるから、負荷が大きくない作業とはいえない。また、既存資料についてのアドレス付与は、要素技術とアプリケーション毎に行なうとされており、134個の情報全てを一つのマップに配置することは、果たして現実に可能かどうか疑問がある。そうすると、情報整理方法を、その趣旨目的を明らかにしないまま、当初からアプリケーション・マップへのアドレス付与に限定することに合理性があるとはいえないから、情報整理との目標達成のために他の方法を検討し、採用することも許容されるべきである。

　また、整理対象の資料について、そもそもXが情報整理を指示された当初から整理対象の範囲が明確に示されていたことを認めるに足りる証拠はない。さらに、Xが作成したフォルダによれば、Xが整理対象としたデータ数（情報数）はGらにより一覧表化された特許・実用新案情報等を除い

ても500個弱で、1つの資料中の情報数が2個と仮定しても、情報総数はY
ら主張の情報数の約7.5倍の1,000個となり、その全てを1つのマップに配置
することは困難ないし不可能と認めるのが相当である。

　したがって、Xが自己の判断によって情報整理の方法をアプリケーショ
ン・マップへのアドレス付与からフォルダ整理に変更したのは、形式的に
はFの指示と異なっているものの、情報整理という目標を達成するために
は合理的なものであったと認められる。

b　業績評価について

　第1配転命令後、Xの140PB期から141PB期までの査定は、第1次評価が
それぞれ58点、55点、51点と低下し、第3次評価はいずれも90点であり、
142PA期の第1次評価はさらに44.4点に低下し、142PB期の前半3か月間の
評価は60点であった。

　そして、140PB期から141PB期までの3次評価である90点は、少なくと
も138PA期（平成17年4月から9月）においては、賞与の評価別支給係数
表における最低評価の「E」評価であって、出勤率40パーセント未満の病
欠者等や全欠者がこれに該当し、昇給区分において昇給据置きレベルとさ
れるものである。また、平成17年作成のY1の「職場マネジメント」ハン
ドブックによれば、「C－評価以下はほとんどいません」とされている。従
前、Xは、第1次評価において100点以下の評価を受けたことがなかったこと、
Y2も、平成18年6月に、Xについて、あまりにも率直な面があるとしつつ、
「卓越した推進力と、困難な利害対立の場面もその障害を取り除き、正しい
方向に導く交渉能力を有する」と評していることを併せ考慮すると、担当
業務が異なるとはいえ、Xの第1配転後の評価は総じて異例に低いといえる。

　そこで、Xにおいてそのように異例な低評価を受ける理由ないし事情が
あるか否かを検討すると、そもそもFが設定した業務目標はXにとって著
しく達成が困難であったため、目標が維持される限り、これを達成し高い
評価を受けることはできなかったこと、140PB期については、社外接触禁
止命令が出された平成20年2月までは、Xは外部のシンポジウムに参加し
てレポートを提出しFもこれを承認していたから、一応の成果があったと
いえること、そして、他にXが著しく低い評価を受けるべき事情があった
ことを認めるに足りる証拠はないこと、以上の諸点を総合すると、前記の、
第1次評価において50点台、これを踏まえた第3次評価において90点とい

うXの評価は不当に低いといえる。

　次に、141PA期及び141PB期のXの評価が低くなったことについては、前記のように141PA期中の平成20年7月にXが情報整理を命ぜられ、それをアドレス付与ではなくフォルダ整理作業の方法によって実施したことが主たる理由となったと認められる。しかし、前記のようにアドレス付与ではなくフォルダ整理作業の方法の方が情報整理という目標を達成するために合理的なものであったことを勘案すると、本来は、方法の認識の食い違いについてFらとXが十分協議するなどして相応の評価がされるべきであったにもかかわらず、Fらが質問や相談に応じなかったために、上記食い違いが解消されなかったのであり、ほかに特段の事情も見当たらないから、50点台の第1次評価及びこれを踏まえた90点の第3次評価は不当に低いといえる。

　以上のように、第1配転命令以降、第2配転命令前までの間、Fらが、Xにとって著しく達成困難な業務目標を設定し、かつXが目標を達成できないこと、さらにはアドレス付与作業を完成させなかったこと等を理由として著しい低評価をしたことについては、第1配転命令に至る経緯を踏まえ、本来の客観的評価を離れた要素を加えた判断がされたものと推認できる。

（ウ）　その他のパワーハラスメント

　Xに対し、毎月上記2人による面談がされたことが認められ、特定の者に毎月面談が実施されることは通常とはいい難い。また、FのXに対する発言には、Xを「オマエ」と呼ぶなど、随所に侮蔑的表現がみられ、さらに、Fは、対面した座席で仕事をしているXに、質問はメールによらなければ受け付けないと述べるなどもしている。

ウ　第2配転命令後のパワーハラスメント

　第2配転は品質保証部への配転であるところ、Xは同部署を経験したことも希望したこともなかった。配転当初の担当業務は、顕微鏡の規格の和文英訳であったが、Xには当該分野の基礎的知識がなく、求められる時間内に遂行することが不可能であったため、上司から取り上げられ、その後は平成22年5月7日に「X君教育計画」と題する書面を交付され、顕微鏡に関する新人用テキストを読み込んで勉強する、そして時々上司から確認テストを受けるという状態に終始した。第3配転後も、間もなく「Xさん教育計画」と題する書面を交付され、新入社員向けの品質保証業務の初歩のテキ

ストの独習と毎月末の確認テストを受けるという従来と同様の状態が続いている。

　以上によれば、第2配転及び第3配転後のXの業務の状況は、顕微鏡又は品質保証についての基礎知識がないため、新人同様の勉強とテストを受ける以外にないこと、それにもかかわらずそのことを揶揄するような「X君教育計画」、「X1さん教育計画」などと題する書面を交付されることは、50歳となったXに対する侮辱的な嫌がらせであり、不法行為法上も違法というべきである。

エ　まとめ

　Xに対する第1ないし第3配転命令が不法行為というべきものであり、Y2がこれにつき責任を負うことは前記アで説示のとおりである。

　また、T及びFの前記イの行為は、Xに対する不法行為というべきであり、Y2は、IMS事業部長として両名の上司であったのであり、両名の上記行為は、第1配転命令をしたY2の意向を受けたものであると推認できる。

　さらに、前記ウの第2配転後の品質保証部におけるXに対する処遇も不法行為というべきである。

　そしてY2、F及び品質保証部の管理職による上記不法行為は、いずれもY1の職務を執行するにつき行われたものであるから、Y1は、その使用者として損害賠償責任がある。

(2)　損害

ア　賞与の減額相当分　23万9,100円

イ　慰謝料　176万900円

ウ　弁護士費用　20万円

事案の概要

　本件は、被告Y社の株式営業部において日本株担当として勤務していたXが、Y社から3か月間の休職命令を受けた後、3か月間の休職期間後にさらに休職を3か月間延長する旨の命令を受け、延長後の休職期間満了をもって普通解雇されたことにつき、Y社に対して、①休職命令とその延長処分の無効確認、②労働契約上の地位確認、③休職命令発令以降の賃金（及び遅延損害金）の支払、④上司の言動や退職強要行為により、Xの名誉権が侵害され、精神的苦痛を被ったこと等を理由とする不法行為に基づく慰謝料200万円（及び遅延損害金）の支払、⑤平成21年度の賞与を不支給としたことに対する債務不履行又は不法行為に基づく損害賠償2,000万円（及び遅延損害金）の支払、を求めた事案である。

結　果

　上記①、②については認容。
　③については本判決の確定の日までの分について認容。
　④については100万円の慰謝料を認容。
　⑤については棄却。

コメント

　本件の論点は多岐にわたるが、ハラスメントに関する④については、本件警告書や本件最終警告書、A本部長による面談に違法性はないとした一方、Xの

仕事の取り上げ方はXに過度の萎縮効果を与えるものであって、性急であり、Xのメールアドレスを抹消したり、Xが長期休職するとの通知を顧客にした、Xを解雇したとの告知を他の従業員にしたこと等のY社の対応は違法性を有するとした。

判　旨

1　本件休職命令・本件休職延長命令の有効性

（1）本件休職命令・本件休職延長命令の理由

　　本件休職命令・本件休職延長命令の理由は、Y社の就業規則35条4号所定の「その他会社が必要と認めたとき」というものである。

　　ところで、本件休職命令が、その期間、原則として無給扱いとなり、勤続年数に通算されないという不利益が労働者側にあること（37条1号、2号）に照らすと、同規定は、Y社に対し、無制限の自由裁量による休職命令権を付与したものと解することはできず、合理性が認められないような場合には、当該命令は無効なものというべきである。

　　そこで、以下、本件に即して具体的な休職命令理由の当否を検討する。

（2）具体的理由の検討①

　　本件休職命令・本件休職延長命令の具体的理由の1つは、本件業務改善プロセス期間における一連のY社の対応がパワーハラスメントに当たるとのXの見解が、一方的で事実無根であること、という点にある。

　　確かに、認定事実によれば、業務改善命令発令当時、Xの業績が、コア・アカウント5位必達という目標を達成しておらず、その意味で芳しい成績ではなかったことが認められるのであり、Xの職位の高さや給与額の高額さに照らすと、相当程度高い業績が求められてしかるべきであるから、業務改善命令を発令したこと自体や、業務改善プロセスにおいて、時としてA本部長がXを叱責するようなことがあったとしても、それがあながち不合理であるということはできない。そうすると、これらの行為が直ちにパワーハラスメントに該当するということはできない。

　　しかし、本件警告書において、Y社が主張するように、同社を含めたコア・アカウント全てにおいて5位必達という目標を達成するよう、Xに指示し

ておきながら、コア・アカウント4社のうち5位必達という目標に達していなかった3社中、7月面談①の時点で、2社につき相当程度の業績改善が認められたというべき状況下において〔C投信（6位から3位）及びD投資顧問（6位から2位）〕、警告書の交付からわずか約2か月あまりでXをC信託銀行のアカウント・マネージャーから外し、警告書の指示内容を達成「不能」としたことは、警告書に解雇を含む懲戒処分を検討する旨が併せて記載されていることを考えると、Xに対して過度の萎縮効果を与えるものであって、性急といわざるをえず、相当でないというべきである（なお、A本部長がXに対して最終警告書を渡した際に指摘したことの中に、C信託銀行のY社に対する評価が10位であったことが含まれており、文面上、依然としてその改善が要求されていたことに鑑みると、Y社が、同社については警告書の指示内容を達成「不要」としたものと認定することはできない。仮に、同社については警告書の指示内容を達成「不要」としたのであれば、全てのコア・アカウントについて目標を達成したことになるのであるから、業務改善プロセスは次のステージに進むことなく終了すべきである。）。

　また、7月面談②の時点において、Xの認識不足から5位必達という目標を唯一達成していなかったC信託銀行については、最終警告書による警告を受けたとしても、平成21年第3四半期の評価が出るまでは、顕著な業績改善を示しようがなかったはずである。それにもかかわらず、最終警告書をXに渡して注意喚起を促すに止まらず、退職という選択肢もある旨を示唆し、退職手続の説明を聞かせ、アクセスカードを回収したという行為は、やはり性急であり、相当でないというべきである。

　そうすると、これらの点において、業務改善プロセス期間における一連のY社の対応がパワーハラスメントに当たるとのXの見解が一方的で事実無根であると評価することはできず、このような理由により休職命令・休職延長命令を発することに合理性は認められない。

(3) 具体的理由の検討②

　休職命令・休職延長命令の具体的理由のもう1つは、前記パワーハラスメントに当たるとのXの見解に基づく留保付きの職場復帰命令に従う旨の意思表示が、実質的には職場復帰命令の拒否に該当するものという点である。

　この点、当初は「留保付き」の意味するところが不明確さを残していた可能性はあるが、本件においては、平成21年11月20日、Y社訴訟代理人が、

X訴訟代理人に対して「留保付き」の意味するところを尋ね、これに対し、同月25日、X訴訟代理人が、「職場復帰命令が、就業規則の合理的な規定に基づく相当な命令である限り」という留保であると答えているのであって、X側は、同年10月5日付け回答書以降、当面、パワーハラスメントに関する見解の相違問題とは切り離して、職場復帰問題を解決しようとしていることを見て取ることができる。

　　そうすると、上記のようなX側の態度をもって、実質的な職場復帰命令の拒否に該当するものと評価することはできず、このような理由により休職命令・休職延長命令を発することに合理性は認められない。

(4) 結論

　　以上によれば、休職命令・休職延長命令は無効というべきである。

2　X主張の慰謝料請求権の有無ないし額

(1) 慰謝料請求権の根拠事由については、次のように評価するのが相当である。

①　警告書及び最終警告書については、それが業務改善プロセスに乗っ取ったものであること、文面も特段恫喝まがいと評価することはできないことに照らすと、文書の内容やその交付手続が違法性を有するものであるということはできない。

②　A本部長の面談強要の主張については、面談自体が業務改善プロセスに乗っ取ったもの、あるいは業績が判明した際の注意・指導を目的としたものである以上、前記認定のように業績の芳しくなかったXに対する叱咤の要素を一定程度含むことになるのは自明の事柄であるというべきであり、全証拠によっても、常軌を逸した面談であったことを認めるに足りないから、これが違法性を有するものであるということはできない。

③　Xの仕事の取上げについては、前記認定のように、性急であったというべきであり、一般に、労使間において就労請求権を観念することはできないと解されていることを前提としてもなお、Xとしては、目標を未だ達成していない状況下で当該仕事を取り上げられ、どうすれば「解雇を含む懲戒処分」を避けることができるかわからなくなって、相当当惑したであろうことは想像に難くないのであり、この限りにおいて、違法性を有するものと認定することができる。

④　無期限の自宅待機命令の発令については、全証拠によっても、Y社がXに対して自宅待機命令を発令した事実を認めることができない。

⑤　Ｘのメールアドレスを抹消したことや、⑥Ｘが長期休職するとの通知を顧客にしたこと、⑦Ｘを解雇したとの告知を他の従業員にしたことについては、特に、Ｘが、7月面談②から程なくして代理人を選任し、Ｙ社と復職交渉をするに至っていることに照らすと、もう少し穏便な対応策やアナウンスの仕方があったと思われるのであり、その限りにおいて、違法性を有するものと認定することができる。

(2)　結局、Ｘは、上記認定の限りにおいて、精神的苦痛を被ったものと認めることができ、これを慰謝するための慰謝料としては、認定事実から窺われる事実経過や、Ｘの地位確認請求が認容されることによる種々の被害回復等、諸般の事情を勘案すると、100万円をもって相当と認める。

日能研関西ほか事件（控訴審）

大阪高判　平24・4・6　　　　　　　　労判1055号28頁
原審　神戸地判　平23・10・6　　　　　労判1055号43頁

事案の概要

事案の概要

　本件は、控訴人（1審原告）全労連・全国一般労働組合兵庫県本部日能研労働組合（以下、「X1労組」）が、被控訴人（1審被告）株式会社日能研関西（以下、「Y1社」）の代表者である被控訴人Y4（1審被告）が、X1労組の弱体化を図る発言をしたことが不当労働行為に該当するとして、Y4に対し、民法709条に基づき、Y1社に対し、代表取締役の行為に関する責任に基づき、連帯して、慰謝料および遅延損害金を支払うことを求めるとともに、Y1社の社員である控訴人X2（1審原告）が、①上司であった被控訴人Y2（1審被告）が、X2の有給休暇の取得を妨害したり、嫌がらせを行い、②Y1社の総務部部長である被控訴人Y3（1審被告）およびY4がX2の名誉を侵害する発言を行ったとして、Y2、Y4およびY3に対し、民法709条に基づき、Y1社に対し、Y2およびY3の行為につき民法715条に基づき、Y4の行為につき代表取締役の行為に関する責任に基づき、連帯して、慰謝料および遅延損害金を支払うことを求めるとともに、Y1社が、X2の賞与を不当に減額したとして、Y1社に対し、民法709条に基づき、慰謝料および遅延損害金を支払うことを求めた事案である。

　1審判決は、X2の有休取得妨害およびY4発言の違法性を認め、X2の慰謝料40万円、X1の損害10万円を認容した。X2のみが控訴。

結　果

　Y1はX2に対し、慰謝料120万円（うち60万はY2と、20万はY3と、20万はY4と連帯して。固有の不法行為として20万）。

Y2はX2に対し、慰謝料60万円（Y1と連帯して）。

Y3はX2に対し、慰謝料20万円（Y1と連帯して）。

Y4はX2に対し、慰謝料20万円（Y1と連帯して）。

┃ コメント

　本判決は、Y2がX2の有休申請を妨害したことを不法行為として認めるとともに、Y2の言動を擁護したY3、Y4の発言についても違法性を認めた。

　また、Y1に対しては、使用者責任（民法715条）ならびに代表者の行為についての会社の損害賠償責任を定めた会社法350条を根拠としてY2〜Y4との連帯責任を認めるとともに、団体交渉における対応が不誠実であった点について職場環境整備義務違反があったと認め、民法709条の固有の不法行為責任を認容している点が参考になる。

┃ 判　旨

1　事実関係

　Y1社は進学教室の経営等を業とする会社であり、Y2はY1社の教務部算数課の課長である。X2は平成9年8月にY1社へ採用された者であり、教務部算数課に所属して、算数の教材作成や各教室における授業を担当している。

　X1労組はY1社およびその関連会社の労働者で組織された労働組合で、X2は、平成13年2月にX1労組が結成されたときから執行委員を務めており、20年からは書記長を務めている。

　平成20年5月下旬頃、X2はY2に対して同年6月24日から30日までのリフレッシュ休暇の取得を申請し、所定の休暇と合わせて10日間の連続した休日を取得することとなった。同月3日、X2はY2に対し、同月6日に有給休暇を取得する旨申請した。

　この有休申請に対しY2は、「今月末にはリフレッシュ休暇をとる上に、6月6日まで有休をとるのでは、非常に心証が悪いと思いますが。どうしてもとらないといけない理由があるのでしょうか。」という内容の社内メール

を送った。さらに平成20年6月4日にはX2を会議室に呼び出して、「こんなに休んで仕事がまわるなら、会社にとって必要ない人間じゃないのかと、必ず上はそう言うよ。その時、僕は否定しないよ。」「そんなに仕事が足りないなら、仕事をあげるから、6日に出社して仕事をしてくれ。」等といった内容の発言をした（Y2発言）。これを受けてX2は、本件有休申請を取り下げた（本件取下げ）。

　平成20年6月6日、Y2は、元は自己が担当する予定となっていた6年生の夏休みの宿題の範囲表の作成業務をX2に割り当て、同月20日頃までに作成するようX2に指示した（本件指示1）。

　X2は、本件取下げの経緯をX1労組に報告し、X1労組は労働基準監督署に申告を行い、平成20年6月30日に労基署による調査が行われた。同日、X2および教務部のX1労組組合員有志らはY2と面談を行い、抗議書を手渡して抗議をした。同年7月1日、Y2はX2を含む課員5名に対して、社内メールで教材作成の担当の変更等に関する指示をし、翌2日にも同様に授業研修会で使用する教材作成の担当に関する指示をした（本件指示2）。

　平成20年7月1日、X2は同月20日の有給休暇を申請した。同日には、Y1社が行う「同窓会」（Y1社の進学教室を卒業した生徒らとY1社の課員らとの懇親会）が予定されていた。

　平成20年7月1日、Y3は本件取下げに関するY2の行為についてX2から事情を聴取した。同月14日、Y1社の管理職らが出席する室長会議が開催され、本件取下げが問題となった。同会議においてY3は、「X2の主張は合法であるが、忙しい時期でもあるし、Y2の言動は理解できる。X2は、同窓会がある7月20日にも有給休暇の申請をしている。労基署の監督官が『私が先生なら同窓会に参加します』と言っていた。」という内容の発言をした（Y3発言）。

　平成20年7月17日、本件取下げに関するX1労組とY1社の第1回団体交渉が行われ、X2もこれに参加した。X2は、同月22日から同年8月4日まで欠勤し、Y1社に対し傷病名をうつ状態とする診断書を提出した。

　平成20年11月18日および21日、X1労組は、Y1社が開催した保護者会の会場前で保護者らに対し、Y2のパワーハラスメントやY1社の労働者に対する不当な扱いがあるとして支援を訴える内容のビラを配布した。同年12月8日、Y1社の全社員が参加する社員集会が開催された。議題終了後、Y4は、本件ビラを掲げて「団交ではビラを撒かないでくれ、と会社側から何度も頼

んだそうじゃないか。」「一体何を考えているのか。会社がつぶれたらみんなが困るじゃないか。」などと発言した（Y4発言1）。また、Y4は「あんなものは、私はパワハラだとは思わない。」「今後、有給休暇はよく考えてから取るように。」との発言もした（Y4発言2）。

2　判断

(1)　Y2発言について

　労働基準法39条1項、2項の要件が充足された場合、労働者は法律上当然に上記各条項所定日数の有給休暇をとる権利を取得し、使用者はこれを与える義務（労働者がその権利として有する有給休暇を享受することを妨げてはならないとの不作為を基本的内容とする義務）を負う。

　そして、労働者が、有給休暇権を具体的に行使するにあたっては、その有する休暇日数の範囲内で、具体的な休暇の始期と終期を特定して時季指定をしたときは、客観的に同条5項ただし書所定の事由が存在し、かつ、これを理由として使用者が時季変更権の行使をしない限り、上記指定によって年次有給休暇が成立し、当該労働日における就労義務は消滅すると解するのが相当である。すなわち、時季指定の効果は、使用者の適法な時季変更権の行使を解除条件として発生するものであるから、年次有給休暇の成立要件として、労働者による「休暇の請求」やこれに対する使用者の「承認」の観念を容れる余地はない。

　これを本件についてみると、X2の有休申請に対して、Y1側が時季変更権を行使した事実は認められないので、Y2の承認を経ることなく、本件有休申請によって、法律上当然に有給休暇が成立することになる。それにもかかわらず、Y2は、X2がした有休申請に対し、上司として有給休暇の取得は望ましくないとする意思を表明したY2発言を行い、これによりX2は、本件取下げをするに至っており、有給休暇を享受することを妨げられたことが認められる。

　したがって、Y2発言は、労働基準法で定められた使用者の有給休暇を与える義務に反し、同法で労働者に認められた有給休暇の権利を侵害する違法行為に該当するものと認められる。

　また、Y2発言の違法性の程度について判断すると、Y2は、X2が社員旅行の日であった平成20年4月6日及び同月7日の2日間の有給休暇申請をした際、特段の理由を述べることなく同申請を撤回させたことがあるとともに、平成

18年6月にもX2の有給休暇申請を撤回させたことがあった上、本件取下げに関するY2発言は、Y2が、X2の第1次考課者であることを前提として、本件有休申請を取り下げなければ、X2に対する評価を下げることになるという内容であって、Y1におけるY2の地位を利用して本件取下げを強要したものであり、また、Y2は、X2に対して、平成15年10月にX2が有給休暇申請をしたことによりX2の評価を下げざるを得なくなったと告げており、従前においても、有給休暇申請とX2に対する評価を関連させることがあったことなどの事情を考慮すると、Y2発言の違法性の程度は極めて高いものと認められる。

(2) 本件指示1について

　Yらは、本件指示1は正当な業務指示である旨主張し、Y2は、原審において、X2が本件有休申請の時季指定日である平成20年6月6日にする仕事がないと回答したため、Y2が担当する予定になっていた6年生の夏休みの宿題の範囲表の作成業務をX2に割り当てた旨供述し、同人の陳述書には同旨の記載がある。

　しかし、X2は、原審において、上記同日にX2がすべき業務があったと供述するとともに、教務部に所属する課員の業務には、授業、入試問題の分析、テスト及び教材の作成並びに講師会の運営などがあるところ、各課員は、年間の業務について、Y1から一覧表が交付され、それぞれ計画を立てて業務を遂行するものであるから、テスト及び教材の作成等の期限が迫っているか否かは別とすれば、X2を含む教務部に所属する課員において、出勤した日にするべき業務がないとは考え難いことに照らすと、Y2の上記原審供述等は採用できない。

　そうすると、Y2は、X2が有休申請を取り下げて上記同日に出勤したならば、X2においてするべき業務があることを認識しながら、何ら合理的な理由がないのに、自己の担当業務をX2に割り当てたのであるから、本件指示1は、X2が有休申請をしたことに対する嫌がらせであり、X2の人格権を侵害したものと認められる。

(3) 本件指示2について

　教材（合格力ファイナル等）の作成に関するX2の担当が増えたと認めるに足りる証拠はなく、業務が増えたことを前提とするX2の主張を採用することはできない。

また、メールの指示内容は、従来、Y2が担当することとなっていた研修会用教材の作成をX2に指示するもので、X2の担当業務が増加した事実は認められるものの、当該指示は、算数課全員に対してなされたもので、X1組合員ではないCの担当も増えていることに照らせば、本件指示2が、X1組合員又はX2に対する報復又は嫌がらせであると認めることはできない。

以上によれば、本件指示2が、X2の人格権を侵害する行為であると認めることはできない。

(4) Y3発言について

　Y3は、当時、Y1の総務部部長であって、有給休暇申請に対する時季変更権を有しており、Y1の従業員の有給休暇申請について、管理職の対応を指導すべき立場にあったから、Y2発言が違法であることや、X2の同窓会の日の有給休暇申請についても、Y1が上記申請を拒絶できる合理的な理由は何ら存在しないことを認識しながら、敢えてY2発言を擁護して、有休申請についてX2にも問題があるかのような発言をするとともに、X2の同窓会の日の有給休暇申請についても、労働基準監督署の監督官の発言を引用して、上記申請が不適切であるかのような発言をしたのであるから、Y3発言はX2の名誉感情を侵害するものと認められる。

(5) Y4発言2について

　Y4発言2は、Y2のX2に対する行為がパワーハラスメントとは思わないし、それに引き続いて、有給休暇はよく考えてから申請すべきであるとの内容であるところ、同内容は、有休申請を取り下げさせるなどしたY2の行為を肯定し、それに伴って、Y2の行為が違法であると主張したX2に問題があると指摘する趣旨であるとともに、上記発言に続いて、有給休暇はよく考えてから申請すべきであると述べているのであるから、有休申請が不適切であることを当然の前提とするものである。そして、Y2発言は極めて違法性の高い不法行為であり、本件指示1がX2が有休申請をしたことに対する嫌がらせによるものであって、前提事実のとおり、Y3は、Y4発言2の前に、本件倫理委員会において、Y2発言及び本件指示1がパラーハラスメントであると認定されたことを認識しながら、敢えて上記発言をしたものであるから、Y4発言2はX2の名誉感情を侵害する意図の下において行われたものと認められる。

(6) Y1の不法行為の成否について

ア　職場環境整備義務に違反した不法行為について

Y2発言は極めて違法性の高い不法行為であるにもかかわらず、平成20年7月17日の第1回団体交渉において、E部長及びY3は、Y2発言を擁護する発言を行うとともに、Y3が本件事情聴取の内容を説明できなかったり、同年10月2日の第2回団体交渉の時点においても、E部長がY2発言の確認を怠るなど本件取下げに関するY1の対応は不十分であったといえ、そのため、本件倫理委員会の開催が遅延したと認められるから、この点について、Y1には職場環境整備義務違反があったと認められる。

イ　平成20年度冬季賞与支給に関する不法行為について

平成20年度冬季賞与の根拠となる評価は、平成20年3月から同年8月までの考課期間の人事考課に基づくものであり、第1次的には、当時の算数課長であったY2によって行われているが、少なくとも、X2は、同年4月に、教室長の指示に従わず、勝手に本部に戻ったとして苦情の申入れを受けたことや、Y2から問題作成をパソコンでするよう指示されながら、手書きによる作成を続けていたことなどの事実関係に加え、同年度の夏季賞与の評価（総合職で98人中89番）と比較しても、評価が大幅に下がったものであるとは認められないこと、平成18年度上期以降のX2に対する人事評価も高いものではなく、アンケート調査の結果も良好ではなかったことなどを考え併せると、評価が、X2が有休申請をしたこと又は本件取下げに関してXが異議を唱えたことを考慮して不当に低くされたものと認めることはできない。

よって、同評価は、適法な人事権の行使によって行われたものであると認められるから、Y1が、同評価に基づいて平成20年度の冬季賞与を支給した行為が、不法行為に該当すると認めることはできない。

(7)　X2の損害及びYらの行為との因果関係の有無について

X2は、平成20年7月17日の第1回団体交渉後、倦怠感を感じるようになり、同月24日、「うつ状態」と診断されたところ、X2は、Y2から有休申請を取り下げさせられた上、本件指示1により、嫌がらせによる業務を命じられ、そのため、Y2の行為を問題とし、第1回団体交渉が行われたが、その際、Y3発言がなされていたことが判明するとともに、E部長及びY3がY2発言を擁護する発言をしたものである。このような事実経過に照らすならば、第1回団体交渉後、Y1において、更に不利益な対応を受ける可能性があると思い悩み体調が悪化したとのX2の供述は首肯できるものであって、Y2の不法行為、

Y3発言及び第1回団体交渉におけるY1の不誠実対応とX2の「うつ状態」との間には因果関係があると認められる。

　X2の慰謝料については、Y2の不法行為（有休申請取下げと本件指示1）については60万円、Y3の不法行為（Y3発言）については20万円、Y4の不法行為（Y4発言2）については20万円、Y1の不法行為（職場環境整備義務違反）については20万円と認めるのが相当である（Y1は、Y2及びY3の上記各不法行為について、民法715条の使用者責任を、被Y3の上記不法行為について、会社法350条の損害賠償責任をそれぞれ負う。）。

医療法人健進会事件

大阪地判　平24・4・13　　　　　　　労判1053号24頁

事案の概要

　本件は、被告医療法人健進会に雇用されていたＸが、休職期間満了による自然退職の効力を争い、同法人に対して、労働契約上の権利を有することの地位確認と、Ｘが職場の上司及び同僚からハラスメントを受けたことによりうつ病に罹患し、休業を余儀なくされたなどとして、同法人に対して不法行為（使用者責任）又は安全配慮義務違反に基づく損害賠償を求めた事案である。

結　果

　地位確認については認容。

　慰謝料640万6,573円。

コメント

　本判決において、ハラスメントについては、Ｘが職場の上司及び同僚から受けた一連の説得行為が不法行為を構成するとされ、かかる行為と相当因果関係のあるＸの治療費、通院交通費、休業損害、慰謝料の合計からＸが受けた傷病手当金を差し引いた金額及び弁護士費用が、損害賠償として認められた。

判　旨

1　認定事実

ア　6月18日の午後1時30分ころ、Xは、M（総務課職員・B1労組執行委員、以下「M」という。）、N（送迎担当の総務課職員、B1労組の副執行委員長、以下「N」という。）からBセンターの2階会議室に呼び出された。

同室内には、既にO（看護師、B1労組執行委員長、以下「O」という。）、P（ヘルパー主任、B1労組書記長、以下「P」という。）がおり、これにM、N、Q（デイサービス職員・B1労組執行役員）R（デイサービス職員、B1労組執行委員、以下「R」という。）、S（ヘルパー、B1労組書記次長）が加わって話し合いが始まった。同席上では、約1時間にわたり、OらがXに対し、Xが6月13日の全国連本部の集会に参加した理由を問いただし、B1労組の方針と相反する行動を取ったことに対して非難するとともに、B1労組の方針に従った行動をするように説得が行われた。

イ　8月27日、XはOから「X組合員による労組への団結破壊を私たちは許しません　心からの反省と謝罪を求めます　労組執行委員会との誠実な話し合いに応じるよう求めます。」と題する平成20年8月27日付け書面（作成名義はB1労働組合執行委員会）を手渡された。

ウ　Xは、9月7日付けでB1労組に対し、脱退届を提出した。

同月9日、I合同労組は、執行委員長F名義で、Bセンター理事会に対し、XがI合同労組に加入したことを伝えるとともに、Xに対する嫌がらせやパワーハラスメントの防止に関する経営責任等を主な交渉項目に掲げた団体交渉の申し入れを行った。

エ　同月9日の昼休み中である午後零時30分ころから、約45分間、Y法人理事であるU、G（看護師、Y法人理事、Bセンターの事務長、以下「G」という。）、O、Nが、Xに対し、XがB1労組を脱退し、I合同労組に加入したことについてXを非難し、I合同労組を脱退するよう説得を続けた。同話し合いにおいて、Uは、「ここを守って、ここでメシくっていかな、そう思ってんやったらそんなのに左右される必要あらへんねん。」、「ここでがんばっているかぎり、みんなと同じアレでがんばってもらわないとあかんわ。」との発言をしている。

また、同月10日、Xの業務が終了した午後零時30分ころから、約1時間、U、G、O、Nは、I合同労組に加入した旨の通知及び団体交渉の申入書についてXを非難するとともに、9日と同様の内容の説得を続けた。同話し合いにおいて、Gは、「みんなでいっしょにやってるあれなんやからな。理事会いうても組合が中心やで。」、Nは、「Bで知っていると思うけど、組合が経営とか人事とか給料とか全部決めてるわけやんか、組合が。経営者じゃないけど。もしX君、ここの組合やめたとしても、ここの経営は組合がしてるから、組合との話しになる、きられへん・・。」、Uは、「アリバイ的にそういうのを作っとかなあかんから作っただけのこと、法人の場合わな。はっきり言って理事会はそういう形で作ってるだけで、法人といっても、もうかるものでなし。」などと発言している。また、Uは、同話し合いの終了時に、「これも業務のうちや。」という発言をした。

オ 9月17日も、G、O、N、Mらは、Xに対し、脱退届けの撤回等をXに対し要求した。

また、翌18日にも、Bセンター待合室において、約2時間にわたって、O、N、P、RからXに対して、同月9日及び10日と同様の説得活動が行われた。

カ Y法人は、Xに対し、平成22年5月27日付けの連絡文書において、Xが平成20年9月25日から適応障害によるうつ状態により病気欠勤し、その後も引き続き病気欠勤の状態が続いたため、3か月を経過した後の平成21年1月6日から休職期間が開始したこと、Xが復職困難な場合には、平成22年7月5日をもって自然退職となること、Xが復職を希望する意思があるならば、就労可能であることを記載した医師の診断書を沿えてその旨文書で早急に提出するよう通知した。

2 争点1（Xが罹患した本件疾病が業務上の疾病に当たるか否か）について

(1) 本件において、Yは、Xの罹患したうつ病は、私傷病であることを前提に就業規則9条及び35条に基づき、休職期間満了による自然退職を主張する。

ここで、就業規則9条及び35条の自然退職の定めは、労働基準法（以下「労基法」という。）19条1項において、労働者が業務上負傷し、又は疾病にかかり療養のために休業する期間及びその後30日間は解雇してはならない旨規定されている趣旨を踏まえて解釈すべきであるから、就業規則9条1項1号及び2項の「私傷病」とは、解雇制限の対象となる業務上の疾病でない

場合をいうと解すべきである。

　そして、解雇制限の趣旨が労働者が業務上の疾病によって労務を提供できないときは、自己の責めに帰すべき事由による債務不履行とはいえないことから、使用者が打切補償（労基法81条）を支払う場合又は天災事故その他やむを得ない事由のために事業の継続が不可能となった場合でない限り、労働者が労働災害補償としての療養（労基法75条、76条）のために休業を安心して行えるように配慮したところにあることからすれば、解雇制限の対象となる業務上の疾病かどうかと判断を同じくすると解される。したがって、業務上の疾病とは、その疾病の発症が当該業務に内在する危険を現実化したと認められ、もって、当該業務と相当因果関係にあることを要するとするのが相当である。

(2)　Xのうつ病は、平成20年6月ころから、Bセンターを欠勤した同年9月19日までの間に発症したものと認めるのが相当である。

(3)　前記1の認定事実によれば、6月18日から9月18日までの間にB1労組の執行委員長であるOが中心となって行われたXに対する説得活動は、XがB1労組の活動に反する行動を取り、又はB1労組を脱退したことに対する一連の言動として捉えるべきであり、Xのうつ病が業務上の疾病か否かを検討するに当たっては、一体のものとして考慮すべきである。

　以上を前提に検討するに、Xに対する一連の説得活動を行ったOらは、B1労組の組合員であるとともにXの勤務するBセンターの従業員であったこと、いずれの説得活動もBセンター内で、就業時間中ないしそれに近接する時間内に行われていること、Y法人の理事長、理事らもB1労組に加入しており、9月9日及び同月10日の話し合いには、U理事及びG理事も出席していること（G理事は9月17日の話し合いにも出席している。）からすれば、一連の説得活動は、事業主であるY法人の支配下において行われたものであり、業務関連性が認められるというべきである。

　この点Yは、一連の話し合いはB1労組内部での出来事であるから、業務関連性が存在するかどうかも疑わしい旨主張する。しかし、上記1のとおり、9月9日以降の話し合いにはY法人の理事であるU及びGも出席しており、同人らがB1労組の組合員としての立場を超えて、自ら使用者側の立場からも発言していること、Uが当該話し合いが業務に含まれる旨の発言をしていることからすれば、一連の話し合いが単にB1労組内部での出来事であり、

業務との関連性がないとはいえない。

(4) そして、Oらによる一連の説得活動は、上記1において認定したとおり、平成20年6月18日以降、I合同労組からXに対するパワーハラスメントについて団体交渉の申し入れが行われ、Xが話し合いを拒否していることを明らかにした後も、9月9日、同月10日、同月17日、同月18日と連日にわたり約45分から約2時間にわたってX1人に対して複数の人数により行われている。しかも、Y法人の理事長及び理事らもB1労組に加入しており、9月10日の話し合いの場においても理事であるU及びGがY法人理事会とB1労組が実質的に一体であり、Y法人の経営は実質的にはB1労組が行っているかのような発言をしていることからすれば、XがB1労組から脱退し、I合同労組に加入した状態を続けた場合にはBセンターで就業し続けることが困難となる可能性も示唆され、職場での進退を迫られる状況であったことが認められる。

以上のとおり、Xに対して行われた説得活動の内容やその状況、Y法人とB1労組の関係にかんがみれば、Xに対する一連の説得活動は、Xに対し強い心理的負荷を生じさせたものということができる。

他方、本件全証拠を統合しても、Xに精神疾患の既往歴は認められず、他にXの業務以外にうつ病を発症させる要因があったことを認めるに足りる証拠はない。

したがって、Xのうつ病は、Xが就労していたBセンターにおける6月18日から9月18日までの間のY法人理事及び従業員らによる一連の説得活動により発症したものと認められるから、業務に内在する危険が現実化したものである。

(5) 以上によれば、Xの業務とうつ病の発症との間には相当因果関係があるということができ、当該うつ病は「業務上」の疾病と認められる。

そうすると、Xのうつ病が私傷病であることを前提とした自然退職は認められないというべきである。

3 争点3（Yの不法行為責任ないし安全配慮義務違反の有無）について

(1) Xに対するパワーハラスメント行為について

上記認定のとおり、Y法人の従業員であるOら及びY法人の理事であるU及びGにより行われたXに対する一連の説得活動は、不法行為を構成するというべきであり、同行為はY法人の事業の執行について行われた行為であるから、Y法人は使用者として民法715条1項本文に基づき、Xのうつ病

発症について不法行為責任を負う。

4　争点4（Xの被った損害の内容及びその額）について

（1）上記において認定したY法人の不法行為と相当因果関係のある損害は、以下のとおり、合計640万6,573円であると認められる。

（ア）治療費　7万8,000円

（イ）交通費　10万2,280円

　　　なお、Xは、Vという人物がXに付き添ったとして、付添人の交通費も主張しているが、本件において第三者の付き添いが必要とまでは認められないから、VのみがXに代わって相談に訪れている日の交通費のみをXのうつ病発症と相当因果関係のある損害と認めるのが相当である。

（ウ）休業損害　655万8,802円

　　　前提事実によれば、Xがうつ病に罹患しなければ、特段の事情のない限り平成20年9月19日（Xが出勤しなくなった日）以降も月額18万5,800円の給与、毎年7月及び12月賞与として19万8,000円の支給を受けることができたものと推認するのが相当である。

（エ）慰謝料　150万円

　　　前記において認定したY法人の不法行為の内容、本件口頭弁論期日に至るまでのXのうつ病が治ゆしたことを示す証拠が提出されていないこと、他方、本件不法行為は労働組合内部の紛争という側面も有していることなどの事情を総合考慮し、Y法人の不法行為によりXが受けた精神的苦痛に対する慰謝料としては150万円と認めるのが相当である。

（オ）損益相殺後の金額

　　　Xは傷病手当金として合計243万2,509円を受領したので、上記（ア）ないし（エ）の合計823万9,082円から243万2,509円を控除すると、580万6,573円となる。

（カ）弁護士費用　60万円

　　　Y法人において負担すべきXの弁護士費用は、60万円が相当である。

5　結語

　　　以上の次第であり、Xの本訴請求は、雇用契約上の権利を有する地位の確認及び不法行為に基づく治療費等の損害640万6,573円の支払を求める限度で理由があるから、その限度で認容し、その余の部分については理由がないから棄却することとする。

事案の概要

　本件は、Xが、被告Y社内における上司のパワーハラスメント行為等により適応障害を発症して就業不能状態に陥り退職を余儀なくされたことにより、治療費等、休業損害ないし逸失利益及び慰謝料等の損害を被ったとして、安全配慮義務違反ないし不法行為（使用者責任）に基づき、同社に対し、合計178万円余りの損害賠償金及びこれに対する遅延損害金の支払いを求めた事案である。

結　果

　請求棄却。

コメント

　上司のパワーハラスメント行為等を理由とする損害賠償請求は理由がないとして認めなかった。

判　旨

1　責任原因について
(1)　争点（2）－本件パワハラ行為1等の有無
　ア　争点（2）－ア：本件「噂」の流布行為について

（ア）上記争点に関するＸの主張は、本件第１事件（平成21年１月末、Ｇ東京総務課長らを発信源として、Ｘが女子更衣室に侵入したとの噂を立てられる事件）の発生を前提に、Ｇ東京総務課長において、Ｘが女子更衣室に侵入した事実はなく、その根拠もないにもかかわらず、敢えてそのような噂（以下「噂」という。）を流布し、Ｘの名誉を侵害したというものであるが、全証拠をみても「噂」が存在していたことを客観的に裏付ける証拠はない。むしろ、Ｘは、その尋問で、「噂」の存在を直接耳にしたわけではなく、また、その存在の有無について自ら事実確認を行った経緯もないと供述していることに加え、問題の女子更衣室には鍵がなく、女子従業員の間において、「休日誰もいないところで休日出勤者が出社しているというのは余り気持ちのいいものではない。」との話しが出ていたことを併せ考慮すると、そうした女子従業員間の話しを耳にしたＸは、たまたま平成20年11、12月当時、休日出勤をしていたことから、自らが女子更衣室への侵入者であると疑われているものと思い込み、「噂」の存在を誤信してしまった可能性を否定することはできない（この点、Ｘは、その尋問で、Ｅ大阪総務課長とＣ業務部長以外の者から女子従業員の間で流れている話を聞いたことがあると供述している。）。

　なお、Ｘは、その尋問で、Ｅ大阪総務課長とＣ業務部長から「噂」を伝え聞いたものと供述しているが、このＸの供述を客観的に裏付ける証拠はなく、むしろ同人らは、その各尋問において、「噂」については相談という形でＸから聞かされたものであると証言していることなどに照らすとＸの上記供述は俄に信用し難く、「噂」の存在に関する上記疑問を払拭するに足るものではない。

　ちなみに、Ｃ業務部長は、平成20年１月20日、「噂」等の調査に当たったＤ総務部長から、「①総務部の社員の話では業務部、海外営業部、緊急開発部の人が休日出勤をしていること、②Ｘは、休日出勤した折に、女性の机を開けたことがあること、③更衣室に鍵が掛からないので鍵を付けてほしいとの要望があること」の３点について話があった旨証言しているが、これら①ないし③の各事情は、個別的にはもとより、相互の有機的な関連性を併せ考慮したとしても、「噂」が客観的に存在したことを推認するに足るものではない。

（イ）そうすると本件第１事件ないしは「噂」の存在それ自体について重大な

疑義があるものといわざるを得ず、これを前提とするＸの上記主張は採用の限りではない。

　なお仮に「噂」が客観的に存在していたとしても、Ｇ東京総務課長らが「噂」を流布したことを認めるに足る的確な証拠はなく、いずれにしても「噂」の流布に関するＸの上記主張を採用する余地はない。

イ　争点（2）－イ：本件「提案」強要行為について

　上記争点に関するＸの主張は、要するに本件第１事件の対処に当たったＣ業務部長が、「提案」に対して直ちに回答することができずにいるＸに対し、即答を求め、「これ以上やるなら君の将来にも影響がある。」などと述べ、Ｘの上司としての立場を利用して、Ｃ業務部長の提案を承諾しなければＸのＹ社内における待遇につき不利益が科されることをほのめかし、「提案」を受け入れるよう強要したというものであり、Ｘはその尋問及び陳述書でこれに沿う供述をしている。

　しかし、平成21年３月５日にＸの希望により東京都労働相談情報センターで行われた話し合いにおいて、相談員の立会の下、Ｘは、Ｙ社のＣ業務部長らに対し、「噂」の発信元の特定や事情聴取を行わないことにつき了解していた経緯が認められるところ、この合意内容は「提案」のそれよりも一歩も二歩も後退している（なお、この合意内容それ自体についてはＸは特に争わない。）。仮にこれに先だってＣ業務部長がＸに対し「提案」強要行為のような脅迫紛いの言動に出ていたならば、Ｘは、こうしたＹ社の対応に強い不満と不信感を抱いていたものとみるのが自然であるから、上記東京都労働相談情報センターにおける相談員立会の下での話し合いにおいて、Ｘが、「提案」よりも一歩も二歩も後退した内容の提案を受け入れたというのは些か不自然であるといわざるを得ない。

　また、Ｃ業務部長は、Ｘを将来性のある部下として評価し、人事評価においてもＸの短所を指摘しつつも良い面の方をより積極的に評価したり、未だ昇進時期に至っていないにもかかわらず、Ｘを主任に推薦するなど様々な配慮ないしは教育指導を積み重ねてきた経緯がうかがわれるところであって、このようなＣ業務部長が、自ら将来を期待するＸに対し、「提案」強要行為のような脅迫紛いの品位に欠ける行動に出るとは考え難く、仮に上記のような発言がなされたとしても、それは客観的にみて「噂」の存在それ自体が疑わしいことを考慮し、社内におけるＸの立場や将来等を憂慮

しての発言であったものとみる方が自然である。

　そうだとするとＸの上記供述は、にわかに信用し難く、他に「提案」強要行為を基礎づける事実関係を認めるに足る的確な証拠はない。

　よって、Ｘの上記主張を採用することはできない。

ウ　小括

　以上によると、Ｘの本件パワハラ行為１等を理由とする損害賠償請求は理由がない。

(2)　争点（3）－本件パワハラ行為２の有無

ア　争点（3）－ア：本件5・27Ｅ発言の有無について

　平成21年5月27日、Ｙ社が残業代の不払いに関して労基署の立入検査を受けたこと（以下「立入検査」という。）について当事者間に争いはない。

　Ｘは、立入検査が行われた日の午後5時ころ、Ｅ大阪総務課長が、Ｘに対し、「あんた疑われとんで」などと述べるなどして（本件5・27Ｅ発言）、Ｘが労基署への違反事実の通報者（以下「違反通報者」という。）であると疑う尋問を行った旨主張し、その尋問や陳述書において、これに沿う供述等をしている。

　仮にＸの上記主張のとおりであれば、Ｙ社においては人事労政を担当する総務課長が、立入検査が行われた直後から、確たる証拠がないにもかかわらずＸを犯人と決め付け、労基署への違反通報者の探索を開始していたことになる。しかしこのようなＹ社側の対応は、本件第1事件との関係でＸＹ社間にギクシャクした関係が生じていた可能性を考慮に入れたとしても、それ自体、余りにも性急かつ短絡的なものであって、将来を期待し、主任の地位にまで就けた従業員に対する対応としては、やはり不自然であるといわざるを得ない。

　むしろ証人Ｅの証言によれば、Ｙ社は、立入検査後、直ちに、これを厳粛に受けとめ、労基署への違反通報者について犯人捜しのようなことはしない方針を打ち出していたというのであるから（なお、この証言は一企業として当然の対応が行われていたことを示唆するものであるところ、その信用性に疑いを生じさせるような立証はされていない。）、この点を併せ考慮するとＸの上記供述等は俄に信用し難く、他に本件5・27Ｅ発言がされたことを認めるに足る証拠はない。

　よって、Ｘの上記主張を採用することはできない。

イ　争点（3）－イ：本件6・11E発言及び本件7・15C発言の趣旨について

（ア）E大阪総務課長が、同年6月11日に、Xに電話をかけ、「今回のことを誰かに相談したか。」と尋ね、身内に相談した旨を告げるXに対し、「なるほど。今回の件を仕組んだ人間が見えてきました。」などと発言したこと（以下、「6・11E発言」という。）自体は当事者間に争いはない。

問題は、「なるほど。今回の件を仕組んだ人間が見えてきました。」との発言の趣旨をどのように解するかであるが、Xは、6・11E発言をもってXを違反通報者（犯人）と決め付ける趣旨の発言であると主張し、その尋問及び陳述書において、これに沿う供述等をしている。

しかし少なくとも6・11E発言の内容それ自体を素直に読む限り、それだけでは同発言がXを労基署への違反通報者であると決め付ける趣旨の発言であったものと解することは難しく、むしろ立入検査を担当した監督官から得た情報によると上記違反通報（内部通報）の内容はY社総務部の社員でなければ知り得ない情報が含まれていたものとされるのであるから（人証略。なお、この証言は、実際に経験したものでなければ語り得ない内容を含むものであるところ、その信用性に疑いを生じさせる立証はされていない。）、6・11E発言は、違反通報者と決め付ける趣旨ではなく、あくまでXを安心させるために行われたものであると解するのが自然である（現に、E大阪総務課長は、その尋問で、6・11E発言に加え、Xに対し、「安心するように。」と述べたと証言しており、この証言の信用性を否定する立証はない。）。

そうだとするとXの上記供述等は俄に信用し難く、他に6・11E発言がXを労基署への違反通報者であると決め付ける趣旨で行われたものであることを認めるに足る証拠はない。

（イ）また、C業務部長が、同年7月15日に開催された業務課の会議で、議題等とは何ら関係がないにもかかわらず、メンバーの中で唯一残業代が支払われることになったXの面前で、「この度労基署にタレコミがあり・・・。」と発言したこと（以下「7・15C発言」という。）自体についても当事者間に争いはない。したがって、ここでも問題は上記発言（「この度労基署にタレコミがあり・・・。」）の趣旨をどのように解するかであるが、上記のとおり少なくとも7・15C発言がされた時点では、立入検査を担当した監督官から得た情報からみて上記違反通報（内部告発）の内容にはY社総務

部の社員でなければ知り得ない情報が含まれていたことが判明していたのであるから、これを前提とする限り、7・15C発言が、業務部所属のXを労基署への違反通報者であると決め付ける趣旨で行われたものではないことは明らかであって、この点に関するXの陳述書の記載は信用し難く、他に7・15C発言が上記の趣旨でされたものであることを認めるに足る証拠はない。

（ウ）　よって、Xの上記各主張を採用することはできない。

ウ　小括

以上によると、Xの本件パワハラ行為2を理由とする損害賠償請求は理由がない。

(3)　争点（4）－本件パワハラ行為3の有無

ア　Xは、C業務部長が、平成21年6月24日に実施された残業説明会に関連して、Xに対し、同説明会においてXが副社長の話をにやにやしながら聞いていたことを注意し、Xが、その事実を否定するや、そのように思われること自体が悪いかのような発言をした、と主張する。

また、Xは、Xが上記残業説明会における説明に従って、過去に遡って業務内容を「残務処理」と記載して残業申告を行ったところ、これに対し、C業務部長は、「Aの性格はきっちりしているのだから秒数まで書け。」との発言を行ったばかりか、秒数まで覚えていないと答えるXに対して、「自分はAの今後の成長のことを考えて言っている。」「時間が多いと言っているのではない、時間を減らせと言っているのではない。」などと何度も前置きをしながら、「秒数も書いたら。」「よく考えろ。」「自分はあなたに責任をもって仕事を与える自信がない。」「金が好きだとこだわるんやったら違うけど。」などと述べたと主張する（以下C業務部長のこの一連の発言を「6・24C発言」という。）。

甲12（書証略）、証人Cの証言、X本人尋問の結果及び弁論の全趣旨によると6・24C発言として、XとC業務部長との間において概ね上記のやり取りが行われたことが認められる。

問題は、6・24C発言はパワーハラスメント行為として不法行為を構成するか否かであるが、この点、Xは、6・24C発言について上司たる地位を利用して、Xの正当な残業申告を間接的ないし心理的に妨害しようとして行われたものであり、パワーハラスメントとして不法行為に当たる旨主張し、尋問及び陳述書において、その主張に沿う供述等をしている。

確かに6・24C発言におけるC業務部長のもの言いは、とりようによってはXの正当な権利である残業代の請求を妨げるおそれのある発言である。しかし、C業務部長は、その尋問において、6・24C発言の趣旨について、「ほかの部門から、他の人は30分単位で書いているよと、Aさんだけが5分単位で書いているというアドバイスがありまして、彼のことを考えて、余り細かいことにばかり気にするという評価をされたくないという思いで、逆説的に秒まで書いたらと・・・、Xは私の思いが分かってくれるだろうとこう思って、そういう発言をいたしました。」と証言している。

上記で指摘したとおり、C業務部長は、Xを将来性のある部下として評価し、人事評価においてもXの良い面を積極的に評価したり、未だ昇進時期に至っていないにもかかわらず、Xを主任に推薦するなど様々な配慮ないしは教育指導を積み重ねてきた経緯がうかがわれることに照らすと、6・24C発言の趣旨も、些か逆説的ながら、Y社内におけるXの評価が不当に低下することを憂慮した、善意に基づく指導的な発言であったとみることも十分に可能であって、これに加え、C業務部長が、上記Xとのやり取りの中で、Xに対し、「それは、Aの今後の成長のことも考えて言ってるわけや。だから、目を広く、こうせいと、言っていること分かるか。」と心中を吐露している部分があることを併せ考慮するとC業務部長の上記証言は、単なる言い逃れではなく、一定の証拠としての価値を有するものといわざるを得ない。

そうだとするとXの上記供述は俄に信用し難く、他に6・24C発言のパワーハラスメント性を基礎付ける事実関係を認めるに足る的確な証拠はない。

イ　以上によると、Xの本件パワハラ行為3を理由とする損害賠償請求は理由がない。

2　結論

以上によれば、Xの本件各パワハラ行為等を理由とする損害賠償請求は、その余の点を考慮するまでもなく理由がないことに帰着する。

エヌ・ティ・ティ・ネオメイトなど事件

大阪地判　平 24・5・25　　　　　　　　　労判 1057 号 78 頁

事案の概要

　本件は、被告株式会社 NTT 西日本 – 関西（以下「Y1 社」という。）に雇用され、その後 Y1 社の関連会社である被告エヌ・ティ・ティネオメイト（以下「Y3 社」といい、Y1 社と Y3 社を合わせて「Y1 社ら」という。）に出向していた X が、Y1 社らがした懲戒処分の無効を主張して処分に基づき減額された賃金等の支払を求めるとともに（乙事件）、Y1 社らの従業員から暴力行為を受けたとして、同従業員らに対し不法行為に基づく損害賠償等を、その使用者である Y1 社らに対し使用者責任に基づく損害賠償等を求めた事案である（甲事件）。

　甲事件における X の請求は、X がパワーハラスメントを受けたことを理由とするものであり、具体的には、①X が Y1 社の就労中に派遣社員 B とトラブルを起こし、その際、X が、Y1 社の従業員で X の直属の上司である Y2 から暴行を受けたとして、Y1 社と Y2 に損害賠償を請求し、②X が Y3 社での出向中に、Y3 社の関西支社の契約社員であった Y4（なお、Y4 は Y1 社を定年退職した者である。）から暴行を受けたとして、Y3 社と Y4 に損害賠償を請求し、③Y3 社が X の平成 21 年と平成 22 年の夏季及び年末特別手当の業績評価を最低評価としたことは違法であり、Y3 社社員からパワハラを受けたとして、損害賠償を請求したものである。

結　果

　一部認容（Y4 の行為に関し、Y4 及び Y3 社に対し、連帯して 5 万 5,000 円）。

コメント

　甲事件の①については請求は理由がないとし、③の業績評価を最低評価としたことについては、上司の指示に従わず業務を拒否し続けていたことからすれば、Y3社の判断は社会通念上著しく不合理とは認められないとした。②のY4の行為については、不法行為を構成するとし、本行為はY3社の事業の執行についてなされたものであり、Y3社の使用者責任を認めている。

判　旨

1　Y2の行為について
（1）前提事実、証拠及び弁論の全趣旨によれば、以下の各事実が認められる。
　ア　平成18年4月27日、Xが派遣社員であるBに対し、プリンターの調子
　　　が悪いと申告したが、前日と当日に業者の修理が来ていたため、Bがその
　　　ことを指摘した。そうしたところ、XがBの席に来て、「謝れ。」、「辞めて
　　　しまえ。」などと言いながら、同人の椅子を蹴るなどした。その後、Bの
　　　隣の席のTが仲裁に入ったため、Xは一旦自席に戻った。
　　　　Xは、同日午後5時ころ、再びBの席に来て、名札を破いたり、Bの
　　　パソコンの画面を閉じるなどした。
　　　　Y2は、Xを制止するため、XとBとの間に入り、Xの腕を取ってXを
　　　自席に戻るよう誘導した。
　イ　Xは、上記事実について、Y2を告訴したが、Y2は不起訴処分となった。
　ウ　Xは、平成18年4月28日付けで、E診療所において、「右肘・右肩関節
　　　挫傷の疑い　約1週間の加療を要す。」との診断を受けた。
（2）上記認定事実を基にY2の不法行為及びY1社の使用者責任の有無を検討す
　　るに、上記（1）によれば、Y2の行為はXの上司としてXとBの仲裁をした
　　に過ぎず、また、Y2の行為がXに対する暴行ないし傷害行為に該当する事
　　実も認められないから、違法性は認められない。
　　　この点Xは、Y2がXのもとに来て、「おい、こら、待てー。」と言いながら、
　　Xの背後からいきなりXの右腕肘を鷲掴みし、逆にねじるように引っ張った、

Y2の上記行為によって、Xは右腕・右肩関節捻挫の負傷を負った旨主張し、これに沿う内容の供述をするが、本件直後の医療機関によるXの症状に関する診断内容は、「右肘・右肩関節挫傷の疑い」に過ぎず、傷害を負ったことについて確定診断がなされていないことからすれば、上記Xの供述内容は信用できず、その他、Xの主張を裏付けるに足りる証拠はない。

　以上によれば、その余の争点（損害及び時効）について判断するまでもなく、平成18年4月27日のY2の行為についてのY2及びY1社に対する請求は理由がない。

2　Y4の行為について

(1) 証拠及び弁論の全趣旨によれば、以下の各事実が認められる。

　ア　Y4は、平成20年の年明けころから、XがY4とXの間に座っていたVに対してわざと大きな咳をするなどの嫌がらせをしていると感じていたところ、平成20年2月19日のお昼過ぎころから、Xが何度も大きな咳払いをしていたことに腹を立て、午後4時20分ころ、「いい加減にせえよ。ぼけか。あほちゃうか。」とXに対して言った。その後、XとY4は口論となり、Y4は、席を立って近くにあった椅子を足蹴にしたところ、椅子がXの右脚付近に当たった。また、Y4は、Xの胸ぐらをつかんで前後に揺さぶった。

　イ　Xは、K病院において、平成20年2月19日付けで、右膝関節内血腫、頸部挫傷のため、今後4週間自宅安静を要するとの診断を受けた。

　ウ　Y4は、平成20年11月28日に暴行罪で起訴され、同年12月1日、罰金10万円の略式命令を受けた。

　エ　Xは、平成20年6月20日からY3社に出勤した（争いがない）。

(2) 以上の事実を前提としてY4の行為について検討するに、Y4がXに対し、椅子を足蹴にしてXの右脚付近に当てた行為及びXの胸ぐらをつかんで前後に揺さぶった行為は、Xに対する違法な有形力の行使であり、Xに対する不法行為を構成するというべきである。

(3) 次に、Y4の不法行為についてのY3社の使用者責任の成否についてであるが、Y4の上記行為が事業の執行についてなされた行為であると認められるか否かが問題であるところ、被用者の暴力行為により第三者に生じた損害については、その行為が使用者の事業の執行行為を契機とし、これと密接な関連を有すると認められる場合には、被用者が事業の執行について加えた損害に該当するというべきである（最高裁昭和44年（オ）第580号同年11月18日

第3小法廷判決・民集23巻11号2079頁、最高裁昭和44年（オ）第743号同46年6月22日第3小法廷判決・民集25巻4号566頁参照）。

　　Y4の行為は、勤務時間中に、Y4がXの勤務時間中の態度を戒めるために行われた行為であり、単にXとY4の個人的な関係に起因するものとは認められないから、Y3社の事業の執行行為を契機とし、これと密接な関連を有すると認められ、Y4の行為は、Y3社の事業の執行についてなされたものということができる。

　　以上によれば、Y4の行為に関するY3社に対するXの請求は理由がある。

(4)　Xの損害の内容及びその額について

ア　Xは、Y4の行為により、右膝関節内血腫、頸部挫傷の傷害を負い、約4か月間の休業を余儀なくされた旨主張するが、前記（1）において認定したY4の暴行の内容やY4が傷害罪ではなく暴行罪で起訴され、略式命令を受けている事実にかんがみれば、Xの上記主張は認め難いといわざるを得ない。

　　したがって、Y4の行為と相当因果関係のある治療費としての損害は、Xが主張する合計20万6,840円の損害のうち、既にY3社により支払われている14万7,940円を超えないものと認めるのが相当である。

イ　また、通院交通費及び雇人費用については、これを認めるに足りる的確な証拠はなく、また、夏季手当減額分及び雇人費用については、Y4の暴行の内容にかんがみれば、X主張の休業及び通院の必要性は疑問といわざるを得ず、Y4の行為と相当因果関係のある損害とは認められない。

ウ　前記（1）において認定したY4の行為の内容等にかんがみれば、Y4の行為によってXが被った精神的苦痛を慰謝するには、金5万円が相当である。また、弁護士費用として5,000円を認めるのが相当である。

(5)　以上によれば、Y4の行為に関するXの請求は、Y4及びY3社に対し、連帯して、5万5,000円の支払いを求める限度で認めることができる。

3　Xの業績評価について

(1)　証拠及び弁論の全趣旨によれば、以下の各事実が認められる。

ア　平成21年4月にRが担当課長に就任した当時、Xは工事マネージャー業務を行っていなかったため、同年6月、Rは、Xに対し、工事マネージャー業務を指示したが、Xはやり方が分からないなどの理由でこれを拒否した。

イ　Xは、平成21年8月6日付けでセンタ長であるJ及び担当課長であるRから、上司からの指示命令に従い、誠実に法令、規定及び通達を遵守し、全力をあげて担当業務の遂行に専念するように通知を受け、さらに同月27日付けで同様の内容の通知を受けたが、工事マネージャー業務を行うことはなかった。

ウ　Xは、平成21年9月4日から同月15日まで年次休暇を取得し、以後も病気休暇を取得し続けた。

エ　Xの平成21年度（6月及び12月）及び平成22年度（6月及び12月）の業績評価はいずれもD評価であった（争いがない）。

(2) 上記事実を前提に、Xの業績評価について検討するに、使用者が賞与等を決定するための人事評価は、基本的には使用者の総合的裁量的判断が尊重されるべきであり、人事評価が定められた評価制度に基づいていないなど社会通念上著しく不合理である場合に限り評価権限を濫用したものとして無効となるというべきである。

　　本件においては、前記のとおり、Xは工事マネージャー業務を行うようにとの上司の指示に従わず、同業務を拒否し続けていたことからすれば、マネージャー業務を行っていた際のC評価からD評価に評価を低下させたY3社の判断は社会通念上著しく不合理とは認められない。また、本件全証拠を総合しても、Xに対するD評価がXに対する報復的措置であるなど、社会通念上著しく不合理であると認めるに足りる証拠はない。

(3) 以上によれば、Xに対する平成21年度（6月及び12月）及び平成22年度（6月及び12月）の業績評価はいずれも有効であり、無効であることを前提としたXの請求はいずれも理由がない。

4　Xに対するパワーハラスメント行為について

　　Xに対する一連の懲戒処分、服務処理及び業績評価の経緯については、上記において認定したとおりであり、これらの処分等は有効であり、本件全証拠を総合しても、Xが主張するような、R及びJのXに対するパワーハラスメント行為を認めることはできない。

　　以上によれば、その余の争点について判断するまでもなく、Xに対するパワーハラスメント行為についてのXの請求はいずれも理由がない。

乙社事件

東京地判　平24・8・21　　　　　　　　労経速2155号25頁

事案の概要

　本件は、被告乙社（以下「Y1社」という。）の講師であったXが、同社の従業員であるY2のパワーハラスメントにより辞職を余儀なくされたとして、被告ら（Y1及びY2。以下「Y1社ら」という。）に対し、不法行為または債務不履行（雇用関係またはこれに類似した関係、もしくは委任または準委任契約に基づく付随義務としての職場環境配慮義務違反）に基づく損害賠償の支払を求めた事案である。

結　果

　請求棄却。

コメント

　Y2がXに対し、不法に辞職を強要したと認めることはできないし、Y2の行為がXに対する何らかの契約上の義務に違反するものであるともいえないことから、Xの請求は認められなかった。

判　旨

1　争点1（Xが辞職を申し出るまでの経緯に関し、Y1社らの不法行為または

債務不履行責任の有無）について

（1）認定事実

　　前提事実、後掲各証拠及び弁論の全趣旨によれば、以下の各事実が認められる（以下、この項における日付はいずれも平成22年のものである。）。

ア　3月7日、Fは、Y1社立川校に架電し、対応したY1社社員に対し、XのFに対する態度について不満を述べ、Xを辞めさせて欲しい旨訴えた。その際、Fは、前年にXとつきあっていたがストーカーまがいの行為があったこと、連絡を取らなくなっていたが、行政書士試験の結果が出た折に思わず相談してしまったこと、Xの薦めに従ってY1社の講座を申し込んだこと等を話した。

イ　3月8日、Eは、架電してきたXに対し、Fの上記訴えについて確認した。Xは、（ア）Fと以前交際しており、破局した当時、しつこく連絡を取ったことはあったこと、（イ）行政書士試験の発表後、Fから連絡があり、予備校の選択について相談を受けたので、Xが担当しているクラスを勧め、Dに相談してコース変更もできるようにしたこと、（ウ）Fとは現在はつきあっていないこと、（エ）3月6日の授業終了後、Fが、Xに対し、他の受講生らがいる中で本の貸借を求めてきたこと、（オ）Xは、Fとの間で、他の受講生と異なる扱いはしない旨の合意ができていると考えていたため、これを断ったところ、Fが逆上して帰宅したこと、（カ）その後、Fから、「そんな講師には習いたくない、不誠実だ。」というメールが送信されてきたため、Xが、公私混同はできない、気分を害したのであれば謝る、振替受講もできるので他の先生に習ったらどうか等という内容のメールを送信したところ、Fからは、Xに対する個人攻撃のメールが2通ほど送信されてきたこと、等を話した。

　　Eは、Fに対応した社員からの報告及びXの説明を書面にまとめ、Y2及びDに報告した。

ウ　3月9日、Y2は、事実関係を確認するため、D及びEとともにXと面談した。Xは、Y2、D、Eらに宛てた同日付けの書面を持参しており、同書面には、「このたびは、私の受講生様への対応が悪く、大きなクレームとなってしまったことを深くお詫び申し上げます。」、「事実関係につきましては、本日、詳細をお話しさせていただき、F様へのご対応をご検討していただければと思います。」、「本日のお話合いを踏まえて、より一層の細心の注意をし

ながら、今後、受講生様との対応の仕方を行ってまいります。」等と記載
されていた。

　Y2は、Xが、Fとトラブルを起こしたことを認識した上で全てをわびる
趣旨で上記のような謝罪文を準備して持参したものと理解し、Xが今後は
Fとは会わない旨申し出たこともあり、実際のトラブルの中身にまで言及
する必要はないと考え、3月6日のFとXとのやりとり等についておおまか
に事実確認を行った上、口頭で注意するにとどめた。

エ　4月9日、FはY1社新宿校に来校し、対応したY1社社員に対し、Xと
の間で性的なトラブルが生じている旨訴え、Y1社としての対応を求めた。
　Y2は、Fから事情を聴取したDらから、Xが、3月9日のY2らとの面談後
もFとの交際を継続し、新たなトラブルを起こした旨を聴取した。

オ　4月15日、Y2は、Xに対し、事実確認を行った。Xは、3月9日の面談後も、
業務外でFと会っていたことを認めた。

　Y2は、Xが、3月9日の面談ではFとは会わない旨明言していたにもか
かわらず、その後も業務外でFと会っており、わずか1か月で再度トラブ
ルが発覚したことから、XはY1社の講師としてふさわしくないのではな
いかと考えるようになった。

カ　Y2は、今後の講師活動についてXと話し合う必要があると考え、5月6日、
D及びEとともに、Xと面談を行った。

（ア）　面談が行われた部屋は、Y1社の会議室であり、20人程度は入室でき
る大きさであった。テーブルを挟んでXが部屋の奥に座り、Y2ら3人が入
り口側に並んで座った。

（イ）　Y2は、Xに対し、3月8日に最初のトラブルが表面化し、Fとは会わ
ないと約束したにもかかわらず、その後も個別に会い、トラブルを深刻化
させたことについてどのように責任を取ろうと思っているのか等と述べ、
Fとのトラブルをきちんと解決して欲しい、トラブルを抱えたまま講師を
続けて行くのは難しいのではないか、という趣旨の話を繰り返した。

　Xは、当初、辞職するか否かにかかわる返事はしなかったが、Y2が、F
とのトラブルが解決できない状態で講師を続けていくことには問題がある
旨を繰り返し述べる中で、いったん講師を辞める旨を申し出るに至った。

（ウ）　面談開始からXが辞職を申し出るまでの時間は、少なくとも1時間
程度であった。その間、D及びEは、ほとんど口を挟むことはなく、Y2

ら3人が机を叩く、Xの背後を取り囲んで迫る等といったXに対する威圧
行為もなかった。

（エ）　Xが辞職を申し出た後、Y2ら及びXは、いったん会議室を出たが、X
は、気持ちの整理がつかずに混乱した状態であったため、Y2らとともに
再度会議室に戻り、しばらく時間を過ごしてから帰宅した。

　　　会議室で時間を過ごす間、XとY2らとの間で特段の会話が交わされる
ことはなかった。

キ　5月9日夜、Xは、Y2に対しメールを送信し、同文をDに参考送付（Cc）
した。同メールには、「講師契約解除につきましては、先日のお話の通り、
取締役G様及び法務部の意向により、私からの意思表示により解除する運
びといたします。」、「この点につきましては、私の「けじめ」と「責任」
があることから、異論はございません。」「Y2さんのお言葉、Dさんの涙を
信じて、この問題の解決を図り、再びY1社に戻り、尽力を尽くして参り
たいと思っています。」等と記載されているほか、Y1社への請求や企業価
値の低下、名誉毀損を防ぐ方向で動きたいといった今後の方針、及びY2
の言葉やDの涙をもう裏切りたくないといった心情が記載されていた。

ク　5月10日、Xは、Y1社に対し、解除通知書を提出した。解除通知書には、
「平成22年5月6日、業務委託講師契約第11条第5号に該当する事由が発生
したことが判明したため、平成22年5月10日付けで、業務委託講師契約を
解除いたします。」と記載されていた。

　　　Xは、解除通知書を提出する際、トラブルが片付いたらY1社に戻れる
のかと質問し、Y2は、講師の人事権は教育にあるので、行政書士講座の
責任において、再採用することは可能である旨回答した。

ケ　5月11日未明、Xは、Y2にメールを送信し、同文をDに参考送付した。
同メールには、余計な手間や仕事を増やして気持ちを傷つけたことへの謝
罪、「ありがたい言葉」を最後までかけてくれたことへの謝辞のほか、「み
なさまが私を守ろうとしていただいたように、契約を終了した私ですが、
微力ながらもY1社を守りたいという気持ちがございます。」として、Fと
の示談はY1社の名を出さずにX個人として行う旨が記載され、FからXへ
のメールの概要及びFの行動の概要をまとめた資料が添付されていた。

コ　Xは、6月30日、行政書士1名とともにY1社を訪れ、Y2らに対し、Fと
のトラブルが収束したことを報告した。

XとY1社は、7月30日、契約期間を8月1日から12月31日までとする
業務委託講師契約を締結した。同契約は、Xが更新を希望しなかったこと
から、12月31日、期間満了により終了した。

(2) 判断

　上記認定事実によれば、Y2が、XとFとのトラブルの存在及びそれに対
するXの対応等から、Xの講師としての適性に疑問を抱き、Xを辞職させよ
うと考えて、少なくとも1時間近くにわたって暗に辞職を促し続けた事実を
認めることができる。

　このY2の言動は、辞職の勧奨としてはいささか執拗であったといわざる
を得ないが、態様において威圧的であるとまでは認められず、社会的相当性
を逸脱するものということはできない。かえって、証拠（書証略）中の記載
にかんがみれば、X及びY2らの間では、Xの辞職は、あくまでもFとの問
題が解決するまでの一時的なものであるという暗黙の了解があり、Xは、こ
れを考慮の上で、自らの意思で辞職を申し出たものと認めることができる。

　以上によれば、Y2が、Xに対し、不法に辞職を強要したと認めることは
できないし、XとY1社との契約関係の法的性質如何にかかわらず、Y2の
行為が、Xに対する何らかの契約上の義務に違反するものであるともいえ
ない。他に、Xの主張を認めるに足りる証拠はない。

　よって、損害の点について判断するまでもなく、Xの請求はいずれも理由
がない。

precedent
44
U銀行（パワハラ）事件

岡山地判　平24・4・19　労判1051号28頁

事案の概要

本件は、被告株式会社U銀行（以下「Y1銀行」という。）の従業員であったXが、上司Y2、Y3及びY4のパワーハラスメントにより退職を余儀なくされたとして、Y2、Y3及びY4を被告として不法行為に基づく損害賠償を請求するとともに、Y1銀行に対しても、Y2、Y3及びY4についての使用者責任を追及し、さらにY1銀行が、雇用する労働者の業務の管理を適切に行い、心身の健康を損なうことがないよう注意する義務を負っているにもかかわらず、その注意義務を怠ったとして、不法行為に基づく損害賠償及び遅延損害金を求めた事案である。

結　果

一部認容（Y1銀行とY2に対して、連帯して110万円）

コメント

本判決では、たとえXが期待される水準の仕事ができていなかったとしても、Y2のXに対する叱責は、健常者であってもかなりの負担であったところ、療養復帰直後であり、後遺症等が存していたXにとってはさらに精神的に厳しいものであったことや、Y2がこれらについて全く配慮していなかったことに照らして、Y2の行為はパワーハラスメントに該当するとした。

他方、Y3及びY4については、Xの病状等を考慮しても、いずれも、注意、指導の限度の範囲内であるとして、違法性を認めなかった。

なお、Y1については、Y2らに不法行為責任が発生しないことのみを使用者責任が発生しない根拠として主張しており、選任、監督に相当の注意をしたこと（民法715条但書）等、Y1の使用者責任の発生を阻害する他の事情を主張していないので、Y1には、Y2の行為につき使用者責任が認められたとしている。

判　旨

1　争点①（パワーハラスメントについて）

（1）Y2について

　ア　証拠によれば、以下の事実が認められる。

　（ア）Y2は、時期は不明であるが、ミスをしたXに対し、「もうええ加減にせえ、ほんま。代弁の一つもまともにできんのんか。辞めてしまえ。足がけ引っ張るな。」「一生懸命しようとしても一緒じゃが、そら、注意しよらんのじゃもん。同じことを何回も何回も。もう、貸付は合わん、やめとかれ。何ぼしても貸付は無理じゃ、もう、性格的に合わんのじゃと思う。そら、もう1回外出られとった方がええかもしれん。」「足引っ張るばあすんじゃったら、おらん方がええ。」などと言った。

　（イ）また、Y2は、（ア）と別の時に、延滞金の回収ができず、代位弁済の処理もしなかったXに対し、「今まで何回だまされとんで。あほじゃねんかな、もう。普通じゃねえわ。あほうじゃ、そら。」「県信から来た人だって・・・そら、すごい人もおる。けど、僕はもう県信から来た人っていったら、もう今は係長（X）。だから、僕がペケになったように県信から来た人を僕はもうペケしとるからな。」などと言った。

　（ウ）Y2は、平成19年3月ころ（正確な時期は不明。）、ミスをしたXに対し、「何をとぼけたことを言いよんだ、早う帰れ言うからできん。冗談言うな。」「鍵を渡してあげるからいつまでもそこ居れ。」「何をバカなことを言わんべ、仕事ができん理由は何なら、時間できん理由は何なら言うたら、早う帰れ言うからできんのじゃて言うたな自分が。」などと言った。（甲43）

　（エ）さらに、Xのメモの記載（＜証拠略＞では、日程以外の部分に書かれているのはJのことだけである。）に加え、人事総務部長との面談でも、XからJ以下だと言われている話が出てきていることなどからすると、Y2は、

Xに対し、J以下だという趣旨の発言をしていたと認められる。

これに対し、Y2は、Jをよく知らないので、同人を引き合いに出して、それ以下などと言うことはないと主張するが、上記のとおりXのメモにJ以下という表現が頻繁に出てくることに加え、Y2よりさらに接点が少ない（＜証拠略＞の記載からもそれがうかがえる）Xが、あえてJ以下という表現を作出するとは考え難いこと、Y2は、甲14においても、Xを引き合いに出して県信から来た人がペケという話をしていることからすると、Y2がJを引き合いに出し、それ以下であると言っていたと考えるのが自然であり、この主張は採用できない。

イ　そして、以上の認定事実によれば、Y2は、Xのミスに対し不満を募らせ、強い口調でXを責めていたことがうかがえること、及び対応するXのメモからすると、Xが主張している以下のY2の言動についても、かかる言動があったと推認できる。

（ア）平成19年2月27日、Xの仕事のミスに対し、大声を張り上げ、机やキャビネットをガンガン蹴飛ばし、「辞めてしまえ。」と激高するなど、激しい言動を長時間行った。

（イ）同年3月1日、1階応接室において、1時間以上にわたって仕事のミスについて説教した。

（ウ）同月6日、支店長から見えない2階応接室に連れて行き、「融資係にいてもらわない方がいい。」と強い口調で発言した。

（エ）同年4月11日、1階応接室において、「能力がないから仕事ができない。」と強い口調で発言した。

（オ）同月16日、支店長から見えない2階応接室にXを連れて行き、仕事のミスについて「どうなっているんだ。」と暴力をふるうような口調で恫喝をした。

一方、平成18年10月20日及び同月27日にXがI医科大学附属病院に通院するために有給休暇消化の願いを出したところ、Y2がXに対し、「休みやこうとれんやろうが。」と発言したとのXの主張については、Xのミスの類ではなく、その内容を異にしており、これに対しY2がXを責める必要があったとは考え難いこと、裏付けるメモもないことに照らすと、同主張事実の存在は認めることができない。

ウ　また、甲14、甲43（注：録音）及びY2の尋問の結果からすると、Y2

は気が高ぶってくると、口調が早くて強くなっていく傾向があると認められる。

エ　Y2の尋問結果によると、Y2は、Xの病状、体調について、退院されて職場復帰した以上、通常の業務はできる体で来ていると思っていたとして、ほとんど把握も配慮もしていなかった。

オ　以上を前提に判断するに、Y2は、ミスをしたXに対し、厳しい口調で、辞めてしまえ、（他人と比較して）以下だなどといった表現を用いて、叱責していたことが認められ、それも1回限りではなく、頻繁に行っていたと認められる。

確かに、＜証拠略＞に記載されたミス及び顧客トラブル、甲14及び甲43でY2に叱責されている内容からすると、Xが通常に比して仕事が遅く、役席に期待される水準の仕事ができてはいなかったとはいえる。

しかしながら、本件で行われたような叱責は、健常者であっても精神的にかなりの負担を負うものであるところ、脊髄空洞症による療養復帰直後であり、かつ、同症状の後遺症等が存するXにとっては、さらに精神的に厳しいものであったと考えられること、それについてY2が全くの無配慮だったことに照らすと、上記X自身の問題を踏まえても、Y2の行為はパワーハラスメントに該当するといえる。

(2)　Y3について

ア　Y3が、仕事が遅いとことあるごとにXに言っていたというXの主張については、これを裏付ける事実はXの供述以外になく、特に、Y2、Y4についてはメモに記載があるが、Y3についての言動についてのメモは提出されていないことからすると、当該事実の存在を認めるに足る証拠はないといえる。

イ　また、債権処理紛失の責任をXに押しつけたと主張するが、報告書の記載からすると、紛失の原因究明と、再発防止の検討を行っており、責任を押しつけようとしていたとは考え難い。また、このミスにより、Xが何らかの不利益処分を受けたとは証拠上認められない。

ウ　さらに、Y3が、Xの居眠りについて注意したこと、Xは取り上げられた、Y3は手伝ったという認識の違いはあるが、Xの仕事を持っていったことがあることは争いがないところ、この点も上記ア同様、Xの主張するような恫喝等がなされたとは認められない。

なお、仮にY3が寝ていたのかと強い口調で言ったり、Xから貸せと言って書類を取り上げた事実があったとしても、Xを含め部下が働きやすい職場環境を構築する配慮も必要ではあるが、仕事を勤務時間内や期限内に終わらせるようにすることが上司であり会社員であるY3の務めであると考えられること、本件でY3の置かれた状況に鑑みれば、多少口調がきつくなったとしても無理からぬことなどによれば、Xの病状を踏まえても、それだけでパワーハラスメントに当たるとはいえないと解する。

(3) Y4について

ア　Y4が、Xに対し、どこに行っていたとの質問をしていたことは当事者間に争いがない。もっとも、Xが勤務時間内に勤務場所にいなかったために、Y4が同質問を行っていたと考えられるところ、このことは業務遂行上必要な質問であると言え、仮に厳しい口調となっていたとしても、これをもってパワーハラスメントとは認められない。

次に、仕事がのろいとY4が言っていたとの点は、Xのメモの平成20年11月12日に記載がある（ただし、「仕事が遅い」である。）ものの、それ以外はそのような記載があるメモは提出されていないことからすると、仕事が遅いと言ったと認められるのはこのときだけである。

イ　また、確かに、Xのメモの平成20年12月16日の欄には、インフォメーションの示達に関し、XがY4らに予め文書を見せた上で回覧するという手順を行わなかったこと（手順を踏まずに示達したことについては、当事者間に争いがない。）につき、「ウソをついた。」「予め文書を見せなかった。」といって物を投げたり、机をけとばしたり、ボールペンを机に突き立てたりして威嚇した旨の記載がある。

しかしながら、同メモにも記載されているとおり、尋常とは思えないY4の行動について、＜証拠略＞のように、Xが人事担当者やY4の上司に相談したというような事実は認められない。また、Xは、Y4が暴れたと主張する3日後の平成20年12月19日に心療科の診察を受けているが、Xは、異常な行動であり、かつ叱責という心療科としては重要と考えられるY4の行動について、医師に話していない。

このことに加え、Y4が暴れた現場の状況を示す証拠（写真や、録音媒体）が全くないことからすると、Y4がXを注意する際に、Xが主張するような行動をとったとは認められない。

なお、上記メモによっても、「ドメスティックバイオレンスに該当」と記載があるだけであり、しかも、同メモの記載では、その他のY4の発言はカギカッコで表現されているのに、上記記載はカギカッコがついていないことなどからすると、少なくともY4がXに対し、「これはパワハラだ。」という言い方をしたとは認められない。

ウ　そして、上記認定した事実に、本件でY4らが認めるXへの注意内容を加えたとしても、Y4の行動は、注意、指導の限度を超えたものということはできないから、パワーハラスメントに該当するとは認められない。

（4）以上によれば、Y2の行為については不法行為を構成すると認められるものの、Y3、Y4については否定される。

2　争点②（使用者責任）について

上記のとおり、Y2の行為はパワーハラスメントに該当するといえる。

そして、本件においては、Y1銀行は、その被用者であるY2らに不法行為責任が発生しないことのみを使用者責任が発生しない根拠として主張しており、選任、監督に相当の注意をした（民法715条1項ただし書き）こと等責任発生を阻害する他の事情を主張していないから、Y1銀行に使用者責任が認められる。

3　争点③（配転についての不法行為）について

（1）Xの職務復帰後の渉外係からの配転

Y1銀行が、病気及びその後遺症を患っているXについて、自動車の運転を長時間伴う可能性のある渉外の業務を行わせなかったことは、勤務中の交通事故等のリスクを考えたためであり、この内容は是認できること、また、上記によれば、Xの業務遂行能力は不慣れであることを考慮に入れたとしてもかなり低かったと認められ、出先のトラブルを予防する必要があったことからすると、むしろ妥当な判断であったと解する。

（2）現金精査室への異動

（証拠・人証略）の証言によれば、Xがサポートセンターから現金精査室へ異動したのは、Xの事務作業が遅かったこと、周囲の従業員との関係及びXが居眠りをしておりその対策の必要があることなどの理由により、事務内容が固定的であり、残業のない部署へ異動させたためということであるから、その内容には合理性があるといえる。

（3）上記検討してきた事情からすると、Y1銀行としては、Xが病気明けであ

ることを踏まえ、外勤から内勤へと異動させ、次いでXの事務能力、Y2との関係（＜証拠略＞によれば、かかる関係については人事総務部長も把握していたと認められる。）及びY1銀行Q支店の繁忙度などから、本店のサポートセンターへの異動を行い、残業や情報処理能力の問題の解消のために現金精査室へ異動させたが、Xの体調面の問題から、最後に人事総務部への異動となったものといえる。

　確かに、短期間で各部署へ移されている上、その結果、各部署で不都合が生じたことから次の異動を行ったという場当たり的な対応である感は否めないものの、Y1銀行が能力的な制約のあるXを含めた従業員全体の職場環境に配慮した結果の対応であり、もとより従業員の配置転換には、使用者にある程度広範な裁量が認められていることにも鑑みると、Y1銀行に安全配慮義務違反（健康管理義務違反）があるとして、不法行為に問うことは相当ではないと解する。

　また、内示が急に告げられることについては、Y1銀行も争っていないところではあるが、Xにだけ特別（不利益な）扱いをしたなどの事情の認められない本件においては、このことが不法行為を構成するとは考えられない。

　よって、この点のXの主張には理由がない。

4　争点④（損害額）について

(1)　逸失利益

　以上検討したところによると、Y1銀行に責任が認められるのは、Y2のパワーハラスメントに対する使用者責任となること、XがY2とともに勤務していたのは平成19年4月30日までであり、その後退職までは2年近くの期間があることからすると、Y2及びY1銀行の行為によりXが退職を余儀なくされたとまでは言い難い。

　また、XはY1銀行に対して送った「感謝」と題する書面で、退職の理由を記載していないだけでなく（会社に対して出すため、本音は書けなかったということがあり得るとしても）、Xがうつ状態の診断を受けた際の外来診療録にも、不安事項は、痛みやそれによる不眠により仕事上、社会生活上の大きな支障を来しており、失職（解雇）の可能性があること、それによる家庭の崩壊などが記載されているのみであって、上司のパワーハラスメントや、会社の対応の問題が記載されていない。

　加えて、Y1銀行は、Xを本店へと異動させているが、これは残業をしな

くてすむようにという配慮だけでなく、Y2とXとの関係に問題があったことから、その解消のためという意図もあったと考えられる。なお、その場合、XではなくY2をQ支店に残した判断は、事務能力などを考慮して決定したと考えられ、Y1銀行の人事裁量を逸脱するものではないといえる。

　これらのことからすると、本件で認められる不法行為責任と、Xの退職との間に相当因果関係があるとまでは認められず、本件では、逸失利益まで損害に含めることは相当ではない。

(2) 慰謝料

ア　Y2（及びY1銀行）について

　本件に顕れた諸般の事情を考慮すると、Xの精神的苦痛を慰謝するには、100万円を支払うことが相当である。

イ　その余の被告らに対する請求は、上記のとおり理由がない。

(3) 弁護士費用　10万円

(4) 過失相殺について

　本件で現れた諸般の事情に照らすと、本件で過失相殺を行うことは相当ではないと思料する。

(5) 合計　110万円

(6) Y1銀行への損害賠償請求権とY2への損害賠償請求権との関係

　なお、本件は、途中で併合されたため訴え提起段階では両者の関係につき主張がなされていないが、Xの主張するY1銀行の責任は、使用者責任か、共同不法行為に該当するといえるから、いわゆる不真正連帯債務となる（使用者責任につき大審院昭和12年6月20日判決、共同不法行為につき最高裁昭和57年3月4日判決参照）。

控訴審（広島高岡山支判　平24・11・1）：請求棄却（被告側の責任否定）
公刊物未掲載、判例秘書登載

　Y2は、Xの仕事上のミス等に不満を持ち、たびたび注意や叱責を繰り返しており、その中には、大声になることや、（他人と比較して）誰々以下だと言うなど、指導や叱責としても穏当を欠く発言がなされたり、やや強い口調になることもあったと認められるが、いずれも、Xの具体的なミスに対してされたものであって、注意や叱責が長時間にわたったわけではなく、口調も常に強いものであっとはいえないとした。また、XがY2から繰り返しXの前任者と比較されることにより屈辱感を味わったという主張に対しては、Xが仕事上のミスを繰り返していたことを考慮すれば、ミスについてXとY2が話をする際、Xの前任者に言及することも一般的にありうることであり、直ちに不当・違法であるとはいえず、Xのメモ等には誇張が含まれている可能性も否定できないことなどを考慮すると、Y2がXとその前任者を比較することによりXに屈辱感を与えるような言動を繰り返していたとまでは認められない、として、Y2の不法行為責任を否定し、Y1の使用者責任も否定した。

<table>
<tr>
<td>

precedent

45
</td>
<td>
慰謝料請求事件

東京地判　平25・1・30　　公刊物未掲載、判例秘書登載
</td>
</tr>
</table>

事案の概要

　本件は、平成22年3月1日にZグループのC社に入社し、同年7月1日より同じくZグループのA社に入社して働いているX（女性）が、平成22年5月1日にA社に入社した同僚のY（男性）からパワーハラスメントを受け、あるいは名誉感情を侵害されたと主張して、民法709条の不法行為に基づく損害賠償として慰謝料300万円及び遅延損害金の支払を求めた事案である。

結　　果

　一部認容。慰謝料200万円

コメント

　本件の加害者YはXの直属の上司ではなく形式上は同僚という立場ではあるが、本判決は、Yの立場等を詳細に検討した上で「実質的にXを指揮命令できる立場」にあったものとしてXに対して「優越的な地位」にあったと認定した。厚生労働省の「職場のいじめ・嫌がらせ問題に関する円卓会議ワーキング・グループ報告」（2012年3月）において、パワハラにおける「職場内の優位性」とは「職務上の優位性」に限らず、人間関係や専門知識などの様々な優位性が含まれており、同僚間で行われるものもあるとされていることと一致する。

　また、本判決は、パワハラの内容については、Yのメール、発言の録音、同僚からXへのYの言動に対する気遣いのメールなどをもとに事実認定をしている。

判　旨

1　不法行為の成否について

(1)　民法710条は、広く人格権を法的保護の対象にしており、この人格権には、身体、自由、名誉のみならず、名誉感情、生活の平穏その他の人格的利益が含まれる。そして、これらの人格的利益に対する侵害が受忍限度を超えるときは、同法709条の不法行為が成立するものと解するのが相当である。そこで、Xが主張するような内容のパワハラ行為をYが行ったかどうか、これらのパワハラ行為によりXの人格的利益が受忍限度を超えて侵害されたかどうかについて検討する。

(2)　その前提として、X及びYが、Zグループにおいて、どのような地位を占めていたかについて検討する。

Xとは、YのZグループにおける在籍期間を通じて、同じZグループにおいて執務しており、日常的にやりとりをする機会があったものと認められる。また、XがZグループの一社員に過ぎないのに対し、Yは、Zグループの資金調達等を行うという重要な役割を果たすことを期待されて、Zグループの役員となる予定でAに入社し、その後、実際に関連グループ会社Bの取締役に就任しており、Xの直属の上司ではなかったものの、Xに対し、日常的に業務や私用を行うよう指示しており、高圧的な態度で接することも多く、検察庁や警察の関係者等の知人がいることなどを殊更に誇示することもあったものと認められる。

以上の事実に照らせば、Yは、Zグループにおいて、実質的にXを指揮命令できる立場にあったものと認められる。このような優越的な地位にあるYが、Xに対してその人格的利益を侵害するような言動を行ったときには、Xは、これに抵抗することも回避することも困難であり、多大な精神的苦痛を受けることを余儀なくされると考えられるのであって、このことは、人格的利益の侵害が受忍限度を超えるものであるか否かを検討する際に十分に考慮されるべきである。

(3)　次に、Xが主張するような内容のパワハラ行為をYが行ったかどうかについて検討すると以下の事実が認められる。

ア　Yは、平成22年6月頃から少なくとも同年11月9日までの間に、2週間に

1度くらいの頻度で、業務上の必要性がないのに、深夜にXに電話をかけて
くるようになった。酩酊して、クラブ等から電話をしてきたり、電話が長
時間にわたることもあった。

イ　Yは、Xに対し、同年10月下旬、L宛の領収書を整理するよう指示した。
領収書には、美容院を利用した際の領収書や、ホームセンターでトイレッ
トペーパーや芳香剤等を購入した際の領収書が入っており、YがAに入社
する以前の領収書も入っていた。XがFに確認したところ、Fは、本件領収
書の整理は行わなくてよいと述べたので、Xは、領収書を年月ごとに並べ
替える作業まではしたものの、パソコンへの入力作業は行わなかった。Yは、
このようなXの対応に激怒し、自分が24時間365日間働いていて、Xらを
食わせてやっているのに感謝もしないとか、他の取締役の領収書の整理を
しているのに自分の仕事はしないのかなどという趣旨のことを述べてXを
怒鳴りつけた。

ウ　Yは、同年11月8日午後9時頃、パーティーに参加していたXに電話を
かけ、最近コミュニケーションを取っていないから、この機会に「ナンバー
ワンになる方法」を教えてやるなどと述べて、今から会場に行くので待っ
ているよう指示した。Xは、Yから叱責を受けるのではないかと恐れ、パー
ティーの終了後、Yに呼び止められないよう走ってその場を離れた。

エ　Yは、Xに対し、同月9日、XがYを訪ねてきた客に対してお茶を出すタ
イミングが遅れたことを激しく非難し、H、F、K及びJの前で、自己愛が
強いとか、子宮でものを考えているとか、Xが不要な人間なのに会社にい
られることに感謝していないなどという趣旨のことを述べてXを怒鳴りつ
けた。

オ　Yは、Xに対し、同年12月25日午前1時47分、G及びJにも同内容の電
子メールを送信する方法で、「さて、ぼくは市場原理を利用すると同時に連
帯経済主義者であり、××首謀者Tを始め、不満分子を嫌いなわけでもあ
りません。もちろん首謀者T君の素顔も知っていますし、全てを動かす力
もあります。あまり甘く見ないで下さい。」、「しかし、怠け者は嫌いです。
バビロンの大富豪や、どん底からの成功法則を知っていますか？X様には、
よく周りを見ていただきたいと切望する次第です。貴女はどんなに頑張っ
ても秘書業務では、秘書に勝てません。たまたまウォーレンバフェット氏
の若年時代を利用した本を読んでいたようで、遠回りされているようなの

でメールしました。」などと記載さた電子メールを送信した。

カ　Yは、Gに対し、同日午後4時42分、F及びJにも同内容の電子メールを送信する方法で、「Xさんがしたいのは、家庭に入ることです。彼女の会社での行動は、すべて女性のそれであり、注意力も・業務運営上のそれも、子宮に従っています。」、「彼女の関心は、家庭とファッション、それにエンターテイメントです。」、「ビジネスにも興味があるようなのですが、それも自分の家庭という器の中で考えてのことです。」、「このままだと彼女の夢は、夢見る少女のままごとで終わります。」などと記載された電子メールを送信した。

キ　Yは、同月27日午後9時頃、E、G、Kほか数名と、他のテーブルにも一般客がいる中華料理店の円卓で飲酒している最中に、Xの面前で、時に中腰になったり立ち上がったりして、指を指したり、テーブルを叩いたりしながら、秘書として能力がない、お前はいくら稼いでいるのか、今まで会社にいて何をしてきたのか具体的に言え、秘書は別の者に代えればいい、会社に勤められていることを感謝しろ、Zグループを再生したらもうお前は首だから会社に来るな、なぜタクシーで出社するのか、タクシーで出社するくらいならもう来なくてもいい、明日から辞めてしまえ、もう目障りだからいないでくれ、幸せな結婚をするために会社を辞めた方がいい、Xの「馬鹿親」など関係がないなどという趣旨のことを述べて、Xを激しく叱責した。このようなやりとりは、Eの退席の前後にわたって30分以上継続し、Yがもっとも興奮した状態は5分程度継続した。

ク　Yは、Eに対し、同月30日午後1時10分、G及びKにも同内容の電子メールを送信する方法で、Xを含むスタッフの意欲、能力に問題があるため、Zグループのバックオフィスが機能していないと指摘した上で、Xについて、秘書であるからには最低限度のビジネスマナーやスキルを身につけていなければならず、残業を拒んでもならないが、Xにはその意欲、能力が欠けており、まず、そのことを申し訳ないと感じる必要があると記載した電子メールを送信した。

ケ　Yは、Gに対し、同日午後8時56分、E、H、F及びKにも同内容の電子メールを送信する方法で、「Xさんについても同様に考えてあります。一案としては、私設秘書のように、逗子のE邸で仕事をしていただくことです。」、「彼女のタスクは、会長と会長の奥様と楽しく毎日を過ごしてくれることです。これならば、グループ経営の阻害にはなりません。」などと記載された

電子メールを送信した。

コ　Yは、X及びIに対し、同月31日午後1時4分、Jにも同内容の電子メールを送信する方法で、「頑張ればEの私設秘書はできるかも知れませんが、公設秘書が別にもう1人いないと、周りが麻痺します。」、「この正月よく自分にとっての幸せとか、職場のあるべき姿とか、よく考えてみてください。今のままだと、周りの見えない単なるわがままなお嬢様が大人になって自我がますます増大した。そして自分の意見で、周りを巻き込んだ。それだけの事になります。」、「E本社は、はっきり言えばひとりの管理部長（法務、人事、総務・庶務、経理・財務を統括）、ひとりの経理社員、ひとりの会長秘書（バイリンガル、法務・コレスポ、顧客管理・DB構築、来客管理・対応、スケジュール調整内部及び外部）がいれば極めて低コストで回ります。」、「会長の私設秘書ならば、その間花嫁修業にもなるし、例えば逗子に通うなりして、会長からも奥様からもいろいろ吸収したらどうでしょう。」、「よく考えておいて下さい。」などと記載された電子メールを送信した。この電子メールの送信は、Xの個人用の携帯メールに宛てて行われた。

サ　Yは、平成23年1月24日にXが行ったタクシーの手配の仕方に関して激高し、同月25日、△△ビルの5階オフィスに赴き、同僚らの面前で、Xを激しく罵倒した。Yの語気や言葉遣いが極めて激しかったため、Xの同僚らは、外出中のE、G、F及びIに連絡を入れてすぐに戻るように求めた。連絡を受けて事務所に戻ってきたEは、Yに対し、YのXに対する言動がパワハラに当たることを指摘した上で、△△ビルの5階オフィスへの立入りを禁止した。

(4)　以上の認定事実を踏まえ、Xが主張する人格権侵害の成否について検討する。

　　Yは、Xに対し、業務上の必要性がないのに、度々深夜にXに電話をかけ（上記（3）ア）、Zグループの業務に当たらない作業を指示し、これに従わなかったXを怒鳴りつけ（上記（3）イ）、Xのお茶出しが遅いなどとして、上司や同僚らの面前で、侮辱的な発言をして怒鳴りつけ（上記（3）エ）、Xやその上司、同僚らに電子メールを繰り返し送信し、Xが能力、意欲を欠いており、辞職することが望ましいということを殊更に侮辱的な言辞を用いて指摘し（上記（3）オ、カ、クないしコ）、Zグループの役員らが同席している中華料理店において、上記と同様のことを述べてXを激しく叱責し（上記（3）キ）、

Zグループの事務所において、同僚らの面前で、Xを激しく罵倒した（上記（3）サ）ものであって、これらの行為は、Xの生活の平穏や名誉感情等の人格的利益を侵害するものであったことが認められる。

　なお、Xは、Yが本件パーティーに押しかけて説教を始めようとしたため、非常な恐怖を味わったと主張するが、YがXに対して実際に説教等に及ばなかったことは上記（3）ウのとおりであり、この時のYの言動がXの人格的利益を侵害したものとまでは認められない。

　上記のようなYの人格的利益の侵害行為は、平成22年6月頃から平成23年1月までの長期間にわたり、継続的に行われたものであり、特に、平成22年10月下旬以降は、Xの些細な言動等をきっかけにして、直接怒鳴りつけたり、Xや上司、同僚に電子メールを送信するなどして、Xが女性特有の発想で仕事をしており、能力、意欲を欠いていることを、「子宮でものを考えている」などといった侮辱的な表現を用いて繰り返し指摘し、辞職するよう促すなどしていたものであって、このような行為を正当化することができるほどの落ち度がXにあったものとは認められない。したがって、上記のような一連のYのパワハラ行為によって、Xの人格的利益は受忍限度を超えて侵害されたものと認められ、この一連の行為はXに対する不法行為を構成する。

2　結果及び相当因果関係について

　Xは、Yと同じ職場で勤務するようになった後、精神的ストレスから過食になり、平成22年8月にサノレックスの投与を受けたこと、その後、頭痛等にも悩まされるようになり、平成23年1月に医師の診察を受けたこと、同年3月、再度サノレックスの投与を受けた後、ようやく心身の異常を自覚し、クリニックを受診したこと、クリニックにおいて、神経症性障害、特定不能のもの、神経症性抑うつ状態、不眠症と診断され、通院・在宅精神療法を受けるとともに、ベンゾジアゼピン系抗不安薬やSSRIの投与を受けるなどしているが、現在も症状は緩解していないこと、Xは、同クリニックの医師に対し、職場の人間関係が症状の誘因であると説明し、医師もそのことを前提として診断をしていることが認められる。

　以上に加えて、Yの行ったパワハラ行為以外に、Xの心身に重大な悪影響を及ぼすような出来事があったものとは認められないことに照らせば、Xは、Yのパワハラ行為により心身に異常を来し、現在に至るまで、精神性の疾患に苦しんでおり、上記パワハラ行為がなければこのような結果は生じなかっ

たものと認められる。したがって、Yのパワハラ行為と上記のような結果との間には相当因果関係があるものというべきである。

3　損害について

　　YのXに対するパワハラ行為、これによりXに生じた被害の程度その他証拠上認められる一切の事情を総合考慮すれば、上記パワハラ行為によりXが被った精神的苦痛に対する慰謝料として200万円を認めるのが相当である。

カネボウ化粧品販売事件

大分地判　平25・2・20　　　　　　　労経速2181号3頁

事案の概要

　平成21年10月27日当時Y1株式会社で美容部員（ビューティーカウンセラー）として勤務していた有期契約社員のXは、Y1で行われた従業員の研修会に際して、同じくY1の業務に従事していたY2、Y3及びY4から、意に反して易者のコスチュームを着用して研修会に参加するように強要された。さらに、Y4は、コスチュームを着用したXを含む研修会の様子を写真撮影し、Yらは、別の研修会において、Xに了解を得ることなく、本件研修会のスライドを投影した。

　本件は、Xが、これらの行為がいずれも不法行為に該当するとして、被った精神的損害について、Y2、Y3及びY4に対し、それぞれ民法709条及び719条1項に基づき損害賠償を請求し、これと共に、Y1に対しては、これらの行為について使用者責任を負うとして、民法715条1項本文に基づいて損害賠償を請求した事案である。

結　果

　一部認容。
　Y1、Y2、Y3、Y4は連帯して22万円。

コメント

　本件は、研修会におけるコスチューム着用の強制が違法であると認められた珍しい事案である。Y1は、コスチューム着用の目的をレクリエーション・盛

り上げ策であると主張したようであるが、販売目標未達者に対するいわば「罰ゲーム」のようなものであったと思われ、正当な職務行為とはいえないとした本判決の認定は妥当であろう。

　また、本判決は、コスチュームを着用したXの写真を無断で撮影し、別の研修会で投影したことについても違法であると認めている。これはXの肖像権侵害を認めたものといえる。

判　旨

1　認定事実

　Y2、Y3及びY4は、その職務上の立場から研修会の内容を決定し、これを主催する立場であったところ、同Yらの行為によって、Xその他コンクールにおける販売数が目標数に達しなかった（未達）者は、会社業務として出席を義務づけられている新商品や販売方法を勉強することを趣旨とする研修会の一環である本件研修会において、Yらから、予告を受けることなく、また拒否することができるなどといった意思の確認をされることもなく、7月度コンクールの際に予めコンクール参加者の美容部員に対して周知されていたものとは全く内容を異にするコスチュームの着用を求められ、さらにはY3からは早く着用するように促され、Xは、研修会当日、勤務時間及びその休憩時間中を含めた終日、コスチュームのカチューシャは外すことがあったものの、その余のコスチュームを着用したまま参加し、予定されていた発表を担当している。

　Y4は、コスチュームを着用したXを含む研修会の様子を写真撮影し、これらに加えて、Yらは、別の研修会において、Xに了解を得ることなく、本件研修会のスライドを投影した。

　その後、研修会のスライドの投影後に間もなく、Xは、Zクリニックへの通院を始めており、上記Yらの行為を含むY1とのあつれきについて愁訴し、休業加療を要する状況にあるとの診断を受けて、休業し、その後、大分県労働委員会に対して、上記Yらの行為についてあっせんを求めている。

2　違法性

　Y2、Y3及びY4の行為は、単にXに対して勤務時間中のコスチュームの着

用を求めたことにとどまらず、Xのみではなくその他未達であった3名と共にではあるものの、研修会の出席がXに義務づけられており、その際にXのコスチューム着用が予定されていながら、それについてのXの意思を確認することもなされず、Xがコスチュームを着用することについて予想したり、覚悟したりする機会のない状況の下、同Yらが、職務上の立場に基づき、研修会開催日の終日にわたってXにコスチュームの着用を求めたものであり、これを前提にすると、たとえ任意であったことを前提としてもXがその場でこれを拒否することは非常に困難であったというべきで、さらに、これがY1の業務内容や研修会の趣旨と全く関係なく、そのような内容であるにもかかわらず、別の研修会において、Xの了解なく、コスチュームを着用したスライドを投影したという事情を伴うものであるから、研修会が1日であったこと、Xがコスチュームの着用を明示的に拒否していないことなどを考慮しても、目的が正当なものであったとしても、もはや社会通念上正当な職務行為であるとはいえず、Xに心理的負荷を過度に負わせる行為であるといわざるを得ず、違法性を有し、これを行った同Yらには当該行為によってXの損害が発生することについて過失があったものであり、同Yらの行為は、不法行為に該当するというべきである。

　この点について、Xが研修会中にコスチュームのカチューシャを自らの判断で外しており、そのことについてY2、Y3及びY4が外さないように注意をしなかった事実は認められるものの、これによっても、当該カチューシャがコスチューム全体の一部にすぎず、外観に与える影響も一部にとどまることからすると、上記のことは、覆るものではない。

3　損害

　上記Y2、Y3及びY4の行為が不法行為に該当するとしても、当然に同Yらに賠償責任を負わせる精神的損害がXに発生しているとはいえないものの、Xにおいては、コスチュームを着用するに至る経緯及びその態様に加え、研修会のスライドが投影された後、間をおかずしてZクリニックへの通院を開始しており、コスチュームの着用が、通院開始の際の愁訴に含まれており、大分県労働委員会のあっせん事項に含まれていたことに照らせば、Xがコスチュームの着用及びスライド投影を含むこれに伴う状況によって精神的に相当の苦痛を感じたことは明らかというべきである。

　他方、Zクリニックの愁訴には、その他のY1のXに対する対応への不満も

含まれており、診断された「身体表現性障害」の発症時期については研修会以前の平成21年8月頃とされていることなどをも考慮すべきである。

　そうすると、Y2、Y3及びY4の行為によってXがコスチュームを着用したことと相当因果関係にあるXの精神的苦痛は、20万円と同程度のものとすることが相当と認められる。

4　コスチューム着用の目的について

　Yらは、研修会のコスチューム着用は、レクリエーションや盛り上げ策を目的としており、X個人を人格的に攻撃するものではなく、現にXにおいても研修会において特段不満を述べていないと主張して、研修会のXの様子を写した写真、Yらの陳述書を提出し、Y2においても同様の供述をする。

　しかしながら、Yら主張の当該目的そのものには妥当性が認められるものの、上記のとおり、その採用された手段が目的と必ずしも合致しているものとはいえず、コスチュームを着用させる手段では納得していない者については、Yらの述べる目的が果たせないことは容易に認められる。また、仮に、X個人を攻撃するものではなかったとしても、上記事情の下では、それによってXに対する当該行為の手段の相当性が認められるものではなく、違法性が覆されるものではなく、また、同Yらの過失が否定されるものでもないから、損害の範囲において斟酌されるべきに留まるというべきである。さらに、研修会中のXの一場面の様子をもってXが精神的苦痛を感じていなかったとみることは相当とはいえず、上記事実経過に照らせば、Xにおいてコスチュームの着用によって精神的苦痛を感じていたことが認められるから、Yらの主張は採用できない。

事案の概要

　本件は、Y1（1審被告会社）から休職期間満了による自然退職扱いとされた X（1審原告）が、上司であったY2（1審被告）から飲酒強要等のパワーハラスメントを受けたことにより精神疾患等を発症し、その結果、治療費の支出、休業による損害のほか多大な精神的苦痛を受けたと主張して、Yらに対し、不法行為（Y1については更に労働契約上の職場環境調整義務違反）に基づく損害賠償金477万1,996円及び遅延損害金の連帯支払を求めるとともに、上記精神疾患等は業務上の疾病に該当するなどとして、休職命令及びその後の自然退職扱いは無効である旨主張して、Y1に対し、労働契約上の権利を有する地位にあることの確認及び上記自然退職後の賃金の支払を求めた事案である。

　原審は、Yらに対し、Y2の行為の一部をパワハラと認めて不法行為に基づく慰謝料70万円及び遅延損害金の連帯支払を求める限度で認容し、その余の請求を棄却し、自然退職扱いについては有効であるとした。

結　果

一部認容。
Yらは連帯してXに対し150万円（慰謝料）。

コメント

　本判決は、Y2による飲酒の強要や暴言の留守電などの行為をパワハラと認め

たが、それらパワハラとXの適応障害の発症との因果関係は否定し、休職期間満了による自然退職は有効であるとした。

本事件の第1審東京地裁判決は、パワハラの違法性に関して、「いわゆるパワハラという極めて抽象的な概念について、これが不法行為を構成するためには、質的にも量的にも一定の違法性を具備していることが必要であるとされ、具体的には、パワハラを行った者とされた者の人間関係、当該行為の動機・目的、時間・場所、態様等を総合考慮のうえ、「企業組織もしくは職務上の指揮命令関係にある上司等が、職務を遂行する過程において、部下に対して、職務上の地位・権限を逸脱・濫用し、社会通念に照らし客観的な見地からみて、通常人が許容し得る範囲を著しく超えるような有形・無形の圧力を加える行為」をしたと評価される場合に限り、被害者の人格権を侵害するものとして民法709条所定の不法行為を構成するものと解する」と狭く解釈していたが、本判決がこの違法性判断基準を採用していないことに注意されたい。そして、本判決は、原審ではパワハラとは認められていなかった飲酒強要行為等についてもパワハラと認めている。

判　旨

1　Y2によるパワハラ行為の有無・評価

(1)　出張中のパワハラ1-①、②、パワハラ2の有無等

　　Y2は、平成20年5月11日から12日にかけて、極めてアルコールに弱い体質のXに対し、執拗に飲酒を強要した。Xは、英文パンフレットの件で迷惑をかけたこともあり、上司であるY2の飲酒強要を断ることができなかった。Xは、少量の酒を飲んだだけでもおう吐しており、Y2は、Xがアルコールに弱いことに容易に気付いたはずであるにもかかわらず、「酒は吐けば飲めるんだ。」などと言い、Xの体調の悪化を気に掛けることなく、再びXのコップに酒を注ぐなどしており、これは、単なる迷惑行為にとどまらず、不法行為法上も違法というべきである（本件パワハラ1-①）。また、その後も、Y2の部屋等でXに飲酒を勧めているのであって、本件パワハラ1-①に引き続いて不法行為が成立するというべきである（本件パワハラ1-②）。また、Y2は、翌日（平成20年5月12日）、昨夜の酒のために体調を崩していたXに

対し、レンタカー運転を強要している。たとえ、僅かな時間であっても体調の悪い者に自動車を運転させる行為は極めて危険であり、体調が悪いと断っているXに対し、上司の立場で運転を強要したY2の行為が不法行為法上違法であることは明らかである（本件パワハラ2）。

(2) 本件パワハラ3の有無等

Xは、平成20年6月16日、Y2から「何でこんなに長い間休んでいたんだ。今後、精神的な理由で会社を休んだらクビにするぞ。」などと言って脅迫された旨主張し、同主張に沿う陳述書及び原審における本人の供述が存在するけれども、他にこれを裏付ける客観的な証拠はなく、上記供述等はにわかに採用することはできない。

(3) 本件パワハラ4の有無等

Y2は、平成20年7月1日、直帰せずに一旦帰社するよう指示していたXが、同指示を無視したことに憤慨し、同日午後11時少し前に、Xに対し、「まだ銀座です。うらやましい。僕は一度も入学式や卒業式に出たことはありません。」との内容のメールを送り、さらに同日午後11時過ぎ2度にわたって携帯電話に電話をし、その留守電に、「えー Xさん、あの本当に、私、怒りました。明日、本部長のところへ、私、辞表を出しますんで、本当にこういうのはあり得ないですよ。よろしく。」、「Xさん、こんなに俺が怒っている理由わかりますか。本当にさっきメール送りましたけど、電話でいいましたけど、明日私は、あのー、辞表出しますので、でー、それでやってください。本当に、僕、頭にきました。」と怒りを露わにした録音を行った（本件7・1留守電）。

本件7・1留守電やメールの内容や語調、深夜の時間帯であることに加え、従前のY2の原告に対する態度に鑑みると、同留守電及びメールは、Xが帰社命令に違反したことへの注意を与えることよりも、Xに精神的苦痛を与えることに主眼がおかれたものと評価せざるを得ないから、Xに注意を与える目的もあったことを考慮しても、社会的相当性を欠き、不法行為を構成するというべきである。

(4) 本件パワハラ5の有無等

Y2は、平成20年8月15日、夏季休暇を終え出社したところ、Xは夏季休暇中ということで出社していなかった。Y2は、直ちにXに対し、電話をかけ、香港出張前に提案書を点検する必要があること、提案書にはホテルが提供する宿泊プランや価格も掲載するため間違いがあっては困るので、夏季休暇中

でも一度出社して点検のための打合せをするよう求めた。しかしXは、これを断り夏季休暇明けの同月20日に打合せを行うことを提案した。これに対し、同日は既にY2の予定が詰まっていたため、Y2は、再度Xに対し、夏季休暇中の出社を求めたが、Xは、自らが同月15日から19日までの間夏季休暇を取ることはシフト表やホワイトボードからも明らかであるとして、Y2の上記要請を受け付けなかった。そのためY2は、準備時間が足りなくなり、出張料金についての社長決裁を得られず、香港出張については不十分な企画書のまま対応せざるを得なくなった。

　Xの対応に腹を据えかねたY2は、怒りを抑えきれなくなり、平成20年8月15日午後11時少し前頃、Xに携帯電話をかけ、その留守電に、「出ろよ。ちぇっ、ちぇっ、ぶっ殺すぞ。お前、Iとお前が。お前何やってるんだ。お前。辞めていいよ。辞めろ。辞表を出せ。ぶっ殺すぞ、お前。」と語気荒く話して録音し（本件8・15留守電）、Xに対する激しい怒りを露わにした。

　Y2の本件8・15留守電は、深夜、夏季休暇中のXに対し、「ぶっ殺すぞ。」などという言葉を用いて口汚くののしり、辞職を強いるかのような発言をしたのであって、これらは、本件8・15留守電に及んだ経緯を考慮しても、不法行為法上違法であることは明らかであるし、その態様も極めて悪質である。

(5)　本件パワハラ6の有無等

　Xは、「平成20年8月18日から平成21年1月上旬まで、Y2は、Xの隣の席にいたため、頻繁ににらみつけるなど威圧的な態度に出たほか、担当業務に関連して、ウィンザーホテルの経理責任者に対する説得を途中で投げ出し、Xにその後始末を押しつけるなどの無責任な責任転嫁行為に及んだ」旨主張し、原審においてX本人はこれに沿う供述をし、その陳述書にも同旨の記載がある。

　しかしながら、Y2がXを頻繁ににらみつけたことを裏付ける客観的な証拠はない。また、Xは、担当業務に関連して、Y2がウィンザーホテルの経理責任者に対する説得を途中で投げ出した旨主張するけれども、前記認定事実によれば、Y2が、Z社長と総支配人の間で板挟みとなり、胃けいれんと吐き気に襲われ、病院で検査を受けるため欠勤を余儀なくされたため、Y1内で唯一英語が出来たXに対し、経理部に提出する依頼書1枚の振込先と金額の記入を依頼したものであって、やむを得ない事情があったというべきであり、違法なものとはいえない。

(6)　本件パワハラ7の有無

　　Xは、「Y2が、ウェディング業務の引継と称して、本来、Y2において処理すべき業務やXに処理させても意味のない業務を押しつけて処理させ、Xの業務を過重なものにした」旨主張する。

　　しかしながら、①Y1は、ウェディング業務の担当からXを外し、ウェディング業務の立て直しを図ったこと、②経営企画室がウェディング業務の一部を行い、その他のウェディング業務の大部分をウィンザーホテルで行い、ブライダルドレスを専門に扱うO社との業務提携を企図することにしたこと、③しかし、Xがウェディング業務を担当していた際の協力会社の中に、経営企画室が提携を企画していたO社と競争関係にあるものも含まれていたため、Xがどの程度これらのエージェントとの業務提携の話を進めていたのかを明らかにした上で、O社との業務提携に支障が出ないように対応する必要があったこと、④Y2において、経営企画室の一員として上記エージェントの情報を収集すべく、平成21年2月3日以降、メールでXに対し関係先エージェントの連絡先やキーマン等の資料の提供及び進行状況の報告を求めたこと、⑤その内容は、期限を付して資料提出を求めたものであったが、Xは、資料提出の期限を守らず、Y2が連日にわたり催促する結果になったこと、以上の事実が認められる。

　　そうだとすると、Xの業務が引継資料の作成などで一時的に繁忙になったことは認められるけれども、これはY1の業務建て直しのために必要な措置によるものであり、他方、Xの業務負担が過大というべき程に増大したことを認めるに足りる証拠はないから、Y2の行為を違法とはいえない。

2　本件パワハラとXの精神疾患等の発症との因果関係

　　Xは、「Y2の継続的なパワハラ行為によって、急性肝障害及び適応障害等の精神疾患にり患した」旨主張する。

　　Xは、出張のすぐ後に長期欠勤となり、その間の平成20年5月下旬、初めて病院でメンタルケアを受診し、安定剤等の処方をしてもらうようになり、長期欠勤後も、不安・緊張を除去し、気分を安定させるための錠剤や血圧降下を目的とする錠剤の処方を受けているほか、平成21年4月上旬、Y1に対し、精神疾患（適応障害）にり患している旨の診断書を提出した。また、本件8・15留守電後、直ちにA本部長を訪れ、その善処方を申し出た。

　　しかしながら、Xは、①A本部長に対して、Y2から出張時に飲酒を強要さ

れたことを報告しているが、飲酒強要と長期欠勤との関係については言及していないし、Y2に対し、「今まで、こんなに体調が悪くなったことはなく、自分でも体調がどうなっているのか不安で仕方ない。」などと述べるにとどまり、この際、Y2の飲酒強要の責任を追及又は示唆したことを認めるに足りる証拠はないこと、②長期欠勤後は、本件7・1留守電や本件8・15留守電後も欠勤に陥ることなく、香港出張に出かけていること、③Y1に勤務中、適応障害にり患したことをうかがわせる言動は見当たらず、本件7・1留守電や本件8・15留守電との前後で処方を受けていた薬剤の種類や診療回数等に大きな変化が認められないこと、④入社時から業務上のミスが多く、無断で直行・直帰をしたことで上司から度々注意を受けたり、平成21年1月には、上司の指示に反し、社長決裁を受けないままY1に大きな負担をさせる広告を出稿しようとしたことが発覚し、従来のウェディング業務を外された上、次年度の年俸が減額される不利益処分を受け、さらには入社以来頼りにしていたA本部長が退職したこと、⑤このため、Xは大きなストレスを感じ、職場での孤立感を深め、もともとの健康状態が良好ではなかった（健康診断では要精密検査であった。）ことも手伝って、職場又は担当業務に対する適応不全を惹起させたとみる余地もあること（このことが、Y1の不法行為又は安全配慮義務違反とまではいえない。）、以上の事情に鑑みると、Xが発症した適応障害等がY2のパワハラ行為によるものであると認めることは困難である。

3　Yらの損害賠償責任

　Y2は、本件パワハラ1－①、②、本件パワハラ2、本件パワハラ4及び本件パワハラ5について不法行為責任を負う。そして、これらは、本来の勤務時間外における行為も含め、いずれもY1の業務に関連してされたものであることは明らかであるから、Y1は、民法715条1項に基づき使用者責任を負うというべきである。

4　Yらの不法行為によって生じたXの損害額

　ア　本件パワハラ1－①、②は、Xが仕事上の失敗もあり上司であるY2からの飲酒要求を拒絶し難いこと及びXが酒に弱いことを知りながら飲酒を強要したものであって、これによって、Xは多大な不快感及び体調の悪化をもたらされたもので、Xの受けた肉体的・精神的苦痛は軽視することができない。また、Xの本件長期欠勤に間接的な影響を与えた可能性も否定することができない。さらに、本件パワハラ2は、体調の悪いXに短時間とはいえ自動車

運転を強要したことは、社会通念上も決して許される行為ではない。本件パワハラ4は、Xの規律違反があるものの、深夜にXを不安に駆り立てる目的で行ったものといわざるを得ず、これによってXは大きな不安にさいなまれた。もっとも、Y2は、その後、この件につきXに謝罪しているから、この点は慰謝料額において斟酌すべきである。本件パワハラ5は、社会的相当性の範囲を大きく逸脱しており、これによってXに生じさせた精神的苦痛は大きいというべきである。さらに、本件8・15留守電後、Y1において、XとY2の指揮命令関係を解消させたものの、両名を隣席のまま数か月にわたり放置し、Xに精神的苦痛を増大させたものといえる。

イ　以上の点を考慮すると、Xの肉体的・精神的苦痛を慰謝するための金額としては、150万円が相当である。

5　XのY1に対する地位確認及び自然退職後の賃金請求

　　Xは、本件適応障害は、Y2によるパワハラ行為が原因で発症したものであり、業務外の傷病とはいえない旨主張するけれども、両者の間に因果関係が認められないことについては、前説示のとおりである。そうだとすると、本件休職命令は、有効というべきである。

　　そして、Xは、本件休職命令に対し、Y1に異議を唱えたことはなく、平成21年7月13日に休職期間が満了すること及び復職の相談があれば早期に申し出るようY1から告知を受けていたが、復職願や相談等の申出を提出することなく本件自然退職に至ったものであって、Y1が労働契約上の信義則に反したとか、本件退職扱いが権利の濫用であるとはいえない。

<table>
<tr>
<td rowspan="3">precedent
48</td>
<td colspan="2">学校法人明泉学園（S高校）事件
（控訴審）</td>
</tr>
<tr>
<td>東京高判　平25・6・27</td>
<td>労判1077号81頁</td>
</tr>
<tr>
<td>原審：東京地立川支判 平24・10・3</td>
<td>労判1071号63頁</td>
</tr>
</table>

事案の概要

　本件は、控訴人学校法人明泉学園（Y学園）が開設するS高等学校（S高校）の教員ないし元教員であるXらが、Y学園ないし同理事長であるY1による交通立ち番及び行事立ち番（併せて「本件立ち番」）の指示は、指揮命令権の違法な行使ないし濫用であり、Xらの人格権及び団結権を侵害する共同不法行為である旨主張し、Yら各自に対して、慰謝料等113万3,000円から297万5,499円まで（合計2,439万7,076円）及びこれらに対する本件立ち番の最終実施日である平成22年2月10日から支払済みまでいずれも民法所定の年5分の割合による遅延損害金の支払を求める事案である。

　原判決は、Yらによる本件立ち番指示は、Xらの教師としての誇り、名誉、情熱を大きく傷つけるとともに、組合員であるXらを不利益に取り扱い、かつ、Xらの団結権及び組合活動を侵害する違法なものであるとして、共同不法行為に基づき、Xらの請求を、慰謝料等27万円から160万円まで（合計1,227万円）の限度で認容した。Yらは、これを不服として控訴した。

結　果

　控訴棄却。

コメント

　原判決は、詳細な事実認定に基づき立ち番の必要性、合理性を否定し、Xら

341

に集中的に立ち番を割当てたことが不法行為にあたると認定した。本判決は、原判決をほぼそのまま引用し、Ｙらの控訴を棄却した。

厚生労働省のパワハラ行為類型の１つである「職務上明らかに不要なことや遂行不可能なことの強制、仕事の妨害（過大な要求）」にあたるケースといえる。

判　旨

1　本件立ち番による負担と割当ての集中について

(1)　交通立ち番について

ア　負担

交通立ち番は、平日については授業時間帯及び授業終了後が実施時間とされていたこと、授業終了後の立ち番は、下校開始時間午後3時20分を過ぎた午後3時30分に開始するもので、生徒の多くはすでに通学路にいない状況での立ち番となるものであったこと、年度の授業が全て終了した生徒自宅学習期間や土曜日などの不登校日にも立ち番が実施されていたこと、Ｘらの交通立ち番実施中に生徒に会う機会はほとんどなかったこと、本件立ち番の実施場所は、風雨を避けたり休憩を取れるような場所ではなかったこと、地点によっては近くにトイレもないこと、立ち番の実施中に住民等から不審に思われる場合もあったことが認められる。また、交通立ち番に１回従事すると、立ち番地点への往復と立ち番実施で授業1コマ分のほぼ50分を費やすことになり、Ｙ学園の就業規則では1週間の労働時間が40時間であり、残業が禁止されていることからすれば、週16コマ程度の授業を受け持つ教員にとって、少なくとも立ち番が週10回（約500分）以上になると、教材や配布物の作成、テストの採点、提出物の添削等、授業の合間に行うべき業務の遂行に支障となることが明らかである。

そうすると、交通立ち番は、生徒に対し指導する機会もほとんどなく、時に周囲から奇異な目で見られながら、通学路付近の位置地点に立ち続けなければならず、精神的、肉体的に疲労に加えて、他の業務に支障を生じさせることにもなり、教員にとって大きな苦痛を伴う業務である。

また、交通立ち番が実施されたのは平成20年11月6日から平成21年3月までであるところ、冬期を中心とした天候の下で、上記のような場所での

立ち番が心身に大きな負担となり、健康を害するおそれがあることは明らかであるし、交通立ち番の実施場所には、学校から1．5キロメートル離れた最寄り駅付近の地点もあり、そのような場所までの往復が同所の立ち番教員にとって更に負担となることも自明である。

　イ　割当ての集中

　　　X10を除くXら9名は、その他の教員に比較して、交通立ち番の割当てを極めて集中的に受けたということができる。

(2)　行事立ち番について

　ア　負担

　　　行事立ち番の実施時間は概ね当該行事の開催時間と重複し、体験学習の一部及び学校説明会等の一部を除き、当該行事の開催中、昼の休憩時間を除いて断続的に立ち番を実施するものとされており、立ち番が長時間となっていたこと、行事立ち番に従事した教員は、平成21年度の入学式、体育祭、文化祭、学校見学会、体験学習及び入試の運営に全く参加できず、生徒の支援、卒業生や中学生など学校訪問者との交流の機会も持てなかったことが認められ、本件立ち番は、時に周囲から奇異な目で見られながら、風雨を避けたり、休憩を取ったりできず、地点によっては近くにトイレもないような場所で立っていなければならない業務であることを併せ考えると、行事立ち番が教員にとって精神的に著しく苦痛で、肉体的負担も大きい業務であることは明らかである。

　イ　割当ての集中

　　　平成21年10月2日の学校説明会及び同月9日の塾説明会に係る行事立ち番は合計18人であったところ、うち管理職は1人、非組合員は3人、その余の立ち番は組合員で、Xらは全員立ち番となっており、同月10日の第2回学校見学会に係る行事立ち番は合計13人であったところ、管理職の立ち番はなく、立ち番となった非組合員は1人のみで、XらはX10を除く全員が立ち番となっており、その余の行事については全ての立ち番がXらだけに集中的に割り当てられているという状況にあることが明らかである。

2　本件立ち番に係るYらの主張について

(1)　交通立ち番に必要性等があるか否か。

　ア　まず、Yらは、遅刻や早退をする生徒、登下校時のマナーの悪い生徒が多いことなどに照らし、S高校では単に1、2名程度の教員が生徒の登下校

時刻に合わせて校門付近で立ち番をするだけでは不十分であり、マナー指導及び安全指導を時間的・場所的に広く行う必要があるなどと主張する。

　しかしながら、S高校では、生徒の登下校の際のトラブル等が生じやすいことなどから、登下校指導のための立ち番が実施されてきたものであるところ、安全指導及びマナー指導の方法としては、通学路上での登下校指導だけでなく、平成18年頃に実施されていた防犯教室や実習などもある上、登下校時間帯以外の立ち番は、Y1の校長就任後の一部の時期を除き行われていないことに照らすと、遅刻や早退する生徒が少なからず存在することを考慮してもなお、交通立ち番実施当時、生徒の通行の集中が解消した時間帯にまで、教員が通学路上で登下校指導を行うべき格別の事情があったとはいえない。また、交通立ち番の実施態様は、平日の実施時間が授業時間帯及び授業終了後とされていたこと、授業終了後の立ち番は下校開始時間午後3時20分を過ぎた午後3時30分に開始するもので、生徒の多くはすでに通学路にいない状況での立ち番となるものであったこと、年度の授業が全て終了した生徒自宅学習期間や土曜日などの不登校日にも立ち番が実施されていたこと、Xらの交通立ち番実施中に指導の機会はほとんどなかったことを総合すると、登下校の際のマナー指導及び安全指導という目的に照らし、合理的とはいい難い。

イ　Yらは、変質者や痴漢の出没や増加、被害の発生等の状況に応じて交通立ち番の時間帯、場所を増やしていったのであり、学園関係者の安全確保のため適切な対応であったと主張する。

　しかし生徒に対する被害発生の時間や場所は一定といえず、割当てに従った一定のパターンで広範囲に及ぶ通学路上の一部にすぎない同じ場所に立つだけで痴漢や変質者の出没を抑止できるとは考えにくい上、交通立ち番の実施による痴漢等の被害の発生頻度に明らかな変化はなく、立ち番のない時間・場所での被害発生が続いていることがうかがわれるところ、女性教員にも単独での立ち番を指示するなど、交通立ち番の割当てに教員の体格、体力等が全く考慮されていないこと、平成22年2月15日以降、授業時間帯の立ち番は行われなくなったことを併せ考えると、交通立ち番に、通学路における被害発生の抑止、痴漢等への対応や安全の確保の方策としての実効性を認めることはできないというべきである。

　また、Yらは、痴漢等の被害に対してより合理的・実効的な対策を取り

得たにもかかわらず、その検討を行うことなく交通立ち番をＸらに命じた
というべきであって、交通立ち番の実施は痴漢等の被害に対する適切な対
応であったかについては合理的な疑いを払拭しきれない。

　　さらに、生徒以外の者に対する通学路上での具体的被害の発生はうかが
われず、生徒以外の学園関係者の安全の確保のための立ち番の必要性も、
具体性を欠くものである。
ウ　以上によれば、交通立ち番は、生徒や学園関係者の安全確保という目的
　を考慮しても、Ｘらに精神的、肉体的負担を負わせてまで指示する必要性
　及び合理的に乏しいというべきである。
(2)　行事立ち番に必要性等があるか否か。
ア　入学式等に係る行事立ち番について
　　Ｙらは、入学式等の行事の際に来校する生徒の保護者等に対する道案内
や安全確保のため、行事立ち番を行う必要性があると主張する。

　　しかし、当該行事に訪れる保護者等に対しては、通常、事前の学校案内
の配布等により学校までの経路が伝えられると考えられること、Ｓ高校の
生徒以外を対象とする通学路での具体的被害の発生はうかがわれないこと
からすると、行事当日に通学路において道案内や安全確保のための立ち番
を殊更行う必要性があるとはいえないし、立ち番の実施時間も、当該行事
の開催されている時間帯であって、道案内及び安全確保として合理的とも
いい難い。

　　また、実施場所のうち、体育祭及び文化祭において立ち番が実施された
□×の看板前の地点は、Ｓ高校の通学路を大きく外れた場所にある上、そ
れを含めて、立ち番の場所は入学式で9か所、体育祭及び文化祭で8か所に
及ぶが、それらの場所全てにおいて道案内や安全確保のための立ち番をす
べき理由は明らかとはいえない。
イ　体験学習等、入試に係る行事立ち番について
　　Ｙらは、体験学習等、入試の際に来校する中学生、その保護者に対する
道案内や安全確保、さらには生徒募集活動の一環として普段から安全指導
を行っていることをアピールするため、行事立ち番の実施が必要であると
主張する。

　　しかし、当該行事に訪れる中学生やその保護者は、中学校関係者等を介し、
学校までの地図が記載された体験入学等のパンフレット等を事前に入手す

るのが通常であり、道案内等の安全確保の必要性は大きいとはいえない。

　　また、Yら主張の目的を前提にすると、立ち番は参加者が通学路を最も通行する当該行事の開催時間の前後に行われるべきであるにもかかわらず、行事立ち番は、必要性が少ない当該行事開催時間中も断続的に実施されていること、実施場所のうち、体育祭及び文化祭において立ち番が実施された□×の看板前の地点はS高校の通学路を大きく外れた場所にあることなどに照らすと、立ち番の実施態様も直ちに合理的とはいえない。

ウ　学校説明会等に係る行事立ち番について

　　Yらは、当該行事に参加する学校関係者、塾関係者に対する道案内や、安心して中学生をS高校に送ってもらうために安全指導を行っていることをアピールする目的での行事立ち番の実施の必要性があると主張する。

　　しかし、学校説明会等に参加するのはいずれも、進学に関してS高校と継続的な関係を有する教育関係者であるところ、参加者の多くは1日で複数の学校を回るため、通常は車で来校することが認められるから、当該行事で道案内のため立ち番を行う必要性は乏しいというべきである。

エ　以上によれば、行事立ち番は、その必要性が乏しく、実施態様も、目的に照らすと必ずしも合理的ではないから、前同様、Xらに精神的、肉体的苦痛を与えてまで実施すべき必要性及び合理性も認めがたいというべきである。

(3)　Xらに対する本件立ち番の指示が公平か否か。

ア　Yらは、交通立ち番の割当てについて、管理職は、担当業務内容及び量に照らして立ち番は無理であり、そのほかの教員については、それぞれの業務が、教科指導、クラス担任、部活動指導、生徒募集活動等も合わせてほぼ同量になるよう調整されており、Xらの業務時間、担当する授業時間数、校務分掌等からすると、交通立ち番は格別負担になるものではなく、行事立ち番の割当ても、Xらが生徒募集活動を担当しておらず、生徒募集に関する行事は同業務に従事する教員を中心にすることが適切であったためであるなどとして、Xらに対する本件立ち番の割当ては公平であったなどと主張するので、以下検討する。

イ　まず、管理職については、少なくとも校長、副校長及び教頭以外の管理職に交通立ち番を割り当てることができなかったとはいえない。

ウ　次に、Yらは、Xらのクラス担任が減少したのは、教員数がクラス数を

上回る状況があったことや、Xらの勤務評価が理由であると主張する。

　　しかしながら、平成16年度以降にクラス担任を外された教員の多くがXらであったことが認められ、平成8年度及び平成9年度のXらを含む××教組組合員のクラス担任外しが不当労働行為と認定されていること、平成16年度以降のXらの勤務評価が特に低評価となるような客観的事情が証拠上認められないことを併せ考えると、平成16年度以降のXらのクラス担任外しが、教員数やクラス数の状況によるものであるとか、適切な勤務評価に基づくものであるとは認められない。

エ　また、Yらは、Xらを部活動顧問等から外したのは、部活動が減少したことでXらの受持ちがなくなったためであると主張する。

　　しかし、Xらを部活動顧問等から外した合理的理由は証拠上認められないこと、平成19年度には、教員数38人中10人を占めるXらのうち、部活動顧問等を務める者がX10のみであるというのは著しく不自然であり、この点についても合理的理由を認めるに足りる証拠はないこと、X5が卓球部の副顧問を外されたことが不当労働行為と認定されたことなどを併せ考えると、Yらは、自らXらを意図的に部活動から排除しておきながら、部活動顧問等を担当していないことを根拠の1つとして本件立ち番の割当てを他の教員よりも著しく増やしたものであるから、不合理かつ不公平な措置であるといわざるを得ない。

オ　さらに、Yらは、Xらに生徒募集活動を担当させず、本件立ち番を指示した理由として、Yらは、Xらが平成17年度以降、中学校訪問の目標数に大きく届かないなど生徒募集活動に積極的でなかった上、S高校の悪評を公表するなどして生徒募集活動に関与させることが不適切であったため、中学校訪問を管理職中心にする必要があった旨、学校説明会等は中学校訪問を担当し、中学校や塾の関係者と信頼関係を有する教員が運営進行するのが適切と判断したことによる旨を主張する。

　　しかし、直ちにXらが生徒募集活動に積極的でなかったということはできない。

　　また、募集活動に影響があったとされる新聞記事の内容は、教育の根幹に関わる社会的関心事であったことから、Xらが新聞の取材に応じたこと自体を直ちに非難すべき理由はないし、その記事に掲載されたXらのコメントも相当な限度を超えるものではないというべきである。

カ　加えて、平成21年3月3日からの交通立ち番の時間及び場所の増加について、Yらは、3年生の授業が終了したことから、担当授業がなくなった教員と他の教員との公平と、通学路の安全とマナー指導の強化を図るため、担当授業時間の減少分を立ち番指導に加え、同年2月20日以降は昼休みを除く全時間帯に立ち番を行ったなどと主張する。

　　しかし、3年生の正規の授業が終わった後の教員の業務として、担当授業に係る年度末の成績処理、1、2年生の担当教科の授業や期末テストの作成・採点の業務とその後の成績処理、卒業式の準備、学習指導要領の変更への対応、教材準備、教材研究などの次年度の授業準備等があることが認められ、これによると、3年生の授業が終わったとしてもXらの業務がなくなるわけではなく、Yらにおいて、交通立ち番を割り当てることにより教員全体の業務の公平が図れたとは到底認めることはできない。また、通学路の安全とマナー指導の強化という意図があったとしてもなお、YらがXらに対して指示した交通立ち番実施の必要性、合理性を認め難いというべきである。

キ　以上によれば、本件立ち番の割当てについて正当な理由があったとは認められず、割当てが公平であったとの被告の主張も採用することができない。

3　本件立ち番の指示の違法性及びYらの責任

(1)　本件立ち番は、その必要性や合理性に乏しく、Xら教員に、肉体的負担と精神的苦痛を課してまで業務命令として実施すべき理由に乏しい上、それがXらに対し他の教員との均衡を著しく欠いて集中して割り当てられていることについて、それを公平であると認めるべき事情もないところ、Yらは、××教組の結成以来、同組合との団体交渉等を誠実に行うことなく、部活動の統廃合、Xらが配属された第2職員室の移動、就業規則及び教務指導規定の改定、クラス担任・部活動顧問等及び生徒募集活動からの排除、賃金等の引下げなど、重要な校務・待遇に関連するXらに不利益な決定・変更を、合理的な理由なく一方的に行ってきたものであって、長きにわたりXらを抑圧してきたものであること、Yらは、Xらの抗議にもかかわらず、本件立ち番を開始した上、Xらを合理的理由もないのに手当の支給のあるクラス担任、部活動顧問等及び生徒募集活動などの業務から外しておきながら、これらを担当していないことを理由に、Xらに対して苦痛を伴う交通立ち番を集中的に割り当てたこと、そのため、Xらは、授業での取組みや、教材や配布物の作成、テストの採点、提出物の添削など授業の合間に行うべき業務に支障が生じたほ

か、行事立ち番に従事したことで、当該行事の運営に全く参加できず、生徒の支援、卒業生や中学生など学校訪問者との交流の機会も持てなかったこと、Xらの立ち番の実施に当たって用務員による監視が行われていたこともあったほか、本件立ち番に関連して、YらがXらに対し膨大な数の訓告書等を交付し、X2に対しては退職後にまで訓告書を送りつけたほどであることなどを総合勘案すると、本件立ち番の指示は、Xらから教育の出発地点というべき生徒とのコミュニケーションの機会、業務遂行を通じての自己研さんの機会その他教師の職責を果たす重要な機会を奪い、適切な処遇を受ける地位をも失わせるなど、Xらの教師としての誇り、名誉、情熱を大きく傷つけるとともに、組合員であるXらを不利益に取扱い、かつ、Xらの団結権及び組合活動を侵害するものであって、労働契約に基づく指揮監督権の著しい逸脱・濫用に当たる違法なものというべきである。

(2)　そして、S高校では、就業規則等において、Y学園理事長兼同校校長であるY1の意向が尊重される旨定められていること、S高校では職員会議が開かれておらず、学校の意思決定は校長を含む4名の管理職からなる校長室においてされていること、校長室の決定は最終的に校長の判断によりされていること、証人Eが、私学であるS高校においては理事長の意向が大いに反映されるべき旨を供述していること及び弁論の全趣旨からすると、Xらに対する従前の抑圧も、Y学園ないしS高校を支配するY1の意思に基づきされてきたものと認めるのが担当である。

　　そうすると、上記（1）のとおり、本件立ち番の指示は、Xらとの労働契約に基づく指揮命令権を著しく逸脱・濫用した不当労働行為に該当し、Xらはこれにより多大な肉体的負担と精神的苦痛を被ったのであるから、本件立ち番の指示につきY学園理事長兼S高校校長であるY1には民法709条の不法行為が成立し、Y学園は私立学校法29条、一般法人及び一般財団法人に関する法律78条に基づく責任を免れないところ、Yらの行為は共同不法行為を構成し、Yらの各原告に対する損害賠償債務は不真正連帯債務の関係に立つというべきである（民法719条）。

4　損害額について

(1)　慰謝料

　　①　X1（交通立ち番151回、行事立ち番106時間25分）　　120万円

　　②　X2（交通立ち番194回、行事立ち番100時間40分）　　150万円

③　X3（交通立ち番146回、行事立ち番101時間）　　　　120万円

④　X4（交通立ち番160回、行事立ち番107時間10分）　120万円

⑤　X5（交通立ち番183回、行事立ち番100時間05分）　120万円

⑥　X6（交通立ち番139回、行事立ち番93時間40分）　　120万円

⑦　X7（交通立ち番164回、行事立ち番84時間35分）　　120万円

⑧　X8（交通立ち番156回、行事立ち番103時間05分）　120万円

⑨　X9（交通立ち番160回、行事立ち番101時間20分）　120万円

⑩　X10（行事立ち番41時間25分）　　　　　　　　　　25万円

(2)　弁護士費用

　　X1、X2、X3、X4、X5、X6、X7、X8及びX9については各10万円、X10については2万円

<table>
<tr>
<td>
precedent

49
</td>
<td>

豊前市（パワハラ）事件（控訴審）

福岡高判　平25・7・30　判タ1417号100頁、判時2201号69頁
原審：福岡地行橋支判　平25・3・19
</td>
</tr>
</table>

事案の概要

　本件は、Y市の職員であるXが、Y市の総務課長であるCからパワーハラスメントを受けたこと及びそれについてY市の総務課が適切な対応をとらなかったことによりXのうつ病が悪化した旨主張して、Y市に対し、国家賠償法第1条1項に基づく損害賠償の支払を求めた事案である。原審はXの請求を棄却していた。

結　果

　原判決取り消し、一部認容。
　33万円（慰謝料30万、弁護士費用3万）。

コメント

　本判決は、C課長によるXのAとの交際に介入に関する発言について、Xに対する誹謗中傷、名誉毀損あるいは私生活に対する不当な介入であって違法であるとした。パワハラの行為類型「私的なことに過度に立ち入ること（個の侵害）」が主要争点となった重要裁判例である。

判　旨

1　事実経過について

(1)　認定事実

ア　XとAは、平成20年4月ころより交際していた。

XとAは、以前に婚姻及び離婚しており、当時は独身であった。

Aは、平成19年4月よりY市での勤務を開始し、総務課に配属されたが、同年7月1日付けで福祉課に異動となり、それから1年間、Xと同じ課に属したところ、同20年7月1日付けで市民健康課戸籍年金係に異動となった。

イ　平成20年7月中旬、XとAは、当時の上司であった福祉課のB課長から呼ばれた。

B課長は「○○団地の住民からちょっと声があるみたい。上に言われたから一応伝えるけれど、5時以降の話だし気に病むな。」と伝えた。

同年7月28日に、Xは勤務時間中にC課長に呼び出され、市民から「Aと男性が、市営団地の建物の前で抱き合うなどしていた。」という市民からの通報があったとして、C課長から事情を聴かれた。（第1回面談）

その際、C課長は、Xに対し「Xが、Aと市営団地の前で抱き合ってキスをしているとの市民からの通報があった。入社して右も左も分からない若い子を捕まえて、だまして。お前は一度失敗しているから悪く言われるんだ。うわさになって、美人でもなくスタイルもよくないAが結婚できなくなったらどうするんだ。」と言った。

これに対し、Xが、上記抱き合うなどしていたとの事実を否定したのに対し、C課長は「通報者がうそを言っているのか。お前がうそを言っている。」と決めつけた。

同年9月28日に、XとAがファーストフード店にいたところ、C課長に会った。

これに対し、福祉課の婦人相談員であるDが、Aに対しXとの関係を尋ね、その結果、XとAとの交際についてはXらの意向に委ねるよう、B課長及びC課長に伝えるとした。

ウ　Aは、平成21年8月25日、勤務時間中にC課長から呼び出され、同人とXとの関係について尋ねられた。

上記面談の際、C課長は、Aに対し「あいつ（X）は危険人物だぞ。これまでもたくさんの女性を泣かせてきた。Y市のドン・ファンだ。（Aを、福祉課から市民健康課に）異動させたのも、そのせいだ。」「向こうの親はXとAの交際を知っているのか。」「もっと他に友達を作って何でも相談する

ようにしなさい。自分を飲みに誘ってくれてもいい。」などと話した。

　　その際、ＸとＡが市営団地の前で抱き合っていたこと等についての確認はされず、ＡがＣ課長に対し、Ａらの交際に対し、去年のように住民からの苦情があったのかと尋ねたところ、Ｃ課長はこれを否定した。

エ　Ｘは、翌26日、Ａから上記ウのやりとりを聞き、Ｃ課長に抗議をするため総務課を訪れたが、同人は不在であったため、Ｅ係長に対し、Ｘを誹謗中傷するためにＡを呼び出さないでほしいとのＣ課長への伝言を頼んだ。

オ　翌27日に、Ｃ課長は、勤務時間中にＸを呼び出し、Ｘに対し「お前は何様のつもりだ。呼ぶなとはどういうことか。お前が離婚したのは、元嫁の妹に手を出したからだろうが。一度失敗したやつが幸せになれると思うな。親子くらいの年の差があるのに常識を考えろ。お前俺をなめているのか。俺が野に下ったら、お前なんか仕事がまともにできると思うなよ。」「（ＸとＡが）一緒になるときは呼んでくれ。」などと話した。（第2回面談）

カ　上記面談は、第2回Ｘ面談の最初の部分を除き、いずれも庁議室において行われたものであり、Ｃ課長と、ＸあるいはＡの他に、第1回Ｘ面談とＡ面談の際には、Ｅが立ち会ったが、議事録の作成は行われなかった。

(2)　認定事実についての補足説明

ア　Ｙ市は、第1回Ｘ面談、Ａ面談及び第2回Ｘ面談は、数か月以内に生じた一連の出来事であるとし、第1回Ｘ面談からＡ面談まで約1年の期間があったとするＸの主張を否認する。

　　そこで検討するに、Ａは、Ｂ課長からの呼び出し、第1回Ｘ面談及び婦人相談員であるＤからＡに対する確認に至る経緯について具体的に述べている上に、Ａの日記には、平成20年7月に、上記Ｂ課長からの呼び出し及び第1回Ｘ面談に関する記載がなされていることが認められる。

　　また、平成21年4月以降の福祉課長はＦ氏であるところ、Ｘらは、同人ではなくＢ課長から呼ばれた旨、繰り返し供述等しているものである。

　　さらに、Ｘは、Ｙ市に対し、第1回Ｘ面談が平成20年7月に行われたものとして、Ｘが主張するＣ課長の発言内容の当否について尋ねているところ、Ｙ市は、上記面談の時期及び発言内容について争っていない。

　　一方、Ｃ課長及びＥ係長の供述等は、第1回Ｘ面談の時期について、いずれもあいまいであり、上記認定を覆すに足りるものではない。

　　すると、Ｘ主張のとおり、第1回Ｘ面談は平成20年7月28日に行われた

ものと認めるのが相当である。

イ　Y市は、C課長がXを誹謗中傷した事実はない旨主張する。

　　しかしながら、上記C課長の言動のうち、第1回X面談におけるC課長の発言について、Y市が争っていなかったことは上記のとおりである。

　　また、Aの日記には、Xが主張するC課長の発言のうち、第1回X面談の発言として「お前は一度失敗しているから悪く言われるんだ。」「こんなうわさになって…美人でスタイルが良ければこれから何人も声をかけられるだろうけど、Aはそうじゃないんだからこの先結婚できなくなったらどうするんだ。」旨の発言が、A面談については、Xについて「危険人物」「たくさん泣かせてきた」「ドン・ファン」との発言が、それぞれ記載されているところ、これらは本件紛争が発生する前に作成され、日記という継続的な記録の一環として作成されたものであるから、他に特段の事情なき限り、信用性が高いと認められるものである。

　　この点、原審は、上記供述を裏付ける証拠はない旨判示するが、原審においても日記は提出されていたのであるから、証拠の評価を誤ったものといわざるを得ない。

　　一方、C課長及びE係長の供述等は、記憶がない等のあいまいな供述等に終始しており、上記言動を認定するに合理的な疑いを抱かせるに足りないことに加え、C課長及びE係長は、X及びAが抱き合っているとの市民からの通報を受けてXらを聴取したとするにもかかわらず、Aに対し、上記通報内容の真偽を確認したかについては明らかではないとの不自然な証言をしていることも踏まえ、上記のとおり認定するのが相当である。

ウ　Y市は、日記の記載について、日付の変更はできないが内容の変更は可能であるとして、記載は信用できない旨主張する。

　　しかしながら、平成20年7月12日付の日記1頁には、市民からの通報についての記載があり、2頁にはこれについての返信がなされており、これによれば、上記記載は同日に行われたものであることが認められる。そして、同3頁及び5頁のC課長の言動についての記載に対する返信はないが、その内容に鑑み同1頁に続いて記載されたものと認められること、5頁には、C課長の言動を踏まえ「一足早い誕生日プレゼント」として化粧品が送られたことが記載されているところ、同人の誕生日と整合していることからすれば、日記の各記載は、その当時記載されたものと認めるのが相当である。

2 不法行為の有無について

(1) C課長の不法行為

C課長のX及びAに対する面談は、いずれも、市民からの通報を端緒としこれに対する対応のためになされたものである。

Y市においては、市長の方針により、市民からのY市に対する要望や苦情があった場合に積極的に対応することとしていたところ、その窓口は総務課であり、C課長はその責任者であったから、面談においてC課長に故意又は過失による職務上の義務違反が認められる場合、Y市はXに対し国家賠償法1条1項により賠償責任を負うものである。

本件についてこれを見るに、XとAはいずれも成年に達している者であるから、その交際はXらの自主的な判断に委ねるべきものであり、その過程でXあるいはXの職場への悪影響が生じこれを是正する必要がある場合を除き、C課長としては、第1回X面談及び第2回X面談並びにA面談において、交際に介入するごとき言動を避けるべき職務上の義務があるところ、本件全証拠によるも上記悪影響が生じていたとは認められない。

そうすると、面談におけるC課長の言動は、いずれも、上記義務に反するXに対する誹謗中傷、名誉毀損あるいは私生活に対する不当な介入であって国家賠償法上違法であり、C課長の故意によるXの人格権侵害であるから、Y市はXに対し損害賠償義務を負うものである。

(2) 総務課の不法行為

ア Xは、同人がC課長の退職後の日である平成22年8月3日に、総務課に対し、C課長のパワハラに対する適切な措置を執ることあるいはXとC課長が接触しないよう適切な対応をすることを要請したのに、総務課はこれを怠った旨主張するが、①XとC課長との面談は上記のとおり2回にとどまり、それ以外の場面ではXとC課長が接触することはなかったこと、②第1回X面談から第2回X面談までには約1年の期間があるところ、その間に、XがC課長から何らかの不利益を受けた事実はないこと、③上記面談以外に、XがC課長の言動により不利益を受けた事実は認められないこと、④上記要請当時、C課長はY市を退職していたことからすれば、C課長の後任の総務課長において、上記対応をすべき義務があったとは認められない。

また、Xは、同日、パワハラのない職場環境を整えることを要請したのに総務課は適切な対応を取らなかった旨主張するが、Xの主張からは対応

の具体的内容が不明であること及び上記①ないし④と同様の理由により、上記主張も採用できない。

イ　Xは、総務課がXの公務災害申請を断念させようとした旨主張する。

　　そこで検討するに、平成22年8月19日に、Xは、総務課に対し、公務災害申請の相談を行ったところ、Y市は、地方公務員災害補償基金業務規定7条の解釈を誤り、Y市市長の許可がない限り同条に基づく請求ができないと誤解していたものであるが、同23年1月11日に、市長の許可がなくとも申請可能である旨のXからの指摘を受け、地方公務員災害補償基金福岡県支部への問い合わせを行ったところ、本人の申請があれば必要書類を提出すべき旨の回答を得たことにより、必要な手続を行ったものである。

　　すると、総務課が故意にXの申請を妨げたとは認められないし、上記解釈の誤りにより申請手続が遅延したことは認められるものの、これによりXに対し具体的な損害が発生したものとも認められないから、上記主張も採用できない。

3　Y市側の行為とXの症状との因果関係について

　　Xは、平成20年1月19日に当時交際していた女性から交際を断られたことを端緒として、不眠症等が生じうつ病と診断されている。Xの症状は第1回X面談より前に生じており、第1回X面談から第2回X面談が行われた時期において、Xの症状に特に変化は見られず、上記面談についてXが医師に伝えることもないまま、その後半年以上が経過しているものである。

　　また、Xは、平成22年4月10日の診察において、職務内容が変わったことによる負担を訴え、その後の同年5月22日の診察において、初めてC課長の言動が負担であり、同人が退職後も時々Xの職場に顔を出すことについて悩んでいるうちに不眠になった旨訴えているが、C課長の言動あるいは総務課の対応と、Xの症状との間に因果関係がある旨の医師の所見等は示されていない。

　　さらに、Xは、C課長に対する証人尋問に立ち会っているが、その間あるいはその後に、Xの症状が悪化した事実についての証拠もない。

　　すると、Xの症状と、C課長の言動及び総務課の対応との間の因果関係について認めるには足りない。

4　損害額について

　　入院治療費及び休業損害については、Y市側の行為とXの症状との間に因

果関係が認められないから、これらについてのXの請求は理由がない。

　慰謝料については、①C課長による不法行為がなされたのが、第1回X面談及び第2回X面談並びにA面談の3回に限られており、これ以外にXに対し不利益がもたらされた事実は認められないこと、②面談は、第2回X面談の最初の部分以外はいずれも庁議室において行われたものであり、面談でのやりとりを聞いた者は、X、A、E係長及びC課長の4名に限定されており、Xの名誉が毀損された程度（社会的評価が低下した程度）は限られていること、③Xの症状とC課長の言動等との因果関係は認められないことを考慮すると、30万円の範囲で認めるのが相当であり、弁護士費用については3万円とするのが相当である。

precedent 50	アークレイファクトリー事件 （控訴審）	
	大阪高判　平25・10・9	労判1083号24頁
	原審：大津地判　平24・10・30	労判1073号82頁

事案の概要

　本件は、派遣労働者として就労していたXが、その派遣先であったY（会社）の従業員Fらからいわゆるパワーハラスメントに該当する行為を受け、同派遣先での就労を辞めざるを得なくなったと主張して、Yに対し、使用者責任及びY固有の不法行為に基づく損害賠償として、慰謝料200万円及び遅延損害金（請求減縮後）の支払を求めている事案である。

　原判決は、Xの本件請求（請求減縮前の442万4,085円及び遅延損害金）のうち、Yの従業員ら2名の言動は、いずれも悪質であるとして慰謝料50万円、YがXの苦情申出までに上記従業員らを指導教育していなかった点を固有の不法行為に該当するとして30万円、弁護士費用として計8万円（以上合計88万円）及びこれに対する遅延損害金の限度で認容し、その余を棄却したので、これを不服とするYが控訴し、Xが附帯控訴した。

結　果

　33万円（内訳：慰謝料30万円、弁護士費用3万円）。

コメント

　本判決は、業務遂行上の指導・監督の場面で行われた発言について、適切性を欠く極端な言辞であるとして違法性を認めた。指導に付随してなされた軽口ともみえる発言についても、「それが1回だけといったものであれば違法となら

ないこともあり得るとしても、Xによって当惑や不快の念が示されているのに、これを繰り返し行う場合には、嫌がらせや時には侮辱といった意味を有するに至り、違法性を帯びるに至る」と発言の回数に着目した認定を行っている点が参考になる。

判　旨

1　Yの従業員らによる不法行為の成否

(1)　Y従業員であるF及びEの態度を個別に検討すると以下のとおりである。

ア　まず、Fらが、Xに対し、ゴミ捨てなどの雑用を命じていたことは認められるが、他の仕事が出来ないと決めつけて、あえて行わせたことがあったとまで認めることはできない。

イ　また、Xが日中の業務引継ぎでFから指示された業務を夜勤務においてした際、Eの指示に基づきこれを止めたところ、Fからは命令違反といわれて非難されたという事実を認めることができる。この経緯につき、当初のEの指示には別の意図があり、Fの命令違反との言葉が軽い気持ちで言われたものであったとしても、Xにその点が伝わっていたとはいえず、指導監督を行う立場の者であれば、業務命令の適切な遂行を期するためには、監督される立場の者、特に契約上の立場の弱い者を理由なく非難することのないよう、命令違反との重大な発言をする前に事情聴取を行うべきであったから、発言としては不用意といわざるを得ない。

ウ　さらに、Xが体調不良で欠勤した際、仮病でパチンコに行っていたと疑いを掛けられる等して非難されたという事実、Xが体調不良で休暇をとったことを咎める言動をしたという事実についても認めることができる。Fらは、上記発言は冗談であり、Xはその真意を認識し得たと述べるものの、Xには、仮にFが冗談で述べているものとしても、労務管理事項や人事評価にも及ぶ事柄でもあり、監督者が監督を受ける者、特に契約上立場の弱い者の休暇取得事由を虚偽だと認識している可能性というものが、全くの冗談で済む事柄かどうかは監督を受ける者の側では不明なのであり、通常、監督者にそのような話をされれば非常に強い不安を抱くのは当然であるから、不適切といわざるを得ない。

エ　Xが、Fから、派遣労働者のせいで生産効率が下がったと上司に説明した後に自分が作業改善して生産効率が上昇すれば自分の成果にできるとして、わざと生産効率を落とすように言われたことがあったという事実についても、少なくともFが、わざと生産効率を落とすように述べた事実が認められる。この発言が、Xが労務中のFらの発言を録音する契機となったところをみると、XがFの上記発言に極めて強い不安を抱いたものであろうことが推認できるところである。Fは、その真意について、Xを褒める趣旨であったなどと供述するが、工場ラインにおける労務遂行上、生産効率はその中心的課題というべきものであり、仮に冗談であってもそのようなことを監督者から言われた場合には、監督を受ける者としては、上司に自分が生産効率の悪い派遣労働者として報告されるなどして自分の評価にも響く可能性も否定できない重大な事柄なのであるから、その真意を測りかねて、不安や困惑を抱くに至るのが通常であり、監督者としては、そのことも当然に予想し得たものというべきであり、指示・監督を行う立場の者の発言としては極めて不適切で違法といわざるを得ない。

オ　さらに、Fは、録取された以下の言動をしたものであるが、これらについての評価は以下のとおりである。

（ア）　発言1について

a　この発言は、Xがゴールデンウイーク中の祝日に休む予定である旨Eに持ち掛け、Fが同日は生産予定であるとの話を聞いたとし、Eも相談したい旨述べたものであり、一応休日中の出勤についてチームとして相談しようとしたようである。Fらの発言では「お前、何か休みたいらしいな。」、「生産あるから。」、「来んでもいいで。」のとおり、出勤すべきか否かが判断できなかったため、Xが「それは困ります。」と当惑を口にしたのに対し、Fは一応の配慮を見せているものの、その直後にFは「派遣が1人辞めた。」という話題に及んでおり（「たぶん。今日、派遣1人やめましたわ。」）、Xはこうした会話の流れを考えて不安を抱くに至ったものと考えられる。しかし、この発言の前後の趣旨からすれば、ゴールデンウイーク中の休日の出勤について、諸般の事情を考慮し、あくまでも不確定要素を含め、Eの意見を踏まえつつ話し合ったものであり、話の進め方としてやや不用意な側面があったとしても、度を超しているとまではいえない。Fが、派遣が1人辞めた話に及んでいる点も、Fに悪意や他意

があるとまではうかがわれないから、極めて不適切で度を超した発言であるとまではいえない。

b ところが、その後、Gをめぐって冗談を述べ合ううちに、Fらは、Xが大事にしている所有車両に言及し、「何しとんねん、お前。お前、コペン帰りしな覚えとけよ。剥がれてるぞ、あれぐにゃーとなっているぞ。」「こら辺の（ママ）ある消火器、ポーンと放り込んどいたらいい、窓から。」「そんなことせんでも塩酸をこうチョロ、チョロ、チョロと。」と各種の方法で同車両に危害を加えるかのようなことをふざけて述べているのであり、Xは、Fらの悪ふざけを明らかに嫌がっている発言も「やめて下さい。」「それが一番たちが悪いです。」「部品交換じゃ効かない。」と何度もしているのに、そうした中で話をエスカレートさせており、Fらのこのような発言は著しく不適切といわざるを得ない。

（イ）　発言2について

a この発言は、分注プログラムの変更作業を指示通り行っていなかったとして、FがXを叱責したというものであるが、「殺すぞ」という言葉は、仮に「いい加減にしろ」という意味で叱責するためのものであったとしても、指導・監督を行う者が被監督者に対し、労務遂行上の指導を行う際に用いる言葉としては、いかにも唐突で逸脱した言辞というほかはなく、Fがいかに日常的に荒っぽい言い方をする人物であり、そうした性癖や実際に危害を加える具体的意思はないことをXが認識していたとしても、特段の緊急性や重大性を伝えるという場合のほかは、そのような極端な言辞を浴びせられることにつき、業務として日常的に被監督者が受忍を強いられるいわれはないというべきである。本件では、もとより上記のような緊急性や重大性はうかがわれない。

b 加えて、Fは、その直後に、再び、Xの大事にしている所有車両に言及し、「帰りしなコペン止まってるわ。むかつくコペン。かち割ったろか。」のとおり不快の念と損壊を加える旨述べるのであり、上記の経緯に照らせば、純粋に私人同士の関係において述べられたものではなく、指導に従わない、ないし従う能力のない者に対し怨念や私憤をぶつけるものと受け取られるおそれのある言葉であり、監督を受ける者としては当惑するというほかはない。確かにXは、当惑しつつもその冗談に合わせようとしていることが見てとれるが、それは立場の弱い者が上位者との決定

的対立を避けようとしたものにすぎず、真意ではないというべきであり、Xがこのような態度を取ったからといって、業務の延長としてこのような言葉を受忍することを強いることはできない。

（ウ）　発言3について

　この発言は、Xが、分注機の清掃の際に洗浄液をこぼした上、これを丁寧に拭き取らず、機械の腐食や不良製品製造に繋がるような事態を生じさせたため、Fがこれを咎め、唐突に「殺すぞ」「あほ」という発言を続けて述べたというものであるが、「殺すぞ」については、上記と同様に労務遂行上の指導を行う際に用いる言葉としては唐突で極端であり、続く「あほ」に至っては口を極めて罵るような語調となっているのであり、これに対し、Xが一応反論や弁解を述べることが出来ているとしても、このような言葉は、事態に特段の重要性や緊急性があって、監督を受ける者に重大な落ち度があったというような例外的な場合のほかは不適切といわざるを得ないところ、本件では、Fは重要な事態であった旨述べるものの、そうであれば、何故上記のような極端な言辞を用いての指導を行うのか、その趣旨ないし真意と事態の重要性をXが理解できるように説明すべきであるといえる。本件では、用いられた言辞に相応しい緊急性、重要性のある事態であったといえるかは疑問であるというほかはないから、不適切といわざるを得ない。

（エ）　発言4について

　この発言は、Fが、業務遂行中、職場の機械の故障音になぞらえて、Xの大事にしている所有車両の故障に言及したというものであるが、この発言が単独で述べられたものであれば、単なる冗談というのが相当であるかもしれないが、普段から、Xが既に上記話題に関するこの種の冗談ないし軽口に当惑したり嫌がる態度を示しているにもかかわらず、あえて何度も言及するというのは、嫌がらせに近いものとなってきており、不適切である。

（オ）　発言5について

　この発言は、Xが挨拶をしているのに、咳き込んであえて無視したと主張しているのであるが、経緯や態度等になお不明な点もあり、これのみを抜き出し、あえてFがXを無視した会話内容であるとまで認めるには足りない。

（カ）　発言6について

　　　この発言は、分注装置にセットするシートに位置ずれが生じた場合の
　　対応をめぐり、まずはバルブのメンテナンスによりシート位置の微妙な
　　調整を行うのが通常であるところ、Xがその作業を行わずに、直接タッ
　　チパネルの操作により座標を動かすことでシートの位置ずれを変更しよ
　　うとしたことに端を発し、XがFの指導に対し、自分の意見を述べてい
　　るものとみられ、これに対しFが「頭の毛チリチリにするぞ。」と述べた
　　ものであるが、他方でXは、その後の指示に対してもさらに複数回自分
　　の意見を述べているのであり、その前後の遣り取りを通じてみると、上
　　記発言は冗談であるとして受け流されているものとみられ、極めて不適
　　切とまではいえない。

(2)　以上のとおりであり、まず、Xに対する指導としてなされたと主張される
　　発言については、そもそも、労務遂行上の指導・監督の場面において、監督
　　者が監督を受ける者を叱責し、あるいは指示等を行う際には、労務遂行の適
　　切さを期する目的において適切な言辞を選んでしなければならないのは当然
　　の注意義務と考えられるところ、本件では、それなりの重要な業務であった
　　とはいえ、いかにも粗雑で、極端な表現を用い、配慮を欠く態様で指導され
　　ており、かかる極端な言辞を用いるほどの重大な事態であったかは疑問であ
　　るし、監督を受ける者として、監督者がそのような言辞を用いる性癖であっ
　　て、その発言が真意でないことを認識し得るとしても、業務として日常的に
　　そのような極端な言辞をもってする指導・監督を受忍しなければならないと
　　まではいえず、逆に、監督者において、労務遂行上の指導・監督を行うに当
　　たり、そのような言辞をもってする指導が当該監督を受ける者との人間関係
　　や当人の理解力等も勘案して、適切に指導の目的を達しその真意を伝えてい
　　るかどうかを注意すべき義務があるというべきである。

　　　また、指導に付随してなされた軽口ともみえる発言については、それが1
　　回だけといったものであれば違法とならないこともあり得るとしても、Xに
　　よって当惑や不快の念が示されているのに、これを繰り返し行う場合には、
　　嫌がらせや時には侮辱といった意味を有するに至り、違法性を帯びるに至る
　　というべきであり、本件では、上記にみるとおり、監督を受ける者に対し、
　　極端な言辞をもってする指導や対応が繰り返されており、全体としてみれば、
　　違法性を有するに至っているというべきである。

2　Yの使用者責任の成否

　　被告は、Fらを正社員（従業員）として使用する者で、Fらによる前記不法行為は、Fら及びXが、被告の業務である労務に従事する中で、被告の支配領域内においてなされた被告の事業と密接に関連を有する行為で、被告の事業の執行について行われたものであるから、被告は、使用者責任を負う。

3　過失相殺の成否及びその割合

　　過失相殺を認めることはできない。

4　Y固有の不法行為責任

　　Yは、正社員であるFらを製造ラインの監督責任者として選任し、作業担当者らを監督する業務を担当させるに当たり、業務上の指示・監督を行う際の指導方法、指導用の言葉遣い等について何らの指導を行っていなかったことが認められるが、この点は、Fら従業員の不法行為責任についてYが使用者責任を負う以上に別途の評価を行うに足りるY独自の違法行為があったとまでは認められないというべきである。

　　次に、Yは、派遣会社からの本件苦情申出を通じ、平成22年10月15日にXがパワハラ行為を受けた旨の申告があったことを知り、派遣会社への事情聴取と監視の強化を行い、同年11月19日にあっせん申請の事実を知った後は、数日内に製造ライン責任者や、申告に係る行為者であるFやEから事情聴取を行ったことが認められるものの、Xからの事情聴取は同月25日になってようやく行われたものである。これらの事実経過に照らすと、確かにXからの事情聴取が苦情申出の認識以後、迅速に行われたとは言い難いが、他方、FやEからの事情聴取の結果、同日時点での職場環境は良好で、具体的な問題が起きていなかったというのであり、Yの当時の認識からすれば、Xの受け止めの問題とも解する余地があったということもでき、苦情申出の事実認識後1か月のうちに、Xから事情聴取を行わず、監視強化を行うに止まったこと、あっせん申請書到達後、まずはXから事情聴取を行わなかったことが、直ちにY固有の不法行為を構成するとまで断定するのは困難であり、また、Iが、Xに対し、仕事を続けたければそれ以上言うなとの発言をしたとまでは認めることができないから、Y固有の不法行為に基づく請求部分は理由がない。

5　損害

(1)　慰謝料について

　　会話の内容からは、Fらが正社員でXが派遣社員であることも手伝って、

両者の人間関係は基本的に反論を許さない支配・被支配の関係となっていたということができるのであって、本件では、職場において適切な労務遂行のために必要な言辞としては、度を超す部分があるというほかはない。これらの会話において、Xが性格的に不器用で、言われたことを要領よくこなしたり受け流したりすることのできない、融通の利かない生真面目なタイプであることがうかがわれ、Fらに何とか調子を合わせようとする様子は散見されるものの、総じてこれらの軽口を受け止め切れていないことは容易に認められるところである。そして、これらの言辞を個別にみるときには不適切というに止まるものもあるが、中にはXがその種の冗談は明らかに受け入れられないとの態度を示しているのに、繰り返しなされている部分があるのであって、上記のような一方的に優位な人間関係を前提に、Xの上記のような性格を有する人物に対する言辞としては、社会通念上著しく相当性を欠きパワーハラスメントと評価することができるといわざるを得ない。

　他方、Fらの発言は監督者として、態様及び回数において、以上のような不注意な逸脱部分はあるものの、Xに対する強い害意や常時嫌がらせの指向があるというわけではなく、態様としても受け止めや個人的な感覚によっては、単なる軽口として聞き流すことも不可能ではない、多義的な部分も多く含まれていることも考慮すべきである。これらを総合すると、慰謝料額としては全体として30万円と認めるのが相当である。

(2)　弁護士費用について

　弁護士費用は3万円と認めるのが相当である。

事案の概要

　本件は、金属琺瑯加工業および人材派遣業を営む株式会社であるY1で、琺瑯加工の前処理業務等に従事していた従業員の亡Kの妻X1と子X2〜4が、Kが自殺したのはY1の代表取締役であるY2および監査役Y3（Y2の妹）のKに対するパワハラが原因であるとして、Y1〜Y3に対して損害賠償金等の支払いを求めた事案である。

結　果

一部認容。
Y1、Y2、Y3：連帯して
X1に対し2,707万504円　X2〜X4に対し各902万3,501円。
（内訳：逸失利益2,655万5,507円、死亡慰謝料2,800万円、損益相殺533万4,498円、弁護士費用X1：246万円、X2〜X4：各82万円）

コメント

　判決は、Y2のKに対する暴言、暴行および退職強要のパワハラが認められるところ、Y2のKに対する暴言および暴行は、Kの仕事上のミスに対する叱責の域を超えて、Kを威迫し、激しい不安に陥れるものと認められ、不法行為に当たると評価するのが相当であり、また、本件退職強要も不法行為に当たると評価するのが相当であるとした。

そして、判決は、自殺前のＫの行動などをもとに、Ｋが本件暴行および退職強要を連続して受けたことにより、心理的ストレスが増加し、急性ストレス反応を発症したと認めるのが相当であり、以上の経緯と、遺書の記載内容を合わせ考えると、Ｋは、上記急性ストレス反応により、自殺するに至ったと認めるのが相当であり、Y2の不法行為とＫの死亡の間には、相当因果関係があるとした。

判　旨

1　事実認定

(1)　Y2によるＫに対する暴言、暴行

　ア　Ｋは、Y2について、当初は、頭が切れる社長であると評価していたが、平成19年夏ころから、X1に対し、仕事でミスをすると、Y2から、「ばかやろう。」、「てめえ。」等の汚い言葉で叱られたり、蹴られたりすると言うようになった。

　イ　Y2は、Ｋが仕事でミスをすると、「てめえ、何やってんだ。」、「どうしてくれるんだ。」、「ばかやろう。」などと汚い言葉で大声で怒鳴っていたが、あわせてＫの頭を叩くことも時々あったほか、Ｋを殴ることや蹴ることも複数回あった。

　　Y2は、Ｋ及びＣに対し、同人らがミスによって被告会社に与えた損害について弁償するように求め、弁償しないのであれば同人らの家族に弁償してもらう旨を言ったことがあった。また、Y2は、Ｋ及びＣに対し、「会社を辞めたければ7,000万円払え。払わないと辞めさせない。」と言ったこともあった。

(2)　Ｋの体調等の変化

　Ｋは、平成20年8月ころ以降、「今辞めたら、金払わなくちゃいけないからな。」とつぶやいていたことがあった。

　Ｋは、平成20年秋ころ以降、①週に2回ないし3回、夕食後、「マックに行ってくる。」と言って、出掛けるようになる、②テレビに目を向けているようでいて、「うーん。うーん。」とうなって、テレビを見ていない様子が見られるようになる、③夜じゅう、何度もトイレに行ったり、うなされたりする

ようになる、④「この仕事に向いていないのかな。昔はこんな風じゃなかったのに。」などと口にするようになる、⑤日曜の夜になると、「明日からまた仕事か。」と言い、憂鬱な表情を見せるようになるなどの変化があった。

(3)　Kの自殺直前の状況

Y2は、Kに対し、平成21年1月19日、大腿部後面を左足及び左膝で2回蹴るなどの暴行を加え（本件暴行）、全治約12日間を要する両大腿部挫傷の傷害を負わせた。

平成21年1月23日、Y2は、Kに対し、退職願を書くよう強要し（本件退職強要）、Kは退職届を下書きした（以下、同退職届の下書きを「本件退職届」という。）。本件退職届には、「私Kは会社に今までにたくさんの物を壊してしまい損害を与えてしまいました。会社に利益を上げるどころか、逆に余分な出費を重ねてしまい迷惑をお掛けした事を深く反省し、一族で誠意をもって返さいします。2ヶ月以内に返さいします。」などと記載され、また、「額は1千万〜1億」と鉛筆で書かれ、消された跡があった。

Kは、平成21年1月23日、同僚のEと焼き肉を食べに行った。その際、Kは、本件退職届のようなものをEに見せ、Y2から今までの分を弁償するように言われたと述べ、いつも以上に落ち込んだ様子であった。

Kは、平成21年1月23日の深夜に帰宅した際、X1に対し、もう駄目だ、頑張れない、会社を辞めるなどと述べ、本件退職届をテーブルに置き、X1はその内容を見た。その後、X1は、Kに対し、風呂に入るよう勧めたところ、Kの両足の後ろ側に大きな黒いあざがあるのを見つけたため、Kに事情を聞き、本件暴行があったことを知った。

X1とKは、平成21年1月24日の土曜日に病院で診断書を取った後、瀬戸警察署へ行き、約60分間、警察に相談した。Kは、相談中、落ち着きがなく、びくびくした様子であった。同警察署においては、被害届は、被告会社の工場所在地を管轄する愛知警察署に届け出ること、労働契約についての相談は、労働基準監督署に相談することを教示されたため、X1が、Kに対し、週明けの月曜日に愛知警察署及び労働基準監督署へ行くことにしようと言ったところ、Kは、「仕返しが怖い。」と不安な顔をしていた。

平成21年1月25日、X1が、午後10時ころに仕事から帰宅した後、Kは、絨毯に頭を擦り付けながら、「あーっ！ちょっと気晴らしに同僚に会ってくる。」と言って、出掛けた。

Kは、平成21年1月26日午前4時ころ、愛知県瀬戸市□□所在の△△墓苑内公衆トイレにおいて、自殺した。

Kは、X1に対して遺書を残しており、同遺書には、「X1へ　ごめん！！オレがいると、みんなに迷惑が掛かるので死ぬしかないと思う。オレ自身借金もあるし、プロミス、アコム、アイフル　いろいろお金を使い込んでしまったので支払もたいへんだと思う。会社にも迷惑ばかり、かけて物を壊したり、ミスをおかしてトラブルばかりしているのでこの先、会社へ行って、仕事をしても、また同じ失敗をくり返すだろうと思うし、死んで償いをします。」などと記載されていた。

2　判断

(1)　Y2によるKに対するパワハラの有無について

　　Y2のKに対する暴言、暴行及び退職強要のパワハラが認められるところ、Y2のKに対する前記暴言及び暴行は、Kの仕事上のミスに対する叱責の域を超えて、Kを威迫し、激しい不安に陥れるものと認められ、不法行為に当たると評価するのが相当であり、また、本件退職強要も不法行為に当たると評価するのが相当である。

(2)　Y3によるKに対するパワハラの有無について

　　Y3については、Xらの主張及び当事者尋問等におけるX1の供述自体、Y3が、Kに対し、日常的に暴言、暴行をしたことがあるという抽象的なものにすぎない上、Eの供述も、KがY3から蹴られたという話をKから聞いたことがある、Y3も汚い言葉でヒステリックに叫んでいたことがよくあったというものにすぎず、Cの供述も、Y3もY2と同じように暴言、暴行をしていたというものにすぎないのであるから、Y3が、Kに対し、日常的に暴言や暴行を行っていたということを認めるに足りる証拠はない。

　　よって、Xらが主張するY3のパワハラを認めることはできない。

(3)　Y2らの関連共同について

　　Xらは、①Y3とY2の血縁関係、②Y2らの被告会社内の地位、③Y2らのKに対する暴言、暴行は、被告会社内で業務時間中に行われていたことから、Y2らは、互いの暴言、暴行を認識しており、本件暴行及び本件退職強要についてもY3は認識し得る状況にあったので、本件暴行及び本件退職強要を直接行っていないY3についても、Y2と客観的に関連共同していると認められると主張するが、上記各事実をもって、Y3が、Y2と関連共同していたこと

を認めることはできず、他にこれを認めるに足りる証拠はない。

　　　よって、Y2らの関連共同を認めることはできない。

(4)　Y2らのパワハラとKの自殺との因果関係について

　ア　①Kが仕事においてミスが多くなると、Y2は、しばしば、汚い言葉で大声で怒鳴っており、平成20年夏以降については、Kがミスをした時にKの頭を叩くという暴行を時々行っていたこと、及び、②Kは、同年秋ころ以降、「この仕事に向いていないのかな。昔はこんな風じゃなかったのに。」などと口にするようになり、日曜の夜になると、「明日からまた仕事か。」と言い、憂鬱な表情を見せるようになったことが認められるところ、上記②のKの各言動の時期及び内容に照らすと、同言動は、上記①のY2の暴言や暴行が原因となっていたものであり、同年秋ころ以降には、Kは、仕事でミスをすることのほかに、ミスをした場合にY2から暴言や暴行を受けるということについて、不安や恐怖を感じるようになり、これらが心理的なストレスとなっていたと解するのが相当である。

　　　さらに、Kは、その後も、ミスを起こして、Y2から暴言や暴行を受けていたと認めるのが相当であるから、本件暴行を受けるまでの間に、Kの心理的なストレスは、相当程度蓄積されていたと推認できる。

　イ　そして、Kは、自殺7日前に、全治約12日間を要する傷害を負う本件暴行を受けており、その原因について、たとえKに非があったとしても、これによって負った傷害の程度からすれば、本件暴行は仕事上のミスに対する叱責の域を超えるものであり、本件暴行がKに与えた心理的負荷は強いものであったと評価するのが相当である。

　ウ　さらに、Kは、自殺3日前には、本件退職強要を受けているところ、その態様及び本件退職届の内容からすれば、本件退職強要がKに与えた心理的負荷も強いものであったと評価するのが相当である。

　エ　以上によれば、短期間のうちに行われた本件暴行及び本件退職強要がKに与えた心理的負荷の程度は、総合的に見て過重で強いものであったと解されるところ、Kは、警察署に相談に行った際、落ち着きがなく、びくびくした様子であったこと、警察に相談した後は、「仕返しが怖い。」と不安な顔をしていたこと、自殺の約6時間前には、自宅で絨毯に頭を擦り付けながら「あーっ！」と言うなどの行動をとっていたことが認められることに照らすと、Kは、従前から相当程度心理的ストレスが蓄積していたとこ

ろに、本件暴行及び本件退職強要を連続して受けたことにより、心理的ス
トレスが増加し、急性ストレス反応を発症したと認めるのが相当である。

　以上の経緯と、本件遺書の記載内容を併せ考えると、Kは、上記急性ス
トレス反応により、自殺するに至ったと認めるのが相当である。

　したがって、Y2の不法行為とKの死亡との間には、相当因果関係がある
というべきである。

(5)　被告会社の責任について

　Y2は被告会社の代表取締役であること、及び、Y2によるKに対する暴言、
暴行及び本件退職強要は、被告会社の職務を行うについてなされたものであ
ることが認められるのであるから、会社法350条により、被告会社は、Y2が
Kに与えた損害を賠償する責任を負う。

(6)　Xらの損害について

ア　逸失利益

　2,655万5,507円

イ　精神的損害

　死亡慰謝料2,800万円

ウ　損益相殺

　年金506万8,349円、特別年金26万6,149円

エ　弁護士費用

　X1については246万円、その余のXらについては、各82万円

オ　損害額

　X1の損害額は、2,707万504円、その余のXらの損害額は、各902万
3,501円と認められる。

事案の概要

　本件は、備前市が設置し、社会福祉法人であるYが管理を行っていたデイ
サービスセンターK（以下「デイK」という。）に介護員（Yの正職員）として
勤務していたAが焼身自殺したことに関し、Aの相続人であるXらが、Yには安
全配慮義務違反があり、これによりAは精神障害を発病し自殺したと主張して、
労働契約上の安全配慮義務違反に基づく損害賠償の一部請求として、Yに対し、
Aの妻であるX1につき2,500万円、Aの子であるX2及びX3につきそれぞれ
1,250万円を請求した事案である。

結　果

全部認容。
X1に対し2,500万円、X2・X3に対しそれぞれ1,250万円。

コメント

　本判決は、デイKの生活相談員であるBがその強い責任感から行った業務上
の指導が社会通念上の適正範囲を超えたものであるとしたものである。本判決
が、「Aの能力や性格に応じた指導」がなされていないこと、叱責を受けて固ま
っているなどのAの様子を踏まえないで叱責を続けたことを問題としている点
が参考になる。
　また、本判決は、人事立案権限を有するC荘長が、AかBどちらかの配置転

換などのＡが精神障害を発病することを回避するための対策をとっていなかったことをもって、Ｙの安全配慮義務違反を認定し、債務不履行責任を認めている。

判　旨

1　認定事実

(1)　デイＫの業務内容

　　デイＫは、在宅で介護の必要な高齢者を対象に、通所により入浴や食事などの各種サービスを提供する施設である。

　　デイＫには、管理者（荘長）の下、生活相談員、看護師、介護員、調理師が配置されていた。生活相談員は、利用者及び利用者家族の相談を受け、対応することが主な仕事であり、生活相談員になるためには、社会福祉士の資格が必要である。デイＫの荘長は、特別養護老人ホームＫ（以下「特養Ｋ」）の荘長を兼ね、特養Ｋに常駐しているため、デイＫの業務は、生活相談員が中心となって動いており、生活相談員が介護員等のその他の職員に指示、指導をしていた。介護員は、利用者の食事、入浴、トイレの介助が主な仕事である。介護員になるために特段の資格は必要ないが、利用者は介護の必要な高齢者であり、転倒、誤飲等のおそれがあるため、介護員は、常に利用者に目を配り、声をかけ、利用者の動静をある程度予測して、臨機応変に対応する能力が必要であり、また、利用者の心身の状態を把握するために、利用者家族との情報交換、同僚との情報交換をすることが必要である。

　　職員の所定始業時刻は午前8時30分、所定終業時刻は午後5時15分、休憩時間は正午から午後1時30分までの間に交替で45分間、所定休日は土曜日、日曜日、祝日と年末年始であった。

　　デイＫの利用者数は、定員を上回ることがあり、デイＫの職員1人にかかる負担は大きく、手の足りないところがあれば、職員同士で、声を掛け合い、補い合って仕事をする必要があった。

(2)　Ａの業務内容

　　Ａは、介護員としてデイＫに勤務していた。その具体的な業務内容は、午前8時30分から職員同士のミーティングに参加した上、大型バスを運転して、利用者を送迎し、降車介助を行った後、午前10時頃から、施設内において利

用者の入浴介助、食事介助、レクリエーション等の介助、記録付けなどを行い、午後3時30分頃には、大型バスを運転して利用者を各戸に送り届け、午後5時頃、施設に戻り、ミーティング、記録付け、翌日の準備などをして、業務を終えるというものであった。

(3)　Aの人となり

　　Aは、昭和40年生まれの男性であり、平成15年2月に特養Kの介護員としてYに臨時採用され、同年5月からはデイKに異動となり、平成16年4月にはYの正職員となった。

　　Aは、真面目で、優しく、一生懸命であったが、介護の技術にはやや劣った面があり、また、ケアプランなどの文書を作成することや、期限までに何かをすることが不得意であった。そのため、利用者家族からのクレームなどもあり、その分、他の介護員に負担がかかることがあった。

(4)　Bの人となり

　　Bは、平成13年10月からデイKで生活相談員として勤務している女性であり、社会福祉士の資格を持ち、介護員としての経験もあった。デイKの業務はBを中心に回っており、Bが介護員に指示、指導をしていた。

　　Bは、仕事に対する責任感が強く、利用者の状態を見て、1つ2つ先を読んで、事故が起こらないように素早く指示する能力のある人物で、仕事もよくできたが、その分、他人に対しても厳しく、完璧を求める傾向にあった。Bの言うことは正論であったが、その言い方については、厳しいと感じる職員が多かった。

(5)　Aに対するBの指導

　　Bは、Aが正職員となった平成16年5月頃から、Aに対し厳しく指導するようになった。Bは、どの職員に対しても厳しく指導していたが、とりわけAは、他の人と比べて仕事ができていなかったため、指導する回数が多く、その口調も厳しいものであった。Bによる指導は、Aが報告事項を忘れたり、利用者に対して口調がきつくなったりするなど、業務上のミスをきっかけに行われており、周りからみてAの仕事ぶりでは叱責されても仕方がないという側面もあったが、叱責の態様はBの気分によって波があり、ときには、その時の失敗のみならず、過去の失敗を持ち出し、「どうしていつもあなたはそうなの。」、「なんでできないの。」などと問い詰めるような口調になることもあり、長いときは10分くらい叱責し続けることがあった。また、叱責は、

利用者にも聞こえる場所で、職員間のミーティングの時にも行われることがあった。Aは、Bに言い返すことはせず、謝るだけであった。また、AはBから質問されたとき、おどおどして、うまく答えることができず、そのためにBの口調が強くなっていくこともあった。一方、Aがうまく仕事ができたときには、Bは、褒めることもあった。

Aは、他の職員に対してBのことを悪く言うことはなく、自分が悪いから仕方がないと言っていた。

(6)　Aの変化

平成18年11月頃、利用者が増え始めたことも重なり、Aの判断能力と作業能力は落ちていき、自分が担当すべき仕事ができず混乱するようになった。そのため、他の職員は、Aができない部分を担当しなければならなくなり、仕事が回らず、他の職員のストレスが溜まるようになり、Aの仕事ぶりにつき、Bに愚痴をいう職員もいた。Bも、Aにしっかりしてもらいたいという気持ちから、前にできていたのに何でできないのかと更に叱責するようになった。この頃から、Aは、Bに叱責されたとき、顔色が変わり固まっているのがよく目につくようになり、Bから叱責された後は、いらいらして、送迎の運転が荒いときがあった。他の職員が声かけをしても、「僕が悪いんよ、僕にはできない。」と落ち込んでいた。Bの叱責によっても、Aの仕事ぶりは改善することはなく、ますます仕事ができなくなっていった。

また、家庭においても、怒りっぽくなって、X2やX3に対して常にいらいらし、X1に対しても、「おまえもBと同じで俺を責めるんか。」と怒ることが多くなった。弁当を食べずに帰ることもあり、夜遅くまで、テレビをつけた状態で、呆然と考え事をすることが多くなった。Aは、以前からストレスがあると腰が痛くなり、コルセットをすることがあったが、この頃からコルセットをするようになった。

Aは、平成19年4月頃になると、注意しても、同じ失敗を繰り返すようになり、職場の雑談にも加わらなくなった。Bは、Aがあまりに同じ失敗を繰り返すため、ふざけているとしか思えないと感じることがあった。家庭においても、ひどく落ち込み、お笑い番組を見ても笑わなくなり、X2やX3にも当たり散らし、会話を避けるようになった。休日も、何も言わずに急に出かけたり、1人で部屋にこもったりするようになり、好きであった時計の本も見なくなった。同年夏頃から、朝なかなか起きてこず、トイレからもなかな

か出てこなくなった。

(7) 荘長の対応

　平成18年4月に、デイKの荘長がFからC荘長に代わった。C荘長は、介護の知識、経験がなく、職員の指導についてはBに任せきりであった。同年11月頃に、BからAの仕事ができなくて困っていると相談を受け、Aらに対し、意識を高めるために、野球のイチローの父親を題材にするなどして研修を行ったが、効果はなかった。

　平成18年末頃、介護員らは、Aのフォローをしながら自分たちの業務を行うのが限界に近くなったため、C荘長に相談に行き、AかBのどちらかを配置転換してもらえないか、配置転換が無理なら、介護の正職員をもう1人入れてもらえないかとの申出をした。その際に、Aはこれ以上できないのに、しろしろと言ってはいけない、うつになっても困るし、自殺してもいけないという話も出たが、C荘長は、Bには実績があるという理由でBの異動には難色を示した。

(8) 平成19年4月期の異動

　Aは、Bの叱責に思い悩み、異動の希望を出すことをX1に相談していたが、今の職場の職員間の信用を取り戻したい、もう少し頑張りたいという思いで、最終的には異動の希望を出さなかった。

　C荘長は、Yの事務局長を兼務し、人事異動の立案権限を有していたが、平成19年4月期に、B及びAいずれについても、配置換えを立案せず、両名について配置換えはされなかった。

(9) 自殺に至る経緯

　Bは、Aに対し、「デイでは声かけをしながらじゃないと介護はできんよ。」とよく言っていた。Aは、平成19年8月9日、X1に対し、「Bより、声掛けができんのなら、デイにおる必要がないが・・・て言われた。落ち込むわ、もうダメなんかな。」というメールを送った。X1は、すぐにAに電話をかけたが、Aの声は沈んでおり、「わしはもう無理なんかな。」と言った。また、X1は、Aから、「自分の顔をみるとイライラするか。」と問われたことがあり、なぜそのようなことを言うのかと問うと、Aは、「Bにあんたの顔を見るとイライラすると言われた。」と言った。

　Aは、平成19年9月3日午後9時42分頃、X1に対し、「ゴメンね。やっぱり、Bに人間失格とか、あんたの顔見てるとストレスがたまって、仕事が手につ

かないとか、Dさんもストレスたまるとか…。その言葉、けっこう、きつく
こたえました。気のきかないダメな亭主でゴメン。」とメールを送った。X1は、
心配で「何しとん。」とメールを送ったところ、Aは、「ゴメン。」というメー
ルを送り、その直後にガソリンをかぶり、焼身自殺を図った。

　Aは、救急車で病院に緊急搬送されたが、その車内で、消防職員に対し、
次のように述べている。

　「いつも職場で上司にいじめられているので毎日がとてもつらいです。今
日もいじめられました。仕事が終わり家に着いたのは夜の7時頃でした。そ
れから食事をして、地区の獅子舞の練習を約2時間しました。9時頃いつも職
場でいじめられていることを思い出し、自殺しようかどうしようかと迷いま
した。2リットルほどの缶にガソリンを半分ほど入れ、家にあったライター
とガソリンの入った缶を車に積んで吉井川の河川敷に向かいました。その時
は自殺するかしないかまだ迷っていました。時間は時計を見ていないのでわ
かりません。到着してからもしばらくいろいろ考えましたがいつもいじめら
れていることを思い出し、缶に入れていたガソリンを自分の体に掛けて家か
ら持ってきたライターを体から少し離れたところでつけました。」

2　Aの精神障害の発病及び業務との因果関係の有無について

　Aは、平成18年11月頃から、判断能力、作業能力の低下とともに、自信
も低下し、家庭においてもいらいらして、食欲の減退がみられるようになり、
平成19年4月には、ひどい落ち込みや、喜びの喪失、活力の減退等がみら
れており、同月頃には、少なくともうつ病エピソードを発病したことが認
められる。

　Aは、平成16年5月頃から、Bによる厳しい指導を受けるようになった。B
の指導は、Aの仕事ぶりが不十分であり、Bが利用者のことを考え、責任を
持って仕事をしていたがためにされたものであり、業務に関連したものでは
あるが、Bの指導は、口調が厳しく、気分によって波があり、過去の失敗を
持ち出したり、10分間にわたって叱責し続けたり、他の職員の前で叱責する
こともあった。Bの指導は、Aの能力や性格に応じた指導ではなく、平成18
年11月頃には、Aの判断能力や作業能力が低下し、叱責されたとき、顔色が
変わり固まっているのが目につくようになったにもかかわらず、Aの判断能
力や作業能力が低下している原因を十分見極めることなく、仕事ができなく
なっているAに対し、更なる叱責を繰り返した。C荘長も、職員からAとB

の関係性、Aの異変について相談があり、どちらかの異動等を求められたにもかかわらず、何の対処もしなかった。そのため、精神的に落ち込んでいる状態のAに対するBの叱責は止まることなく、これにより、平成19年4月頃、精神障害を発病したということができる。

　以上のとおり、デイKが提供する通所介護サービスに過誤や疎漏があってはならないという強い責任感の下に行われたものであったとはいえ、Aの能力や精神状態を考慮することなく繰り返された叱責の態様に鑑みれば、Aの心理的負荷は、社会通念上、客観的にみて精神障害を発病させる程度に過重であったといわざるを得ない。そして、Aには、業務以外の心理的負荷や個体側の脆弱性、遺伝素因など他に発病因子となり得るような事情が証拠上明らかにはうかがわれないことからすれば、精神障害の発病と業務との間に相当因果関係を認めることができる。

3　Aの業務についてのYの安全配慮義務違反の有無について

　使用者は、労働者に従事させる業務を定めてこれを管理するに際し、労働契約上の安全配慮義務として、業務の遂行に伴う疲労や心理的負荷等が過度に蓄積して労働者の心身の健康を損なう結果が生じないよう注意する義務を負うと解するのが相当である。そして、使用者に代わって労働者に対し業務上の指揮監督を行う権限を有する者は、使用者の上記注意義務の内容に従ってその権限を行使すべきであり、その者がその権限の行使を誤り、上記結果を生じさせたときは、使用者において、安全配慮義務違反による債務不履行責任を免れないものというべきである。

　これを本件についてみると、前記のとおり、デイKの管理者であったC荘長は、Yの事務局長も兼務して人事異動の立案権限を有していたところ、遅くとも、介護員らからAの状態やAとBの関係について相談を受けた平成18年末頃の時点までには、Bの指導によりAが精神的に落ち込み、仕事ができなくなっている状態であること、このまま放置すると、Aが心身の健康を損なうおそれがあることを認識し得たというべきであり、それにもかかわらず、AかBの配置転換を立案するなどのAが精神障害を発病することを回避するための対策を何ら採っていなかったことが認められる。これは、使用者であるYに代わって職員に対し業務上の指揮監督を行う権限を有していたC荘長が、使用者の前記注意義務の内容に従ってその権限を行使すべきであったところ、これを誤ったものであり、その人事異動等に関する権限の行使が適切

に行われていれば、精神障害の発病を回避することができた可能性は十分にあったものと認められる。したがって、Yは、労働契約上の安全配慮義務違反による債務不履行責任として、前記精神障害の発病によりA及びXらに生じた損害を賠償する責任を免れないものというべきである。

4　Xらの損害の有無及びその額について

(1)　過失相殺について

　　Yは、Aには業務以外においても心理的負荷があったこと、Aの労働能力が劣っていたこと、A自身の性格や脆弱性も自殺の一因になっていること、A及びX1はAの心身の変調に対して診療内科へ通院するなどの適切な対処を怠っていたことなどの事情を考慮すれば過失相殺をすべきとする。しかし、Yの主張する事情はいずれも損害賠償の責任及びその額を定めるに当たり考慮すべき債権者側の過失に当たらない。

(2)　Aに生じた損害

　ア　休業損害　0円

　イ　入院慰謝料　10万円

　　　Aが発病した精神障害は、一般的に強い自殺念慮を伴うICD－10のF3に分類される精神障害であると認められることから、Aは、上記精神障害により、正常の認識、行動選択能力が著しく阻害され、又は自殺行為を思いとどまる精神的抑制力が著しく阻害されていた状態で自殺を図ったと推定でき、上記精神障害が原因となって入院、死亡に至ったと認めることができる。

　　　入院4日間の慰謝料としては、10万円が相当である。

　ウ　死亡による逸失利益　2,967万455円

　エ　死亡慰謝料　2,800万円

(3)　相続による取得

　　前記（2）アないしエの金額を合計すると、5,777万455円となり、X1はその2分の1（2,888万5,227円）を、X2及びX3は4分の1（1,444万2,613円）ずつをそれぞれ相続により取得したものと認められる。

(4)　弁護士費用

　　Yの債務不履行と相当因果関係のある弁護士費用としては、X1につき288万8,522円、X2及びX3につきそれぞれ144万4,261円が相当である。

<table>
<tr><td rowspan="2">precedent
53</td><td>国（護衛艦たちかぜ〔海上自衛隊員
暴行・恐喝〕）事件（控訴審）</td></tr>
</table>

precedent **53**	国（護衛艦たちかぜ〔海上自衛隊員 暴行・恐喝〕）事件（控訴審）
	東京高判　平26・4・23　　　　　　労判1096号19頁
	原審：横浜地判　平23・1・26　　　労判1023号 5 頁

事案の概要

　本件は、海上自衛官として護衛艦たちかぜ（以下「たちかぜ」という。）の乗員を務めていた亡Aが平成16年10月27日に自殺したことにつき、Aの母X1及び姉X2が、①Aの自殺の原因は、Aの先輩自衛官であったY1による暴行及び恐喝であり、上司職員らにも安全配慮義務違反があったと主張して、Y1に対しては民法709条に基づき、被控訴人国に対しては国家賠償法（以下「国賠法」という。）1条1項又は2条1項に基づき、A及びその父母に生じた損害の賠償を求めるとともに、高裁においては、②被控訴人国がAの自殺に関係する調査資料を組織的に隠蔽した上、同資料に記載されていた事実関係を積極的に争う不当な応訴態度を取ったため、精神的苦痛を被ったとして、国賠法1条1項に基づき、被控訴人国に対して慰謝料の支払請求を追加した事案である。

　1審は、Y1の暴行・恐喝行為及び上司職員らのY1に対する指導監督義務違反とAの自殺との間に事実的因果関係を認めることができるが、Y1及び上司職員らにおいてAの自殺につき予見可能性があったとは認められないから、Aの死亡によって発生した損害については相当因果関係があるとは認められないとして、控訴人らの請求を、Y1の暴行・恐喝行為によりAが被った精神的苦痛に対する慰謝料400万円及び弁護士費用40万円の損害賠償金及びこれに対する遅延損害金の連帯支払を求める限度で認容し、その余の請求をいずれも棄却した。

結　果

　一部認容。

　国・Y1は連帯して

X1に対し5,461万3,216円。

X2に対し1,870万4,406円。

（内訳：逸失利益4,381万7,622円、慰謝料2,000万円、葬儀代150万円、固有の慰謝料各100万円、弁護士費用600万円）

コメント

　本判決は、Aの自殺を予見することは可能であったとして、1審判決を取り消し、逸失利益を含む賠償請求を認めた。

　一般的に、国が国賠法に基づき損害賠償責任を負う場合には個人の責任は免除されるが、本件では、Y1の暴行の大部分は職務の執行とは無関係に行われたとして、国の責任に加えてY1の個人責任も認められた点が特徴的である。

　また、下記判旨には載せていないが、乗務員らに実施されたアンケート結果等を隠匿した行為について、別途慰謝料20万円が認容されている。

判　旨

1　認定事実

(1)　Y1のAに対する行動について

ア　暴行

　　Y1は、平成16年当時、34歳であり、たちかぜにおいて船務科電測員として7年以上勤務していたため、階級の上下関係とは別に、いわゆる「主」的な存在となっており、上級者を含め周囲の者はY1の行動に対して直ちに口を挟むことが困難であるという雰囲気が醸成されていた。

　　Y1は、遅くとも平成16年春頃以降、Aの仕事ぶりにいらだちを感じたときや単に機嫌が悪いときに、Aに対し、平手や拳で力任せに顔や頭を殴打したり、足で蹴ったり、関節技をかけるなどの暴力を振るい、その回数は少なくとも10回程度に及んだ。また、Y1は、同年春頃以降、同様に単に機嫌が悪いとき、あるいは単にAの反応をおもしろがって、Aに対して頻繁にエアガン等を用いてBB弾を撃ちつけた。これは、Aが休憩していた際に

背中に向けて撃ったり、艦橋・旗甲板から狙い撃ちしたり、当直日の夜に
サバイバルゲームに参加させて撃つというものであった。Aは、同年9月
及び10月に3日間、Y1と当直が重なり、9月14日及び10月24日に実施さ
れたサバイバルゲームに参加させられた。

　このような暴行により、Aの身体には、背中、肩、腕等にあざができて
いた。Aは、Y1が多く暴行を加えた者として自ら挙げる数名のうちの1人
である。

　イ　恐喝

　　　Y1は、平成16年8月初め頃、Aに対し、アダルトビデオの購入を持ちかけ、
即答しなかったAにこれを了承させ、Aに購入代金の支払を要求した。Aは、
分割での支払を希望し、同月に一部を支払い、残りを同年9月の給料日の
後に支払うと述べた。Y1は、CIC（艦が保有する各種センサーから得られ
る様々な情報を一元的に処理し、所要の場所に当該情報を配布する区画で
あり、護衛艦における指揮中枢である。）においてアダルトビデオの受渡し
や代金の授受をしたほか、同年9月には、Aの下宿にアダルトビデオを持
参し、その代金を受け取った。Y1がAに売りつけたアダルトビデオは、少
なくとも合計100本程度であり、Aから受け取った代金額は、少なくとも
合計8万円ないし9万円である。さらに、Y1は、同年10月中頃、Aに対し、
Aがアダルトビデオの購入会員に登録されたと嘘を述べ、脱会するには
5,000円が必要であるなどとして、金がないというAから、同月の給料日以
降に5,000円を受領した。

(2)　Y1に対する上司職員の指導等

　ア　K第○分隊長

　　　平成16年5月中旬頃、Aに対する面接において、Y1からたまにふざけて
ガスガンで撃たれることがある旨の申告を受けたが、これに対して何らの
措置も講じず、上司に報告等もしなかった。

　イ　C先任海曹

　　　平成16年4月頃、たちかぜの通信機器室にエアガン等が置かれ、CICに
BB弾が転がっている状況を把握し、Y1がエアガン等を通信機器室の踊り
場から発射している状況を認識したが、これに対し、何らの措置も講じず、
上司に報告等もしなかった。また、C先任海曹は、同年6月頃、H士長から、
Y1に髪型をパンチパーマにするよう迫られるとの相談を受け、Y1に対し

て注意をしたが、その頃Gが髪型を突然パンチパーマに変えたことに気付きながら、その原因について調査をしなかった。

C先任海曹は、同年10月1日、たちかぜ乗員であるJ1曹らから、Gの身体にY1にエアガン等で撃たれた形跡がある旨聞き取り、同日夕刻に開催された隊員の送別会の開始前に、Y1に対し、「エアガンを人に向けて撃つな。エアガンを持ち帰れ。」と指導した。これに対し、Y1は、「何でですか。」などと言って、誰がC先任海曹に告げ口したのかを聞き出そうとしたが、いったんはC先任海曹の指導を受け入れた様子を見せたため、C先任海曹は、Y1からエアガン等を取り上げることをせず、また、分隊長等の上司に報告等をしなかった。そして、C先任海曹は、その翌日である同月2日、Y1から、エアガン等をもう少し艦内に置かせてほしいと頼まれ、早めに持ち帰るように指示したのみで、その後Y1がエアガン等を艦内に所持する状況を黙認した。

ウ　E班長

Y1が通信機器室内に私物の万力等を持ち込み、ナイフを製作している事実を把握していたほか、遅くとも平成16年9月頃までに、Y1がAら複数名の隊員に対してエアガン等による暴行を行っていたことを知っていたにもかかわらず、何らの措置も講じず、上司に報告等もしなかった。

2　Y1の不法行為責任

Y1のAに対する上記暴行の中には、Y1がAの仕事ぶりにいらだちを感じた際に、先輩隊員として指導的立場にあったY1が業務上の指導と称して行ったものが含まれており、それらについては、外形的にみてY1の職務行為に付随してされたものとして、被控訴人国が国賠法1条1項に基づき損害賠償責任を負う反面、その範囲で、Y1の個人としての責任は免除される。

しかし、Y1による暴行の大部分は、エアガンの撃ちつけを含め、Y1の機嫌が悪いときや単にAの反応を見ておもしろがるときなど、業務上の指導という外形もなく行われている上、上記恐喝は、Y1の職務の執行とは全く無関係に行われたものであることが明らかである。そして、後記のとおり、これらがAの自殺の原因になったものと認められる。

したがって、Y1は、Y1の職務と無関係に行われたこれらの暴行及び恐喝につき、個人としての不法行為責任を負うものと認められる。

3 被控訴人国の責任について

(1) 国賠法1条1項に基づく責任の有無

ア 被控訴人国は、Y1のAに対する暴行のうち、業務上の指導と称して行われたものにつき、国賠法1条1項に基づく責任を負うほか、Y1の上司職員において、Y1に対する指導監督義務違反があったと認められる場合には、上司職員の職務執行につき違法な行為があったものとして、同項に基づく責任を負う。

以下、上司職員の指導監督義務違反の有無につき、検討する。

イ F艦長

F艦長は、艦長として艦内の規律を保持し、乗員に対し指導監督する義務を負っているというべきであるが、特定の乗員に対する指導監督義務は、艦長が同乗員の規律違反行為を現に知っていたか、容易に知り得たことを前提として生じると解すべきところ、F艦長がY1の規律違反行為を容易に知ることができたとも認めることはできない。F艦長にY1に対する直接の指導監督義務違反があったとまでいうことはできない。

また、たちかぜ艦内における規律維持の最高責任者の立場にあったF艦長について、その責任を問うとの主張も理解できない訳ではないが、F艦長に対し、法的責任として上記のような意味での規律維持等についての指導監督義務違反を問うとすれば、より具体的に、同人が、いかなる事実に基づき、いかなる場面で、いかなる措置をとるべきであったかを明らかにすべきところ、この点について具体的な主張、立証はない。

ウ K第○分隊長

K第○分隊長は、平成16年5月中旬頃、Aから、Y1にたまにふざけてガスガンで撃たれることがある旨の申告を受けている。ガスガンで他人を撃つことはもとより、ガスガンを艦内に持ち込むこと自体がY1の規律違反行為であることは明らかであるから、K第○分隊長は、その職責に照らし、Y1の性行を把握するため、直ちにエアガン等の使用の実態等について調査して、自ら同人に対し、持込みを禁止されている私物のエアガン等を取り上げ、また、エアガン等で人を撃つなどの暴行をしないように指導・教育を行ったり、又は上司に報告して指示を仰ぐなどするべきであった。

しかし、K第○分隊長は、Aのかかる申告を受けても、何らの措置を講じることもなく、上司に報告等も行っていない。この点においてK第○分

隊長はY1に対する指導監督義務に違反していたものといわざるを得ない。

エ　C先任海曹

　　C先任海曹は、平成16年4月頃、Y1がたちかぜ艦内に私物のエアガン等を持ち込んでいることを認識していたのであるから、その職責に照らし、艦内の規律を乱すものであるとしてY1のエアガン等を取り上げるか、少なくともエアガン等を持ち帰るように指導すべきであったのに、何らの措置も講じなかった。

　　また、C先任海曹は、同年6月頃、Gが突然、髪型をパンチパーマにしたこと、その背後にY1の強要などの規律違反行為がある可能性があることを認識しながら、Y1やGへの事情聴取など必要な調査を尽くさなかった。C先任海曹には、この点についてもY1に対する指導監督義務違反があった。

　　さらに、C先任海曹は、平成16年10月1日、Gの身体にY1にエアガン等で撃たれた形跡があるとの情報を得たにもかかわらず、Y1による暴行の実態について必要な調査を尽くさず、上司への報告もしなかった。そして、C先任海曹は、Y1に対し、「人に向けて撃つな。」との注意をしたのみで、エアガン等を取り上げることをせず、かえって、その翌日、Y1に頼まれ、引き続きY1がエアガン等を艦内において所持することを黙認した。この点もC先任海曹の指導監督義務違反というべきである。

オ　E班長

　　E班長は、平成16年9月頃までに、Y1がAらに対しエアガン等による暴行を行っていたことを知っていたのであるから、その職責に照らし、Y1に直接指導したり、又は上司に報告して指示を仰いだりなどすべきであったのに、何らの措置を講じることもなく、上司に報告等も行っていなかった。

　　また、E班長には、班長として、Y1の規律違反行為や粗暴な行動をやめさせる機会は十分にあったと認められるのであり、それにもかかわらず、これを放置した点において、Y1に対する指導監督義務違反が認められ、その責任は重いといわざるを得ない。

(2)　国賠法2条1項に基づく責任の有無

　　国賠法2条1項にいう営造物の設置又は管理の瑕疵とは、営造物が通常有すべき安全性を欠いていることをいう（最高裁昭和45年8月20日第1小法廷判決・民集24巻9号1,268頁）。しかし、この点に関する控訴人らの主張は、結局、Y1によるたちかぜへのエアガンの持ち込みや、サバイバルゲームの実

施についての違法性をいうものであり、営造物であるたちかぜ自体の安全性に関するものではないから、この点に関する控訴人らの主張は採用することができない。

4　因果関係について

(1)　Aの自殺の原因

　①Aは、自衛官に任官して初めて乗り組んだ艦船であるたちかぜにおいて、乗組後数か月経った平成16年春頃には、Y1から理不尽な暴力を受け、ときにエアガン等による攻撃という危険な暴行を受けるようになり、そのことを非常に苦痛に感じていたこと、②同年5月中頃、Aは、K第○分隊長に対し、Y1にエアガンで撃たれることを申告したものの、何らの措置も講じられなかったこと、③かえって、Y1による後輩隊員に対する粗暴行為は、その後、より悪質で頻繁なものとなり、同年10月1日にはC先任海曹からY1に対してエアガンを持ち帰るよう指導が行われたにもかかわらず、なお状況は変わらず、エアガン等の撃ちつけその他の暴行が続いたこと、④加えて、Aは、同年8月以降、Y1からアダルトビデオを売りつけられ、分割での代金支払につき了承を求めるなど、経済的にひっ迫した状況であったにもかかわらず、同月から10月まで毎給料日後に金員の支払を強要されていたこと、⑤Aは、自殺の1か月ほど前から、同僚に対し、Y1に対する嫌悪感を募らせている様子を見せ、自殺の2日前にはY1を「生まれて初めて殺してやりたいと思った。」などとまで話していたことが認められる。

　これらからすれば、Aは、Y1から受ける暴行及び恐喝に非常な苦痛を感じており、上司職員の指導が功を奏さない状況で、Y1に対して殺意を抱くほどの嫌悪感を募らせていたものと認められる。

　そしてAが自殺時に所持していたノートには、遺書というべき記載が残されていたのであり、その内容は、Aの自殺の原因を解明する上で重要な事情と考えられるところ、その中には、Y1を絶対に許さない、呪い殺してやるといった、同人への激しい憎悪を示す言葉などが書き連ねられていたことからすると、Y1から上記のような暴行及び恐喝を受け、それが今後も続くと考えられたことがAの自殺の最大の原因となったことは優に推認することができる。

　Aは、Y1から暴行及び恐喝を受けることに非常な苦痛を感じ、それが上司職員の指導によって無くなることがなく、今後も同様の暴行及び恐喝を受

け続けなければならないと考え、自衛官としての将来に希望を失い、生き続けることがつらくなり、自殺を決意し実行するに至ったものと認めるのが相当である。

(2) Y1の暴行及び恐喝、上司職員らの指導監督義務違反とAの死亡との間の相当因果関係について

ア Aは、Y1の暴行及び恐喝並びに上司職員の指導監督義務違反（以下「本件違法行為」という。）が原因となって自殺したものであり、本件違法行為とAの死亡との間に事実的な因果関係があると認められるが、被控訴人らがAの死亡について損害賠償責任を負うというためには、さらに、本件違法行為とAの死亡との間に相当因果関係があると認められることを要する。

Aの死亡は、本件違法行為からAが自殺を決意するという特別の事情によって生じたものというべきであり、被控訴人らがAの死亡について損害賠償責任を負うというためには、Y1及び上司職員において、Aの自殺を予見することが可能であったことが必要である。

イ これを本件についてみると、Aは、少なくとも親しかった同僚には、Y1から受けた被害の内容を告げ、そのことに対する嫌悪感を露わにし、自殺の1か月ほど前から自殺をほのめかす発言をしていたのであるから、上司職員らにおいては、遅くとも、C先任海曹にY1の後輩隊員に対する暴行の事実が申告された平成16年10月1日以降、乗員らから事情聴取を行うなどしてY1の行状、後輩隊員らが受けている被害の実態等を調査していれば、Aが艦内においても元気のない様子を見せ、自殺を決意した同月26日の夜までに、Aが受けた被害の内容と自殺まで考え始めていたAの心身の状況を把握することができたということができる。

そして、Aは、同月1日にC先任海曹からY1に対して指導が行われたことを親しかった同僚等に報告していたことからすると、C先任海曹の指導によりY1の暴行等が無くなることを強く期待していたことが推察されるところ、上司職員において上記調査を行い、その時点でY1に対する適切な指導が行われていれば、Aが上記期待を裏切られて失望し自殺を決意するという事態は回避された可能性があるということができる。

また、Y1においても、自らAに対して上記認定の暴行及び恐喝を行っていた上、Aと同じ班に所属して業務を行っていたことに照らせば、Aの心身の状況を把握することが容易な状況に置かれていたというべきである。

したがって、Y1及び上司職員らは、Aの自殺を予見することが可能であったと認めるのが相当である。

5 損害について

(1) Aの損害

ア 逸失利益

4,381万7,622円

イ 慰謝料

2,000万円

ウ 合計額

6,381万7,622円であり、A及びAの父親Qの死亡により、X1は、その4分の3である4,786万3,216円を、控訴人X2はその4分の1である1,595万4,406円の損害賠償請求権を相続により取得した。

(2) Q及びX1固有の損害

ア 葬儀代

150万円

イ 固有の慰謝料

Q及びX1は、Aが受けた精神的苦痛に対する慰謝料請求権を相続することによっては慰謝されない固有の精神的苦痛を受けたと認められ、それに対する慰謝料額としては、それぞれ100万円と認めるのが相当。

ウ 弁護士費用等

合計600万円。

エ 合計額

本件違法行為によりQに生じた損害の額は550万円（＝150万円＋100万円＋300万円）であるところ、Qの死亡により、控訴人らはそれぞれその2分の1である275万円の損害賠償請求権を相続により取得した。

また、本件違法行為によりX1に生じた損害の額は、400万円（＝100万円＋300万円）である。

岡山県貨物運送事件（控訴審）

仙台高判 平26・6・27　　　　　　労判1100号26頁

原審：仙台地判平25・6・25　　　　労判1079号49頁

事案の概要

　本件は、第1審被告Y社の宇都宮営業所に大卒新入社員として入社したDが、入社半年後に自殺したのは、連日の長時間労働のほか、上司の第1審被告Y1からの暴行や執拗な叱責、暴言などのいわゆるパワハラが原因であるとして、Dの両親X1、X2がY社に対しては不法行為または安全配慮義務違反に基づき、Y1に対しては不法行為に基づき各損害金5,617万2,791円等の支払いを求めた事案である。

　1審判決は、Dの過重労働を認定してY社に対する損害賠償各3,470円3,290円を認めたものの、Y1による叱責はDに相当程度の心理的負荷を与えていたとしつつ、業務上の指導として許容される範囲を逸脱した違法な行為であったとはいえないとしてY1の責任は否定した。XらとY社双方が控訴。

結　果

　Xらの控訴一部認容。Y社とY1は連帯して、X1、X2に対して、それぞれ3,470万3,290円（逸失利益4,679万、慰謝料2,200万、過失相殺なし、損益相殺837万、弁護士費用630万）。

コメント

　Y1によるDに対する叱責について、第1審判決は「必ずしも適切であったとはいえないまでも、業務上の指導として許容される範囲を逸脱し、違法なもの

であったと評価することはできない」としていたのに対し、本判決は、「社会経験、就労経験が十分でなく、大学を卒業したばかりの新人社員であり、上司からの叱責に不慣れであったＤに対し、一方的に威圧感や恐怖感、屈辱感、不安感を与えるものであった」と認めている。その認定にあたり、判決が、新人社員であるというＤの立場、Ｙ1の言葉遣い、口調、叱責の時間、場所、頻度等を考慮している点が参考になる。ただし、Ｙ1の不法行為責任については、これらの叱責が違法なパワハラであるという構成ではなく、所長という指揮監督権限を有する地位に基づく健康配慮義務違反を不法行為としている点が特徴的である。

判　旨

1　Ｄの自殺と業務との間の相当因果関係の有無について

(1)　業務の過重性について

ア　業務内容の過重性

　新入社員でまだ十分に業務に習熟していなかったＤには家電リサイクル業務により肉体的に大きな負担が掛かっていた。そして、家電リサイクル業務の増大とともにＤの業務量が増大し、期待される業務密度も上昇していた。

　さらに、Ｄが主に業務に従事していた場所であるホームは屋外と遮断されていない空間であり、冷房機能が付いていたともうかがわれないから、夏場においては、暑さによる肉体的な負荷も加わっていた。

イ　長時間に及ぶ時間外労働による負荷

　Ｄの時間外労働の時間数は、被告会社の36協定に定める1か月当たりの時間外労働時間である月45時間を著しく超過している。さらに、被告会社の36協定においては、前記の目安を超えて労使が協議の上特別に延長することができる時間が月100時間（ただし6回まで）とされているが、本件自殺3か月前のＤの時間外労働時間はかかる100時間を優に超える129時間50分にも達しており、かつＤは本件自殺5か月前からほぼ月100時間かそれを超える恒常的な長時間の時間外労働に従事していたものである。

　Ｄが従事していた恒常的な長時間の時間外労働は、それ自体で過酷な肉体的・心理的負荷を与えるものであったということができる。

ウ　Y1による叱責等について

　Y1は、仕事に関して几帳面で厳しく、Dがミスをした場合、他の従業員らが周りにいる場合であっても、「何でできないんだ。」、「何度も同じことを言わせるな。」、「そんなこともわからないのか。」、「俺の言っていることがわからないのか。」、「なぜ手順通りにやらないんだ。」等と怒鳴る等して、Dに強い口調で叱責していたこと、Dのミスが重大であった場合には、「馬鹿。」、「馬鹿野郎。」、「帰れ。」などという言葉を発することもあったこと、このようなY1による叱責の時間は概ね5分ないし10分程度に及び、その頻度は、少なくとも1週間に2、3回程度、Dのミスが重なれば1日に2、3回程度に及ぶこともあったこと、Dは、叱責に口応えをすることはなく、Y1と目線を合わせることもなく、下を向いて一方的に聞いていたこと、叱責後、Dは表面的には落ち込んでいないように見受けられる場面もあった一方で、複数の従業員が、Dがしょげている様に感じたり、しょげ返ってうつむき加減で歩いている様子を目撃していたこと、Dは、ミスをして叱責された際、業務日誌に、Y1に対する謝罪や反省の気持ちを綴ることもあったこと等が認められる。また、特に平成21年9月12日又は13日の叱責は、Dに解雇の可能性を認識させる内容のものであり、Dはその後2、3日は落ち込んだ様子を見せ、以後、解雇や転職に対する不安を周囲に漏らすようになり、同月16日には、酒を飲んでから出勤するというそれ以前には見られない異常な行動を取るようになったこと等が認められる。

　Y1による叱責の態様（言葉遣い、口調、叱責の時間、場所）や頻度、Dの叱責中又は叱責後の様子等に照らすと、Dに対するY1の叱責は、社会経験、就労経験が十分でなく、大学を卒業したばかりの新入社員であり、上司からの叱責に不慣れであったDに対し、一方的に威圧感や恐怖心、屈辱感、不安感を与えるものであったというべきであり、Y1の叱責がDに与えた心理的負荷は、相当なものであったと認めるのが相当である。

　また、Y1は、当初、Dの指導の一助とするために業務日誌を記載させることとしたものと認められるが、実際には、Dに対し、業務日誌を通じて具体的な業務の方法等について指導することはなかったこと、業務日誌の記載の仕方について事前に具体的な指導をすることもなかったものの、Dが自分なりに考えて記載した内容について、意味が分からない等の厳しいコメントを散発的かつ一方的に付すのみで、Dの進歩や成長、努力を評価

するようなコメントを付したことはなかったこと、同年7月から8月ころには、Y1自身が、業務日誌によりDの改善・指導を期待することはできないと感じていたにもかかわらず、その後も漫然とDに業務日誌を記載させ続け、Dは、業務日誌に書くことがなく困っていたこと等が認められる。

　　そうすると、業務日誌の作成作業も、Dに対し、Y1による叱責と相まって、相当程度の心理的負荷を与えるものであったというべきである。

エ　新入社員であったことによる心理的負荷

　　Dが抱いていたであろう新たな環境に対する緊張や不安は、本件自殺に至るまで解消されることはなく、むしろこれらの事情と合わさって、Dの心理的負荷をより強いものとする要因となっていたと認めるのが相当である。

オ　小括

　　以上によれば、Dは、新入社員として緊張や不安を抱える中で、本件自殺の5か月前（入社約1か月後）から月100時間程度かそれを超える恒常的な長時間にわたる時間外労働を余儀なくされ、本件自殺の3か月前には、時間外労働時間は月129時間50分にも及んでいたのであり、その業務の内容も、空調の効かない屋外において、テレビやエアコン等の家電製品を運搬すること等の経験年数の長い従業員であっても、相当の疲労感を覚える肉体労働を主とするものであったと認められ、このような中、Dは、新入社員にまま見られるようなミスを繰り返してY1から厳しい叱責を頻回に受け、業務日誌にも厳しいコメントを付される等し、自分なりにミスの防止策を検討する等の努力をしたものの、Y1から努力を認められたり、成長をほめられたりすることがなく、本件自殺の約3週間前には、Y1から解雇の可能性を認識させる一層厳しい叱責を受け、解雇や転職の不安を覚えるようになっていったと認められるのであり、このようなDの就労状況等にかんがみれば、Dは、総合的にみて、業務により相当強度の肉体的・心理的負荷を負っていたものと認めるのが相当である。

(2)　自殺と業務との間の相当因果関係

　　Dには、業務により相当強度の肉体的・心理的負荷があったと認められるのであり、その内容及び程度に照らせば、Dの業務には、精神障害を発病させるに足りる強い負荷があったと認められる。

　　Dは、同年9月中旬ころには、情緒的に不安定な状態にあり、過剰飲酒を

うかがわせる問題行動が現れていたということができ、これらの事実と前記の適応障害についての医学的知見を総合すると、このころ、Dは既に適応障害を発病していたと認めるのが相当である。

　また、適応障害発病後も、Dは引き続き長時間労働を余儀なくされており、Y1からの叱責についても従前と変わる点はなかったから、Dは適応障害の状態がより悪化していったものとうかがわれるところ、Dは、同年10月6日、午後出勤の前に飲酒をするという問題行動を再び起こし、これがY1を含む宇都宮営業所の従業員に知られるところとなり、Y1から、「お酒を飲んで出勤し、何かあったり、警察に捕まったりした場合、会社がなくなってしまう。」、「そういった行為は解雇に当たる。」等と言われて、入社以来、最も厳しい叱責を受けるに至り、これにより、従前、Dの情緒を不安定にさせていた解雇の不安はさらに増大し、それまでに蓄積していた肉体的精神的疲労と相まって、Dは正常な認識、行為選択能力及び抑制力が著しく阻害された状態となり、自殺に至ったものと推認することができる。

2　Y1の不法行為の成否について

(1)　注意義務違反（過失）の有無について

　使用者は、その雇用する労働者に従事させる業務を定めてこれを管理するに際し、業務の遂行に伴う疲労や心理的負荷等が過度に蓄積して労働者の心身の健康を損なうことがないように注意する義務を負うと解するのが相当であり、使用者に代わって労働者に対し業務上の指揮監督を行う権限を有する者は、使用者のこの注意義務の内容に従ってその権限を行使すべきものと解される。

　これを本件についてみると、Y1は、Dの就労先であった宇都宮営業所の所長の地位にあり、同営業所において、使用者である第1審被告会社に代わって、同営業所の労働者に対する業務上の指揮監督を行う権限を有していたと認められるから、Y1は、使用者である第1審被告会社の負う上記注意義務の内容に従ってその権限を行使すべき義務を負っていたというべきである。具体的には、Y1は、Dを就労させるに当たり、Dが業務の遂行に伴う疲労や心理的負荷等が過度に蓄積して心身の健康を損なうことがないよう、①第1審被告会社に対し、Dの時間外労働時間を正確に報告して増員を要請したり、業務内容や業務分配の見直しを行うこと等により、Dの業務の量等を適切に調整するための措置を採る義務を負っていたほか、②Dに対する指導に際しては、

新卒社会人であるDの心理状態、疲労状態、業務量や労働時間による肉体的・心理的負荷も考慮しながら、Dに過度の心理的負担をかけないよう配慮する義務を負っていたと解される。

ア　①の注意義務違反

　　Y1は、宇都宮営業所における業務量の増加に伴い、同営業所の従業員の増員を行うとともに、業務に余裕ができやすい夕方の時間帯などに各自適宜休憩を取るように指導した。

　　しかしながら、これらの措置が採られた後も、実際には、Dの時間外労働は有意に減少することがなく、夕方1時間の休憩時間もまとまって取ることはできていなかったのであるから、十分な措置が採られたと評価することはできない。

　　また、Dの実際の時間外労働時間は、平成21年4月は77.45時間、同年5月は88.35時間、同年6月は100時間、同年7月は125時間、同年8月は110.20時間、同年9月は104.40時間に及んでいたが、Y1は、1日単位で30分に満たない時間外労働時間を切り捨てる処理を行ったり、休憩時間を取ったものとみなして控除したり、実際の労働時間と異なる出勤簿上の出退時刻の記載をそのまま前提として時間外労働時間を算出したりするという、労務管理を行うべき立場の者の行為としておよそ正当化し難い事情により、Dの労働時間を実際より少なく報告していた。Y1によるこのような報告内容は、同営業所の所長として、従業員の就労状況を正確に把握して行われた適正なものであったと評価することはできない。

　　仮にY1が、第1審被告会社に対し、宇都宮営業所における従業員の就労状況を正確に報告していたのであれば、第1審被告会社は、さらなる増員措置を採る等の相応の体制整備を検討した可能性はあった。

　　よって、Y1には、①の注意義務の違反があったというべきである。

　　さらに、Y1が、従業員の業務内容や業務分配の見直しを行うこと等により、Dの業務の量等を適切に調整するための措置を採っていたかについて検討すると、当時、宇都宮営業所においては、業務がDのみに集中していたとか、Dのみが著しく過重な業務の負担を負っていたとは認められない。しかしながら、Dは新卒で採用されたばかりの若年者であり、就労環境や業務の内容にも不慣れである上に、Dが主として担当するようになった家電リサイクル業務については、ベテランの従業員にとっても体力を使う重

労働であったと認められ、G係長は、本件自殺当時、あまりのハードワークのため、同営業所の従業員は皆くたびれきっており、自分でさえも会社をやめたいと思ったことがあったこと、時期は不明であるが、Dが、疲労のあまり、休憩時間に、休憩室の机の上でうつぶせで寝ていたり、ぽーっとしており、反応が鈍いと感じられることがあったこと等を証言しているところである。

　そうすると、Y1は、このようなDの置かれた就労状況について十分に認識し、また認識し得たと認められるのであるから、新入社員であり、就労環境及び業務に不慣れなDに過度の疲労が蓄積し、心身の健康を損なうことがないよう、ベテランの従業員やDよりも第1審被告会社における勤務年数の長いCとの関係において、Dの業務量や業務分配を見直したり、少なくともDが担当していた業務に優先順位を付け、不要不急の業務についてはDにこれを行わせないこと（例えば、早朝出勤してDが行っていた清掃業務について、これを全く行わせないか又は頻度を減らして、より遅くに出勤するよう指示すること、残業を一定時間で切り上げさせて他の者より積極的に早く帰宅させること、平成21年8月以降、Y1自身が意義が失われたと感じていた業務日誌の作成を中止させること等は容易であったとうかがわれる。）等により、業務の量等を適正に調整するための措置を採るべき義務があったところ、第1審被告らは、Y1がDについて休日出勤を命じないよう配慮し、午後からの出勤日を設けることがあったほかには、このような措置を採り、又は採るよう努めていたことについて具体的に主張しておらず、本件各証拠に照らしても、そのようには認められない。そして、これらの第1審被告らの主張する点のみでは、上記の措置として十分なものであったと評価することはできず、当時の宇都宮営業所の繁忙な稼働状況にかんがみても、Y1において、上記の措置を採ることが不可能であったとの事情まではうかがわれないから、Y1がこれを怠ったことについては、前記①の注意義務の違反があったというべきである。

イ　②の注意義務違反

　Y1による叱責等は、恒常的な長時間の時間外労働及び肉体労働により肉体的疲労の蓄積していたDに対し、相当頻回に、他の従業員らのいる前であっても、大声で怒鳴って一方的に叱責するというものであり、大きなミスがあったときには、「馬鹿」、「馬鹿野郎」、「何でできないんだ」、「そん

なこともできないのか」、「帰れ」等の激しい言葉が用いられていたこと、Y1は、業務日誌の記載が十分でないと感じられるときには、「日誌はメモ用紙ではない！業務報告。書いている内容がまったくわからない！」、「内容の意味わからない　わかるように具体的に書くこと。」等と赤字でコメントを付してDに返却していること等が認められ、Dの置かれた就労環境を踏まえると、このような指導方法は、新卒社会人であるDの心理状態、疲労状態、業務量や労働時間による肉体的・心理的負荷も考慮しながら、Dに過度の心理的負担をかけないよう配慮されたものとは言い難い。

　また、宇都宮営業所におけるDに対する指導については、指揮命令系統が一本化ないし整理されておらず、複数の上司がDにばらばらに指導ないし指示を行い、Dを混乱させたり、Y1の叱責を招きDに心労を与える原因となっていたところ、Y1は、遅くとも平成21年8月ころには、Dに対する指導が奏功しておらず、Dに期待した成長が見られないと感じていたと認められるのであるから、そのころには、他の従業員らとDに対する指導方法を協議したり、Dに対する指導に問題がないか具体的に検討する等、同営業所におけるDの指導体制について、十分な見直しと検討を行うべきであったと指摘できる。しかしながら、Y1は、そのような見直し等を行うことなく、引き続き、Dがミスをすれば一方的に叱責するということを漫然と続けていたのであるから、この点にかんがみても、Y1が、Dに対する指導について、前記のような観点から適正な配慮を行っていたものと認めることはできない。

　そうすると、Y1は、上記②の観点からも、代理監督者としての注意義務に違反していたものと認められる。

(2)　予見可能性の有無について

　適応障害の発症及びこれによる自殺は、長時間労働の継続などにより疲労や心理的負荷等が過度に蓄積し、労働者が心身の健康を損なう態様の一つであるから、使用者らはそのような結果を生む原因となる危険な状態の発生自体を回避する必要があるというべきである。

　そうすると、労働者が死亡した事案において、事前に使用者らが当該労働者の具体的な健康状態の悪化を認識することが困難であったとしても、これを予見できなかったとは直ちにいうことができないのであって、当該労働者の健康状態の悪化を現に認識していたか、あるいは、それを現に認識してい

なかったとしても、就労環境等に照らし、労働者の健康状態が悪化するおそれがあることを容易に認識し得たというような場合には、結果の予見可能性が認められるものと解するのが相当である。

　これを本件についてみると、Y1は、本件自殺までにDの具体的な心身の変調を認識し、これを端緒として対応することが必ずしも容易でなかったとしても、前記のとおり、Dは、相当強度の肉体的・心理的負荷を伴う就労環境の中で就労していたのであり、Y1は、それを十分に認識していたと認められる。そうすると、Y1は、これらの就労環境がDの健康状態の悪化を招くことを容易に認識し得たというべきであるから、Y1には、結果の予見可能性があったと認められる。

(3)　小括

　以上によれば、Y1は、Dが本件自殺により死亡するに至ったことにつき、不法行為責任を免れない。

3　第1審被告会社の不法行為・債務不履行の成否について

　Y1は、Dの死亡につき、民法709条所定の不法行為責任を負うものと認められるところ、第1審被告会社は、Y1の使用者であるから、Y1がその事業の執行につき、D及び第1審原告らに与えた損害について賠償する義務を負うものと認められる。そうすると、第1審被告会社は、民法715条に基づき、Y1と連帯して損害賠償責任を負うというべきである。

4　損害

(1)　死亡による逸失利益　　　4,679万523円

(2)　慰謝料　　　2,200万円

(3)　過失相殺　　　しない

(4)　損益相殺　　　遺族補償一時金837万6,000円のみを不法行為に基づく損害賠償請求権の遅延損害金から充当する。

(5)　弁護士費用　　　630万円

<table>
</table>

precedent 55 社会福祉法人県民厚生会ほか事件

静岡地判　平26・7・9　　　　　労判1105号57頁

事案の概要

　本件は、社会福祉法人Y1の職員であったXが、Yに対し、YがXをKデイサービスセンター長から法人付きへの降格処分を行い、さらに業務上の疾病による休業中であるにもかかわらず、Xを休職期間満了による退職処分としたことはいずれも無効であるなどと主張して、雇用契約上の権利を有する地位にあること及びKデイサービスセンター長の地位にあることの確認を求めるとともに、休職期間中及び退職処分後の未払賃金の支払を求め、さらに、Y及びYの常務理事であったY2に対し、XはY2から恒常的にパワーハラスメントを受けたために適応障害に陥ったなどと主張して、安全配慮義務違反（Y1）及び不法行為（Yら）に基づき、連帯して500万円（慰謝料）の支払を求めた事案である。

結　果

　パワハラの存在を否定。ただし、Xの適応障害の発生につきYの安全配慮義務違反を認め、地位確認、賃金、慰謝料50万円を認容した。降格処分については有効とした。

コメント

　本判決は、Y2にXに対して「パワハラを行う特段の動機」や「私怨」、「嫌がらせその他不正の意図」がないこと、「発足したばかりのデイサービスの経営を軌道に乗せ、安定的な経営体制を構築しようという意図」であったことを理由

にパワハラ行為を否定している。

　もっとも、本判決は、一方で、Y2の行動によってXが相当の心理的負荷を受けたことは容易に想定されると認めている。行為者本人にパワハラを行う動機や私怨がなく、業務上の意図に基づく言動であっても「行き過ぎる場合があった」とすれば社会通念上の適正な業務指導の範囲を超えた違法な言動となる可能性もある。業務指導とパワハラの線引きの難しさが表れている裁判例である。

判　旨

1　Y2によるパワハラ行為の存否等について

(1)　Y2は、平成19年6月にKデイサービスが開所してから平成22年2月頃までの間、センター長であるXに対し、デイサービス利用者拡大のために作成したチラシの配布を指示したり、管理者会議などにおいて、Xに対し、デイサービス利用者を増加させるための対策を立てるように促したり、Xが看護師1名の補充をチラシに載せることを提案した際にXを叱責するなどし、また、Xがデイサービスで使用する物品の購入の許可を求めた際、容易にこれを認めなかったりしたことが認められる。そして、Y1の常務理事であったY2は、3施設全体の総合的な経営に関わる立場であり、Kの組織の中でも最上位の立場にあったといえるところ、デイサービスのセンター長として管理業務に携わっていたにすぎないXは、Y2の上記一連の行動によって相当の心理的負荷を受けたことが容易に想定されるところであり、このことは、Xがセンター長に就任してから約3年後にうつ病を発症し、主治医がその原因について、Xの職務に起因するものと推定していることからも裏付けられるものである。

　しかしながら、Y2がXに対してパワハラ行為を行う特段の動機があったものとは考えられない上、Y2のXに対する指示や叱責等は、Xが主張するようにそれが行き過ぎる場合があったとしても、主として、発足したばかりのデイサービスの経営を軌道に乗せ、安定的な経営体制を構築しようという意図に出たものと推認されるのであって、それを超えて、Xに対する私怨等に出たものと認めるに足りる証拠はない。そして、Xはデイサービスのセンター長としての地位にあり、Kの運営に係る管理者会議やデイ会議等に出席する

ことが求められ、月ごとのデイサービスの利用状況等をY2ら経営者側に報告し、必要に応じて、業務の改善策などを提案するべき立場にあったといえることを考慮すれば、Y2がXに対し、頻繁に利用者拡大のための改善策を提案させたり、利用者拡大のために必要な措置（チラシ配り等）を取るように求めたとしても、Y1の常務という職務に照らして不当であるとはいえない。そして、その他、Y2がその職務上の立場を利用して、日常的にXに対して威圧的な言辞を用いたり、業務上の適正な範囲を超える業務を強要したとまで評価し得るような具体的事実を認めるに足りる証拠はない。

(2)　ところで、Y2は、平成22年10月22日に行われる実地指導に先立ち、デイ看護師勤務表の作り直しをXに指示したものであるが、Y2の当該指示は、Y1が静岡県から受領していた助成金について、受給要件を満たしていなかったにもかかわらず受給要件を満たしていたかのように見せかけることによって、返還するべき受給金を減少させる意図に出たものと認められるから、それ自体は不正行為というほかない。

(3)　もっとも、Xが行ったデイ看護師勤務表の作り直し作業は、センター長として看護師勤務表の作成業務を担当するXの職務の範囲内の業務であり、X自身も当該作業に従事している際には、その違法性に気が付いていなかったというのである。そして、Y2は、特養ないしデイサービスの受給金の返金額を減少させるために上記作業をXに指示したものであって、これが行政に対する不正行為であるとしても、それを超えて、Y2が不当にXに対する嫌がらせその他不正の意図をもって、自己の職務上の立場を殊更に利用して、Xに当該作業をさせたとまで認めるに足りる証拠はない。確かにXが行ったデイ看護師勤務表の作り直し作業は時間と労力を要する作業であったとはいえるものの、上記説示したところに照らせば、Y2がXに指示してデイ看護師勤務表の作り直し作業を行わせたことをもって、Xに対する違法行為であるとは認められない。

(4)　以上によれば、常務であるY2が、デイサービスの運営に当たり、センター長であるXに対して指示や叱責をすることが少なくなかったことが窺われるものの、さらに、Xに対し、自己の職務上の地位の優位性を背景に精神的・身体的苦痛を与えるなどといったパワハラ行為をしたとは認められない。したがって、Y2のパワハラ行為を理由とする、XのY2及びY1に対する不法行為（民法709条、715条1項）に基づく損害賠償請求は理由がない。

2 本件退職処分の有効性、Yの安全配慮義務違反について

 (1) Xは、平成19年3月16日にデイサービスのセンター長に就任し、デイ
    サービスが同年6月に開所して以降は、現場で介護業務に携わる傍ら、セン
    ター長としての管理業務を遂行し、平成21年9月にはデイ看護師勤務表の作
    り直し作業に携わるなどして多忙を極めていたものであり、その後、デイ看
    護師勤務表の作り直し作業の違法性を危惧して不安感を強める一方、上司で
    あるY2との軋轢や職場における孤立感によって心身の疲労が蓄積した結果、
    平成22年2月にうつ病との診断を受けたものであって、こうした経緯に照ら
    せば、Xがデイサービスのセンター長として携わっていた業務は、客観的に
    みて、Xに精神障害を発病させるに足りる程度の十分な強度の精神的負担を
    かけるものであったといえる。そして、Xには精神疾患の既往歴は認められず、
    センター長としての通常業務を支障なく遂行することが許容できる程度の心
    身の健康状態を有する平均的労働者であったといえるほか、Xの業務以外に
    適応障害を発症させる要因があったことを認めるに足りる証拠はないことに
    照らせば、他方、Xが適応障害を発症する前である平成21年9月15日から平
    成22年2月15日までの間の所定時間外・休日労働時間数が0分であるとしても、
    Xが平成22年2月15日に診断を受けた適応障害は、Kでのセンター長として
    の業務に内在する危険が現実化したものであると認めるのが相当である。そ
    うすると、Xの当該業務と適応障害の発症との間には相当因果関係があると
    いうことができるから、Xの適応障害は業務上の疾病であると認められる。

 (2) したがって、本件退職処分は、Xが業務上「疾病にかかり療養のために
    休業する期間」にされたものと認められるから、労働基準法19条1項本文に
    反して無効というべきである。

 (3) また、Xは、Y1の業務に従事する中で、適応障害を発症したものであると
    ころ、同YがXの健康に配慮する特段の措置を取っていたことを窺わせる証
    拠はない。そして、Xが適応障害を発症させた経緯としてこれまでに認定し
    たところに照らせば、Y1は、Xに対する安全配慮義務に違反してXに適応障
    害を発症させたものというべきであるから、Xに対して債務不履行責任を負
    うものと認められるところ、本件に現れた一切の事情を考慮すると、当該債
    務不履行と相当因果関係のある慰謝料としては50万円をもって相当とする。

サン・チャレンジほか事件

東京地判　平26・11・4　　　　　　　労判1109号34頁

事案の概要

　本件は、Y1会社の経営する飲食店「ステーキのくいしんぼ」で店長として勤務していたAが、Y1における長時間労働及び上司（エリアマネージャー）であったY2からのいじめ・暴行等のパワーハラスメントにより急性のうつ病を発症して自殺したと主張して、Aの両親であるX1、X2が、Y1に対して債務不履行（安全配慮義務違反）による損害賠償請求権及び使用者責任（民法715条）による損害賠償請求権に基づき、Y1の代表取締役であるY3に対して会社法429条1項による損害賠償請求権に基づき、Y2に対して不法行為（民法709条）による損害賠償請求権に基づき、それぞれ3,654万7,666円及び遅延損害金の連帯支払を求めた事案である。労災認定有。

結　果

　一部認容。
　Yらは、連帯して、X1に対し2,897万6,221円、X2に対し2,897万6,221円。

コメント

　本判決は、Y2のAに対する暴言、暴行、嫌がらせ、労働時間外での拘束、業務とは関係のない命令等を違法なパワハラと認めた。また、Y2がAに交際相手Eと別れた方がよいと言ったりしたことについて、Aのプライベートに対する干渉としてパワハラと認めており、パワハラ行為類型「私的なことに過度に立

ち入ること（個の侵害）」が認められた数少ない裁判例の1つといえよう。

　また、代表取締役Y3について、株式会社の役員等の第三者に対する損害賠償責任を定めた会社法429条を根拠として個人責任を認めた点も注目される。

判　旨

1　Y2によるAに対するパワハラ

(1)　Y2は、AがY1で勤務するようになった頃からAと面識があったが、遅くともAがD店に異動になった平成20年2月頃から、Aが仕事のミスをすると、「馬鹿だな。」、「使えねえな。」などといった発言をしたほか、尻、頭及び頬を叩くなどの暴行をしていた。

(2)　Y2は、AがF店で勤務していた平成21年4月から10月頃、Aの頭を厨房にあるしゃもじで殴ったことがあった。

(3)　Y1本部での朝礼においては、全体で雑誌を読み上げた上で、それに対する感想をY3等が指名した者が発表するということが行われていたところ、Y2は、AとY1本部での朝礼に出席した際、Aが上記雑誌に対する感想を発表する者に指名されたのに感想を言えずにいるのを見て、馬鹿やろう、早く言えよなどと言って、Aを叩いたことがあった。

(4)　Y2は、AがD店で勤務していた頃、Aの携帯電話を厨房とホールの間にある場所（デシャップ）に叩き付けるようにして置いたことがあった。

(5)　Y2は、AがD店で勤務していた頃、月に1回程度の割合で、Aや他の従業員に命じて、勤務時間終了後の深夜にニンニクの皮むきやニンニクを油で揚げる調理をさせていた。

(6)　Y2は、AがD店又はF店で勤務していた頃、数回にわたり、発注ミスや仕込みをしていないことを理由にして、Aが休日であることを認識しながら、Aを店舗に呼び出した上、数時間程度仕事をさせた。なお、上記発注ミス等に店舗にいる他の従業員で対応することは可能であった。

(7)　Y2は、遅刻をしたAに対して、次から遅刻したら罰金として5,000円又は1万円をもらうぞなどと言ったことがあった。

(8)　Y2は、Y2がくいしんぼG店のエリアマネージャーであった頃、G店の客が服にガムがついたからクリーニング代を払えと電話がかかってきたのに対

応した当時D店店長のAに、クリーニング代を支払わせたことがあった。

(9) Y2は、AがEと交際しているのを知った後、Aに対して別れた方がいいと話をし、その後、Aが携帯電話を替える際に新しい携帯電話の番号をEに教えない方がいいと伝えた。その後、Y2とAが一緒にいる際、Aの携帯電話にEから電話がかかってきたことにより、AがEに新しい携帯電話の番号を伝えていることが発覚した。すると、Y2は、Aが嘘をついたと叱責し、Aに対して暴行を加えた。なお、Eは平成21年4月にくいしんぼのアルバイトを辞めたが、その後もAと交際を続けていた。

(10) Y2は、同年7月15日午前3時10分頃、D店の事務室で、寝転がった休態でAの服（長袖シャツ）にライターの火を近づけたり離したりした。これに対して、Aは「あーいびりが始まった。いびりがまた。」、「いびりだ、いびり。やめてくださいよ、もう。」、「だからやめてくださいって、もう。」、「いびりだ、いびり。後輩いびりだ、後輩いびり。普通こうやって、あーもう、もう、いびりだ、いびり。」、「だめです。絶対だめです。」、「もうやだ、店長といると物が壊れる。」等と言って、Y2に上記行為をやめるようお願いした。すると、Y2は、Aの上記服を歯で噛みちぎるような動作をした。これに対して、Aは、「もう最悪。」、「何で穴開けるんですか。」などと言った。その後、上記服を横に置いたY2は、「寝ようぜ。疲れた。下からシャンプー取ってきて。A。」と言い、Aが「はい。」と返事をすると、「早く。」（直前の「早く。」より強い口調で）「早く。」と言い、Aが「はーい。」と返事をすると、「だらだらするなよ。だから仕事もできないんだよ。おせえんだよ。俺みたいにてきぱき動けよ。あと絆創膏。」、「A。」と言った。

(11) Y2は、Aに対して、仕事以外の場面で日常的に、物を取ってくるなどの使い走りを命じていた。

(12) Aは、勤務が終了したにもかかわらず、Y2がいるため帰宅できないことが何度かあった。

2 Aの長時間労働の有無について

Aは、D店で勤務し始めた平成20年2月頃から自殺する平成22年11月まで恒常的に1日当たり12時間30分以上の長時間労働をし、休日もほとんどない状態であった。

3 Aに対するY2のパワハラの有無について

(1) Y2は、Aに対して、AがD店で勤務し始めた平成20年2月頃から自殺す

る平成22年11月まで恒常的に、社会通念上相当と認められる限度を明らか
に超える暴言、暴行、嫌がらせ、労働時間外での拘束、Aのプライベートに
対する干渉、業務とは関係のない命令等のパワハラを行っていたというべき
であり、それらの行為によりAに対して生じた損害について不法行為に基づ
く損害賠償責任を負うというべきである。

(2) Y2は、暴行の程度についてそんなに強くない、暴言及び暴行についてA
が仕事上のミスが続いたことからやむなく行ったものであるなどと供述する
が、Y2とAは上司と部下の関係で、対等な関係ではなく、また、Y2はAが
かつていじめられていたことを認識しながら上記行為をしているのであっ
て、Y2の供述に係る事実を前提としても、Y2の行為が許されるものではなく、
Y2は不法行為責任を免れないというべきである。

4 長時間労働及びパワハラとAの自殺との間の相当因果関係の有無について

(1) Aは、遅くともD店で勤務し始めた平成20年2月頃から、恒常的に長時
間労働を行い、Y2からパワハラを受けていたのであり、これらによってA
には強度の心理的負荷がかかっていたといえる。

(2) そして、Aは、自殺する数か月前からは、顔色が悪く疲れた様子で食欲も
なく、交際していたEに対して、「うつ病かな。」と言うこともあった。また、
Aは、自殺する直前の平成22年11月7日午後9時又は10時頃、恒常的にパワ
ハラを受けていたY2からF店の椅子を運ぶ必要がある旨電話で言われ、電
話を切った後考え込んだ様子でしばらく動かなかったところ、Aは、2、3か
月前からY2よりF店の椅子を運ぶ必要がある旨言われていたのであるから、
Y2の電話での発言がAに対して過度のストレスを与えたことが推認される。
これらの事情からすれば、Aは自殺する数か月前又は遅くとも自殺する直前
には自殺を惹起させ得る精神障害を発症していたというべきである。J労働
基準監督署長がAは平成22年10月下旬頃精神障害を発症したと認定してい
ることも、これを裏付けるといえる。

(3) 他方、業務以外の原因でAが自殺したかを検討すると、本件に現れた一
切の事情によっても、Aの自殺の原因となる業務以外の要因を認めることは
できない。

5 Y1の安全配慮義務違反及び使用者責任の有無について

(1) 安全配慮義務違反

ア 使用者は、その雇用する労働者に従事させる業務を定めてこれを管理す

るに際し、業務の遂行に伴う疲労や心理的負荷等が過度に蓄積して労働者の心身の健康を損なうことがないよう注意する義務を負うと解するのが相当であり、使用者に代わって労働者に対し業務上の指揮監督を行う権限を有する者は、使用者の上記注意義務の内容に従って、その権限を行使すべきである。

この点、Y1にはくいしんぼ各店舗から売上報告書が毎日ファクシミリで送信されていたのであるから、Y1の労務担当者は、Aの長時間労働を認識していたか、少なくとも認識することができたというべきである。また、Y2は、店長又はエリアマネージャーとして、Aに対する指揮命令権限を有していたところ、Y2は、Aに対するパワハラの当事者である。

そうすると、Y1は、Aが長時間労働やY2によるパワハラにより、心身の健康を損なうことがないよう注意する義務（安全配慮義務）を負っていたにもかかわらず、これを怠っていたものと認められるから、Y1には安全配慮義務違反（債務不履行）が認められ、Aの死亡により生じた損害に対して賠償責任を負う。

イ　Yらは、Y1はAの自殺を予見できなかったと主張するが、Y1の負う安全配慮義務の履行補助者であるY1担当者及びY2は、Aの自殺の原因となった長時間労働やY2による暴言等を認識していたのであるから、Y1にAの自殺の予見可能性がないということはできず、Yらの主張は採用できない。

(2)　使用者責任

Y2は、Y1の被用者といえるところ、Y2の不法行為は、Y1の事業の執行について行われたものであるから、Y1には使用者責任も成立するというべきである。

6　Y3の会社法429条1項による損害賠償責任の有無

Y1のAに対する安全配慮義務は、労働基準法、労働安全衛生法及び労働契約法の各法令からも導かれるものであるから、Y3は、取締役としてY1が安全配慮義務を遵守する体制を整えるべき注意義務を負っていたところ、Y1は、くいしんぼの各店舗の店長が出席する店長会議を毎月1回開催しており、各店舗や店長の個別の状況についてもある程度把握することができると認められる。また、売上報告書は、毎日ファクシミリで、Y1本部に送信されていたのであって、Y3が売上報告書により社員の労働時間を認識することは容易に可能であったといえる。また、Y3は、Y2が朝礼においてAに対して暴言、暴

行を行ったことを認識した又は認識し得たのであるから、業務に関する上司の部下に対する行き過ぎた指導監督があることを知り得たというべきである。

そうであるところ、Y1の正社員である店長の長時間労働は、Aだけの問題ではなく、一般的なものであったこと、Y2も同様の長時間労働をしてきており、このような長時間労働を解消するための指導を受けることはなかったこと、Y2は、かつて自らが受けた指導方法と同様にAに接したものであり、エリアマネージャーになるに当たって、部下に対する指導監督の在り方について指導や研修等を受けたことはなく、また、朝礼における暴言、暴行を含めて、パワハラ行為について指導等を受けたことがないことが認められる。これらの事実に照らせば、Y1においては、業績向上を目指す余り、社員の長時間労働や上司によるパワハラ等を防止するための適切な労務管理ができる体制を何ら執っていなかったというべきである。そして、Y3は、長時間労働や上司による相当性の範囲を逸脱した指導監督の事実を認識し、又は容易に認識することができたにもかかわらず、何ら有効な対策を採らなかったのであり、故意又は重大な過失によりAに損害を生じさせたものとして、会社法429条1項による損害賠償責任を負うというべきである。

7　損害の有無及びその額並びに過失相殺について

(1)　葬儀費用

150万円を損害として認めるのが相当である。

(2)　逸失利益

4,588万4,283円

(3)　精神的損害（慰謝料）

ア　A

24歳の若さで自ら命を絶ったAの無念さは察するに余りあり、Aの年齢、Aが死亡するに至った経緯、被告らの不法行為、安全配慮義務違反、任務懈怠の態様、被告らの応訴態度等本件に現れた一切の事情を考慮し、Aの慰謝料として2,600万円を認めるのが相当である。

イ　Xら固有

Xらに生じた精神的損害は、Aの慰謝料を算定する際に考慮、評価されており、Aの慰謝料とは別にXら固有の慰謝料を認めることはできない。

(4)　過失相殺

Aに長時間労働及びY2のパワハラのほかに自殺の原因となる事情があっ

たとは認められない。

　　また、Y1担当者及びY2は、Aの自殺の原因となった長時間労働やY2による暴言等を認識していたのであるから、Aが相談等の対応を取らなかったことを理由に過失相殺を認めるべきではない。

　　さらに、Aが、平成21年11月又は12月頃から一人暮らしをしており、長時間労働のため両親とも会う機会が少なかったことに照らせば、たまたま短時間面談したX2において、X1と相談の上何らかの措置をとることが可能であったとは認められない。

　　以上のとおり、過失相殺は認められない。

(5)　損益相殺

　　Xらは、労災保険から葬祭料として116万7,840円、遺族補償一時金として1,946万4,000円を受給しており、控除されるべきである。

　　なお、遺族特別支給金は、労働福祉事業の一環として、被災労働者の療養生活の援護等によりその福祉の増進を図るために行われるものであり、被災労働者の損害をてん補する性質を有するということはできないから、被災労働者の損害額から控除することはできない。

(6)　弁護士費用

　　520万円

(7)　小括

　　以上によれば、AはYらに対して5,795万2,443円の損害賠償請求権を有していたことになり、Xらは、これを各自2分の1の割合で相続したことになるから、Yらに対して、2,897万6,221円の損害賠償請求権を有する。

<table>
<tr><td>

precedent

57

</td><td>

クレイン農協ほか事件

甲府地判　平27・1・13　　　　　労判1129号67頁

</td></tr>
</table>

事案の概要

　本件は、被告Y1農協のB支店に勤務し、平成22年3月28日に自殺したAの両親であるX1、X2が、Aの自殺は、Aの上司であるY2が、Aに対し、営業上のノルマを達成するよう叱責を繰り返し、さらには暴行を加えたことなどにより、Aが精神的にその職務負担に耐えきれなくなったことが原因であるなどと主張して、①Y2には、民法709条に基づき、②Y1には、民法715条に基づき、原告らそれぞれに対し、連帯して、金4,313万8,074円及び遅延損害金の支払を求めた事案である。労災認定有。

結　果

　一部認容。X1に対して1,485万4,033円、X2に対して2,001万6,651円。

コメント

　本判決は、Y1に勤めていたAの自殺は、通常の業務上の指導の範囲を逸脱したY2からのノルマ不達成を理由とする叱責や顔を殴るなどの暴行等による急性ストレス反応が原因であるとして、Y2に不法行為責任（民法709条）、Y1農協に使用者責任（同715条）を認めた。

　本判決が、ノルマについて、職員に一定のノルマを課すことやノルマの不達成を叱責すること自体は、一定の範囲で許容されるとしつつ、心理的負担を感じているAに対し、ノルマの不達成を叱責することが大きな心理的負荷にあた

るとしている点が参考になる。

判　旨

1　認定事実

（1）　Y2による叱責等

　　Y2は、Aに対して、下記（2）のとおりAが共済の獲得等のノルマを達成
できていなかったことから、月に2、3回程度叱責をしており、その際、必要
以上に大きな声を出していたことがあった。

（2）　ノルマの達成率

　　Aの平成20年度における長期共済契約ノルマのうち、平成20年4月～6月
までの達成率は10％であった。

　　また、平成21年度（同年2月～平成22年1月）における長期共済契約ノル
マの達成率は97％であった。

　　しかしながら、平成22年度（同年2月～平成23年1月）は、平成22年2月
及び3月で、年間目標の4％を達成しているにすぎなかった。

　　Y1では、ノルマを達成できない職員がいると、他の職員が穴埋めをしなけ
ればならないほか、支店の目標の達成を左右し、査定にも大きく響くなど、
他の職員にも迷惑がかかることになるため、Y1では、職員がノルマを達成で
きない場合自ら加入することが多かったが、Y2は、Aが亡くなるまで、1か
月当たり5万円を超える保険料を負担していたことまでは知らなかった。

（3）　本件暴行

　　平成22年2月10日、Y1のB支店において、進発式が開催された。

　　Aは、進発式終了後、Y2を自己の自動車で送り届けることになっていた。

　　Y2は、進発式において、Aに対し、今年も頑張ろうと言ったところ、Aは、
僕にはできませんと発言した。

　　進発式終了後、Y2は、戸外でAが自動車で迎えに来るのを待っていたが、
Aは、待ち合わせ場所に遅れて現れた。そこでY2は、腹を立て、Aに対し、
顔を3回殴り、腹を10回蹴るという暴行を振るった。現場には他のY1のB支
店の職員もおり、Y2は、同職員により、羽交い絞めにされて、止められた。
Aは、同暴行により、左眼に眼球打撲及び眼瞼皮下出血の傷害を負った。

(4) ファイルでの殴打

　Y2は、Aに対して、平成22年3月頃、AがY1のB支店の顧客にすぐに配達に行くと約束していたのに、これをせずに、自動車のタイヤ交換をしていたことから、仕事の優先順位が違うと叱責をし、手に持っていたクリアファイルでAをたたいた。

(5) Y2の自殺するなよという発言

　Y2は、Aはその時期や状況は具体的ではないものの、他の職員に対し、死にたいなどと発言していたことを知っていたにもかかわらず、Aに対し、笑いながら「自殺するなよ。」との発言をした。

(6) Y2の給与返還発言

　Y2は、平成22年3月24日、Aに対して、Aが、自らの担当している顧客に対して、代金の支払を受けていないのに商品を供給したり、売掛金や共済金の回収作業も怠ったりすることが非常に多かったことから「給料を返してもらわなければならない。」との発言をした。

(7) 自殺の態様

　Aは、平成22年3月25日に自宅を出た後、本来ならばY1のB支店に出勤すべきところ、これをせず、自動車を運転し各地を経て宮崎県都城市に至り、同月29日、山中において、木にゴムホースを掛ける方法で、首を吊っているところを発見された。

2　責任原因について

(1) 過失について

ア　ノルマの達成について

　Y1やY2からすれば、Aに課したノルマの量は他の職員の3分の1～4分の1程度と評価する程度であった。

　それにもかかわらずAのノルマの達成状況は芳しくなく、Y2は、月に2、3回、ノルマの達成を促す注意や時には大きな声を出して叱責を行っていた。

　これに対し、Aは、顧客の新規勧誘によってノルマをこなすことができず、ノルマを達成するため、平成21年11月の時点で、既に毎月5万円を超える保険料の負担を強いられており、平成22年度も、2か月で4％程度しかノルマが達成できていなかった。

　しかも、Aがノルマを達成できないことにより、他のB支店の職員に対しても迷惑を掛けることになっていた。

これらのことからすれば、Aにとって、ノルマの達成は大きな心理的負担になっていたことが認められる。

　　このことは、Aの異動の希望がかなわなかった平成22年2月10日の進発式で、Y2から「今年もがんばろう。」と言われたにもかかわらず、「自分にはできません。」と発言していたことからもうかがわれる（上司に向かってこのような発言をすること自体、Aの精神の不安定さを示すものといえる。）。

　　職員に一定のノルマを課すことやノルマの不達成を叱責すること自体は、一定の範囲で許容されるといい得る。しかしながら、上記のような心理的負担を感じているAに対し、ノルマの不達成を叱責すること自体、大きな心理的負荷をかけたと評価できる。

イ　本件暴行

　　本件暴行はその回数も多く、その態様も、Y1のB支店の職員から羽交い締めにされてようやくやめていることからすると、暴行の程度はひどく、執拗であったものといえる。

　　加えて、Y1内において、本来、業務に関した進発式において発生したことから、本件暴行を上部に報告すべきことであるのに、本件暴行の事実がY1のB支店の上部組織に報告がされておらず、Y1は何ら組織的に本件暴行に対する対応をしていない。

　　そうすると、このような暴力行為が、直接指導を受けることもある上司であり、かつ、B支店のトップであるY2からされたことに加えて、事後的にも、Y1内での対応がなかったことからすると、これがAに与えた心理的負荷は極めて大きかったといわなければならず、Aが正常な状態で、Y1のB支店での勤務を継続することは客観的にも困難な状況にあったといえる。

ウ　本件暴行後の状況

　　Y2は、本件暴行後においても、特段Aの精神状態に配慮することなく、Aの職務が適切にされていないことを理由に、他の職員もいる前で、叱責の際にファイルで殴打し、「給料を返してもらわなければならない。」との発言をするなどした。当時のAの状況からすると、これら一つ一つの行為によるAへの心理的影響は大きかったといわざるを得ず、Aが、これ以上、Y1で勤務することに困難を感じたとしても相当のものといえる。

エ　Y2は、自ら上記の行為を行っており、上記アでみたAの精神状態を認識

し得た上、そのような中でAに対し、笑いながら自殺するなよという趣旨の発言などをしていることからすると、Aの自殺につき予見可能性が認められ、過失があったといえる。

(2) 違法性について

Y2の各行為は、通常の業務上の指導の範囲を逸脱したものといえるから、違法性が認められる。

(3) 因果関係について

本件暴行等がAに与えた心理的負荷の程度は、総合的に見て過重で強いものであったと解されるところ、Aが無気力な発言をしていること、本件自殺の態様などに照らせば、Aは、従前から相当程度心理的ストレスが蓄積していたところに、本件暴行を受け、それに対するY1内部で適切な対応がされなかったことや、その後もY2による叱責等が続いたことなどにより、心理的ストレスが増加し、急性ストレス反応を発症したと認めるのが相当である。

そうすると、Aは、上記急性ストレス反応により、自殺するに至ったと認めるのが相当である。

したがって、Y2とAの死亡との間には、相当因果関係があるというべきである。

(4) まとめ

以上より、その余の主張を検討するまでもなく、Y2には民法709条に基づく不法行為責任が認められ、支店長であるY2を雇用していたY1には民法715条に基づく使用者責任が認められる。

3 過失相殺ないし素因減額について

(1) 労働者の業務の負担が過重であることを原因とする損害賠償請求において、裁判所は、加害者の賠償すべき額を決定するに当たり、損害を公平に分担させるという損害賠償法の理念に照らし、民法722条2項の過失相殺の規定を類推適用して、損害の発生又は拡大に寄与した被害者の性格等の心因的要因を一定の限度で斟酌することができるが、ある業務に従事する特定の労働者の性格が同種の業務に従事する労働者の個性の多様さとして通常想定される範囲を外れるものでない場合には、業務の負担が過重であることを原因とする損害賠償請求において使用者の賠償すべき額を決定するに当たり、その性格及びこれに基づく業務遂行の態様等を、心因的要因として斟酌することはできないというべきである。

これを本件についてみると、損害の発生又は拡大に寄与したAの性格や勤務態度は、まじめではあったが、事務処理を効率的に行うのが不得意であったことが認められる。しかし、このような性格等は、農業協同組合に従事する労働者の個性の多様さとして通常想定される範囲外とはいえない。したがって、Aの上記性格及びこれに基づく業務遂行の態様等を、心因的要因として斟酌することはできない。

(2)　しかし、Aは、Y1における勤務経験は短いものの、他の職も経験しており、新人とは異なることなどからすれば、何らかの健康上の問題があれば、Y1としては、Aからの申出や相談があることも期待できる状況であるといえ（Y2に申し出ることが困難であるとしても、Y1の本部に申告することは可能であると考えられる。）、被告らとして、Aの健康状態の悪化に気付きにくかったことは否定できない。また、労働者は、一般の社会人として、自己の健康の維持に配慮すべきことが期待されているのは当然であるが、Aは、昼食を抜くなどしており、休息の時間を適切に確保して自己の健康の維持に配慮すべき義務を怠った面があるというべきである。さらに、Aは、両親と同居していたところ、自己が抱える悩みを両親に相談することもなく、原告らに生活費として渡していた月額5万円の減額を申し出ることすらなかった。また、Aには、消防団に参加を強制されることも一つの悩みとしてあったこともうかがわれる。

　そして、Aの上記行為は、急性ストレス反応発症による自殺という損害の発生及び拡大に寄与しているというべきであるから、被告の賠償すべき額を決定するに当たり、民法722条2項の規定を適用ないし類推適用し、これらを斟酌し、損害額を3割減じることとする。

4　損害について

(1)　Aに発生した損害

ア　逸失利益　2,477万6,148円

イ　慰謝料　2,000万円

ウ　葬儀費用　150万円

エ　合計　4,627万6,148円

オ　過失相殺ないし素因減額後の残額　3,239万3,303円

カ　相続

　原告らは、それぞれ上記オの額を2分の1ずつ(1,619万6,651円)相続した。

(2)　原告ら固有の損害　各200万円

(3)　損益相殺

　　原告X1については、遺族補償年金等により合計469万2,618円の給付を受けているところ、死亡逸失利益に414万7,968円の、葬祭料に54万4,650円の填補がされたものというべきである。

　　以上によれば、

　　原告X1　1,350万4,033円

　　原告X2　1,819万6,651円となる。

(4)　弁護士費用

　　原告X1につき135万円、原告X2につき182万円

(5)　合計

　　以上より、原告X1の損害は合計1,485万4,033円、原告X2の損害は合計2,001万6,651円となる。

事案の概要

　Y法律事務所に事務職員として雇用されていたところ解雇されたXが、解雇が無効であるとして地位の確認を求めるとともに、上司であるA事務局長からパワーハラスメントを受けたとして慰謝料等を請求した事案である。

結　果

　一部認容。

　22万円（慰謝料20万、弁護士費用2万）。その他、解雇後の賃金、賞与、割増賃金及び付加金が認容されている。

コメント

　解雇の有効性が主要な争点となった事案ではあるが、加害者Aが作成したメモや発言が違法なパワハラと認められている。また、Aの発言の一部について、Xが当日交際相手に送ったメールの記載をもとに事実認定している点が参考になる。

判　旨

パワハラについて

1　認められるパワハラ

(1)　Aが、平成25年5月24日、大きく乱雑な字で「X様へ　はぁ〜？？時効の事ムで受任（＠52500）じゃないんでしょ？なぜ減額報酬を計上しないの？？ボランティア？？はぁ〜？？　理解不能。今後は全件Bさんにチェックしてもらう様にして下さい。」と記載したA4の用紙をXの机の上に置いたことは争いがない。上記の文書を置いたことは、その文面自体から業務指導の範囲を超えたXに対する嫌がらせとみるほかないのであって、不法行為に当たる。

(2)　Xは、Aが、平成24年12月26日、全件について和解前に弁護士が確認してほしいと申し入れたXに対し、「誰かに入れ知恵されてんだろ。お前の彼氏は確か弁護士になりたかったって言ってたな。それともお前の親族がうちが非弁だって言ってんだろ。うちの事務所にたかろうとしてるんだろ。そっちがその気なら徹底的にやるぞ。」と言った、と主張している。

Aが、平成24年12月26日、Xに対して、「徹底的にやるぞ。」と言ったことは争いがないところ、この点についてのXの主張は、この争いがない事実やその日にXが全件について和解前に弁護士が確認してほしいと申し入れた経緯に符合するものであって、この主張に沿うX供述は信用できる。

Xがその当時Yから不当な利益を得ようとしているような状況は見当たらないのであって、Yの主張は採用できない。

Aの言動は、業務体制の改善の提案をしたXに対して逆に不利益を課すことをほのめかすものであって、不法行為を構成する。

(3)　Aが、弁護士費用の一部を精算していなかったXに対し、他の職員の前で「これこそ横領だよ。」と言ったとするX供述は、Xが当日交際相手に送ったメールの記載に裏付けられており、信用できる。Xを犯罪者呼ばわりしたことは、不法行為に当たる。

(4)　Aが、Xの接客態度について、「気持ち悪い接客をしているからこういう気持ち悪いお客さんにつきまとわれるんだよ。Xさんはこういう気持ち悪い男が好きなのか。」と言ったとするX供述は、Xが当日交際相手に送ったメー

ルの記載に裏付けられており、信用できる。Aのこの言動は、Xに対する侮
辱であって、不法行為に当たる。

2　その余の主張

　　Xのパワハラについてのその余の主張は、的確な裏付けを欠くものであっ
て、採用できない。

3　損害

　　上記1のとおり認定したAのXに対する不法行為の態様からすれば、Xに
対する慰謝料は20万円、弁護士費用は2万円を相当額と認める。

precedent 59	サントリーホールディングスほか 事件（控訴審）
	東京高判　平27・1・28　　　　　　　　労経速2294号7頁 原審：東京地判　平26・7・31　労経速2284号11頁、労判1107号55頁

▌事案の概要

　本件は、被告Y1株式会社のグループ再編前のD株式会社及びグループ再編後のY1の従業員であったXが、Xの上司であったY2からパワーハラスメントを受けたことによりうつ病の診断を受けて休職を余儀なくされるなどし、また、Y1のコンプライアンス室長であったY3がY2の上記パワーハラスメント行為に対して適切な対応を取らなかったことによりXの精神的苦痛を拡大させたと主張した事案である。

　Xは、Y2及びY3には不法行為（民法709条、719条1項）が成立すると主張するとともに、DにはXに対する良好な作業環境を形成等すべき職場環境保持義務違反を理由とした債務不履行及びY2の使用者であること等を理由とした不法行為（民法715条1項、719条1項）が成立するところ、Dのグループ再編により設立されたY1はDのXに対する上記債務不履行及び不法行為に基づく損害賠償債務を承継したと主張して、被告らに対し、休業損害等合計2,424万6,488円の損害賠償金等の連帯支払を求めた事案である。

　第1審判決は、Y2の行為について違法性を認め、Dについても使用者責任の成立を認め、Y1はその債務を承継しているとした。そして、治療関係費、休業損害、慰謝料等の合計額に対して4割の素因減額をした上で、損益相殺をし、弁護士費用1割を加算し、297万円と遅延損害金の支払いを命じた。

▌結　果

一部認容。

165万円（慰謝料150万円、弁護士費用15万円）。

コメント

　本判決は、「新入社員以下だ。もう任せられない。」、「何で分からない。おまえは馬鹿。」といった言葉のパワハラを違法と認め、うつ病発症・進行との因果関係を認めた。これらの言葉について、医師が診察の際に聞き取った内容を記載した診療録を証拠として事実認定している点も参考になる。

　認容額については、治療関係費及び休業損害にかかる請求が減縮された上、Y2の行為の悪質性が高くないこと等を理由に、精神的損害に対する慰謝料150万円と弁護士費用、遅延損害金のみを認め、第1審よりも低い金額となった。

判　旨

1　Y2の不法行為の有無について

(1)　Y2によるXを誹謗中傷する言動について

　ア　Xは、平成19年4月11日のHホスピタルでの初診時において、医師に対し、Y2から「新入社員以下だ。もう任せられない。」と言われたことなどを話していたこと、同月14日のHホスピタルでの2回目の診察において、医師に対し、Y2は「何で分からない。おまえは馬鹿。」と誰にでも言う人物であること、今の部署で今の上司はつらいことなどを話していたことが認められること（甲17。なお、甲17は医師らがXの初診及び2回目の診察に聞き取った内容を記載した診療録であり、Xの話した内容は、平成24年6月に提起された本件訴訟を前提としないものと考えられ、信用性は高いものということができる。）、平成23年8月以降にY1コンプライアンス室において行われた調査によれば、平成19年当時のY2のXに対する指導が、叱り方の言葉、声の調子、指導が行われた場所等の観点から、行き過ぎた指導であったと証言する者がいたことが認められること、Y2は、指示された業務の納期を守らないなどとXの業務内容について不満を抱いていたと考えられ、Y1のコンプライアンス室による調査において、指導の行き過ぎ等を認める発言をしていることなどからすると、Xが主張するXを誹謗中傷するようなY2の言動のうち、少なくとも、Y2がXに対して「新入社員以下だ。

もう任せられない。」、「何で分からない。おまえは馬鹿。」との、又はこれ
に類する発言したことは認めることができる。

イ　Y らは、Y2 の言動は X を注意指導するために行われたものであって、X
　の上司としてすべき正当な業務の範囲内にあり、社会通念上許容される業
　務上の指導の範囲を超えたものではなかったと主張する。

　　そこで検討するに、X は、平成 19 年 4 月 11 日の H ホスピタルでの初診時
　において、医師に対し、Y2 から「新入社員以下だ。もう任せられない。」
　との発言があったことのほかに、Y2 から納期を守らないことなどで叱責さ
　れたことを話していたこと、X は、同月 14 日の H ホスピタルでの 2 回目の
　診察時においても、医師に対し、Y2 は頭の回転が速くて付いて行けない感
　じを持っているとも話していたことなどが認められることからすると、Y2
　の言動は、Y2 が X を注意、指導する中で行われたものであったと認められ
　るものであるが、一方、Y2 が X に対する嫌がらせ等の意図を有していたも
　のとは認めることはできない。

　　しかしながら、「新入社員以下だ。もう任せられない。」というような発
　言は X に対して屈辱を与え心理的負担を過度に加える行為であり、「何で分
　からない。おまえは馬鹿。」というような言動は X の名誉感情をいたずらに
　害する行為であるといえることからすると、これらの Y2 の言動は、X に対
　する注意又は指導のための言動として許容される限度を超え、相当性を欠
　くものであったと評価せざるを得ないというべきであるから、X に対する
　不法行為を構成するものと認められる。

(2)　Y2 が診断書を棚上げにしたことについて

　　X は、平成 19 年 4 月 12 日、Y2 に対し、うつ病の診断結果の記載のある診
　断書を提出し、休職を願い出たことが認められる。そして、X は、同月 14 日
　に H ホスピタルを受診した際、医師に対し、同日 12 日に診断書を Y2 に提出
　したところ、Y2 から、3 ヵ月の休養については有給休暇で消化してくれと言
　われたこと、隣の部署に異動する予定であるが、3 ヵ月の休みを取るならば
　異動の話は白紙に戻さざるを得ず、Y2 の下で仕事を続けることになると言わ
　れたこと、4 月 16 日までに異動ができるかどうかの返答をするように言われ
　て困ったことなどを話していたことが認められること（甲 17。なお、甲 17 は
　X を診察した医師が、X が Y2 に対して診断書を提出した 2 日後に X から聞き
　取った内容を記載したものであり、X の話した内容は、本件訴訟を前提とし

ないものと考えられるなど、信用性は高いものということができる。）から
すると、Y2は、診断書をXから受領した際、Xに対し、3ヵ月の休養につい
ては有給休暇で消化してほしいこと、Xが隣の部署に異動する予定であるが、
3ヵ月の休みを取るならば上記異動の話は白紙に戻さざるを得ず、Y2の下で
仕事を続けることになること、この点について平成19年4月16日までに異動
ができるかどうかの返答をするように告げたことが認められる。

　　Y2の上記言動は、診断書を見ることにより、Y2の部下であるXがうつ病
に罹患したことを認識したにもかかわらず、Xの休職の申出を阻害する結果
を生じさせるものであって、Xの上司の立場にある者として、部下であるX
の心身に対する配慮を欠く言動として不法行為を構成するものといわざるを
得ない。

(3)　Y2が平成19年5月に出勤したXに対してXがうつ病に罹患していること
を認識しながらハラスメント行為を行ったか否かについて

　　Y2が、平成19年4月上旬頃、Xに対し、Dで開催予定のパーティーに必要
となる飲食物提供の手伝いを依頼したこと、XがY2の上記依頼を了解したこ
と、Xが上記パーティーの1週間ほど前に、Y2に対し、主治医に相談したと
ころ、飲食物提供の手伝いを行うことは負担になるので断った方がよいとの
アドバイスを受けたため他の人に変わってもらいたいと伝えたこと、Xは、
同年5月23日にHホスピタルを受診した際、医師に対し、上記の出来事に関
して、Y2からかなり不満顔でいろいろ言われた旨の話をしていたことが認め
られる。

　　しかしながら、Y2がXに対して具体的にどのような言動を行ったかを認め
るに足りる証拠はなく、Y2がかなり不満顔であったとすることについては、
Xの主観によって判断されるものであること、さらに、Y2はXからの申出を
受けてXを手伝いから外し、Xに代えて他の者を補充したもので、Y2がXの
申出を受け入れて対応していたことなどに照らすと、平成19年5月以降も、
Y2がXに対して不法行為を行ったとするXの主張は認められない。

(4)　その他の不法行為の有無

　　XのY2の不法行為に係るその余の主張はいずれも理由がない。

(5)　うつ病との因果関係

　　Y2のXに対する上記（1）及び（2）の不法行為によって、Xがうつ病を発
症し、またうつ病からの回復のために速やかに休職等を取る機会を奪ったも

のということができ、このようなY2の行為は、Xのうつ病の発症及び進行に影響を与えた違法なものといわざるを得ず、Y2は、Xのうつ病の発症及び進行に対して不法行為責任を負う。

2　Y3の不法行為の有無について

(1)　Xは、Xが通報した事実関係について、Y3は誠実かつ適切な調査を行い、その調査結果に基づいてしかるべき対応を取るべきであったにもかかわらず、意図的にこれを怠り、明確な根拠も示さないまま判断基準、判断経過などの開示を拒否したことなどが不法行為を構成すると主張する。

　　しかしながら、Y3は、平成23年6月30日にXとの間で初回の面談を行った後、平成23年7月13日から同年8月1日までの間、Xが企画Gで勤務していた当時にXとY2の周囲で勤務していた5人の者に対して、Y2とXの当時のやり取り等を面談又はメールにて事情聴取したこと、Y3は、Xとの間で6回にわたって面談を行ったこと、Y3は、上記面談において、Y2の行為がパワーハラスメントに当たらないという理由について根拠を示しながら口頭で説明したこと、Y3は、Y2との間で2回の面談を行い、Y2に対してXに対する当時の注意指導の在り方について省みさせ、Y2において注意指導の方法に行き過ぎの部分があったこと等の反省に至らせたことなどが認められる。

　　以上の事実によると、Y3は、X及びY2双方に事情を聞くとともに、複数の関係者に対して当時の状況を確認するなどして適切な調査を行ったものといえる。そして、Y1においては通報・相談内容及び調査過程で得られた個人情報やプライバシー情報を正当な事由なく開示してはならないとされていることからすると、Y3において、調査結果や判断過程等の開示を文書でしなかったことには合理性があったものといえ、しかも、Y3は、Xに対し、Y2への調査内容等を示しながら、口頭でY2の行為がパワーハラスメントに当たらないとの判断を示すなどしていたものであって、Y3に違法があったということはできず、Xの上記主張は理由がない。

(2)　また、Xは、Y3が、Xとの面談において、Y2の行為がパワーハラスメントに該当しないことが所与のものであるかのような態度を取り続け、逆にXが病気に至る過程で過負荷状態を適切に周囲に相談できなかったことがXの病気悪化の原因であると断定し、あたかも本件の端緒から発病に至るまでの経緯もXのせいであるかのように述べ、本件自体のもみ消しを図ったことが不法行為を構成すると主張する。

しかしながら、Y3が適切な調査等を行ったことは上記（1）に説示したとおりであることに加え、Y3は、Xに対し、Y2がXに対する自身の指導が厳しかったり度を超えていたりしたことがあったことを認めていること、Y2がXに対する配慮がなかったと反省していること、Y2は平成19年3月にはXの体調がおかしい様子であることに気付いたにもかかわらず、Xに課す業務量を減らすことを考えなかったこと、本件診断書を提出したXに対してY2が長期休暇を取らせなかったことが判断ミスといえることを告げており、その上で、Y1における内部基準に照らせば、Y2の行為がパワーハラスメントに当たらないことを説明したことが認められ、以上によると、Y3において、Y2の行為がパワーハラスメントに該当しないことが所与のものであるかのような態度を取り続け、本件自体のもみ消しを図ったと認められるものではなく、Xの主張は理由がない。

3　D及びY1の責任の有無について

　Y2のXに対する行為は、Dの事業の執行について行われたものであって、上記1に説示したとおり不法行為を構成する以上、Y2の使用者であるDには使用者責任が成立する。

　なお、本件全証拠を検討しても、D又はY1に職場環境保持義務違反及びY1自身のXに対する不法行為を認めるに足りる証拠はなく、D又はY1の債務不履行責任及び共同不法行為責任に係るXの主張はいずれも理由がない。

4　損害の有無及びその額について

（1）Xは、遅くとも平成19年4月の時点でうつ病を発症して、同月11日、うつ病の診断を受け、精神の不調により、同月13日から同年5月6日まで及び同年7月12日から平成20年7月31日までの間休業し、復職した後も通院を継続しているものであるところ、Y2の不法行為は、Xのうつ病の発症及び進行に影響を与えたものであって、両者の間に相当因果関係を認めることができる。

　これに対し、Yらは、Xのうつ病の発症は、Xのぜい弱性や正確傾向に起因するものであり、Y2の言動との間に因果関係はない旨主張する。

　確かに、Xが平成18年にもうつ病の診断を受けて抗うつ薬を服用していたことからすると、平成19年のうつ病の発症及び進行について、Xの素因が寄与した面が大きいことは否定できない。

　しかし、Y2の不法行為は、平成19年2月以降、Xの労働時間が著しく増加

し、直属の上司であったY2から厳しい指導を受ける機会も増えていたことに伴い、Xの精神的負荷が増大していた中でなされたものであって、当該行為がXのうつ病の発症及び進行に寄与したことは優に認められるというべきであり、その状況はY2において十分認識可能であったと認められるから、Yらの主張を採用することはできない。

(2)　逸失利益（認定できない。）

　X の平成18年1月1日から同年12月31日までを対象期間とした人事考課において、全7項目に関するY2のXに対する評価は、A1（同等資格の中位を明らかに上回る）が1つ、A2（同等資格の中位）が3つ、A3（同等資格の中位をやや下回る）が3つであり、Xに対する全体的な評価はA2であることや、平成18年におけるXの業務遂行状況等に照らすと、平成19年度以降、XがA1を取得した可能性が高かったと直ちに認められるものではない。そして、本件全証拠を検討しても、Xが平成19年度以降にA1の評価を得るなどして昇給したことを認めるに十分ではないことからすると、Xの逸失利益に関する主張は理由がない。

(3)　慰謝料　150万円

　Xは、うつ病を発症して1年以上の休業を余儀なくされ、復職後も通院を継続し、障害等級2級の認定を受けるなど、精神的不調が続いている反面、Y2による不法行為は、Xに対し、「新入社員以下だ。もう任せられない。」、「何で分からない。おまえは馬鹿。」と発言し、あるいはXが診断書を提出して休職を願い出た際、3ヵ月の休みを取ると異動の話を白紙に戻さざるを得ない旨を告げるなどしたというもので、部下に対する業務に関する叱責の行き過ぎや、精神的不調を訴える部下への対応が不適切であったというものにとどまり、悪質性が高いとはいえず、Xがうつ病を発症し、精神的不調が続いていることについては、Xの素因が寄与している面が大きいこと、Xが平成20年8月に復職した後、時間外労働や所外勤務も行うなど、勤務状況は順調であり、精神状態が一定程度回復した状況が窺われることなどを考慮すると、Xの精神的損害に対する慰謝料は150万円と認めるのが相当である。

(4)　素因減額及び過失相殺

　慰謝料はXの素因をも考慮して認定したものであるから、さらに素因により減額すべきではない。

　また、過失相殺をすべきほどのXの職務懈怠を認めることはできない。

(5) 損益相殺

　　Xが受給した障害年金及び労災保険給付金は精神上の損害の填補を目的と
するものではないから、慰謝料から控除することはできない。

(6) 弁護士費用

　　15万円が相当である。

5 消滅時効の成否について

　　Xは、Y2の言動による不法行為を原因として平成19年4月11日にうつ病
と診断された以降、心因性の諸症状を併発し、複数の病院への通院を行った
ものであることが認められ、平成23年10月11日には障害等級2級の認定を
受け、この点が明らかとなったものであることからすると、XがY2の言動に
よる不法行為によって被った損害賠償請求権の消滅時効については、早くと
も平成23年10月以降に進行を開始するものということができる。

　　したがって、上記損害賠償請求権の消滅時効の完成をいうYらの主張は理
由がない。

6 Y1の損害賠償債務の承継の有無について

　　Y1とDの吸収分割は、Dがコーポレート部門において営む事業に関して有
する権利義務の一部等をY1に承継させるものであって、承継される資産、
債務、雇用契約その他の権利義務は、効力発生日である平成21年4月1日に
おいて、Dがコーポレート部門において営む事業に関して有する資産及び権
利、同事業に関して負担する債務及び義務並びに同事業に関して有する契約
上の地位とされたことが認められる。

　　本件において、Y2の言動に係る不法行為につき、Dが民法715条によって
Xに対して負う損害賠償債務については、Y2がD調達開発部の事業の執行の
際に行った不法行為に基づいて発生したものということができるから、平成
21年4月1日時点において、Dがコーポレート部門に関して負担する債務及
び義務ということができ、Y1は同損害賠償債務を承継しているものと認める
ことができる。

事案の概要

　本件は、国家公務員共済組合連合会（Y連合会）の運営する病院に看護師として勤務していたXが、同病院の看護師長であるY1らのパワーハラスメントにより適応障害を発症し退職せざるを得なくなったとして、Y1に対しては、不法行為による損害賠償請求権に基づき、Y連合会に対しては使用者責任又は債務不履行による損害賠償請求権に基づき、連帯して、損害金314万9,916円及び遅延損害金の支払を求めた事案である。

結　果

　一部認容

　119万9,916円（内訳：休業損害61万5,166円、治療費及び交通費18万4,750円、慰謝料30万円、弁護士費用相当損害金10万円）

コメント

　本件は、Y1のXに対する発言が、子の養育や体調不良による休暇取得を責める発言は有給休暇を取得しづらい状況を作出するものである等として違法と認められた事案であり、育児ハラスメントの側面も有する。

　また、本判決は、Y1の発言について、Xの日記を証拠として事実認定しており、「日記の各記載は、日毎に出来事があった都度その内容を記載し、周囲から言われたことについてはその具体的発言を記し、加えてそれらの出来事等に対

するXの気持ちが率直に記されたものである」と述べて日記の信用性を認めている点が参考になる。

さらに、医療過誤事件の対応に関するY1言動4については、他の看護師に対する扱いとの公平性に着目して違法性を認定している。

判　旨

1　認定事実

(1)　前師長とのやりとり

　XはY連合会と平成24年4月1日から平成25年3月末までの1年間の雇用契約を締結し、常勤的非常勤として勤務を開始した。

　Xは、勤務開始当初から子の病気等のため急な休暇を取ることがあり、平成24年11月に子が交通事故に遭って入院し、同月14日から平成25年1月11日まではその看護のため休みを取得するなどしたため、1年目の13日間の有給休暇は全て取得し、少なくとも35日程度欠勤した。

　前師長は、Xの勤務態度について、休暇が多いことのほか、病棟で患者と接している時間が少ない、患者に対する態度が馴れ馴れしいと評価していたが、X本人に直接注意をしたことはなかった。

　前師長は、平成25年1月頃から数回、Xに対し、Xに合う病院がほかにもあるのではないかなどと話し、これに対し、Xは、辞めたくない、子育てについても夫と母と頑張る旨を表明した。

　Y連合会においては、常勤的非常勤職員として1年間勤務した後、正職員として採用されることがあったが、前師長は、同年2月26日頃、Xに対し、急な休みや欠勤が多いことなどを理由に正職員への推薦はできない旨を伝えた。

　その後、Xは、同年3月初旬に一旦退職の意思表示をしたが、母に相談をした結果、退職の意思表示を撤回し、前師長に対し、子育てについては母が協力体制を取ってくれることになったから頑張る旨を伝えた。

(2)　Y1師長とのやりとり

　ア　XとY連合会は、平成25年4月1日、前年度と同様の雇用契約を締結した。

　　同日、Y病院南2階病棟の看護師長が前師長からY1に交代した。

イ　Xは、平成25年4月9日、3番目の娘が数日前からインフルエンザに罹患
しており、自身も体調が悪かったため、インフルエンザに罹患した可能性
があるため受診し早退したい旨をY1に申し出た。同日時点で、Xの有給休
暇は残っていた。

　　Y1は、前師長からの引継ぎも踏まえ、Xが子のことで休まないと約束し
たと認識していたことから、Xに対し、「受診してもいいけどしない方が良
いんじゃない。Xさんもう休めないでしょ。」、「受診してもいいけど、娘が
インフルにかかっているとかは言わない方がいい。インフルエンザの検査
もしないで。」などと発言した（以下「Y1言動1」という。）。

　　Xは、同日、受診しインフルエンザの検査を受け（検査結果は陰性であっ
た。）、早退はしなかった。

ウ　Xは、平成25年5月17日、4番目の娘が通う保育園から、40度の熱、嘔
吐及び下痢のため迎えに来てほしいとの連絡を受け、夫もXの母も都合が
つかなかったため、Y1に申し出て早退した。

　　Y1は、Xに対し、「子供のことで一切職場に迷惑をかけないと部長と話
したんじゃないの。年休あるから使ってもいいけど。私は上にも何も隠さ
ずありのままを話すから。今度あなたとは面談する。」などと発言した（以
下「Y1言動2」という。）。

エ　Y1は、平成25年6月11日の定例の面談において、Xに対し、「Aさんと
Bさん（いずれも看護師）とつるむな。」、「一緒にいるとあなたが駄目にな
る。」、「私が上にXは無理ですと言ったらいつでも首にできるんだから。」
などと発言した（以下「Y1言動3」という。）。

オ　Xは、平成25年8月、Y1による退職希望の調査に対し、退職希望を表明した。

カ　Y1は、平成25年9月19日頃、同月17日から18日に発生した患者の薬の
取り違え事故（本件過誤）の事実経過を聴取等する際、他の看護師もいる
ナースステーションでXを厳しく叱責した。また、Y1は、過誤防止対策の
一環として、関与した看護師に対して当日の出来事を時系列で書いて提出
するよう指示したが、Xに対しては、反省文を書くよう求めた（以下「Y1
言動4」という。）。

キ　平成25年7月頃から、Xには、胃が痛い、食欲がない、通勤の際病院に
近づくと息苦しくなる、不眠等の症状が生じた。Xの上記症状について、
Y1は認識していなかった。

Xは、同年4月以降は、有給休暇の範囲内で休暇を取得し、欠勤したことはなかったが、同年11月頃、心療内科を受診し、適応障害との診断を受け、平成25年11月28日から平成26年3月31日まで病気休業した。

ク　Xは、休業中の平成26年2月12日、Y病院の看護部長及び産業医であるC医師と面談をした。その際、C医師は、Xに対し、「Xさんのこれからの将来もあるし、ここはひとつ大人になって一歩引いた方がいいと思う。」、「何回かうちの病院も訴訟とかあったけど全部勝ってきてるしね。このまま大人しくしてた方がXさんのためかもしれんよ。」などと話した。

ケ　Xは、平成26年3月31日、退職した。

(3)　Xは、Y連合会を退職した後、同年7月から別の病院で勤務したが、適応障害の症状が再度生じたため、同年9月中旬頃から同年11月末まで休職し、同年12月1日から復職予定であったが、平成27年3月末までの予定で休職中である。

(4)　Yらは、Y1によるY1言動1から4までを否認し、Y1は、Y1言動2について子供のことで休まないと約束したのにいいのかと確認したこと、Y1言動3について同僚2人との私語が多いなどと注意をしたこと、Y1言動4について詰所で本件過誤の事実関係を確認し、反省文を書くように捉えられるような発言をしたかもしれないこと及び指導に当たりXにきつく言ったことがあったことは認め、その余については発言を否定する供述をする。しかし、Xの日記の各記載は、日毎に出来事があった都度その内容を記載し、周囲から言われたことについてはその具体的発言を記し、加えてそれらの出来事等に対するXの気持ちが率直に記されたものであると認められ、Y1自身が認めている上記の点等にも鑑みると、同日記が頁の抜き差しが可能な手帳であるという点を考慮しても、基本的に信用でき、概ね日記に記載のとおりの発言等がY1にあったというべきであって、これに反するY1の供述は採用することができない。

2　不法行為の成否について

(1)　Y1言動1から4までについて

ア　労働基準法39条所定の要件を満たす場合、労働者は法律上当然に所定日数の有給休暇を取る権利を取得し、使用者はこれを与えるのみならず、労働者が有給休暇を取ることを妨げてはならない義務を負う。前記認定にかかるY1言動1及び2は、Xが有給休暇を取得することは望ましくないとす

る意思を表明するものであるところ、直属の上司としてのそのような発言は、結果として有給休暇を取得したとしても、その後に有給休暇を取りにくい状況を作出したり、有給休暇を取得したこと自体が人事評価に影響するなどの発言とともにされた場合には、使用者の上記義務に反し、労働者の有給休暇の権利を侵害するものというべきである。

これをY1言動1についてみると、Xからの受診及び早退の申出が急にされたものであることを前提としても、インフルエンザに罹患した可能性があるのにその検査をしないよう求めること自体が医療従事者として不適切といわざるを得ない上、Xは受診しインフルエンザに罹患していなかったが結局早退しなかったこと、Y1言動2においては、Xが急病の子を保育園に迎えに行くためやむを得ず早退を申し出たという事情にもかかわらず、有給休暇を取得した場合には評価にも関わるとのXを威圧する発言と併せてされたことに鑑みると、前年度にXが全ての有給休暇を取得したほか欠勤も相当期間あったことを考慮しても、なお違法というべきである。

イ　次にY1言動3についてみると、「AさんとBさん（いずれも看護師）とつるむな。」及び「一緒にいるとあなたが駄目になる。」旨の発言については、同僚の看護師との私語等が全くないにもかかわらずあえてされたものとは証拠上認められず、私語等の勤務中の態度に対する注意や指導として許容される相当な範囲を逸脱するものと直ちにはいえない。他方、「私が上にXは無理ですと言ったらいつでも首にできるんだから。」との発言は、1年の期間の定めのある雇用契約の下で勤務するXに対し、雇用契約の継続について不安を生じさせ得るものであるから、少なくともその根拠となるに足りる事情が存在し、そのことについての指導等を行った上ですべきであるが、平成25年4月に2度目の雇用契約がされてから2か月が経過した同年6月時点において、Xについて雇用契約の継続に影響するような勤務状況があり、そのことについてY1らが指導をしていた等の事情は記録上うかがわれないから、配下にある者に対し過度に不安を生じさせる違法な行為というべきである。

ウ　Y1言動4は、Xも自身に責任があることを認めている本件過誤に関しされたものであるところ、その重大性に照らすと、ナースステーションにおける叱責が、上司として許容される相当な指導の範囲を逸脱するものと直ちにいうことは困難である。しかし、本件過誤に関与した他の看護師2名

と比較してＸの落ち度が明らかに大きいとは認められないにもかかわらず、他の2名の看護師が作成した報告書とはその趣旨が異なるといえる反省文をＸにのみ書かせたことは、複数の部下を指導監督する者として公平に失する扱いであったといわざるを得ず、反省文提出までにされた口頭での指導ないし叱責についても、他の看護師と比較して長時間かつ厳しいものであったことがうかがわれる。

エ　以上によれば、Ｙ1言動1から4までは、いずれも客観的には部下という弱い立場にあるＸを過度に威圧する言動と評価すべきであって、Ｙ病院南2階病棟の看護師長として、Ｘを含む同病棟に勤務する複数の看護師を指導監督する立場にある者の言動として、社会通念上許容される相当な限度を超えて、配下にある者に過重な心理的負担を与える違法なものと認められ、不法行為に該当するというべきである。

オ　そして、Ｙ連合会の使用するＹ1のＹ1言動1から4までの各行為は、Ｙ連合会のＹ病院の運営という業務においてされたもので、その事業の執行について行われたものであるから、Ｙ連合会はＸに対し使用者責任を負うと認められる。

(2)　Ｃ医師の発言について

　　Ｘは、平成26年2月12日の産業医であるＣ医師の発言についても不法行為に当たると主張する。この点、Ｃ医師が、同日の面談の際、Ｘに対し、「Ｘさんのこれからの将来もあるし、ここはひとつ大人になって一歩引いた方がいいと思う。」、「何回かうちの病院も訴訟とかあったけど全部勝ってきてるしね。このまま大人しくしてた方がＸさんのためかもしれんよ。」などの発言をしたことは前記認定のとおりである。しかし、上記発言が、Ｘに対するアドバイスを超えて、Ｙ1との件について訴訟を提起しないようことさらに求めたり、Ｘを脅したりするものとは解されないから、Ｘの上記主張には理由がない。

3　Ｘに生じた損害額について

(1)　Ｘは、Ｙ1言動1から4までが主たる契機となって、平成25年7月頃から食欲不振や不眠等の症状が生じ、同年11月には適応障害の診断を受け、病気休業に至ったものと認められ、ＹらはそのためにＸに生じた損害を賠償しなければならない。

(2)　各損害

ア　休業損害　61万5,166円

イ　治療費及び交通費　18万4,750円

ウ　慰謝料　30万円

エ　弁護士費用相当損害金　10万円

公立八鹿病院組合ほか事件
（控訴審）

広島高松江支判　平27・3・18　　　労判1118号25頁
原審：鳥取地裁米子支判　平26・5・26　労判1099号5頁

事案の概要

　本件は、X1とX2が、公立Y組合の運営するB病院に医師として勤務していたXらの子Aが、同病院における過重労働や上司らのパワーハラスメントにより、遅くとも平成19年12月上旬には、うつ病を発症し、自殺に至ったとして、Y組合およびY1（A勤務当時のB病院の整形外科医長かつAの上司）、Y2（A勤務当時のB病院の整形外科部長であり、A及びY1の上司）に対し、債務不履行又は不法行為に基づく損害賠償を請求した事案である。労災認定有。

　1審判決は、Y組合の債務不履行および不法行為責任、ならびにY1およびY2の不法行為責任を認めて、2割の過失相殺のうえ、Yらに対し、連帯して、X1に対し2,000万2,268円、X2に対し6,012万7,268円の支払いを命じた。

結　果

　一部認容。
　Yは、X1に対し3,081万8,745円、X2に対し6,929万3,745円。

コメント

　本判決は、業務上の注意の際に行われた軽度の暴行や言葉について「社会通念上許容される指導又は叱責の範囲を明らかに超える」として、違法なパワハラと認めた。そして、長時間労働や継続的なパワハラ等の過重労働によりAがうつ病を発症し、自殺したものとして因果関係を認めた。

本判決は、Y組合の責任について、1審判決とは異なり、不法行為責任ではなく国家賠償法（以下「国賠法」という。）1条に基づく責任を認めた。Y組合がとるべき安全配慮義務の内容について、具体的に判示している点が参考になる。

一方、Y1及びY2ついては、公務員個人は責任を負わないという最高裁判決（最判昭53.10.20）に基づいて責任を否定した。

また、1審判決は2割の過失相殺を認めていたが、本判決は過失相殺を否定し、1審判決を上回る金額を認容している。

判　旨

1　パワハラに関連する事実

(1)　Y1による暴行

Aは、平成19年11月12日（以下、年の記載がない月日は、平成19年を指す）、Y2、Y1、看護師、ソーシャルワーカー及び理学療法士と病棟の総合回診をしていた際、Y1から、「メモを取っているか、同じことを何度も言わせるな。」と注意された。

また、同日の総合回診時、612号室にて、腰椎圧迫骨折でギプスを巻いており、起き上がりや短時間の座位の保持ができるがしばらく立ったことのない患者に立ち上がってもらうといったことがあった。このような場合、患者の転倒を防ぐために、介助者は前面に回って患者に向き合うようにして支えるべきであったが、Aは、同患者が立ち上がるために邪魔になるベッドの柵を外し、同患者が寝ている状態から座位になっている間、同患者の背中側におり、立ち上がろうとする際に、患者の前面に移動しようとしたところ、Y1から握り拳で1回、ノックするように頭を叩かれて（以下「本件暴行」という。）、危ないと注意された。同患者の介助は、理学療養士が患者の動作を制止し、前面から支えるようにして行った。

本件暴行は、その頃、これを目撃していた看護師から看護師長、看護部長を経てG院長に報告された。同院長は、Y2と相談し、まず同人がY1を指導し、効果が出なければ、G院長が対応することにしたが、Y2は本件暴行の程度や指導した場合に悪影響が出るのではないか等と考え、Y1に同暴行につき指導することはなく、また、G院長もY2に対し、指導の有無やその結果につき確

認しなかった。

(2)　手術の際のY2の発言

　Aは、11月28日に、3件の手術に参加しているが、うち1件目の際は、ドレーピングの際に不潔になりそうになり、Y1から「後ろに立っていろ。」と言われ、ドレーピング等手術準備ができた後、「なにしとんや、こっちに来い。」と言われて指示された立ち位置に、下向き加減でじっと立っていた。また、Aは、2件目の際は、術中不潔となったため、腰にシーツを巻き、Y1から「動いたら、不潔になるから、そこにいろ。」と言われた。

　3件目の手術は午後6時35分から開始されているが、Aは、同手術につき、Y2からあらかじめ指示されていた手術の機材の手配を忘れ、また、手術室のオーダーも本来の期限後である2日前にしていた。なお、同機材の手配はY2がした。

　Aは、Y2の指導の下、同手術を執刀したが、同人から「メスの当て方が違う。」「電気メスが当たってはいけない所に当たっている。」などと何度も注意を受け、患者の体格が大きいこともありなかなか手術が進まず、「大学で出来たことがなぜ出来んのだ。」などとも言われた。また、Aは、手術中に機材が一部足りないことが分かり、時間的に業者にも依頼できず、手術室内の他の機材でも代用できない状態となった際に、興奮したY2から、「田舎の病院だと思ってなめとるのか。」などと大声で言われ、淡々と、「すいません、忘れてました。」と謝罪を繰り返した。なお、手術は看護師が手術室外から探してきた他の工具を代用して終了したが、手術中に入室したY1がY2に対し、「何で切らせたんですか。」と言い、Y2が「主治医なんだから、やらせないと。」と大声で応答したこともあった。

(3)　12月5日のY1の発言

　Aは、12月5日、3件の手術に参加しているところ、1件目の手術前の手洗い中、A担当の入院患者が転倒したとの連絡を受けた際、様子を見るよう指示したことにつき、Y1から、実際に診察をしてくるよう注意を受けるとともに、Aの仕事ぶりでは給料分に相当していないことやそのような仕事ぶりを「両親に連絡しようか。」といった内容を、コメディカルもいる前で大声で言われ、何も応答できなかった。

　また、Aは、同手術の進行に応じて、患者の膝を屈曲又は伸展することができず、指示を受けて行ったものの、無影灯から術部がずれてしまうため、

Y1から「邪魔してるのか。」と言われ、手が出せなくなった。

2　過重労働並びにY2及びY1によるパワハラの存否について

(1)　Aの時間外勤務時間

　　B病院における医師の出退勤時間の管理は、出退勤記録によってなされており、Aについては記録がない日も多いが、記録が残された日については、A自身が出退勤時間として申告をしている以上、これに従って労働時間を算定すべきである。そして、同記録がない部分については、救急業務記録簿の記録及び電子カルテのログイン・ログアウト時間を参考とする。

　　Aの時間外勤務時間は、10月は205時間50分、11月は175時間40分、自殺前3週間では121時間36分、自殺前4週間では167時間42分に及んでいたもので、いずれも臨床上、心身の極度の疲弊、消耗を来たし、うつ病等の原因となる場合に該当するとされる状況であったと評価し得る。

(2)　Aの業務の過重性について（パワハラの有無を含む。）

ア　Aは、B病院赴任初日に午後3時頃までかけて21名を、翌日には午後5時30分以降までかけて初診患者10名を含む26名を診察し、以後も再来担当日（月、金曜日）各日30名前後を、初診担当日（火曜日）は各日6名ないし8名の新患を含め10名ないし20名程度の患者を診察している。同診察数は、特に過重と評価すべき件数ではないともいい得るが、Aは本件病院赴任前に外来診察の経験が乏しかったことや、そのために現実に診察に長時間を要していたことを考慮すると、同人に相当程度重い心理的負荷が生じるに十分な診察患者数であったといわざるを得ない。

イ　そして、（ア）11月12日にY1が本件暴行を行ったこと、及び、その頃、Y2がG院長よりこれにつき指導するように言われたにもかかわらずしなかったこと、（イ）11月28日の手術の際に、Y2が「田舎の病院だと思ってなめとるのか。」と言ったこと、並びに、（ウ）12月5日、Y1がAに対し、その仕事ぶりでは給料分に相当していないこと及びこれを「両親に連絡しようか。」などと言ったことなどについては、各行為の前後の状況に照らしても、社会通念上許容される指導又は叱責の範囲を明らかに超えるものである。

ウ　この点に関連し、Aの前任の医師らの供述等を考慮すると、Y2やY1は、経験の乏しい新人医師に対し通常期待される以上の要求をした上、これに応えることが出来ず、ミスをしたり、知識が不足して質問に答えられない

などした場合に、患者や他の医療スタッフの面前で侮辱的な文言で罵倒するなど、指導や注意とはいい難い、パワハラを行っており、また質問をしてきた新人医師を怒鳴ったり、嫌みを言うなどして不必要に萎縮させ、新人医師にとって質問のしにくい、孤立した職場環境となっていたことは容易に推認することができる。

　Aについても、上記イに限らず、友人に送った「整形の上司の先生2人、気が短くよく怒られてるわ。」等のメールや11月中旬頃からはY2やY1を避けるようになっていたこと等に鑑みると、前任者らと同様、度々、Y2やY1から患者や看護師らの面前で罵倒ないし侮蔑的な言動を含んで注意を受けていたことは容易に推測され、このような状況の下でAは一層萎縮し、Y2及びY1らに質問もできず1人で仕事を抱え込み、一層負荷が増大するといった悪循環に陥っていったものと認められる。

エ　以上に加え、Aは、所定の勤務時間外や休日に月に12回の待機当番を担当して業務関係の電話を受けることもあり、また、月に3、4回程度は処置のため呼び出されたり自ら出勤するなどして、本来は予定されている休息をとり得ないこともあった。

オ　なお、Y2及びY1なりに、11月中旬くらいからは、Aの勤務負担の軽減やより基本的な内容についても指導を行うなどの配慮を示していたものの、なおも同月28日の手術の際に、Y2が「田舎の病院だと思ってなめとるのか。」と言ったり、12月5日にY1がAに対し、その仕事ぶりでは給料分に担当していないこと及びこれを「両親に連絡しようか。」などと言っていたこと等に鑑みると、Y2及びY1らは上記指導や配慮に付随して、なおもAに対し威圧ないし侮蔑的な言動が継続していたもので、Aを精神的・肉体的に追い詰める状況が改善・解消したものとは認められない。

カ　以上を総合すると、本件病院において、Aが従事していた業務は、それ自体、心身の極度の疲弊、消耗を来し、うつ病等の原因となる程度の長時間労働を強いられていた上、質的にも医師免許取得から3年目（研修医の2年間を除くと専門医として1年目）で、整形外科医としては大学病院で6か月の勤務経験しかなく、市井の総合病院における診療に携わって1、2か月目というAの経歴を前提とした場合、相当過重なものであったばかりか、Y1及びY2によるパワハラを継続的に受けていたことが加わり、これらが重層的かつ相乗的に作用して一層過酷な状況に陥ったものと評価される。

3 Yらの行為と疾病及び自殺との相当因果関係について

(1) 疾患の罹患の有無ないし時期

　Aは、遅くとも12月上旬に疾病を発症したと認めるのが相当である。

(2) 疾患の罹患及び自殺との相当因果関係の有無

ア　精神疾患の発症については、「ストレス－脆弱性」理論、すなわち、精神疾患は客観的な心理的負荷要因と個体側の脆弱性の相関関係により発症するとの理論に基づいて判断するのが相当であり、発症した精神障害と業務との間に相当因果関係が認められるか否かは、環境由来のストレス（業務による心理的負荷と業務以外の心理的負荷）と個体側の反応性、脆弱性とを総合考慮し、業務による心理的負荷が、当該労働者と職種、職場における立場、経験等の点で同等の者にとって、社会通念上客観的にみて精神障害を発症させる程度に過重であったといえるか否かによって決すべきである。

　　また、自殺が精神障害の症状として発現したと認められる場合には、精神障害によって正常な認識、行為選択能力が著しく阻害され、又は自殺を思いとどまる精神的な抑制力が著しく阻害されている状態で自殺が行われたものと推定されるため、原則として、その結果発生した死亡等についても相当因果関係を認めるのが相当である。

イ　Aの時間外労働は、それ自体で疾病の発症を余儀なくさせ、Aのストレス対応能力の低下やそれによる負荷もより強く感じさせる程度のものであり、Y2及びY1のパワハラに相当高い精神的負担を感じていたことが認められる。そして、Y2及びY1らのAに対する威圧ないし侮蔑的な言動は、自殺の直前まで継続し、Aを精神的・肉体的に追い詰める状況が改善・解消したものとは認められないことからすれば、過重業務やパワハラがAに与えた心理的負荷は非常に大きく、同人と職種、職場における立場、経験等の点で同等の者にとっても、社会通念上客観的にみて疾病を発症させる程度に過重であったと評価せざるを得ないから、これらの行為と疾病との間には優に相当因果関係が認められる。そして、疾病のエピソードとして自殺観念や行為が挙げられ、本件の全証拠によってもAが疾病と無関係に自殺に至ったことを認めるに足りないことからすれば、自殺は疾病の精神障害の症状として発現したと認めるのが相当であり、上記各行為と自殺との間の相当因果関係も認めることができる。

4 Yらの責任原因について

(1) 国賠法の適用の有無

公立病院における医師を含めた職員の継続的な任用関係は、特別職を含め全体の奉仕者として民主的な規律に服すべき公務員関係の一環をなすもので、民間の雇用関係とは自ずと異なる法的性質を有するというべきであり、これら公務員に対する指揮監督ないし安全管理作用も国賠法1条1項にいう「公権力の行使」に該当するというべきである。

(2) Yの責任について

ア 予見可能性

国又は地方公共団体の負う安全配慮義務の具体的内容は、公務員の職種、地位及び安全配慮義務が問題となる具体的状況によって異なるものであるが、公立病院における医師に対する安全配慮義務に関しては、長時間にわたり業務に従事する状況が継続するなどして、疲労や心理的負荷等が過度に蓄積すると、当該医師の心身の健康を損なう危険がある点では、一般の使用者と労働者との雇用関係の場合と格別区別すべき合理的な理由はないから、Yは、その任用する医師に従事させる業務を定めてこれを管理するに際し、業務の遂行に伴う疲労や心理的負担等が過度に蓄積して、その心身の健康を損なうことがないように注意する義務を負うと解するのが相当であり、またYに代わって当該医師に対し業務上の指揮監督を行う権限を有する者は、上記注意義務の内容に従って、その権限を行使すべきである。そして、上記注意義務を尽くす上で、結果の予見可能性があることが必要であるところ、精神疾患の発症など専門的な判断を要する事項まで予見し得なくても、その労働環境等に照らし心身の健康を損なう恐れがあることを具体的かつ客観的に認識した場合には、結果回避措置を取ることを期待することができ、その履行が義務づけられるというべきである。

Yにおいては、認定事実のとおり、内科及び整形外科の医師の負担が大きいことを認識し、平成17年11月には、Y1が、本件病院に対し、時間外労働の改善を求める嘆願書を提出していたほか、平成17年9月にはY2及びY1の下で勤務に耐えかねてH医師が異動を願い出る事態が発生し、B病院の労働安全衛生委員会においても、平成17年11月には職場でのパワハラの事例を耳にすることが多く、外部委託のカウンセラーの設置が提言されたり、平成19年5月には、他病院で過労による自殺者があったことをきっか

けとして医師の時間外労働の現状把握のため調査をすることになったこと、外来や手術室での医師のパワハラが話題となったこと、Aを本件病院に派遣してもらうにあたっては、Aのそれまでの経歴も当然に把握していたと認められること、時間外勤務手当の支給をしている以上、Aが赴任直後の10月に、一般に心身の疲労を増加させ、ストレスに対する対応能力を低下させる要因と評価される月100時間を超える時間外勤務をしていることも認識しており、その後の勤務時間等も電子カルテ等により認識し得る状況であったこと、11月12日の暴行についてはG院長に報告され、G院長はY2にY1の指導をするように依頼していること、11月中旬頃にはY2及びY1も、Aの変化を認識していたこと等に鑑みれば、Yは、遅くともその頃にはその就労環境が過酷であり、Aが心身の健康を損なうおそれがあることを具体的かつ客観的に認識し得たものと認められる。

イ　Yの安全配慮義務違反について

　そもそもYにおいては、Aの赴任以前から、新人医師の労働環境が過重であることやY2及びY1のパワハラを認識していたのであるから、Aの自殺後の12月21日開催の労働安全衛生委員会で提言されている諸方法（医師赴任時の各部署紹介、新人紹介、歓迎会などの復活。3ないし5年目の医師の診療科を超えた横の繋がりを持つ機会の提供。長時間労働者に対する医師による面接指導を確実に実施するために、対象者を労働安全衛生委員会へ報告し、また、労働者が自己の労働時間数を確認できるシステムを作る。事業場内産業保健スタッフによる面接指導や相談を受ける体制・方法の整備。労働安全衛生法に則った指針等の作成。職員に対する啓蒙活動。産業医や健康センター保健師らによるメンタルヘルス専門部会を作り、カウンセラーからの相談、休職者、復職リハビリ対象者などの検討を随時行う。）など新人医師らの労働環境整備に努めておくべきであった上、遅くとも11月下旬頃にはAの勤務時間、及びY2やY1との関係も含めた勤務状況を把握し、まずY2やY1に対し、新人医師に対する教育・指導とはいい難いパワハラの是正を求めるとともに、Aについては、派遣元の大学病院とも連携を取りつつ、ひとまず仕事を完全に休ませる、あるいは大幅な事務負担の軽減措置を取るなどした上、新たに看護師、Y2やY1らがそれぞれの個別的裁量で行っていた予約の調整、担当替え等をより効率的かつ広範に行うなどの方法により、Aの業務から生じる疲労や心理的負荷の軽減を図る

べきであった。そして、疾病の発症が12月上旬であることに鑑みると、これらが行われていれば、Aの疾病及びそれによる自殺を防止し得る蓋然性があったものと認められる。

よって、YにはAの心身の健康に対する安全配慮義務違反が認められる。

ウ　Yの国賠法1条の責任

Aの心身の健康に対する安全配慮義務違反については、病院のG院長及び整形外科部の部長であったY2は、Yに代わって当該医師に対し業務上の指揮監督を行う権限を有する者であったと認められ、上記注意義務の内容に従って、その権限を行使すべきであったのに、これを怠り、またY2及びY1が職場でAに対して行ったパワハラは、注意や指導の範疇を超えた違法行為であって、結果としてAに疾病ないしこれに基づく自殺という損害を被らせるものであるから、Yは国賠法1条に基づく責任も免れないというべきである。

(3)　Y2及びY1の責任について

公権力の行使に当たる公務員が、その職務を行うについて、故意又は過失によって違法に他人に損害を与えた場合には、国又は地方公共団体はその被害者に対して賠償の責を負い、公務員個人はその責を負わないものと解すべきである。Y2及びY1のAに対するパワハラはその職務を行うについて行ったものであり、Yには国賠法1条に基づく責任が認められることから、Y2及びY1は個人としての不法行為責任を負わないというべきであり、上記両名に対する不法行為に基づく請求は理由がない。

5　過失相殺又は素因減額の適否

(1)　公共団体や企業等に雇用される労働者の性格が多様のものであり、ある業務に従事する特定の労働者の性格が同種の業務に従事する労働者の個性の多様さとして通常想定される範囲を外れるものでない限り、その性格及びこれに基づく業務遂行の態様等が業務の過重負担に起因して当該労働者に生じた損害の発生又は拡大に寄与したとしても、そのような事態は使用者として予想すべきものというべきであるから、労働者の性格が前記の範囲を外れるものでない場合には、業務の負担が過重であることを原因とする損害賠償請求において使用者の賠償すべき額を決定するに当たり、被害者の性格及びこれに基づく業務遂行の態様等を心因的要因として斟酌することはできないというべきである。

Aの能力や性格等の心因的要素が通常想定される範囲を外れるものであったとは認められない。

(2) また、Aは、本件病院赴任後、病院の関係者に悩みを打ち明けたり、前任者のように派遣元の大学病院に対し転属を願い出るといった対応をしていないのであるが、使用者は、必ずしも労働者からの申告がなくても、その健康に関する労働環境等に十分注意を払うべき安全配慮義務を負っており、労働者にとって過重な業務が続く中でその体調の悪化が看取される場合には、体調の異変等について労働者本人からの積極的な申告は期待し難いものであって、このことを踏まえた上で、必要に応じた業務軽減などの労働者の心身の健康への配慮に努める必要があるものというべきであるから、前任者がそうであったからといって、Aが本件疾病を発症する以前に、責任感から自ら職務を放棄したり、転属を願い出る等しなかったことを捉えて、Aの落ち度ということはできない。

(3) さらに、本件病院において、医師の確保が大学病院等の派遣人事により制約されるという現実の中で、医師の負担軽減のために一定程度の努力はしてきたものの、Y2及びY1のパワハラについては、従前からその問題点は認識し得たにもかかわらず何らの対策をしていなかったもので、安全配慮義務を尽くしていたとはいい難いし、上記派遣人事等の制約等の問題は被害者側のあずかり知らぬ事項であって、上記医師の負担軽減のための努力をもってAないし1審原告らの賠償額を減じるのが公平とはいえない。その他、Y2やY1が過重な業務に従事していたことについても、Yの安全配慮義務違反の認定を補強する事情ではありえても、その責任を減じる事情とはいえないこと、疾病の診断については、専門医ですら意見が分かれるなど困難なものであったとしても、安全配慮義務の前提となる予見可能性は、精神疾患の発症まで予見することは不要であって、労働者が心身の健康を損なうおそれがあることを具体的かつ客観的に認識し得れば足りるものであって、Y2や同Y1が精神科の専門でなかったことは、過失相殺の理由たり得ないというべきである。

(4) 以上より、Yの賠償責任につき、過失相殺又は素因減額は認められず、Yの主張は採用できない。

6 損害

(1) 死亡慰謝料 2,500万円

(2) 死亡逸失利益　1億98万7,491円

(3) 葬祭料　150万円

(4) 小計　1億2,598万7,491円

(5) 相続

　　X1、X2はそれぞれ（4）の額を2分の1ずつ相続した。

　ア　X1　　6,299万3,475円

　イ　X2　　6,299万3,475円

(6) 損益相殺

　ア　X1　2,801万8,745円

　　　遺族補償一時金3,497万5,000円を控除する。

　イ　X2につき、損益相殺すべき項目はない。

(7) 弁護士費用

　　弁護士費用は、X1につき280万円、X2につき630万円とするのが相当である。

<table>
<tr><td>precedent
62</td><td>アンシス・ジャパン事件

東京地判　平27・3・27　　　　　労判1136号125頁</td></tr>
</table>

事案の概要

　Y社は、コンピュータのソフトウエアの開発・販売等を行う会社である。X は、平成22年10月1日にY社に入社し、当初は1年間の有期雇用契約、平成23 年7月1日からは期間の定めのない従業員としてインストレーションサポートエ ンジニアの業務に従事していたが、平成25年2月6日付で退職した。

　本件は、Xが、YがXとの労働契約上の義務として負う安全配慮義務又は労 働者が労働しやすい職場環境を整える義務を怠った旨を主張し、Yに対し、民 法715条の不法行為責任又は同法415条の債務不履行責任に基づく慰謝料等を求 めた事案である。

結　果

　一部認容。
　慰謝料50万円。

コメント

　本判決は、Xが業務上問題のある同僚Aと2人体制にされ、そのAからXが 無実のパワハラを訴えられるというトラブルが発生し、精神的苦痛を繰り返し 訴えていた状況において、会社Yは、XとAを業務上完全に分離するか、業務 上の関わりを極力少なくしXに業務負担が偏ることのない体制をとるべき注意 義務があったとした。

445

同僚とのトラブルに関して会社の安全配慮義務違反を認めた事案は珍しい。

判　旨

1　前提事実

　　Xは、平成22年10月1日にYに入社し、Yの技術部でインストールサポートに従事した。Xの入社以前は、平成20年4月にYに入社したAがインストールサポートを専任で担当していたが、Xの入社後は、インストールサポートの担当はX及びAの2人体制とされた。

　　Aには、顧客及び技術部のエンジニアとの間でうまくコミュニケーションがとれないこと等があったため、Xは、当時の技術部部長であり、Xの上司であったB部長に対し、繰り返し、Aの状況を報告しつつその改善を求めていた。

　　平成22年8月18日、XがAに対し、技術部の全員を宛先に加えたメールで、Aの顧客に対する対応には問題があることを指摘して批判したところ、Aは、Xの上記行為がパワーハラスメントに当たる行為であり、XがAの仕事を剥奪しているとしてB部長等に訴え出た。これを受けて、平成22年9月、Yの人事部により技術部に所属する従業員らの聞き取り調査が行われた。

　　その後も、Xは、B部長に対し、Aと協同して業務を遂行することは不可能であることなどを繰り返し訴えたが、平成24年12月26日、Xは、B部長に対し、退職の意思を伝え、平成25年2月6日付けでYを退職する旨の退職届をY人事部に提出した。

2　証拠となったノートの信用性について

　　ノート①は、Xの日々の出勤状況や勤務状況が記載されたノートであるところ、その作成経過について、Xは、日にちと曜日は1か月ごとに月初めにまとめて記載し、日々の通勤の際に持ち歩き、出勤した際に始業時刻を記載し、その日の出来事や退社時刻は携帯電話や手帳にメモした上で帰宅後にノート①に書き込む旨述べる。また、ノート②③は、Xが参加した打合せの内容等について記載されたノート①とは別のノートであるところ、その作成経過について、Xは、普段は職場のX専用のキャビネットに入れて保管し、顧客との打合せや社内での打合せの際にノートを打合せの場に持ち込み、

その場で参加者の発言等を記載していた旨述べる。そして、これらのノートにメモを残した理由について、Xは、日々の生活の中でも「言った」「言わない」の食い違いが生ずるため、従前から日々メモをとることを習慣としていた旨を述べる。

　Xが述べるこれらのノートの作成経過等に不自然なところはなく、また、これらのノートに記載されている内容はいずれも具体的で発言者等の関係者も特定されており、本件提訴に当たって事後的に作成したものとは考え難いこと及び弁論の全趣旨によれば、ノート①については日付以外の部分は基本的に当日又は数日後以内に記載され、また、ノート②③については打合せの場で記載されたものと認めるのが相当であり、Xの上記供述及び前記認定事実に掲記した証拠との整合性に照らせば、その記載内容についても信用性があると認めるのが相当である。

3　Yの不法行為又は債務不履行について

(1)　Yの注意義務

　　使用者は、その雇用する労働者に対して業務の指示・管理をする権限を有するから、当該労働者に従事させる業務を定めてこれを管理するに際し、業務の遂行に伴う疲労や心理的負荷等が過度に蓄積して労働者の心身の健康を損なうことがないよう注意する義務を負うと解するのが相当であり、使用者に代わり労働者に対し業務上の指揮監督を行う権限を有する者は、使用者の上記注意義務の内容に従って、その権限を行使すべきことになる（平成12年3月24日最高裁第2小法廷判決・民集54巻3号355頁参照。労働契約法5条）。

　　そうすると、本件において使用者であるYは、その雇用する労働者であるXに対し、業務の遂行に伴う疲労や心理的負荷等が過度に蓄積して心身の健康を損なうことがないよう注意する義務を負い、Xに対して業務上の指揮監督を行う権限を有するB部長は、Yの上記注意義務の内容に従ってXに対する指揮監督権限を行使する義務を負う。

(2)　本件におけるYの具体的な注意義務について

ア　Xの業務負担の状況について

　　Yは、X入社以前からAは特段大きな問題もなくインストールサポートを1人でこなしており、Xを採用したのもAの不在時のバックアップ要員として採用したものである旨主張し、B部長らは概ねこれに沿う旨述べる。

　　しかし、そもそもYは、Aとコミュニケーションを十分にとることが

できることが採用条件であった旨主張し、B部長もXの採用に当たっては
Aとチームを組めることが重要であり、大きな選考要素となっていた旨述
べるが、B部長が述べるように、Aが、仕事は十分にこなすものの社内で
のコミュニケーションに関して多少のスキルアップを要する程度であった
というのであれば、Aとチームを組めることが大きな選考要素にまでされ
ることは考えにくい。そして、Xの入社前は技術部及び情報システム部の
サポート又はバックアップがあって初めてインストールサポートが業務と
して回る状況であったと考えられ、また、Yが、Xの退職に伴い直ちに、
サポート体制を「各グループで各担当者が行い、手に負えない場合に備え
てシステム構築専門業者と契約する」とする新しい体制に変更しているこ
とに照らしても、Aが1人で特段の問題なくインストールサポートをこな
せる状態であったとは考え難い。

　そして、Xが入社後直ちに技術部員等から聴取したAの業務遂行状況に
は多くの問題があり技術部のエンジニア等との間で信頼関係が崩れている
という話だったこと、平成21年10月8日にEがC部長に対し、Aの対応
について「あまりに非協力的な態度に私も我慢の限界です。」などと記載した
メールを送信していること、Xの入社後も、Aの対応につき顧客や社内か
ら苦情等が寄せられていたこと、B部長が、Aについて足りないスキル等
をXにリストアップさせた上で、Xが作成した資料を用いてAに対してサ
ポート品質向上のための指導を行っていたことなどの事情を総合すれば、
X入社前の段階から、Aのインストールサポートでの対応には社内的にも
社外的にも問題があり、技術部やその他の関連部署との信頼関係も築かれ
ていない状況であったと認めるのが相当である。

　これを踏まえれば、Aと2人体制でインストールサポートを行っていたX
の業務量が多くなるのは当然とも解されるところである。
イ　XとAとの関係悪化について
　Yは、Aのパワハラの訴えは正当な権利行使であり、X及びAの関係悪
化は、単なる個人的な好き嫌いの感情を超えないものである旨主張する。
　しかし、Yの前身会社でインストールサポートに従事していた際のXに
ついては全般的に高い評価がされていたと認められること、Aによるイン
ストールサポートについては、Xの入社前から社内的にも社外的にも問題
があり、技術部その他の関連部署との信頼関係も築かれていない状況で

あったと認められること、Xは、入社後間もなくしてAについての上記状況を認識しAと2人体制でインストールサポートに従事することに不安を感じつつも、状況改善のため、Aの社内における信頼関係の回復に向けた具体的な提案等を行っていたこと、また、平成22年11月17日にB部長からチームリーダーに指名された際には納得できない気持ちを抱きつつも、Aの担当分として割り振った依頼案件を様々な方法でAに指示し、顧客への対応が不十分な場合には適切な対処方法について情報を提供するなどしていたこと等の事情を総合考慮すれば、Xは、Aと2人体制で円滑に業務を遂行するため、与えられた役割を果たそうと努めていたと認められるのであり、XとAとの関係悪化は、Yが、インストールサポートを問題の存するAとXとの2人体制とした上で、Xをチームリーダーに指名し、Aに対する指示・指導等を専らXに行わせていたことに起因するものと解するのが相当であり、これをXの個人的な好き嫌いの感情によるものに過ぎないとするYの主張は、実際の事実経過に沿わない主張であり、理由がないというほかない。

ウ　X入社の際のXに対する説明について

　　Yは、Xの採用に当たってはAとのコミュニケーションを適切に行うことができるかをXに確認している旨主張し、B部長も、Xの採用前にXに対し、Aにつき「インストールサポート業務を十分にこなしていける能力はあるが、コミュニケーション能力としては少し得意でないところがある。」旨の説明を数回行ったと述べる。

　　これに対し、Xは、B部長からAに関する事前の説明はなかった旨述べるが、そもそも、Yは、Aにつき、社内におけるコミュニケーション能力の多少の改善は要するものの業務に支障を生ずる程ではなかったと主張するのであるから、Xに説明したとするAに関する事情もその限度にとどまるはずであり、実際、B部長の証言における説明内容もその限度にとどまっているところ、Aに関する問題の実情は前記のとおりであるから、Yの主張によっても、B部長がXの採用に当たりAに関する問題をXに説明していたといえないことは明らかである。なお、仮にYがXに対して事前にAに関する問題を説明していたとしても、YがXに対し、業務の遂行に伴う疲労や心理的負荷等が過度に蓄積して労働者の心身の健康を損なうことがないよう注意する義務を負うことに変わりがないことはいうまでもない。

エ　小括

　　以上によれば、Xの業務負担の増加やXとAとの関係悪化の原因については、X及びAの2人体制で、かつ、Xがチームリーダーに指名されてインストールサポートを担当していたという業務遂行上の事情によるものと認めるのが相当であるから、Yは、Xに対し、これらの業務に伴い疲労や心理的負荷等が過度に蓄積してXの心身の健康を損なうことがないよう注意する義務を負うというべきである。

(3)　Yによる注意義務違反の有無について

ア　チームリーダーの指名について

　　B部長は、Xの入社後間もなくの頃より、Xから、Aの問題点や実情について具体的な報告をしばしば受け、その改善を求められていたのに対し、まず、当時有期雇用契約の従業員であったXをチームリーダーに指名し、Aに対する業務の指示及び指導をXに行わせることとしているが、かかる対応は、Aに関する問題の対応をXに全面的に担わせるものであって、XからB部長に報告されていた実情等を踏まえればXに相当な負担をかけることが容易に想定されるから、B部長が、Xの負担を十分に考慮した上で上記の対応をしていたものとは直ちに評価し難い。なお、Yは、Xの要望を受け入れてチームリーダーに指名した旨主張し、B部長も概ねこれに沿う旨述べるが、入社して1か月余りであり、かつ、当時は有期雇用契約の従業員であったXが自らチームリーダーを望むとは考えにくく、X自身、チームリーダーに指名された際の打合せのノートに、「なぜこうなるのか」「おかしい」などと走り書きをしており、また、B部長も、「Xからの要求でもあった」旨述べる一方で「チームリーダーということを誰から言い出したかに関して、あまりよく覚えていない。」旨述べていることに照らしても、Xが要望した旨のYの主張は採用できない。

イ　Aによるパワハラの訴えについて

　　Xは、チームリーダーに指名された後も、XとAとの業務分担が不均衡になっていること、Aに仕事を割り振っても自分の仕事でないなどと言って応じないこと、Aと仕事をすることは難しく自分にAの指導はできないこと、Aに対して社内外から苦情等が寄せられ、その苦情対応がXに回ってくること、Aに仕事を任せられない状況であるため他部署への異動を検討してほしいこと、Aとの話し合いは意味がないためサポート体制を変更

してほしいことなどを繰り返しB部長に訴えていたところ、この間、B部長がXやAと打合せを行っていた事実は認められるものの、B部長が配置転換やサポート体制の変更等について何らかの具体的な対策を検討し、又は実行していた様子はうかがわれない。

　　そして、平成23年8月下旬には、AがXからパワハラを受けたとしてYのコンプライアンス機関等に訴え出るという出来事が生じ、人事部による技術部等への聞き取り調査の結果、パワハラの事実はないと判断されたが、このような出来事が生じたのは、主として、インストールサポートをXとAとの2人体制とした上でXをチームリーダーとし、Aへの指示・指導を全面的にXに担わせることとし、Xから、Aの指導は無理であるとしてサポート体制の変更等が繰り返し要求されても、上記の体制がそのまま維持されてきたことに起因すると解するのが相当である。

ウ　平成23年10月及び平成24年3月のサポート体制の変更について

　　平成23年10月には、3か月間の暫定的なサポート体制として、技術部のグループリーダーであるGを調整・相談役とし、X及びAは製品別の毎月のローテーションによりサポート業務を分担することとされたが、Gを調整・相談役としたことが効果的に機能しなかったことはB部長も認めるところであり、また、X及びAが互いに他方の不在時には全てをカバーする体制とされている点で、基本的にXとAとの2人体制が維持されているといえる。そして、平成24年3月上旬頃から新たなサポート体制がとられたが、X及びAの分担割合が当初から不均衡である上、Xのバックアップを技術部が行うこととし、もってXとAとを業務上より明確に分離し、かつ、Xのバックアップを強化する体制とすることも可能であったと解されるところ、B部長はあくまでAをXのバックアップとする体制を維持している。そして、その後も、XからAによるバックアップに問題があることが指摘され、また技術部のEからはバックアップを引き受ける旨の申出がされていたにもかかわらず、B部長は特段の対応をとっていないが、上記のようにXや技術部からの要望等を受けながらなおXのバックアップ体制を変更しなかったことについて、B部長がその要否や代替策の有無等を十分に検討していたとの事情はうかがわれない。

エ　Yによる注意義務違反の有無について

　　前記イのとおり、AがXをパワハラで訴えるという出来事が生じたのは、

主として、インストールサポートをXとAとの2人体制とした上でXをチームリーダーとする体制が維持されてきたことに起因するものと解されるのであり、人事部においてパワハラの事実はないと判断されたことも踏まえれば、この出来事の発生に関してXに特段の帰責性はないというべきである。

　本件のように2人体制で業務を担当する他方の同僚からパワハラで訴えられるという出来事（トラブル）は、同僚との間での対立が非常に大きく、深刻であると解される点で、客観的にみてもXに相当強い心理的負荷を与えたと認めるのが相当であり、X自身、Xをパワハラで訴えたAと一緒に仕事をするのは精神的にも非常に苦痛であり不可能である旨を繰り返しB部長らに訴えているのであるから、Yは、上記のように強い心理的負荷を与えるようなトラブルの再発を防止し、Xの心理的負荷等が過度に蓄積することがないように適切な対応をとるべきであり、具体的には、X又はAを他部署へ配転してXとAとを業務上完全に分離するか、又は少なくともXとAとの業務上の関わりを極力少なくし、Xに業務の負担が偏ることのない体制をとる必要があったというべきである。この点、Xは、少なくともXのバックアップを技術部が担当することとする体制への変更を繰り返し要望していたところ、前記のとおり、技術部からもXのバックアップを技術部が担当する案が出され、また、Eからも個人的にバックアップを引き受けてもよいとする申出がされていたのであるから、Xの心理的負荷等が過度に蓄積することがないようにXの要望に添う方向でサポート体制を変更することが困難であったとは認め難いところ、B部長はかかる対応をとっておらず、この点について、B部長がその要否や代替策の有無等を十分に検討していたとの事情はうかがわれない。

　そうすると、B部長が、Xに対し、その心理的負荷等が過度に蓄積することがないように注意して指揮監督権限を行使していたと認めることはできないから、使用者であるYとしても、YがXに対して負う注意義務を果たしていないと認めざるを得ないというべきである。

(4)　Yの法的責任

　Yは、使用者としてXに対して負う注意義務に違反したものと認められるから、当該義務違反によりXに生じた損害について、民法415条に基づき賠償すべき責任を負う。

また、Ｂ部長は、心理的負荷等が過度に蓄積することがないように注意してＸに対する指揮監督権限を行使していたとは認められないところ、ＸからＢ部長に対し、状況の報告や要望等がメールで繰り返し伝えられていたことからすれば、Ｂ部長は、Ｘの業務負担の状況や、Ａとの関係に関してＸが精神的にも苦痛を感じていること等を認識し、又は少なくとも認識し得たものと認められるから、Ｂ部長がこのような認識を持ちながら、上記のとおりＸに対する指揮監督権限を適切に行使しなかったことについては過失があるといわざるを得ない。したがって、Ｂ部長の使用者であるＹは、Ｘに対し、上記注意義務違反により生じた損害について、民法715条に基づき賠償すべき責任を負う。

4　損害

　Ｙの注意義務違反によりＸが心身の健康を損なったものとまでは認められない。しかし、Ｘは、Ａからのパワハラの訴えによって相当強い心理的負荷を受けたと認められるものであり、その後も、Ａとの協働は精神的にも無理である旨をＢ部長らに繰り返し訴えていたものの、この訴えに沿った対応がとられないまま、最終的には、Ｂ部長から「この会社を辞めるか、この状況の中でやるべき仕事をやるか。」と言われ、Ｙを退職するに至ったとの経緯からすれば、Ｘが心身の健康を損なったと認められるまでに至っていないからといって直ちにＸの損害を否定することはできず、上記の事実経過に照らせば、Ｙの注意義務違反によりＸが精神的損害を被ったことは明らかというべきであるから、本件に表れた諸般の事情を総合すれば、かかる精神的損害については50万円をもって慰謝するのが相当である。

事案の概要

本件は、Yに勤務するXが、過去のパワーハラスメントを理由にYから降格処分を受けたところ、同処分が違法・無効であるとして、同処分の無効確認を求めた事案である。

結　果

請求棄却。

コメント

本判決は、Xの部下に対する言動をパワハラであると認め、懲戒事由に該当すると認めた。そして、「成果の上がらない従業員らに対して、適切な教育的指導を施すのではなく、単にその結果をもって従業員らの能力等を否定し、それどころか、退職を強要しこれを執拗に迫ったものであって、極めて悪質である」と指摘して降格処分は当然であるとして処分の相当性も認めた。相当性の判断にあたっては、XがYの幹部としての責任を有する立場にあることも考慮している。

今後、パワハラを理由とする懲戒処分は増加するものと思われるが、懲戒処分を有効とした一裁判例として参考になる。

判　旨

1　Yパワハラ定義

　　Yの「コンプライアンスの手引き」及び「コンプライアンス・マニュアル」で、パワハラは以下のとおり定められている（以下「Yパワハラ定義」という。）。

ア　パワハラは権力や地位を盾にした、いやがらせである。

イ　パワハラは、上司が部下に対し、業務の範囲を超えて継続的に、人格と尊厳を傷つける言動を行うことである。

ウ　パワハラは部下に雇用不安を与える可能性があることや周囲の働く環境を悪化させる重大なコンプライアンス違反行為である。

エ　パワハラの例として以下が挙げられる。

　　①　上司が部下に対し、教育や指導の名の下に、言葉や態度による暴力を振るうこと。

　　②　上司が部下に対し、できもしない執拗な要求で精神的に苦痛を与えること。

　　③　上司が部下に対し、できもしない目標を掲げさせ、あるいはノルマを与えて達成しなかった場合、部下を精神的に追い詰めること。

2　パワハラの存否

(1)　B氏の件

ア　認定事実

(ア)　平成23年7月の部会で、XはB氏の報告に対して、「そんな小さい案件いらない。」と言って、ペン、眼鏡を放り投げるような仕草をした。

(イ)　B氏はXから同年8月26日の浦和の部会後以下のような言動を受けた。

　　「大阪に戻るように人生を懸けて営業してこい。」

　　「12月末までに2,000万やらなければ会社を辞めると一筆書け。」

　　「体をこわしても8か月しか給料がでないから体をこわしてからでは遅いぞ、もう大阪に帰って就職したほうが良いんじゃないの。」

　　「今まではどうせ適当にやって生きてきたんだろう、結果が手数料稼いでないんだからやる気がないんだ。」

　　「外部研修で、どうにもならないという判断がされた者が2人いた。お前ともう1人だ。」

「会社に泣きついていすわりたい気持ちはわかるが迷惑なんだ。」

「Jさんに会って大阪に戻してもらえ。」

「だめなら退職の手続だな、これは時間がかかるけど。パワハラで訴えるか。」

(ウ)　B氏は、9月6日に常務室に呼び出されて「個人面談」を受けた。X及びA常務から以下の言動等があり、B氏は「浦和で今期2,000万円やります。大阪に帰ったら年間3,000万円やります。できなかったら辞めます。」と書かされた。

X「まあ舐めてんだよな。どうせクビにはできないんだろう。」

「大阪行って3,000万できんだったらさ、さっさっと大阪に帰って欲しいんだよ。うちの会社にとってもマイナスだから、ここにいること自体が。浦和じゃできねぇって言いはってんだから。大阪行ったらできんだろ？・・3,000万？」

A常務「いや、頑張るんじゃなくて、じゃ、お前大阪返してやるから、できなかったら辞めろよ！（強い口調）」

「ねえ、そういう覚悟あんのかって聞いてんだよ！！（強い口調）」

「じゃ、紙書け、お前！（強い口調）」

X「いや、迷惑なんだよ。浦和なんてさ、1人できないと、どうにもなんないんだよ。」

「口約束というのは、約束まもんないでしょ？・・・決意を書けば。」

「・・お前、1年半余裕あると思うなよ。」

(エ)　その後、同年10月25日、同年11月29日にB氏に対する「個人面談」が行われた。同年10月25日には以下の発言があった。

X「おまえ子供幾つだ。」

B氏「10歳です。」

X「それくらいだったらもう分かるだろう、おまえのこの成績表見せるといかに駄目な父親か。」

X「上司に圧力をかけておまえにプレッシャーをかけることもできるんだぞ。」

イ　パワハラ該当性

Yは、Xが平成23年4月、会議の席上、B氏に対し「辞めろ、辞めろ。」と繰り返し言ったと主張する。しかし、前記ア（ア）の認定事実によれば、

XはB氏の説明を「止めろ」と述べたと理解でき、「辞めろ」と述べたとは
認められないし、証人B自身が「怖い」とは感じたがパワハラとは感じて
いないと供述していることも考慮すれば、Yパワハラ定義に該当するとま
ではいえない。

　　他方で、前記ア（イ）の言動については、Xが成果を出せないB氏に対
して、適切な教育的指導もなく退職を強要するものであり、A常務ととも
にノルマ未達の場合に退職を約束させる文章を書かせたり、子供の話を持
ち出すなど常軌を逸した態様でB氏の人格を傷付けている。また、前記ア
（イ）のXの言動の後に、B氏はF氏からの勧めでカウンセリングのため
MDルームに通うようになったことが認められる。以上によれば、Yパワ
ハラ定義のアからウ及びエ③に該当するパワハラと認められる。

（2）　C氏の件

　ア　認定事実

（ア）　C氏は、平成23年9月6日、常務室で行われたA常務及びXによる「個
人面談」で、A常務からは「3月までにできなければ辞めると書け。」、「3,000
万のところ2,800万にまけておいてやる。」と言われ、Xからも「やれる自
信がある奴はみんな書くんだ。」と言われ、やむなく「2,800万円できなけ
れば、身を引きます。」（退職約束文書）と書いた。

　　その後、C氏の成績が上がらないことから、平成24年2月28日、C氏の
直属の上司であるH氏を通じて、退職約束文書に基づいてYを辞めるよう
にXからC氏に連絡があった。これに対し、C氏としてはYを辞めたくな
かったので、当初2,800万円と書いたが、頑張って3月までに2,500万やる
ということをH氏を通じて、A常務とXに伝えた。

　　しかし、平成24年3月9日、H氏はC氏に対し、4月の人事のことがある
から本当に辞めるかはっきりしろというXからの話を伝えた。これに対し
てC氏は「辞めるつもりはない。」とH氏に伝えた。

　　なお、上記認定に反する証拠として、Xは、本人尋問で、H氏にC氏を
辞めさせろと指示したことはないと供述し、これに沿うH氏の陳述もある。

　　しかし、認定証拠であるC氏が記載したパソコンのデータ及び文書の内
容は、C氏の体験した事実関係及びその際の心理描写が具体的かつ詳細に
記載されているものであるし、平成24年以降の事実関係については、C氏
は体験の都度書いているものであるから、C氏の体験を鮮明に記録化した

ものとして信用でき、これに反するXの供述等の証拠は採用できない。

（イ）　平成24年4月の部会では、前記退職に関する文書に関し、以下の言動があった。

A常務「C、おまえは俺と約束したんだろう。」

X「C、おまえはHに、2,800万はできないけども、2,500万だったらできるからいさせてくれと言ったけど、それもできてないだろ。」

C氏「あれ（退職約束文書のこと）は強要されたものじゃないですか。強要されて書かされたものじゃないですか。」

A常務「お前が書いたんだろ。」

X「お前はすぐに書いたよ。」

C氏「いいえ、私はしばらく書きませんでした。書かずにずっと常務の顔を見ていたじゃないですか。」

X「いや、すぐ書いたよ。書かなかった奴もいたけど、お前はすぐ書いた。」

（以下略）

（ウ）　平成24年11月ころ、Xは、C氏の上司のI氏に対し、正式には決まっていないが出向の話があり、C氏が候補に挙がっていること、出向なので新規の案件を与えないほうがいいんじゃないかと話をしたが、I氏は予定にすぎないので、従前通りC氏に新規の案件を与えた。その後、XからはC氏の出向に関する話はなかった。

イ　パワハラの該当性

前記ア（ア）、（イ）の認定事実は、C氏が約束した成果を達成できなかったことから、A常務及びXが退職約束文書を根拠に執拗に責め、退職を促しているものであり、C氏を精神的に追い込み、苦しめるものであって、Yパワハラ定義のアからウ及びエ③に該当するパワハラと認められる。

他方で、前記ア（ウ）の認定事実は、Xが主体で取引先であるZ電鉄株式会社と進めていた出向話があったこと、C氏を候補者としたのは、みなとみらいのマンションエリアのマンションに精通し、比較的高額な6000万円ぐらいの物件を扱っており、年齢的に40歳前後で知識経験は豊富であることが理由であること、が認められるところ、平成24年10月にもC氏が成績不振者として「個人面談」を受けていること、人事部担当役員であるL執行役員の記憶があいまいであることを考慮しても、XにC氏に対する何らかの悪意が含まれていたとは認められず、Yパワハラ定義に該当すると

は認められない。

(3) D氏の件

　　D氏は、新宿流通営業部に勤務していたところ、平成23年10月29日、常務室に「個人面談」で呼び出されて、A常務及びXから、家族構成のこと、配偶者の収入、自分の成績につき、あなたが社長だったらどうするか、独立する気があるのか、という質問をされたこと、仕事や予算の話などはなかったこと、D氏は、会社を辞めてもらいたいんだなと感じるとともに、そこまで私生活に立ち入ってまで辞めさせたいのかと思い、怒りと非常に不愉快さを感じたこと、がそれぞれ認められる。

　　上記D氏に対する「個人面談」の目的・趣旨が何であるかを認めるに足りる証拠はない。他方で、A常務とXの「個人面談」中、仕事に関する話題がなく、家族構成、配偶者の収入、独立の可能性といった話しかされなかったことからすれば、暗に退職勧奨を受けているとD氏が感じることは自然であるところ、目的・趣旨も分からない「個人面談」を受け、その中で、D氏が、そこまで私生活に立ち入ってまで辞めさせたいのかと思い、怒りと非常に不愉快さを感じる精神的苦痛を受けたことは、Yパワハラ定義のアに該当するパワハラと認められる。

(4) E氏の件

　　平成24年2月の部会で、E氏は、Xから、「お前この業種に向いていると思うか。」、「俺はそう思わない、辞めたほうがいい。」と言われたこと、部会に出席していたM氏及びN氏に対して「お前はどう思う。」と述べて同調を求めたこと、E氏は場が凍りついたように感じ、皆さんに申し訳ないという気持ちになったこと、がそれぞれ認められる。他の従業員がいる前で退職を示唆する発言をしてE氏に精神的苦痛を与えたことは、Yパワハラ定義のア、エ①に該当するパワハラであると認められる。

(5) F氏、G氏の件

　ア　認定事実

　（ア）　平成23年3月1日、F氏は、Xからの電話で20から30分程度会話し、その際Xから「横浜流通時代にやっていたことは全て分かっている。首都圏の店舗にスパイが置いてあるから、今後は真面目に働け。」と言われた。

　（イ）　平成23年11月の首都圏における一般仲介の全体会合の中で、F氏は、Xから名指しで「浦和流通営業部は成績が悪いので、何か謝ることはない

のか。」と言われた。

(ウ) 平成24年3月下旬ころ、G氏は、大手町営業室について、Xから「どこにも行き場所の無い人の為に作った部署で、売上をやらなければ会社を辞めさせることがミッション。」と言われ、辞めさせる従業員の名前も具体的に言われた。

大手町営業室に転勤後の平成24年4月2日、F氏はA常務及びXから「2人をやめさせろ。」と言われ、その2人の具体名まで明らかにされた。

(エ) 平成24年5月の大手町営業室での会議終了後、F氏は、Xから「お前も今年がラストだ。」と言われ、業績が悪ければ首ということを感じた。また、前記(ウ)のミッションを一生懸命やれということと感じた。

イ パワハラの該当性

前記アの各認定事実によれば、F氏及びG氏は業績を上げるか、部下を辞めさせるかを迫られたというのであり、Xから理不尽な要求を突きつけられ、精神的苦痛を受けたことは明らかであるから、Yパワハラ定義のア、エ②に該当するパワハラであると認められる。

3 懲戒事由該当性

当裁判所がパワハラに該当すると認定したXの言動については、Y主張のとおりの就業規則が適用される懲戒事由にいずれも該当するものと認められる。

4 本件処分の相当性

(1) Xの一連の言動は、一般仲介事業グループ担当役員補佐の地位に基づいて、部下である数多くの管理職、従業員に対して、長期間にわたり継続的に行ったパワハラである。Xは、成果の上がらない従業員らに対して、適切な教育的指導を施すのではなく、単にその結果をもって従業員らの能力等を否定し、それどころか、退職を強要しこれを執拗に迫ったものであって、極めて悪質である。

Xの各言動によってXの部下らは多大なる精神的被害・苦痛を被った。すなわち、B氏はカウンセリングを継続的に受けざるを得ない状況に陥った。C氏は退職約束文書を無理やり作成させられた上に、約束した成果を達成できなかったC氏は、退職約束文書を根拠にXから執拗に退職を迫られた。また、Xは、D氏に対しても暗に退職を迫り、E氏には他の従業員のいる前でさらし者にして退職を示唆する発言をした。F氏及びG氏に対しては「どこにも

行き場所の無い人の為に作った部署で、売上をやらなければ会社を辞めさせることがミッション。」などという通常想定し難い理不尽な要求・指示を行った。のみならず、部会でのXの発言からは、浦和流通営業部、横浜流通営業部及び大手町営業室における従業員のやる気、活力などを含むYの職場全体の環境、規律に悪影響を及ぼしたことも推認できる。

　部下である従業員の立場にしてみれば、真面目に頑張っていても営業成績が残せないことはあり得ることであるが、さりとて、それをやむを得ないとか、それでも良しとは通常は考えないはずである。成績を上げられないことに悩み、苦しんでいるはずである。にもかかわらず、数字が上がらないことをただ非難するのは無益であるどころか、いたずらに部下に精神的苦痛を与える有害な行為である。部下の悩みを汲み取って適切な気付きを与え、業務改善につなげるのが上司としての本来の役目ではないかと考える。X自身も営業職として苦労した経験はあるだろうし、それを基に、伸び悩む部下に気付きを与え指導すべきものである。簡単に部下のやる気の問題に責任転嫁できるような話ではない。証拠調べ後の和解の席で、Yから「退職勧奨」を受けたことは当裁判所に顕著な事実であるが、これをもってようやく部下らの精神的苦痛を身をもって知ったというのなら、あまりに遅きに失する。

　Yは、パワハラについての指導啓発を継続して行い、ハラスメントのない職場作りがYの経営上の指針であることも明確にしていたところ、Xは幹部としての地位、職責を忘れ、かえって、相反する言動を取り続けたものであるから、降格処分を受けることはいわば当然のことであり、本件処分は相当である。

5　本件処分の適法性

(1)　懲戒事由に該当する事実が不明確であるとのXの主張について

　本件処分において、Xが「多くの従業員に対し、パワハラに該当する行為を行ったこと」につき、Yは懲戒該当事由が存在する旨認定したが、同懲戒該当事由だけでは、具体的にパワハラに係る事実が示されておらず、懲戒該当事由としては不明確であり、かつ、Xが反論するための記載としては不十分であるとXは主張する。

　しかし、Yは、「パワハラに該当する行為」の具体的事実については、別途平成25年3月1日付け「弁明の機会の通知」と題する文書に本件各事実をXに明示しているものであり、Yがどのような事実をもってXに対する懲戒処

分を行う予定であるかはXとして十分認識していたというべきである。本件処分の理由で詳細な事実関係が示されていなくても、「弁明の機会の通知」と題する文書の内容と併せ理解すれば、懲戒該当事由の内容が不明確とまではいえず、Xの主張は理由がない。

(2) 実質的な反論・弁明の機会が与えられていないとのXの主張について

ア Xは、実質的な反論・弁明の機会が与えられておらず、本件処分は適正手続を欠くため無効であると主張する。

イ このうち、平成25年2月20日にY総務部より受けた事情聴取で実質的な反論・弁明の機会が与えられなかったことが適正手続を欠くとの主張については、同事情聴取の手続につき、Y社内で何らかの定めがあったことを認めるに足りる証拠はない。他方で、Yは、Xに対して、本件言動に関する詳細な事実関係を教示すれば、新たな被害の発生に繋がる可能性を否定し難く、また、関係者に対する口封じ、口裏合わせの事態も否定し難いことも考慮してこれを明らかにしなかったと主張しているところ、Y社内の秩序維持の観点からは一応の理由があると評価できる。事実関係の調査方法についてはYに一定の裁量があると考えられることも踏まえると、違法とまではいえない。

ウ 次に、「弁明の機会の通知」と題する文書に対する「回答書」の作成及び賞罰委員会による審議における実質的な反論・弁明の機会が与えられなかったことが適正手続を欠くとの主張については、X作成の「回答書」の記載上は、理由を付してパワハラの事実を否定し、一応の防御も尽くされていると評価できる。Xの主張からすると、X作成の「回答書」が賞罰委員会の委員に真摯に受け止められていなかった不満があるように思われるが、それ自体は審理運営上の当不当の問題にすぎず、手続上の違法があるとまではいえない。

エ 以上によれば、実質的な反論・弁明の機会が与えられていなかったとまでは評価できず、違法無効であるとはいえないことから、Xの主張は理由がない。

(3) Yがずさん極まりない調査、手続に基づいて本件処分をしたとのXの主張について

Yの主張するパワハラにつき、Xは否定しているにもかかわらず、Yはパワハラの申告者の言うことを祭り上げ、詳細な調査を行うことなく、短期間

のうちに本件処分がなされたことから無効であるとXは主張する。

　しかし、認定事実は前記のとおりであり、また、Xの本件言動はY主張の懲戒事由に該当し、本件処分は相当である。本件訴訟における慎重な審理の結果として当裁判所は以上の各判断に達したものであるが、手続の相違で結論に相違があったわけでもない。短期間のうちに本件処分がなされたからといって、それ自体が違法となるものではなく、Xの主張は理由がない。

<table>
</table>

precedent 64	暁産業ほか事件（控訴審）
	名古屋高金沢支判 平27・9・16 　　労働判例ジャーナル45号24頁
	原審：福井地判 平26・11・28 　　　　　　　労判1110号34頁

事案の概要

　Aの父であるXが、Aが平成22年12月6日に自宅で自殺した原因は、同人が勤務していたY1の上司であったY2によるパワーハラスメントや暴行等の不法行為に加え、配属部の部長として部下の心身の状況や安全に配慮をすべきY1によるAの恒常的長時間労働やY2のパワーハラスメントを放置するなどした不法行為、かつ、Y1による長時間労働や達成困難なノルマの設定、更には個性・人格無視の管理主義的な社内教育等という安全配慮義務に違反した不法行為又は債務不履行にあると主張して、Y2及び1審被告Y1に対しては不法行為に基づく損害賠償請求として、Y1に対しては主位的に不法行為（使用者責任を含む。）、予備的に債務不履行に基づく損害賠償を請求した事案である。

結　果

　控訴棄却。
　1審判決が認容した7,261万2,557円（Y1、Y2連帯して→X）を維持。

コメント

　本判決は、Y2によるAに対する発言はAの人格や能力、存在を否定し、雇用の継続に対する不安を生じさせるものであるとして違法と認めた。判決が、違法性の認定にあたり、Aが高卒の新入社員であるという立場に言及している点が参考となる。

また、本判決は、Y2の発言をＡの手帳の記載から認定しており、Ａの手帳の記載の信用性について客観的事実との符合等から不明瞭な部分があるとはいえ信用性を認めている。

　高卒の新入社員が死亡した事案であるため、極めて高額の損害額となった点も注目される。

判　旨

1　Y2による不法行為の有無について

　Ａの手帳の記載は、Y2の指導に従って、Y2から受けた指導内容、言われた言葉やこれらを巡っての自問自答が記述されたもので、Y2自身も自分が注意したことは手帳に書いてノートに写すように指導していたことを認めている。また、判明しているすべての日付けがY2をチームリーダーとして業務に従事した日であることが認められる。8月11日には、当日本社に戻ったのが午後6時半になってしまい、予定より時間がかかったこと、当日の現場である「Ｎ」の受託業務料が3万円であることと一致していること等上記記述内容が客観的事実と符合していることが認められる。これらからすると、上記手帳の記載内容は、一部自問自答の部分を含むため、不明瞭な部分があるとはいえ、この記載によると、ＡはY2から次のような言葉又はこれに類する言葉を投げかけられたことが認められる。

　「学ぶ気持ちはあるのか、いつまで新人気分。」、「詐欺と同じ、3万円を泥棒したのと同じ。」、「毎日同じことを言う身にもなれ。」、「わがまま。」、「申し訳ない気持ちがあれば変わっているはず。」、「待っていた時間が無駄になった。」、「聞き違いが多すぎる。」、「耳が遠いんじゃないか。」、「嘘をつくような奴に点検をまかせられるわけがない。」、「点検もしてないのに自分をよく見せようとしている。」、「人の話をきかずに行動、動くのがのろい。」、「相手するだけ時間の無駄。」、「指示が全く聞けない、そんなことを直さないで信用できるか。」、「何で自分が怒られているのかすら分かっていない。」、「反省しているふりをしているだけ。」、「嘘を平気でつく、そんなやつ会社に要るか。」、「嘘をついたのに悪気もない。」、「根本的に心を入れ替えれば。」、「会社辞めたほうが皆のためになるんじゃないか、辞めてもどうせ再就職はできないだ

ろ、自分を変えるつもりがないのならば家でケーキ作れば、店でも出せば、どうせ働きたくないんだろう。」、「いつまでも甘甘、学生気分はさっさと捨てろ。」、「死んでしまえばいい。」、「辞めればいい。」、「今日使った無駄な時間を返してくれ。」

Y2の上記発言（以下「本件発言」という。）は、Aの仕事上の不手際等に対する叱責にとどまらず、Aの人格や能力、存在を否定し、雇用の継続に対する不安を生じさせ、心理的負荷をいたずらに増幅させる内容の言辞であり、経験豊かな上司であるY2から、入社後1年に満たない高卒の新入社員であって部下という弱い立場にあるといえるAに対し、相当な期間にわたって複数回発せられたものであることを考慮すれば、社会通念上許容される業務上の注意指導の範囲を超える精神的攻撃に当たると評価すべきであって、本件発言は、違法性を帯び、Aに対する不法行為を構成すると解される。他方で、Y2がAに対して身体的攻撃（暴力）を加えたことを認めるに足りる証拠はない。

2　Y3による不法行為の有無について

メンテナンス部の部長であるY3がAに対していじめないしパワーハラスメントと評される行為をしたことを認めるに足りる証拠はない。また、Aが平成22年10月6日ころY3に対し退職の申し出をしたことは認められるが、この申し出に対し、Y3がこれを拒否した上、厳しい叱責暴言をした事実を認めるに足りる証拠はない。

Xは、Y2によるAへのパワーハラスメントを容易に認識できたにもかかわらず、自らの責任でY2とAとをチームとして多く組む人員配置を続けたのであるからこの点でY3に過失が認められると主張するが、メンテナンス業務がY1の構内での作業ではなく外注先での作業が大半を占めることからすると、Y2のAへの指導の実態について把握するのは困難であり、AがY3に対しY2からパワーハラスメントを受けていることを訴えた事実は認められないことからすると、このXの主張は理由がない。また、Y3のメンテナンス部の部長としての役割は作業現場の人員配置と作業日程の決定にとどまっていたこと等に照らすと、Xのその余の主張も理由がない。

よって、XのY3に対する不法行為責任に基づく請求は理由がない。

3　Y1による安全配慮義務違反の有無について

Y2のAに対する不法行為は、外形上は、Aの上司としての業務上の指導と

してなされたものであるから、事業の執行についてなされた不法行為である。本件において、Y1がY2に対する監督について相当の注意をしていた等の事実を認めるに足りる証拠はないから、Y1はXに対し民法715条1項の責任を負うこととなる。

　　Xの Y1に対する請求は主位的には不法行為責任、予備的には債務不履行責任であるから、安全配慮義務違反の有無については判断の必要はない。

4　Y2の不法行為と本件自殺との相当因果関係について

　　1において認定したごとく、Aは、Y2から注意を受けた内容のメモを作成するように命じられ、誠実にミスをなくそうと努力していた中で、Y2から人格を否定する言動を執拗に繰り返し受け続けてきた。Aは、高卒の新入社員であり、作業をするに当たっての緊張感や上司からの指導を受けた際の圧迫感はとりわけ大きいものがあるから、Y2の前記言動から受ける心理的負荷は極めて強度であったといえる。このAが受けた心理的負荷の内容や程度に照らせば、Y2の前記言動はAに精神障害を発症させるに足りるものであったと認められる。そして、Aには、業務以外の心理的負荷を伴う出来事は確認されていないし、既往症、生活史、アルコール依存症などいずれにおいても問題はないのであって、性格的な偏りもなく、むしろ、上記手帳の記載を見れば、きまじめな好青年であるといえる。

　　そうすると、Aがロープを購入し、遺書を作成したと思われる平成22年11月29日には、Y2の言動を起因とする中等症うつ病エピソードを発症していたと推定され、正常な認識、行為選択能力及び抑制力が著しく阻害された状態になり、本件自殺に至ったという監督署長依頼に係る専門医の意見はこれを採用すべきものであるといえる。本件自殺とY2の不法行為との間の相当因果関係が認められる。

5　損害額について

(1)　逸失利益

　　4,727万3,162円

(2)　慰謝料

　　2,300万円

(3)　損益相殺

　　Xが支給された遺族補償金366万605円は、上記逸失利益（元本）に充当するのが相当である。

（4） 弁護士費用

　本件と相当因果関係のある弁護士費用は600万円と認めるのが相当である。

住吉神社ほか事件

福岡地判　平27・11・11

労判1152号 69頁

判時2312号114頁

事案の概要

　本件は、Y神社の神職であったXが、被告らに対し、Y神社における職務の遂行に当たりY神社の宮司であり代表役員であるY1から暴行・脅迫・暴言等のパワーハラスメントを受けたと主張して、①Y1に対しては民法709条に基づき、Y神社に対しては宗教法人法11条1項に基づき、損害賠償金合計660万円（慰謝料600万円及び弁護士費用60万円）及び遅延損害金の支払を求めるとともに、②解雇無効に基づく雇用契約上の権利を有する地位にあることの確認、並びに③解雇後の賃金支払い、④残業代、並びに⑤付加金、⑥未払賃金の支払を求めた事案である。

結　果

　一部認容。

　110万円（慰謝料100万、弁護士費用10万）。その他、雇用契約上の地位確認、解雇後の賃金、割増賃金、未払賃金が認容されている。

コメント

　本判決は、Y1のXに対する発言、暴行等を「指導方法として許容し得る範囲を著しく逸脱」したものとして違法なパワハラと認めた。認定事実であるY1の発言や暴行は、Xによるメモ、録音、診断書等をもとに認定されている。

判　旨

　Y1のパワハラを理由とする不法行為の成否及びXの損害額について

1　認定事実

(1)　Y1は、Y神社の宮司に就任した平成23年7月頃以降、たびたび、XをY
　　神社の社務所に呼び出して正座させ、Xに対し、神職として適切に職務遂行
　　ができていないとして繰り返し口頭で注意を与えていた。

(2)　Y1は、平成23年12月頃、Xが居住していた職員用宿舎及びこれに隣接し、
　　Xが台所として使用するZ神社の社務所をXが不在の間にのぞき込み、整理
　　整とんがされていないのを発見し、Xに対し、「部屋が汚いので徹夜をしてで
　　も片付けろ。」などと命じ、Xが、数日にわたり、宿舎の片付けをすることが
　　あった。

(3)　Xは、平成24年2月頃から、ICレコーダーをその衣服に忍ばせ、Y1らと
　　のやり取りを録音するようになった。

(4)　Y1は、Xに対し、平成25年6月15日、神職としての能力の欠如、過去の病欠、
　　自動車の買換えなどを責め、服装を正すよう指示し、Xが服装を正そうとし
　　たところ、話を最後まで聞くよう叱責し、腕などを複数回叩いた。

(5)　Y1は、Xに対し、平成25年6月16日、「昨日はげんこつで段ろうかと思
　　わず拳を握りしめたが思いとどまって平手で段ってしまったが、いつかお前
　　を本気でぶん段りそうな気がする。次に段ったときには辞めてもらう。首を
　　洗っておけ。」などと述べた。

(6)　Y1は、Xに対し、平成25年7月8日、「反論なんかできないんだよ君まだ、
　　私に対して反論したいんだったら辞めなさい君は。」、「たった1人の腐った
　　みかんがあったら全部が腐ってしまうんだよ、意識を高めてくれよ、神主と
　　してというよりは人間として。」、「ボーナスなんか渡せないよ君に。」、「それ
　　でできんかったらもう辞めていただくでいいか。」、「いつまで経ってもでき
　　ないのにそんなので給金もらおうなんてとんでもない話やろうもん。」、「睡
　　眠なんて3時間か4時間寝とりゃいいんだよ。」、「車のローンなんて自分で借
　　金して払え。」、「宿舎からも追い出すぞ。」、「他の職員は嫌だなあって思って
　　るんだよ。」、「休みを利用してでも夕方草を取るとか、それが君の仕事だろ
　　うもん。」などと述べ、その際、Xの頭部等を複数回叩いた。

(7)　Y1は、Xに対し、平成25年7月14日、机を叩き、胸ぐらをつかむなどしながら、「普通は常人はコミュニケーションが図れませんから私辞めますって、辞めるんですよ。」、「図々しいんだよ仕事をしないのにお給金だけはもらう、仕事はしないのにボーナスはもらう、労働者として当たり前だなんてことを平然と言う、図々しい男だなあって思ったね。」、「お前顔を上げろ眼鏡上げろ。」、「今まで40年間無駄に生きてるんだったら。」、「給料なんか捨てろ全部貯金せえ、もう車も売ってしまえ。」、「馬鹿かお前。」、「他の職員だったらお前なんか完全に勝手に辞めさせてるからな。」、「今まで40年間はどぶに捨てたと思え、あと10年生きられるのか20年生きられるのかそんなこと分からんけど、どぶに捨てろそんなのは、捨ててしまえそんなものは、給料なんか有り難いと思え。」、「ただ社交辞令で話をしてるだけなんだよみんな。」、「口答えするな。」、「眼鏡がずれてる、いちいちいちぶん殴るぞ貴様。」などと述べ、その際、Xの頭部等を複数回叩いた。

(8)　Y1は、Xに対し、平成25年7月28日頃、職務を改善させるため、罰として髪型を坊主頭にするよう命じ、XはこのY1の指示に従った。Xは、同日以前にも、Y1に命じられて坊主頭にしたことがあった。

(9)　Y1は、Xに対し、平成25年7月29日、「すみませんじゃすまんたい。お前根性焼きしようか。お前、ほんと。」などと述べた。

(10)　Y1は、Xに対し、平成25年8月3日、XがY1の作成した礼状の表現を修正したことにつき、「変えるだけの能力が備わってないっちゃけん。」と叱責し、更に、「石こっろはいらん。」、「それなのに自分で勝手に判断する、石のくせに。」、「もうほんとお前ぶん殴りたい、蹴たぐりたい。」、「退職願出してもらいたい。」、「坊主してこいって言ったら坊主たい、あれだけ話したのに、結局前の坊主のときとちっとも変わってない。」、「だからお前2回目の坊主しても意味がないのよ、だから、坊主しても、だからもううちではおいとけないってこったい。」、「給料泥棒。」、「大人だけど中身は幼稚園児だよ。」、「相変わらずいつまで経っても石のままだ、飯を食う石、こだまも返ってこない。」などと述べ、その際、Xの右膝及び頭部等を叩いた。

(11)　Y1は、平成25年8月8日ないし同月9日頃、Xの左上腕部及び頭部等を殴打した。

(12)　Y1は、Xに対し、平成25年8月12日、Xが作成する書類の日付けを誤ったことにつき、胸ぐらをつかんで揺さぶるなどしながら、「ぶっ叩くぞ。」、

「できんかったら叩くぞ。」、「叩かれてできんやったら駄馬たい、駄馬。」、「左遷たい。」、「給料泥棒なんだよ、お前。」、「手を出しているのに分からんかお前は。なんで分からない。」、「訴えてもいいぞ。訴えるんだったら。」などと述べ、Xのみぞおち部分を押し、その顔面を平手で2回叩いた。

2　X本人及びY1本人の供述の信用性等について

(1)　Y1は、平成25年8月12日の暴行について、平手でXのみぞおち部分を押し、さらに軽く頬を押したにすぎず、これ以外にXに対して暴行を加えたことがない旨主張し、これに沿うY1の本人尋問の結果及び陳述書がある。

　　しかしながら、Xの本人尋問の結果及びその陳述書には、概ね前記1のとおり暴行を受けたとする部分があり、これらを裏付ける証拠があるから、その限度で採用できる。すなわち、平成25年6月15日の暴行については、これをうかがわせるメモ書きがあり、平成25年7月8日、同月14日、同年8月3日及び同月12日の各暴行については、その各日において、Y1がXに対して激しい言葉を用いて指導をする中でY1がXの胸ぐらをつかんだ際のものとみられる衣服の摩擦音や、Xが殴打されたときのものと推認される物音がICレコーダーにより収録されていることが認められる。さらに、同月3日及び同月8日ないし9日頃の各暴行については、Xが、同月5日、病院を受診して右膝痛の診断を受けたこと、同月10日、病院を受診して頭部打撲及び左上腕部痛等の診断を受けたことが認められる。以上に反するY1供述は、他の客観的証拠との整合性に乏しく、採用することができない。

(2)　他方、Xは、前記記載の暴行及び暴言以外にもY1による暴行及び暴言があったと主張し、これに沿うX供述があるが、これを裏付けるに足る十分な客観的証拠がなく、他にこれを認めるに足る証拠はない。

3　Y1の不法行為の成否

　　Y1は、Xを2回にわたり坊主頭にさせたほか、平成25年6月から同年8月までの間に、Xを指導するに当たり、Xに対して多数回の暴行を加え、机を叩き、胸ぐらをつかんだりしながら、「ぶん殴りたい。」、「お前根性焼きしようか。」などの害悪を告知する脅迫行為にも及び、「給料泥棒。」、「腐ったみかん。」などと、Xの人間性を否定するような暴言を浴びせた。

　　確かに、Xは、かねてからY1から神職としての職務遂行について繰り返し指導を受けていたが、Xには衣服の乱れ、書簡作成及び笛の演奏の過誤、Z神社の管理不十分などが見受けられたから、Y1が、Xをある程度厳しく指導

するのもやむを得ないとはいえ、上記のような髪型を坊主頭にさせることや暴行、暴言及び脅迫等は、指導方法として許容し得る範囲を著しく逸脱しているから、Xの権利を違法に侵害するものと評価でき、Xに対する不法行為が成立するというべきである。

　したがって、Y1は、Xに対し、民法709条に基づき、上記違法行為によって生じた損害を賠償する責任を負う。

　もっとも、Y1が、Xに宿直を月8回担当させていたのに、平成25年8月12日からXに宿直を担当させなくなったこと、Z神社の管理を行わせていたこと、溝の清掃及び樹木の切断等の業務をさせたことは、雇用契約上の業務命令として許容し得る範囲を逸脱するものとまではいえない。また、Y1がXの居住する職員用宿舎をのぞいたことについては、当該職員用宿舎は、Y1が宮司を務めるZ神社のものであって、その社務所に隣接することも踏まえると、その管理責任者の行為として直ちに違法であるとまではいえず、Xの自動車の買換えを非難したことも、社会的相当性を著しく欠く逸脱する違法行為とまではいえない。

4　Y神社の責任の有無

　Y1は、Y神社の代表役員であり、Y1によるXに対する暴行及び暴言等の不法行為は、Y神社の職務を行うにつきされたものであると認められるから、Y神社は、Xに対し、宗教法人法11条1項に基づき、Y1がXに加えた損害を賠償する責任を負う。

5　Xの損害額

　ア　慰謝料

　　100万円を認めるのが相当である。

　イ　弁護士費用

　　10万円とするのが相当である。

precedent

66

鍼灸整骨院院長事件

横浜地相模原支判　平27・11・27　　　労判1141号79頁

事案の概要

　本件は、Yが院長を務める整骨院にはり師、きゅう師、あん摩マッサージ指圧師として勤務していたXが、Yのパワーハラスメントにより精神的苦痛を受けたとして、Yに対し、不法行為に基づく損害賠償を請求した事案である。

結　果

　一部認容。
　慰謝料50万円。

コメント

　本判決は、労基法違反の違約金条項の遵守要求等が不法行為を構成するとした。遅刻等に対して罰金制度を設けた場合において、当該罰金の支払義務がないことはもちろんであるが、そのような制度の強要自体が違法となり慰謝料発生事由となりうることを示したものといえる。

　また、勤務時間外におけるブログの更新等の業務について、時間外労働に対する割増賃金ではなく不法行為の損害賠償を認容した点も注目される。

判　旨

1　違法な違約金条項に基づく拘束の有無について

第7条（違約金）

(1)　月に22日以上勤務する事、出来ない場合は、1日つき4,000円の違約金を支払う。（やむを得ない理由時は無し）

(2)　月曜～土曜日は5回以上出勤する事、出勤出来ない場合は、1回につき4,000円の違約金を支払う。

(3)　1時間以上の遅刻は違約金として、1時間につき、上限2,000円を支払う。（やむを得ない理由時は無し）

(4)　突然の休みで、替わりの担当者がいない時は、上限1万円を支払う。（やむを得ない理由時は無し）

(5)　連絡無しの、遅刻、欠勤は上記 (3) (4) に追加して、その月の時給×該当時間分を違約金として追加して支払う。（やむを得ない理由時は無し）

(6)　都合により退職する時は、前月の5日までに報告する。報告の遅い場合は、上限35,000円を違約金として支払う。

(7)　2010年4月末までの解約（退職）は36万円－（3万×働いた月）を違約金として支払う。

(8)　略

(9)　第9条に違反した場合は10万円以上の違約金を支払う。

(10)　A鍼灸整骨院・Yの了承なしに、治療道具の使用、物品の契約、購入、広告の契約をした場合、Xが実費を負担するものとする。

(11)　違約金等は翌月10日までに振込む。振込みが確認できない場合は委託料を充填する。

第7条の (1)～(6) に関しては、院長がやむを得ないと判断した場合は、免除される。

　Yが、平成21年3月、Xに対し、Y作成にかかる、以下の違約金条項が定められた契約書を交付してその遵守を要求したこと、A鍼灸整骨院において、違約金条項は実際に適用され、Xの同僚らは退職する際に違約金を給与と

相殺する形により支払わされるなどしていたこと、そのため、Xは違約金条項に抵触することのないように勤務することを余儀なくされたことが認められる。

そして、本件契約書の内容は、労基法上禁止されている長時間労働を違約金の威嚇の下に義務付け、使用者としての有給休暇付与義務を免れさせる一方、違約金をもって休暇取得を制限し、さらには労基法上禁止されている違約金と給与との相殺を予定するなど違法なものである。したがって、Xに対してこのような契約の遵守を要求したYの行為は、Xの労働者としての正当な権利を侵害するものとして、不法行為を構成するというべきである。

2　勤務時間外、退社後における業務の強要の有無について

(1)　Yが、Xを含むA鍼灸整骨院の従業員らに対し、日頃より、同院のブログ記事の作成・更新業務を行うこと、毎日の業務の報告及び反省を記載した文書を作成し、これをメーリングリストに投稿することを命じていたこと、Xは、Yの指示に従い、週に1回か2回程度、ブログ記事の作成・更新業務を行っていたが、勤務時間内に行うことは困難であったため、その更新時間は、ほとんどが勤務時間外又は休日に行われていたこと、ブログの作成・更新作業は、短い場合は5分程度であったが、内容によっては30分から1時間を要したこと、Xは、Yの指示に従い、メーリングリストへの投稿を行っていたが、その投稿時間は概ね退勤後の午後10時から午前1時台であったこと、Yは、Xのブログの更新時刻・メーリングリストの投稿時刻が勤務時間外になっていることについて認識していたこと、それにもかかわらず、YがXに対し、勤務時間外のブログの作成・更新やメーリングリストの投稿を止めるよう指示することはなかったことが認められる。

Yは、Xに対し、ブログの作成・更新やメーリングリストへの反省文の投稿について、Xがこれらの業務を勤務時間内に行うことができず、勤務時間外に行わざるを得ない状況にあること、その場合も同業務が賃金の対象となるものではないことを十分認識しながら、あえてこれらの業務を指示してたものであり、かかる行為は、Xの労働者としての正当な権利を侵害するものとして、不法行為を構成するというべきである。

(2)　なお、Yは、深夜、Xを含むA鍼灸整骨院の従業員らをメンバーとするメーリングリストにおいて、自己の気に入った11箇条からなる格言集や自ら作成した10箇条からなる社訓を送信し、従業員らに対し、これを暗記する

よう命じていたものであるが、Yがこれらの格言集や社訓を翌出勤日の朝の出勤時までに暗記することを要求していた旨のXの供述は、Y作成のメールには必ずしも翌出勤日の朝の出勤時までといったことは記載されていないことなどの事実に照らすと、直ちに信用することはできず、他にXの主張を認めるに足りる的確な証拠はない。したがって、Yの上記行為は、不法行為を構成するものではないというべきである。

3　他害行為の強要の有無について

　　Yが、平成22年2月26日に開催されたXの同僚であるCの結婚退職送別会において、Xに対し、お祝いの席における余興として、Cの顔にケーキをぶつけるよう指示したが、Xがこれに従わなかったこと、そのため、結局、Y自身がCの顔にケーキをぶつけたこと、その際、XやCを含め、その場にいた者たちは皆笑っており、雰囲気が悪くなることはなかったこと、もっとも、Cは内心においてはこれを不快に感じていたことが認められる。

　　Yの行為は、Cのお祝いの席での余興として行われたものに過ぎない上、Xは、YからCの顔にケーキをぶつけるよう指示されながらも、結局はこれを拒否しているものである。これらの事情に照らすならば、Yの行為は、Cに対する関係で不法行為が成立するかどうかは別として、Xに対する関係において、損害賠償義務を負うような不法行為を構成するものではないというべきである。

4　肖像権の侵害について

　　Yは、A鍼灸整骨院D店の店舗上の大看板にXの容姿が撮影された写真を使用することについて、予めXから了承を得ていたものである。また、平成24年7月にXから看板の撤去を求められた際にも、看板は変更するが、新しい看板のデザイン作成や費用の関係もあるので直ちに変更することはできない旨Xに伝え、Xの了承を得た上、その後実際に2カ月余りで看板を変更している。そして、この2カ月余りという期間は、治療院の看板の変更にかかる時間や費用等を考慮した場合、不当に長期間であるとは言えない。このような事実経過に照らすならば、Yの行為は何ら不法行為を構成するものではないというべきである。

5　損害額について

　　Yの不法行為によりXの被ったXの損害を慰謝する金額としては、不法行為の内容、程度及び本件記録からうかがわれるすべての事情を総合考慮すると、50万円が相当である。

事案の概要

　本件は、株式会社Y1との間で労働契約を締結したXが、Y1の代表者である
Y2から、パワハラ行為・セクハラ行為を受けたと主張して、Y2に対して不法
行為による損害賠償請求権に基づき、Y1に対して債務不履行（職場環境配慮義
務違反）による損害賠償請求権に基づき、治療費、慰謝料及び弁護士費用の損
害金合計1,380万円及び遅延損害金の連帯支払を求めた事案である。

結　果

　一部認容。

　110万円（慰謝料100万円、弁護士費用10万円）。

コメント

　本判決は、Y2が「お前は馬鹿か。」等とXを怒鳴った行為について、社会通
念上許容される業務上の指導を超えた違法なパワハラ行為であると認めた。

判　旨

1　Y2のXに対するパワハラ行為・セクハラ行為の有無及び違法性の有無に
　ついて

(1)　Y2のXに対するパワハラ行為の違法性について

ア　パワハラ行為は、業務に関する指示、注意、指導の際に発生する場合が多いところ、被害者と加害者との関係、行為の目的、態様、頻度等に照らして、当該パワハラ行為が正当な職務行為の範囲を逸脱したといえる場合、あるいは、社会通念上許容される業務上の指導を超えて、過重な心理的負担を与えたといえる場合には、不法行為としての違法性を帯びるものというべきである。

イ　これを本件についてみると、Y2とXは、Y1における上司・部下の関係にあり、Y1のワンマン経営者であり、せっかちで攻撃的な性格を有するY2が、従業員に対し、業務に関する注意・指導をする際に、粗暴で単刀直入な物言いをし、従業員を大声で叱責することもあり、従業員もY2のことを恐れていたこと、Y2がXの勤務態度を低く評価していたこととの背景事情が認められる。

そして、Y2がXに対し、同被告の個人的な振込み、同被告の衣服のクリーニングの取り次ぎ、夕食の買い出し等の雑用をさせた行為、Y2がXに対し、現金で三越の商品券を購入し、その商品券を金券ショップに売却して現金化するという方法で、資金洗浄を命ずるなどした行為は、Xに対し業務外の行為を強いるものであり、Y2の正当な職務行為の範囲を逸脱するものであるといえるから、不法行為としての違法性を具備するものと認められる。

Y2がXに対し、売上を水増しした計算書類の改ざんを指示した行為は、Xに対し違法な業務を強いるものであり、Y2の正当な職務行為の範囲を逸脱したものといえるから、不法行為としての違法性を具備するものと認められる。

Y2がXの同僚であるEに対し、Xが同人の悪口を述べたかのような嘘を言い、逆に、Xに対し、Eの悪口を述べるなどした行為は、X及びEに対する業務指導とは無関係にされ、職場環境を悪化させるものであり、Y2の正当な職務行為の範囲を逸脱したものといえるから、不法行為としての違法性を具備するものと認められる。

また、Y2が初めて行う仕事について質問をしたXに対し、「馬鹿かお前は。」などと怒鳴った行為、Y2が、売上を水増しした計算書類の改ざんを指示したXに対し、「馬鹿かお前は。」などと怒鳴った行為、Y2がXが報告

したことを聞いていないと言い、Xが発言していないことを言ったと言い張った際に、Xに対し、「お前は馬鹿か。」、「お前は親に目の前の石を拾ってもらって育った。」などと発言した行為、Y2が同被告の言い間違いを指摘するXに対し、「だから今、俺はそう言っただろう。」と怒鳴った行為、Y2が、Y1の月2回の支払について相談するXに対し、相談に必要な資料や帳簿の持参の有無について、その都度異なる指示をし、「お前は馬鹿なのか。」とXを怒鳴った行為、Y2がその日の機嫌により仕事の指示を変え、Xに対し、書類の作り直しを命ずるなどし、機嫌の悪い時には、Xに対し「お前は馬鹿なのか。」と怒鳴ったり、些細なことで長時間叱責するなどした行為、Y2が、競馬関係の請求書を同被告の指示通り作成したXに対し、「間違っている。」と怒鳴り、書き直しを命じた行為、Y2から許可を受けて書類の手続きを進めたXに対し、後になってこれを覆し、「許可なんかしていない。」と怒った行為は、前記のとおりの背景事情のもと、Y2が部下であるXに対し、業務に関する指示、注意、指導等を行う際に行われたものであるが、Y2の場当たり的かつ恣意的な指示等を原因とし、これにXが対応できないことについて、Xの人格を否定する粗暴な言辞が用いられており、これらのパワハラ行為は、その頻度が証拠上明らかではないとしても、Y2において社会通念上許容される業務上の指導を超えて、Xに対し、過重な心理的負担を与えたものといえるから、不法行為としての違法性を具備するものと認められる。

ウ　他方で、Y2が、休日や深夜にXの携帯電話に電話をかけ、翌日出勤しない旨を述べたにもかかわらず、実際には出勤するなどした行為は、同被告からXに対する業務連絡としてされたものと認められ、Y2の正当な職務行為の範囲を逸脱したものということはできず、不法行為としての違法性を具備するものと認めることはできない。

　また、Y2がXに対し、解雇を意味する「クビ」との言葉を用いた行為及びY2がXに対し、「もう、この会社辞めたら。」、「総務部は1人いらない。」、「お前の代わりはいくらでもいる。」との発言をした行為は、Xに対し雇用喪失の不安を生じさせる行為であるが、これらの行為が退職勧奨として違法性を有するような状況でされたものと認めるに足りる的確な証拠はなく、Y2の正当な職務行為の範囲を逸脱したものということはできず、不法行為としての違法性を具備するものと認めることはできない。

2　被告らの責任原因について

(1)　Y2がXに行ったパラハラ行為は、Xの人格権を侵害し、職場環境を悪化させるものと認められるから、Y2は、Xに対し不法行為に基づく損害賠償義務を負うというべきである。

　　また、Y1は、Xとの間の労働契約上、Xに対し職場環境配慮義務を負うと解されるところ、Y2によるパラハラ行為を放置したことにより、職場環境を悪化させたことが認められ、Xに対し、労働契約上の債務不履行に基づく損害賠償義務を負うというべきである。

(2)　そして、Y2とY1の各損害賠償義務は、同一の損害の賠償に向けられたものであるから、いわゆる不真正連帯債務となると認めるのが相当である。

3　Xの損害について

(1)　治療費　0円

　　XはY2の不法行為及びY1の債務不履行（職場環境配慮義務違反）により、精神疾患の治療を受け、治療費として40万円を支払った旨主張するが、Xがその主張するとおりの治療費を支出したことを裏付ける証拠はなく、診断書をもって、Y2の不法行為又はY1の債務不履行（職場環境配慮義務違反）とXが主張する損害との間の因果関係を認めるには足りず、他にこれを認めるに足りる的確な証拠はない。したがって、この点に関するXの主張を採用することはできない。

(2)　慰謝料　100万円

ア　Y2のXに対するパワハラ行為は、Y2の正当な職務行為の範囲を逸脱し、あるいは、Y2において社会通念上許容される業務上の指導を超えて、Xに対し、過重な心理的負担を与えたものといえるから、不法行為としての違法性を具備するものであるところ、その内容は、Xに対し業務外の行為を強いるもの、Xに対し違法な業務を強いるもの、業務とは無関係なもの、業務に関する注意・指導等の範囲を逸脱する粗暴な言辞が用いられたものなど多岐にわたり、Xは、Y2の秘書的業務を行った6年半の間にY2から上記のパワハラ行為を受けている。Y2は、前記認定のとおりのY1における地位、性格、被告従業員に対する接し方等を背景として、感情の高まりにより、Xに対しパワハラ行為を行ったものと認められるところ、Xが受けた精神的苦痛は軽微なものではない。そうすると、Y2のパワハラ行為の頻度が証拠上明らかではなく、Y2が暴行等の身体的接触行為に及んでいない

こと、その他本件に現れた事情を総合考慮すると、Xが受けた精神的苦痛
　　に対する慰謝料は、100万円と認めるのが相当である。
⑶　弁護士費用　10万円
⑷　損害合計　110万円

<table>
<tr><td>precedent
68</td><td>損害賠償請求事件

福岡地小倉支判　平28・3・10　公刊物未掲載、判例秘書登載</td></tr>
</table>

事案の概要

　本件は、Yの設置するV郵便局、W郵便局等の郵便局において郵便局員として稼働していたA（休職中である平成23年12月1日に所属するW郵便局の駐車場に駐車した車両内において死亡）の妹であり、相続人であるXが、Aがその上司である郵便局長らからパワーハラスメントを受け、そのためにストレスを原因とする致死性不整脈を突発して死亡するに至ったなどと主張して、不法行為（民法709条、715条1項）又は債務不履行（民法415条）による損害賠償請求権に基づき、1億円等を請求した事案である。

結　果

　一部認容。220万円（慰謝料200万円、弁護士費用20万円）。

コメント

　本件は、休職からの復職を希望したAに対する上司からの「あんたが出てきたら皆に迷惑がかかる。罵声が飛ぶかもしれんばい。」等の発言が違法であると認め、Yに安全配慮義務違反を認めたが、パワハラと急死との因果関係は認めなかったため、認容額は慰謝料のみとなっている。

　違法と認められた平成23年10月26日の面談の発言については、極めて詳細な認定がなされているため、録音証拠があったものと思われる。また、その他のパワハラの事実認定に際して、診療録の記載内容を重視している点も参考になる。

判　旨

1　Yの職員らのAに対する各言動の不法行為該当性およびYの安全配慮義務
違反の有無について

(1)　窓口業務から出納業務への配置転換について

　Aが窓口業務に従事している間、Aと窓口を訪れる顧客との間でトラブルが
生じており、Aの言動に対する苦情が寄せられることも少なからずあったの
であるから、そのような状況を知らされたC局長がAの担当業務を変更した
ことについては、郵便局長として職員を適正に配置する観点から行われたも
のであるとみるべきであり、この点につき、何ら違法又は不当な点は存しない。

　また、Aがうつ症状を有しており治療を受けていたことを踏まえても、当
時のAの状態に照らし、出納業務がAにとって過重なものであったとまで認
めることもできない。

　そうすると、Aに対する出納業務への配置転換については、Aに対する不
法行為を構成すると認めることはできず、Yに安全配慮義務違反があったと
認めることもできない。

(2)　C局長からの「貴様、ちゃんとやれ」等の言動について

　Aは、平成23年8月29日のZクリニックにおけるカウンセリングの際、臨
床心理士に対して職場で上司であるC局長から「貴様、ちゃんとやれ。」と
言われた旨を告げ、また、同年10月24日にYの産業医であるP医師に対し
て復職相談を行った際にもC局長から「貴様、わかっているのか。」等と叱
責を受けた旨申告しているところであり、XおよびE（Aの母）の供述中には、
Aからそのような言動の訴えを受けたとする部分が含まれる。

　しかし、平成22年夏頃のU医院の診療録には、C局長による当該発言に関
する記載はみられず、Aは、後日D局長の「前局長（C局長）から聞いてい
るが窓口には就かせられない。」という言動をきっかけとしてW郵便局にお
ける自身に対する処遇についての不満をC局長と結び付け、C局長に対する
憎悪を増幅させたことにより上記訴えを行うようになったとみることもでき
る。よって、直ちにC局長がAに対して「貴様、打ちくらすぞ。」、「貴様、
わかっているのか。」と言うなどの言動を行ったとの事実を認めることはで
きない。

(3) C局長がAに夜間1人勤務をさせたことについて

　C局長は、Aについてうつ症状があり、月に1回通院しているとの認識を有しており、そのような認識の下でAを1人で残業をすることがあり得るシフトで年賀報告の業務に当たらせた。

　もっとも、Aが1人で残業をすることがあり得るシフトで勤務をすることになったのは、朝が苦手であるとするAの意向を受けてのことである。そして、Aも、年賀はがきを販売する時期が郵便局の繁忙期であり、上記シフトで勤務することとなれば、1人で残業をすることがあり得ることを当然に予想し得たものであり、Aは、自らこれを受け入れていたものというべきである。また、当時、Aにおいても体調不良を理由に休業を申し入れたり、職務に耐えられない旨を述べたりすることもなかった。さらに、上記期間における超過勤務等の時間についても、Aの当時の状態に照らして、これが過重なものであったとまで認めることもできない。

　そうすると、Aに夜間1人勤務をさせたことについて、Aに対する不法行為を構成すると認めることはできず、Yに安全配慮義務違反があったと認めることもできない。

(4)　C局長が椅子を蹴りAに対して「こんな時に出てくるな！」と怒鳴ったことについて

　該当する時期におけるU医院における診療録においては、上司に関するものとして、「上司から言われる」、「上司からいろいろ求められる」との記載がみられるのみであり、C局長が体調不良のAが座っている椅子を蹴るとともに怒鳴りつけたというX主張の言動については、その内容の過激さにもかかわらず、これに触れる部分がない。

　また、証拠はEとXの伝聞証拠にすぎないため、C局長の言動があったとは認められない。

(5)　C局長がAに降格願いを書かせたことについて

　Aは、W郵便局への異動に先立ち、Yの九州支社宛ての降職降格願を作成し、これをYに提出している。

　もっとも、Aは平成23年2月14日にJ課長に対し、異動の希望を伝え、その際にJ課長から降職降格をした方が異動をしやすい旨の教示を受け、その約1か月後の同年3月7日にもC局長に異動の希望が叶うのであれば、降職降格をしても構わない旨を伝え、上記降職降格願を作成しており、さらに、異

485

動の内命があった際にはC局長に対して喜んだ様子をみせ、J課長に対して
も御礼の言葉を述べていたのであるから、Aは、自らの意思に基づき降職降
格を願い出たというほかなく、C局長がAをして、その意思に反して降格願
を書かせたとの事実は認めることはできない。

(6) 保険業務への配置換えについて

　　W郵便局においてAの上司となったG部長らは、Aを1度は窓口業務に配
置するも、その後、Aが経験したことのない保険業務へと配置換えを行い、
保険渉外業務の後方支援の仕事に就かせた。

　　しかし、Aは、当日、目がうつろな状態であり、窓口での対応が難しい状
態にあったことから、保険業務へと配置換えが行われたものである。また、
G部長らにおいてもAがうつ症状を有していることについて認識していたも
のと推認されるところ、保険業務へと配置換えになったAに対して単純な作
業である保険渉外業務の後方支援の仕事が割り当てられたことについても、
G部長らがAの病状等に配慮してのことであったとみるほかなく、そのよう
なG部長らの判断につき、Aに対する不法行為に当たるとみるべき点や安全
配慮義務に違反するとみるべき点は存しない。

(7) H部長がI課長にAの離席回数等の監視を命じたことについて

　　H部長は、Aに対して勤務時間中に職場を離れる際にはH部長かI課長に
声を掛けるよう求めていたものにすぎず、H部長がI課長に対してAの監視を
命じた事実やAを叱責した事実を認めることはできない。

(8) D局長のAに対する発言について

　　D局長は、窓口業務を希望する旨申し出るAに対して「前局長から聞いて
いるが窓口には就かせられない。」、「いつ辞めてもらってもいいくらいだ。」
などと述べて申し出を拒否した。

　　この言動は、その内容からして、Aに対し、仕事の能力に欠ける旨をあか
らさまに伝えるものであり、Aの名誉感情を著しく害するものであると認め
られる。そして、D局長においては、当然にAのうつ症状について認識して
いたものと認められるところ、D局長による言動は、そのようなAの状態を
認識しつつ行われたものであり、上司の部下に対する言動として甚だ不適切
であり、社会通念上の相当性を欠くものであるというほかない。

　　そうすると、D局長よる言動は、Aに対する不法行為を構成するものであ
るとともに、Yには、Aに対する安全配慮義務違反があったものと認められる。

(9)　D局長がAの同僚職員に土下座をさせたことについて

　　D局長は、平成23年6月2日、Aの同僚職員に土下座をさせた。

　　もっとも、D局長による当該行為は、Aに向けられた行為ではないことは明らかであるから、Aに対する不法行為を構成すると認めることはできず、Yに安全配慮義務違反があったとも認めることはできない。

(10)　面談時のD局長の言動について

　　Aは、平成23年10月26日、W郵便局において、D局長およびH部長と面談した。その際、D局長は、病気休暇明けの職場復帰を望む意向を示すAに対し、「お歳暮は売れないんだ、年賀はがきも売れないんだ、やることない。油売ってんの、あんた。」、「1月の10日まで2か月ちょっと、この前後はね、家に帰られないんだ、それに耐えられるか。」、「罵声が飛ぶかもしれんばい、それにあんた耐えられるとよかろう。」、「それでまた病気になったらさ、我々も正直言ってさ、どげんもならんばい。あんたの病気って繰り返すやつやけんな。怖いっちゃ、我々としては。」、「誰も辞めるとか言わせたい訳じゃなくて、何で一番大事なときに、みんながこうして元日に届くように、みんなこうしてしているわけだ。そういう時になんであんたが出てこようとしているのかて。あんたなんで自分の体をね、もう少しいたわらんかと、それを言いたいわけ。」、「我々は、病気だからって容赦せんけんな。」、「そういう時に出てきて体壊したらあんた誰が責任とるか、責任とりきらんよ、私は。なんで1か月辛抱しきらんか。1か月休職すればいいじゃないか。クビになる訳でもどうでもないんだけん。」、「あんたが心配してるのは休職してクビが飛ぶだけやろ、正直な話。」、「あんた局長も困らせる、管理者も困らせるね、あんたそういうことをしようとしてるんばい。」、「どうしても出てくるっていうんだったら、我々から言われたけんがまた病気になりましたなんて口が裂けても言うなよ。」、「郵便局の一番大事な時期、11月と12月と1月の10日まではきついわ。そんなときに出てくるわけだけんさ。そりゃもう俺なんかさ、郵便物投げつけよったけんがな、言っとくけど。あんた投げつけられたって、あんた文句言えんぞ。」、「職場の人、恨まれるぞ。あんた、どんな考えでこれまで休んどったんか。5か月休んでこんな大変な時に出てきて困らせようと、気があるんじゃねえの。」、「1か月辛抱すりゃいいことじゃないか。みんな喜ぶぞ。」、「復帰するに当たって、時間外勤務してもらうけんな、3、4時間、4時間ほどいれとく、年繁に。」、「14時間働くんだぞ。だいたい4時間ってい

うのはほんとのピークの時だけだからな。みんな3時間一生懸命、あんただ
け帰りますて言ったら許さんぞ。」、「私は調子が悪くなりましたからって帰
らせられんぞ。みんながそげんして帰ったらさ、職場が交通渋滞。」、「今度
病気で休んだらつらいぞ、出てこれんぞ、みんなから相手されんぞ、誰も口
きかんぞ。」、「こんなにあんたに抵抗されるとは思わんかった。」、「俺に勝て
るか、じゃあなんで出てくるか。」、「またおかしくなったら、我々のせいに
絶対なるっていう、俺は言葉を恐れているわけだ。」などと述べて、その求
めに応じることはなかった。

　D局長の言動は、精神疾患等により病気休暇を取得した職員であるAについ
いては職場復帰後、勤務時間の軽減等の措置が考えられるにもかかわらず、
かえってAに対して繁忙期に職場復帰した場合には残業を強いる旨の意思を
示すとともに、Aの勤務状況によってはAに対して暴力をふるうことをも厭
わない旨を表明することにより、Aに対して職場復帰の時期を遅らせること
を強く求めるものであって、専らAに病気休暇の期間満了に伴い職場復帰す
ることを諦めさせることを目的としたものであったと認められる。また、A
が職場復帰することで再度病気が悪化した場合には、自らに責任が生じるこ
とを厭う意思を明確に示すものであり、一方的かつ威圧的な言動によってX
に対して自らの嫌悪の情をあからさまに示すものであったということもでき
る。そして、その態様についても、脅迫にも当たり得るというべきものであり、
Aに対して極めて強い心理的負担を与えるものであったというべきであり、
これらを考慮すれば、D局長の言動は、うつ病を理由に病気休暇を取り、回
復の兆しが見えたことから職場復帰を目指すこととなったAに対するものと
しては、著しく配慮を欠く極めて不適切なものであったというほかない。

　そうすると、D局長の言動は、Aに対する不法行為を構成するものである
とともに、Yには、Aに対する安全配慮義務違反があったものと優に認めら
れる。

2　Yの職員らの各言動とAのうつ病の増悪および死亡との因果関係について

(1)　Aは、W郵便局に異動後、自らが望む仕事とは異なるものの、保険渉外
業務の後方支援の仕事を行い、仕事の負担自体は軽くなったとの認識を示し
ていたところ、D局長による言動がされたことにより、精神的苦痛を被り、
翌日の朝から出勤前に嘔吐し、めまいや頭痛を訴えるなどそのうつ症状は悪
化し、その結果、病気休暇を取得することを余儀なくされたのであるから、

D局長による言動とこれによりAが被った精神的苦痛およびAのうつ症状の増悪との間には、因果関係が認められる。

(2)　また、Aのうつ病については、平成23年9月頃から徐々に回復傾向を見せており、Zクリニックの医師およびYの産業医により、一定の配慮されるべき事項はあるものの、病気休暇の期間満了後に職場復帰が可能であるとの見方がされる状態にあったところ、D局長による言動がされたことにより、Aは精神的苦痛を被り、口数が減り、表情も暗くなり、食欲もなくなるなどその精神状態が悪化し、更には職場復帰を諦め、翌年3月末まで休職することを余儀なくされたものであるから、D局長による言動とこれによりAが被った精神的苦痛およびAのうつ病の増悪との間には、因果関係が認められる。

(3)　一方、Aについては、平成21年夏頃以降、うつ症状がみられるようになり、Aには、平成23年12月までの間に、前妻との離婚訴訟や長女の親権の喪失、父親の介護、Yにおける担当業務の変更、交際していた女性との結婚の延期など心理的な負担を生じる出来事が複数生じており、これらによってもAのうつ症状およびうつ病が増悪したものと認められ、D局長による言動がされる前の平成23年5月9日に実施された定期検診においては、既に、Aには、洞性頻脈の所見が認められたところである。また、D局長の言動はAに対して年賀はがきに関する業務を含む一切の業務をしないよう求めるものであるところ、休職中に年賀状の払い出しを受けるためにW郵便局を訪れたAの行為は、D局長の言動から通常予想される反応と相反するものであり、別原因によって発生した事情というべきである。

　　これらの事情を考慮すれば、Aが休職中にW郵便局を訪れて過度の緊張をしたことに伴い、致死的不整脈を発症して死亡するに至ったとしても、その死亡は、不法行為を構成するD局長の上記言動とは別の原因による心理的負担も一定の影響を及ぼしたものである可能性は否定できない上、これらの言動から通常予想される経過から逸脱した事情が介在した結果生じたものといわざるを得ないのであり、D局長による上記各言動とAの死亡との間に相当因果関係を認めることはできない。

3　損害および過失相殺について

(1)　損害額

ア　慰謝料　200万円

イ　弁護士費用　20万円

(2)　過失相殺および素因減額

　　上記損害が同種の業務に従事する労働者の個性の多様さとして通常想定される範囲を外れたＡの性格等により発生し又は拡大するに至ったものと評価することはできず、本件に現れた一切の事情を考慮しても、本件において過失相殺および素因減額を行うのは相当ではない。

<table>
<tr><td rowspan="2">precedent
69</td><td>Y社（懲戒解雇）事件</td></tr>
<tr><td>東京地判　平28・11・16　　　　労経速2299号12頁</td></tr>
</table>

事案の概要

　Xは、平成24年10月16日にY社の従業員として雇用され、購買ソリューション東日本事業本部購買ソリューション3部（以下「ソリューション3部」という。）の部長代行職にあった。Xは、平成27年7月17日、部下に対してパワーハラスメント行為を行い、厳重注意処分を受けたにもかかわらず、反省せず、再度パワーハラスメントを行ったとして、懲戒解雇された。

　本件は、XがY社の行った懲戒解雇は無効であると主張して、Y社に対し、雇用契約に基づき、雇用契約上の権利を有する地位にあることの確認を求めるとともに、解雇日である平成27年8月以降本判決が確定するまでの間の賃金及び年2回の賞与の支払を求めた事案である。

結　果

　請求棄却。

コメント

　本判決は、Xの部下4名に対する言動は、相手の人格や尊厳を傷つける理不尽なものであり、その対象が部下の生き方自体やプライベートな事項にまで及んでいて、業務上正当な指導や叱責として許容される範囲を超え、譴責等処分事由に該当するとした。さらに、2度目のハラスメント行為にもかかわらず一貫して部下に対する正当な指導であるとの態度を堅持していること等から、Yが諭

旨退職又は懲戒解雇の処分を選択したことはやむを得ないと認め、Xの請求を
棄却した。

　近年、ハラスメント行為の加害者に対する懲戒処分については、厳しい処分
も有効とする裁判例が増えているが、ハードルの高い懲戒解雇が有効になった
事例は珍しい。

┃ 判　旨

1　認定事実

（1）　XのYにおける業務等

　Xは、当初Yの購買ソリューション本部フロンティア室室長という立場で、
部下のAと2人で業務を行っていたが、平成25年3月頃、前職のGで一緒に
仕事をしたことのあるBに対し、Yに移籍するよう声を掛け、これを受けて
Bは同年7月、Yに入社し、Xの部下として勤務するようになった。

　同様にXの誘いを受け、平成25年10月にはCが、同年11月にはDが、G
を退職し、Yに入社してXの部下として働くようになった。

　Xは、部下に対する指導の際、部下ににらみを利かせたり、部下のことを「あ
んた」「てめえ」などと呼ぶことがあった。

　また、Xは、部署の構成員全員が参加するLINEのトークグループを作
成し、その中で部下と頻繁に意見を交換し、土日にもLINEを通じて部下
と業務上のやり取りをしたり、返信を強要することもあった。

（2）　C・Bからの加害行為の申告等

　ア　Hは、平成26年3月当時、Yの管理本部管理部部長の職にあり、社員の
　　ためのホットラインの窓口になっていたところ、同月26日、Cからメールで、
　　Xの部下に対する言動について報告を受けた。Hは、同日Cから詳しく話
　　を聞いたところ、Xが部下のBに対し、頻繁に罵声を浴びせており、プラ
　　イベートな事柄について指摘することがあり、Bが精神的に苦痛を感じて
　　いるとのことであった。また、C自身も、Xから「お前の歳でそんな仕事
　　しかできないのか。」「お前の歳ぐらいだったら周りの人は役職ついてるぞ。」
　　などと罵声を浴びせられたり、家族のことを批判されることがあり、Yを
　　退職したいとの話があった。

Hが、同日Bに確認すると、Bは、Xから「お前、アホか。」「お前、クビ。」「お前なんかいつでも辞めさせてやる。」などと言われたり、「私は至らない人間です。」という言葉を何度も復唱させられたり、Bの交際相手のことに言及して批判することなどがあり、BがXに対し恐怖心を抱くようになった旨を述べた。

イ　Hは、当時Yの取締役であり、管理本部本部長兼CCO（チーフ・コンプライアンス・オフィサー）であったIとともに、平成26年3月31日、XからC及びBに対する指導に関して事情聴取をした。Xは、BやCに対し指導の際に罵声を浴びせたり上記発言をしたことを概ね認めたものの、あくまで部下の指導のために行ったものであり、必要な行為であったとして、反省する様子が見られなかった。そこで、Iは、Xに対し、「アホ」「クビ」「辞めちまえ」といった言葉はNGワードであり不適切であること、YやYの属するグループ会社ではコンプライアンスの遵守を重視していること、指導のためであったとしても相手方が精神的苦痛を受ければハラスメント行為に当たること、再びこのようなことがあれば厳しい処分がされることもあることを説明し、今回の件についてXに厳重注意を行うとともに、BとCの件についての顛末を報告書として提出するように指示した。

同日の面談後、Iは、Xに対し、「社内で誤解を招く言動があるならば、注意・改善をお願いします。」「Xさんも役職者ですので、社員からすれば＝会社側です。会社としては、社員を守る義務があり、これには過労や精神的なケアもそうですが、社員の生活への影響まで考えねばならず、この点グループの人事は重くとらえています。」「過去、何度かこうしたくだらないところで仲間を失っています。逆に我々は、それだけ高度なマネジメントを要求されているということ。」などと記載したメールを送信し、併せて同メールにおいて、Yのグループ会社におけるコンプライアンス方針及びパワーハラスメントに関する参考資料を示した。

ウ　Xは、Iに対し、平成26年4月10日、上記アの出来事に関する顛末書を提出した。当該顛末書には、①XがYに入社後、C、B、Dらに声を掛けて入社させ、結果を出すために全員一丸となって頑張ってきたこと、②平成26年3月にXの部署の売上目標を達成できるかという状況において、C、Bのミスに対し、DやAとの仕事に対する意識の違い、営業能力の違いを挙げて強く叱責する場面があり、C及びBがストレスを感じていたであろうこと、

③XがBに対し「お前、郵便さんが終わったらやる仕事ないよ。このまま
やったら会社にいられなくなるな。」などと伝え、Cに対し「責任感がない。
今の状態では任せられる仕事がないし、うちのチームには必要ない。」など
と話をしたが、両名を辞めさせる考えはなかったこと、④自分（X）の言
動がパワーハラスメントであるとする内容は、上記②のような特別の状況
の中、結果を出すことにこだわったことが原因であり、パワーハラスメン
トが日常化していたことはないこと、⑤自分（X）が正しかったというつ
もりはなく、今回の件を機に、C、Bに対しては環境を緩和していく必要が
あると考え、かかる方針に切り替えていることなどが記載されていた。

エ　Iは、平成26年4月10日、Yグループではコンプライアンスを非常に重要
視していること、そのため何かあると背景事情などを余り考慮せずに厳重
な処罰が下ることがあること、そのようなことで戦力を失いたくないので
配慮をお願いしたいこと、部下が擦り切れないようにすることがマネージ
ャーの大事な責務であることなどを記載したメールをXに送信した。

(3)　E、Dからの加害行為の申告等

ア　Hは、平成27年5月20日、Eから、ホットラインを通じて急遽面談した
いとの連絡を受け、同日Eと面談した。Eは、泣きながらHに対し、①X
から「お前は今まで何も考えてこなかったから、反発もしない。そんな生
き方、考え方だから営業ができない。」「お前はセンスがない。」「お前は生
き方が間違っている。」「スポーツも勉強も全部中途半端にしかやってこな
かった。」「お前は真面目というだけで評価を得ようとしているが、怖がっ
ているだけ。」などと叱責され、それまでの生き方や考え方自体を否定され
たこと、②週に1度は「お前は丸くない。考え方が四角い。」などと叱責さ
れ、「たて・よこ・四角・丸」の話を何度もされ、EがXの話の意図が理解
できずXに尋ねても、「わからないじゃなくて、わからなきゃあかん。」な
どとしか答えてくれず、また丸と四角の絵を何度も描かされたこと、③土
日もXからLINEで連絡があり、業務に関して怒られたり、Xの投稿に直
ちに返信しないとそのこと自体を理由に怒られることなどを述べ、精神的
に辛い旨を訴えた。話を聞いたHは、Eが思い詰めた様子であったことから、
同人に対し、事実確認をした上で速やかにEを別の部署へ異動させるよう
取りはからうことを伝えた。

イ　Hは、その後Cから、XのEに対する日頃の対応を聴取したところ、Eか

ら聴取した話と同様、XがEに対し度々厳しい言葉を浴びせており、Eが業務中に頻繁に涙を流していること、Eが精神的に辛そうであり思い詰めた様子が続いているため、取り返しのつかないことになる前に早急に別の部署に異動させてほしいとの話であった。Hは、E及びCの話を受け、Y代表者にEの件を相談し、Eの異動について許可を得るとともに、J本部長と相談の上、Eを購買ソリューション1部に異動させることを決定した。

ウ　Hは、平成27年6月9日、今度はDから、ホットラインを通じて面談したいとの連絡を受け、同日Dと面談した。Dは、Hに対し、同年3月末頃に売上目標が達成できなかったことから、日々追い込まれ精神的に苦痛であること、Xから「売上が上がらないなら給料を返せ。」と言われたり、「お前は嫌いだ。」「話しかけるな。」などと言われ、業務報告を含めXと会話をすることや部署のミーティングへの参加を禁じられていること、最近では会社にいるなと言われるため、朝会社に出社した後外出して喫茶店などで1日過ごしていること、Dが休日に子どもと遊んでいる写真をフェイスブックに投稿したところ、Xから「よく子どもと遊んでいられるな。」などと言われたことなどにより、精神的に耐え難い苦痛を感じていることを訴えた。Dは、今の環境から逃れたいと希望しているが、Xにそのことを報告すると叱責されるのではないかと恐れているとのことであった。Hは、Dが精神的に相当追い詰められた状態にあると感じたことから、Dに直ちに休養することと産業医を受診するように勧めた。また、Dは、Hとの面談の際、同僚のEがXから特に厳しい叱責を受けており、仕事中に涙を流すことも多く、精神的に追い詰められていることも述べた。

エ　Dは、平成27年6月10日、Xに対し休養することを報告したところ、Xから「本当にそれでいいのか。自分を正当化していないか。」などと言われたことから、Hに対し、このことを報告した。

オ　Dは、平成27年6月11日、産業医を受診し、適応障害と診断され、同医師より、職場環境が改善するまで休養が必要であるとの指示を受けた。Dは、その後心療内科を受診したところ、上記と同様の診断結果であった。Yは、平成27年6月11日、Dに休養を指示し、Dは同日から傷病休暇に入った。

(4)　Xとの面談等

ア　Hは、平成27年6月29日、Xと面談した。Xは、EとDを叱責したことがあることは認めつつ、両名に対する叱責はあくまで指導のために必要なも

のであったなどと答えた。

　イ　Hは、平成27年6月29日から同年7月3日にかけて、ソリューション3部に所属していたXの部下であるC、B、F及びAから、XのEやDに対する言動について個別に聴取したところ、いずれの話もE及びDから聞いた内容と合致するものであり、XのE及びDに対する言動は特に厳しく、2人とも精神的に追い詰められている様子であったこと、Eが会議中によく涙を流していたことなどが確認された。

　ウ　Hは、上記アの面談の後、Xから再度の面談の要請があったことから、平成27年7月1日、再度Xと1時間程度面談を行った。Xは、同年6月29日の面談の時と同様に、E及びDに対する叱責の事実自体は認めたものの、両名のそれまでの生き方や性格、Xの過去の経験などを踏まえ、部下の育成のためには挫折を経験させる必要があり、指導のためには厳しい叱責が必要であるなどと述べた。Hは、Xに対し、部下が精神的苦痛を感じてしまっている以上、指導方法を見直す必要がある旨を伝え、自身の指導方法が間違っていたと思わないかと尋ねたところ、Xは、部下への叱責は部下の育成の観点から行ったことであり、自分の行動は反省すべきものではないと思っているなどと答えた。

(5)　本件懲戒処分の決定

　ア　平成27年7月6日及び7日、Yにおいて、Y代表者、人事担当取締役及びHらから構成される懲罰委員会が開催された。懲罰委員会は、部下であるE及びDに対するXの言動がY就業規則が禁止するハラスメント行為に該当すると判断し、Xの処分としては、懲戒解雇処分又は諭旨退職処分が相当である旨を決定した。

2　本件解雇の有効性

(1)　解雇事由該当性

　ア　前記1で認定したところによれば、C、B、E及びD（以下併せて「部下4名」と総称することがある。）からの訴えの内容（前記1（2）及び（3））に沿ったXの言動があったものと認められる。

　イ　(ア)　XのB及びCに対する言動は、業務の過程で部下に対する指導の一環としてされたものと認められるものの、いずれも強い口調での罵声を伴うものであるし、Cに対しては年齢の割に役職に就いていないことを非難するような発言をし、Bに対しては、「お前、アホか。」と言ったり、「私は

496

至らない人間です。」という言葉を何度も復唱させるなど、相手の人格や尊厳を傷つけるような言動に及んでいる。また、Bに対する「お前、クビ。」「お前なんかいつでも辞めさせてやる。」という発言は、相手にいつ仕事を辞めさせられてもおかしくないという不安を抱かせる内容であり、発言の前後の文脈を考慮したとしても、上司の地位を利用した理不尽な言動と評価せざるを得ない。

　このように、XのC及びBに対する言動は、業務に付随してされたものである点を考慮しても、理不尽な言動により部下に精神的苦痛を与えるものであり、業務上の指導の範疇を逸脱した違法なものいうべきである。

（イ）　XのE及びDに対する言動についても、業務の過程で部下に対する指導の一環としてされたものと認められるものの、同様にいずれも強い口調での叱責を伴うものであるし、Eに対しては「今まで何も考えてこなかった。」「そんな生き方、考え方だから営業ができない。」「お前は生き方が間違っている。」などとEのそれまでの生き方や考え方を全て否定するような発言をしている上、「お前は丸くない、考え方が四角い。」という話をして、Eが内容を理解できずに意図を尋ねてもまともに答えずに、丸と四角の絵を何度も描かせるなどし、その結果、Eは業務中に度々涙を流していたというのである。

　また、Xは、Dに対し、「お前は嫌いだ。」「話しかけるな。」などと発言し、DがXと会話をすることや部内のミーティングへの参加を禁止したり、Dが出社後会社にいることを許さず社外で一日過ごさせるなどの行動に及び、Dが休日子どもと遊ぶ写真をフェイスブックに投稿したところ、「よく子どもと遊んでいられるな。」と発言するなどして、その結果、Dが精神的に耐え難い苦痛を感じ、適応障害に罹患するまでの状態に精神的に追い詰められていたことが認められる。

　このように、XのE及びDに対する言動もまた、業務に付随してされたものである点を考慮しても、両名の人格や尊厳を傷つけ、理不尽な言動により部下に精神的苦痛を与えるものであり、業務上の指導の範疇を逸脱した違法なものいうべきである。

（ウ）　したがって、Xの部下4名に対する言動は、Yの就業規則72条8号が禁止する「理不尽な言動により精神的苦痛を与える」に該当し、Yの定める就業規則に違反する行為として、譴責等処分事由（同規則86条1号）に

該当する。

ウ　ところで、就業規則87条2号は、諭旨退職又は懲戒処分事由として、「譴責等処分事由の複数に該当したとき、又は同一事由を2回以上繰り返したとき。」を挙げる。

　上記規定の文言上、譴責等処分を実際課されたことまでは要求されていないことに鑑みれば、「同一事由を2回以上繰り返したこと。」とは、その字義どおり、譴責等処分事由に該当する事実を2回以上繰り返したことを意味し、譴責等処分が実際にされたか否かは問わない趣旨であると解するのが相当である。もっとも、同規定は、譴責等処分事由に該当する禁止行為等を1度犯し、その後反省・改善の機会が与えられたにもかかわらず再度同一事由に該当する禁止行為等を行った点に悪質性を認め、諭旨退職又は懲戒解雇という重い処分を課す趣旨と解されるところ、かかる趣旨に照らせば、処分対象者が、1度目の譴責等処分事由に該当する禁止行為等を行ったということを明確に認識できるよう、譴責に準ずるような警告等の措置が必要であるというべきである。

エ　（ア）　これを本件についてみるとYのコンプライアンス担当役員であったIは、平成26年3月31日、Xに対し、同人のC及びBに対するハラスメント行為について、「アホ」「クビ」「辞めちまえ」といった言葉はNGワードであり不適切であること、Yの所属するグループ会社ではコンプライアンスの遵守を重視していること、指導のためであれ部下が精神的苦痛を受ければハラスメント行為に当たること、今後同様のことが起きれば厳しい処分がされることもあることを伝えて、厳重注意を行い、さらに、Xの認識を確実にするために、Xに上記厳重注意と同趣旨を記載したメールまで送り、重ねて注意喚起をしている。また、同メールには、Yの所属グループ会社におけるコンプライアンス方針及びパワーハラスメントに関する参考資料まで引用されている。

（イ）　このように、Xは、平成26年3月31日にYから、自らのC及びBに対する言動が不適切なハラスメント行為に該当することを指摘され、今後同様の行為があれば厳しい処分が下り得ることの警告（厳重注意）を受け、Xもこれを十分認識していたことが認められる。

（ウ）　その後、Xは、平成27年5月20日のE及び同年6月9日のDの各訴えにあるとおりのハラスメント行為を行ったものである。

（エ）　以上によれば、Xは、平成26年3月に譴責等処分事由に該当する自ら
のハラスメント行為につき、厳重注意処分を受け、かかる行為が不適切な
ハラスメント行為に当たり、今後同様の行為を行った場合には厳しい処分
が下り得ることの警告を受けたにもかかわらず、再度他の部下2名に対す
るハラスメント行為に及んだのであるから、就業規則87条2号にいう「同
一事由を2回以上繰り返したこと」に該当することが明らかである。

オ　（ア）　Xは、部下に対する言動はあくまで部下を指導し育成させることを
目的とするものであり、社会的に正当な範囲の指導及び叱責であると主張
する。しかし、前記説示のとおり、Xの部下4名に対する言動は、その内容
に照らして相手の人格や尊厳を傷つける理不尽なものであり、その対象が
部下の生き方自体やプライベートな事項にまで及んでいることも考慮する
と、業務上正当な指導や叱責として許容される範囲を超えるものであるこ
とが明らかである。したがって、Xの上記主張は採用できない。

（イ）　なお、部下4名のうちE以外の者は、いずれもXの前職であるGから
Xが誘って入社させた者であり、Xがこれらの部下に対し特に親しい仲間
意識を抱いていた様子がうかがえる。しかし、このような親密な仲間意識
があったとしても、部下のこれまでの生き方や人格までも否定するような
発言をしたり、プライベートにまで踏み込んで部下を叱責したりすること
が許されないことは当然であり、本件では、Xの言動の結果として部下が
精神的に追い詰められ、著しい精神的苦痛を感じていたのである。

したがって、このようなXの言動は、部下との関係性を考慮しても許さ
れるものではないというべきである。

(2)　本件解雇の相当性

ア　Xは、平成26年3月末にB及びCに対するハラスメント行為によりYか
ら厳重注意を受け、顛末書まで提出したにもかかわらず、そのわずか1年
余り後に再度E及びDに対するハラスメント行為に及んでおり、短期間に
複数の部下に対するハラスメント行為に及んだ態様は悪質というべきであ
る。また、Xによる上記行為の結果、Eは別の部署に異動せざるを得なくなり、
Dに至っては適応障害に罹患し傷病休暇を余儀なくされるなど、その結果
は重大である。

Xは、2度目のハラスメント行為に及んだ後も、自身の言動の問題性を理
解することなく、あくまで部下への指導として正当なものであったとの態

度を一貫して変えず、全く反省する態度が見られない。Xは、本人尋問に
おいて、1回目のハラスメント行為後のIらによる厳重注意について、「緩
い会話」であったと評しており、この点にもXが自身の言動の問題性につ
いて軽視する姿勢が顕著に現れているというべきである。また、Xの陳述
書や本人尋問における供述からは、自身の部下に対する指導方法は正当な
ものであり間違っていないという強固な信念がうかがわれ、Xの部下に対
する指導方法が改善される見込みは乏しいと判断せざるを得ない。

　このように、Xは、部下を預かる上司としての適性を欠くというべきで
ある。

　さらに、上記のとおり、Xは、自身の部下に対する指導方法を一貫して
正当なものと捉え、部下4名に対するハラスメント行為を反省する態度を
示していないことに照らすと、仮にXを継続してYに在籍させた場合、将
来再び部下に対するパワーハラスメント等の行為に及ぶ可能性は高いとい
うべきである。Yは使用者として、雇用中の従業員が心身の健康を損なわ
ないように職場環境に配慮する信義則上の義務を負っていると解されるこ
と、Yの所属するグループ企業においてはハラスメントの禁止を含むコン
プライアンスの遵守が重視されていることを考慮すると、2度のハラスメン
ト行為に及んだXを継続雇用することが職場環境を保全するという観点か
らも望ましくないというYの判断は、尊重されるべきである。

イ　上記アで述べた事情を考え併せると、本件懲戒処分及び本件解雇は、客
　観的に合理的な理由があり、社会通念上相当というべきである。

コンビニエースほか事件

東京地判　平28・12・20　　　　　労判1156号28頁

▌ 事案の概要

　Yは、コンビニエンスストア「H」を全国展開する株式会社Bとの間でフランチャイズ契約を締結し、フランチャイザーとして、コンビニHのA1店、A2店、A3店の3店舗を経営していた。

　本件は、平成22年9月から平成23年12月26日まで、Yの経営する上記3店舗でクルーとして勤務していたXが、その勤務期間中に、Yの代表者であったY1及びA2店の店長であったY2から、暴行、サービス残業の強要等のいじめ・パワーハラスメントを日常的に受けたと主張して、Yらに対し、損害賠償等として3,287万3,765円等の連帯支払を求めた事案である。

▌ 結　果

　一部認容。YとY1は連帯して930万4,211円（うち910万4,211円はY2と連帯して）。

▌ コメント

　業務後に行われたパワハラについて、民法715条の使用者責任を認めるか否かについての規範を示しており、参考になる。また、個別の事実ごとに慰謝料を認定し、合計で900万円を超える多額の慰謝料が認容されている点が注目される。

判 旨

1 認定事実

(1)　Xは、暴行等のいじめ・パワハラを日常的に受けたとして、様々な事実について、詳細に主張し、その主張に沿う供述をしている。

　これに対し、Y及びY1は、Xの主張する事実の多くを否認し、その理由として、Xの主張には変遷があり、ありもしない暴行の事実を主張したり、暴行の程度を大げさに主張したりしている可能性が大きいと主張する。

　しかし、主張に変遷がある旨の指摘に対して、Xは、当時の捜査に対するY1の認否等の経緯があった旨主張が変化した理由を説明しており、このY1の認否については特段争いはないのであって、かかる理由による変化を変遷と評するのは相当でない。また、ありもしない暴行の事実を主張したりしている可能性がある旨の指摘に関しては、Xが全くの虚偽を述べていることをうかがわせるような証拠は見当たらず、むしろ、Y1はいくつかの件を認めているし、相当数の件については客観的な証拠が存在していて、このようにして認められる事実は、相互に補強し合って、同種同様の内容で、一連一体ともいうべき本件いじめ・パワハラ全体を裏付ける意味をも有するところ、Y1自身も、Xに対する暴行があまりに日常化していたために細かな点で思い出せないことがある旨を警察官に述べているほどであり、Y1が否認している部分は、同Y1の記憶が明確でなかったり、混乱したりしているか、そうでなければ、客観的な証拠から認められること以外は敢えて否認しているものと推認することができる。

　このほかに、Y及びY1は、Y1がXに対する暴行に至った経緯について、当初からXの仕事ぶりには問題があり、平成23年9月に新規店舗の話が持ち上がった際に、Xをその副店長候補とし、仕事ぶりが変わることを期待したが、Xは本部からの視察員に副店長として不適格と判断されただけでなく、アルバイトとしても駄目出しをされたため、その後はXに対する指導を変え、改善を図ったものの、Xの仕事ぶりは変わらなかったため、Y1において段々と感情的になり、暴行に及ぶようになった旨主張する。しかし、Y1自身が既にXの仕事ぶりに問題があると思っていたというのに、本部の視察員に駄目出しをされたことが契機になったなどという説明は不自然であるといわざるを

得ない上、平成23年6月には殴られることの誓約書事件を惹起していることからして、Y1は相当前からXに対して暴行に及んでいたことがうかがわれるのであって、Y及びY1の主張は採用し難い。

(2) 概要次のような事実が認められる。

ア 暴力的ないじめ・パワハラについて

(ア) 鼻タバコ事件（①）

平成22年11月ころ、Xは、Y2及びその他の従業員らと居酒屋に行き、飲み会に参加した際、深夜、眠ってしまった時にY2の持っていたタバコの火を鼻の頭に押し付けられる状態となり、全治1か月以上を要する火傷を負った。

(イ) 続鼻タバコ事件（②）

平成22年12月ころ、Xは、Y2と居酒屋に行った際、同Yの持っていたタバコの火を鼻の頭に押し付けられる状態となり、火傷を負った。

(ウ) カラオケマイク殴打事件（③）

平成23年1月ころ、Xは、Y2、Y1及びその他の従業員とカラオケ店に行った際、Y2に酒を飲まなかったことに立腹され、マイクで10回から20回殴打された。

(エ) 竹棒フルスイング事件（④）

平成23年7月ころ、Xは、A3店のウォークイン冷蔵室において、Y1に仕事の手順の悪さや遅さに立腹され、竹の棒で背中を2回殴打された。

(オ) 焼き鳥串の刺突事件（⑤）

平成23年7月15日夕方ころ、Xは、Y1、Y2及びBと居酒屋に行った際、Y1に焼き鳥の串で右手の甲を刺され、出血した。

(カ) 灰皿殴打出血事件（⑥）

平成23年8月ころ、Xは、Y1及びY2と居酒屋に行った際、まず、Y1に灰皿で頭部を殴打され、次に、Y2に階段の上から突き落とされた。

(キ) 竹棒殴打出血事件（⑦）

平成23年8月ころ、Xは、A3店の従業員用バックルーム内において、Y2に竹棒で頭部を二十数回殴打され、出血した。

(ク) 背中噛み付き事件（⑧）

平成23年9月9日、Xは、飲み会の際に、Y2に背中に噛みつかれた。

(ケ) 百円ショップ暴行事件（⑨）

平成23年9月9日、Xは、A1店の従業員用バックルームにおいて、Y1に
鍋で頭部を数回殴打され、自転車用のチェーン錠で背中等を殴打されたほ
か、金属製スプーンで手の甲等を複数回殴打された。Y2にも、同チェーン
錠で背中等を殴打された。

（コ）　金属製スプーン暴行事件（⑩）

　　平成23年9月から同年12月26日までの間、Xは、Y1に前記金属製ス
プーンで手の甲等を何度も殴打された。また、右手の手の平を押し広げる
ように力をかけるなどされた結果、右環指中手骨を骨折し、加療約3か月
を要する傷害を負った。

（サ）　エアガン射撃事件（⑪）

　　平成23年9月から同年12月26日までの間、Xは、A1店において、Y1に
何度もエアガンで撃たれた。

（シ）　パセラリゾーツ事件（⑫）

　　平成23年10月3日、Xは、他の従業員の誕生会ということでカラオケ店
に行った際、金属製スプーンで眼球付近の顔面等を複数回殴打されたりし
た結果、眼球付近が腫れ、点眼や薬剤の投与等を要する傷害を負った。

（ス）　棚板暴行事件（⑬）

　　平成23年12月6日、Xは、A2店の従業員用バックルームで、Y2に商品
陳列棚の仕切板や素手で頭部・腹部等を殴打された。

（セ）　六角棒強打事件（⑭）

　　平成23年12月7日、Xは、A2店の従業員用バックルームで、Y1に長さ
が137センチメートル、直径が約2センチメートルある木製の六角棒で両足
の親指等を強打された。

（ソ）　退職時の暴行事件（⑮）

　　平成23年12月26日、Xは、A1店の従業員用バックルームで、Y1に頭部、
腹部を蹴られるなどの暴行を受けた。

（タ）　日常的な暴力行為（⑯）

　　就業していた全期間にわたって、Xは、Y1及びY2から叱責の際に殴打
されたり蹴られたりといった暴行を受けており、その際、菜箸やハンガー
など、手近にあった物が使用されることもあった。

イ　精神的・経済的ないじめ・パワハラについて

a　60万円要求事件（A）

平成22年12月21日、Xは、Y2から、店舗の金がなくなった、Xにその穴埋めをする責任があると申し向けられ、60万円を交付した。実際には、60万円が店舗からなくなっていたわけではなく、また、Xの在籍中、その返済はなされなかった。

b　77万円借用書作成事件（B）

平成23年4月ころ、Xは、Y1から、A1店において、現金77万円の管理が不十分である旨を指摘され、同額をなくしたことになる、この金額を貸すなどと言われて、77万円を貸し付けた旨の借用書を作成させられ、その後、25万円をY1に交付した。なお、X代理人がY1に返還を求めたところ、25万円は平成24年2月に返還されている。

c　殴られることの誓約書作成事件（C）

平成23年6月7日、Xは、Y1に、「お前をこのまま殴って警察沙汰になったら困るから。」などと言われて、殴られることを承諾する旨の「誓約書」を作成させられた。

d　飲食代金の支払強要（D）

平成23年3月から同年9月まで、Xは、Y1及びY2から、従業員らの飲み会の代金を支払わされており、その総額は200万円超に上る。その後、これらが清算されたことを示す証拠はない。

e　平仮名作業指示書事件（E）

平成23年9月、Xは、Y2から、全て平仮名で記載された作業指示書を交付され、侮辱されたと感じた。

f　売残り品の買取強要（F）

平成23年5月から同年12月まで、Xは、Y1から、主要商品に売残りが発生した際に、それらを購入させられた。

g　「手伝い」の強要（G）

平成23年8月ころ以降、Xは、時間外手当等の支払を全く受けられないまま、時間外勤務や休日出勤を強いられ、出退勤の登録もさせてもらえず、さらに、Xがこのような勤務を拒否しようとすると、殴る蹴るの暴行を受けた。

h　200万円借用書作成事件（H）

平成23年10月6日、Xは、顧客に付与すべきポイントを自分のカードに付けたことをY2に非難され、罰金として200万円の借用書（本件借用書）

を作成させられた。なお、その後、Xは20万円をY2に支払っているところ、Y2はこれを別の貸付の返済を受けたものであるというが、その裏付けはない。

i　日常的ないじめ・パワハラ（（I））

就業していた全期間にわたって、Xは、Y1及びY2からいじめ・パワハラというべきことをされていた。

(3)　認定事実全体にわたる評価

Xは、人とコミュニケーションをとるのが苦手であり、物事がうまくいかないとすぐ投げ出してしまうところもあって、本件3店舗でも、手順が悪かったり、仕事が遅かったりしたことがよくあったと認められ、このようなXに注意、指導をしようとしたのがきっかけになっていることもうかがわれるが、前記認定に係る事実は、いずれも適正な業務上の注意、指導の範疇を超え、暴力を伴うなど、相手方たるXに過度の心理的負荷を与えるものとして、いじめ・パワハラに当たり、不法行為を構成するというべきである。

2　Y及びY1の責任原因

(1)　Yの責任について

ア　使用者責任について

被用者の行為は、その外形から客観的に判断して、使用者の事業ないし被用者の職務の範囲に属すると認められる場合には、民法715条1項本文所定の「事業の執行について」なされた行為に当たり、使用者は、被用者の当該行為による第三者の損害を賠償する使用者責任を負うものと解されるところ、いじめ・パワハラに当たる事実的不法行為に関しても、職務との関連性や使用者による支配・統制の可能性の程度等から判断して、当該不法行為が客観的に使用者の支配領域内の事柄であると認められる場合には、使用者は、被用者の当該行為による第三者の損害を賠償する使用者責任を負うものと解するのが相当である。

これを本件についてみると、本件3店舗内での出来事については、いずれもYの支配領域内の事柄であると認めるべきである。

また、本件3店舗外での出来事として、居酒屋等における複数の件は、業務の後でY1やY2のほかに他の従業員らと一緒に食事に行ったりする「交流会」の際の出来事で、本件3店舗の外ではあるものの、本件3店舗における業務の延長線上にある機会の出来事として位置づけられる。この点、Y1

は、自分を変えたいと採用面接で話していたXに対し、何かにつけて面倒を見るなどして目をかけ、毎日同じ言葉を繰り返すなどして注意、指導をしていたというのであり、Y2も、自身が店舗を経営するようになったときにはXを使おうと思っていたというのであって、両名とも、Xに対する注意、指導を心がけていたが、Xの働きぶりがよくなく、両名からの注意、指導も成果が上がらない状態で、平成22年9月のX入社から数か月経過したころから、注意、指導のために話をしている際などに、自らを抑えられずに様々なことをしてしまったという経緯が推認されるところ、Y代表者であるY1と店長であるY2が従業員らを注意、指導することは業務の一環であるから、この意味でも、前記出来事には業務との関連性があり、客観的にみてYの支配領域内の事柄であると認められる。

　したがって、前記1において認定した事実は、いずれもYの支配領域内の事柄であり、Yが使用者責任を負うものと解するのが相当である。

(2)　Y1の責任について

　Y1が、自身の行為について不法行為責任を、Y2と一緒にしたことについて共同不法行為責任を負うのに加えて、Y1のいない場でY2がしたことについても責任を負うのかを検討するに、Y1は、Y代表者であると同時に本件3店舗の運営を差配しており、客観的にみて、使用者たるYに代わって現実に事業を監督する地位にあるといえ、民法715条2項所定の代理監督者に当たると認められるので、代理監督者としての責任を免れないものと解される。また、事業を監督する代理監督者という立場にいるY1と現場責任者たる店長であるY2が従業員たるXを注意、指導することは、密接に関連し、社会的事実として一連一体とみることもできるし、Y1とY2が本件について述べているところからすれば、両名がお互いに意識しながらXに相対していたことがうかがわれ、両名の間に共謀等の意思の連絡があったとまで認定できるかはともかくとして、暗黙の了解ないし共通の認識の下で、両名が行動をエスカレートさせていったという経緯が認められる。これらの点を併せ考えれば、認定事実の全体にわたって共同不法行為が成立すると解し得るほか、Y1とY2が相互に教唆し、あるいは幇助したということで、教唆又は幇助をした共同行為者として共同不法行為責任を負うとも解し得るので、いずれにしてもY1は認定事実全てについて共同不法行為責任を負うものと解される。

3　Xの損害

(1)　暴力的ないじめ・パワハラによる個別の損害

ア　いじめ・パワハラ（①～⑯）による精神的苦痛に対する慰謝料

　　Xは、暴力的ないじめ・パワハラと精神的・経済的ないじめ・パワハラを区分し、それぞれについて慰謝料を算定しているが、暴力的ないじめ・パワハラと精神的・経済的ないじめ・パワハラを截然と区分し、その精神的苦痛を区別し得るとは解し難いので、これらを併せ、さらに本件諸事情を総合考慮した慰謝料を算定することとする。

イ　治療費

　　Xが金属製スプーン暴行事件（⑩）の際に支出した診察料・調剤料・入院料・文書料等16万1,821円と、パセラリゾーツ事件（⑫）の際に支出した診察料・調剤料等3,130円の合計16万4,951円が損害として認められる。

ウ　休業損害

　　本件において、休業損害を認めることはできず、この点は、本件諸事情を総合考慮した慰謝料を算定する際に考慮するほかないものと解される。

エ　後遺障害逸失利益

　　本件において、後遺障害を認めることはできず、この点は、後記（3）において、本件諸事情を総合考慮した慰謝料を算定する際に考慮するほかないものと解される。

オ　入通院慰謝料

　　入通院慰謝料としては30万円を認めるのが相当である。

カ　後遺障害慰謝料

　　Xに後遺障害が認められないことは後遺障害逸失利益に関して検討したとおり、この点は後記（3）において本件諸事情を総合考慮した慰謝料を算定する際に考慮するほかないものと解される。

(2)　精神的・経済的ないじめ・パワハラによる損害

ア　60万円要求事件（A）

　　Y2に交付した60万円がXの経済的損害となる。

イ　77万円借用書作成事件（B）

　　これが上司の立場を利用したパワハラに当たり、その内容が悪質であることなどから、Xの精神的損害について慰謝料20万円を認めるのが相当である。

ウ　殴られることの誓約書作成事件（C）

　　これが上司の立場を利用したパワハラに当たり、その内容が悪質であることなどから、Xの精神的損害について慰謝料20万円を認めるのが相当である。

エ　飲食代金の支払強要（D）

　　飲食代金の支払額合計200万9,935円は、領収書等により裏付けられている一方で、清算の事実（抗弁）に関する具体的な主張立証はなく、この金額がXの経済的損害として認められる。

　　かかる経済的損害は、実際の支出額を補填すれば回復されるというべきではあるが、これほどの回数、金額に上っており、しかも、これが上司の立場を利用したパワハラに当たることなどから、Xの精神的損害について慰謝料20万円を認めるのが相当である。

オ　平仮名作業指示書事件（E）

　　これが上司の立場を利用したパワハラに当たることと、Xを全くの幼児扱いし、酷く侮辱するというその悪質性などから、Xの精神的損害について慰謝料20万円を認めるのが相当である。

カ　売残り品の買取強要（F）

　　売残り品の買取額2万9,325円が経済的損害として認められる。

キ　「手伝い」の強要（G）

　　X従業員証によるレジ記録からどの程度正確に勤務時間を把握できるのか、途中で事実上交代していても従業員証の読取りが厳格にされないことがあり得るなど、Xによる推定計算には不確定要素もある一方で、このほかにXの主張の裏付けとなる的確な証拠はないことを併せ考えると、経済的損害に関する控えめな認定として60万円を認めるのが相当である。

　　なお、上司の立場を利用したパワハラとして行われる「手伝い」の強要は、このような経済的補償の範囲を超えるものであり、時には暴力を伴って強要されていたことなどから、Xの精神的損害について慰謝料20万円を認めるのが相当である。

ク　200万円借用書作成事件（H）

　　XがY2に20万円を支払ったことが認められる一方で、これがXからの返済であったかのようなY2の説明については裏付けがなく、この20万円がXの経済的損害として認められる。

一方、200万円もの金額を借りた旨の借用書を作成させられ、しかも、これが上司の立場を利用したパワハラに当たることなどから、Xの精神的損害に対する慰謝料として20万円を認めるのが相当である。

　ケ　日常的ないじめ・パワハラ（I）

　　　具体的事実として特定し、その精神的損害を把握することが困難なので、慰謝料については、後記において、本件諸事情と併せ算定することとする。

(3)　前記認定のいじめ・パワハラのほかに本件諸事情を総合考慮した慰謝料

　　　本件では、1年数か月にわたっていじめ・パワハラが継続された上、その態様をみても、暴力的ないじめ・パワハラでは、身体に対する具体的な危険を伴うものがいくつもあり、右手の傷に関しては、具体的な後遺障害を認定するまでには至らず、後遺障害逸失利益、後遺障害慰謝料や休業損害を認めることはできないものの、その結果は軽視できないし、その他の部位に対する暴行も含めて、場合によっては重大な結果を生じかねなかったことは否定し得ないのであって、非常に悪質である。精神的・経済的ないじめ・パワハラでも、商品を買い取らせるなど、様々な方法で経済的負担を強要したりしており、非常に悪質である。かかるいじめ・パワハラにより、Xが身体的にも、精神的にも多大な苦痛を被ったことは明らかであって、このほかに、具体的な損害としては算定し難い事柄など、本件に顕れている諸事情を総合考慮すると、個別に認めたもののほかに、慰謝料として400万円を認めるのが相当である。

4　Y2に対する請求について

(1)　擬制自白の成立

　　　Y2は、Xの主張する請求原因事実を争うことを明らかにしないので、これを自白したものとみなす（民事訴訟法159条1項）。

(2)　責任原因

　　　Y1とY2については、事実の全体にわたって共同不法行為が成立すると解し得るほか、Y1とY2が相互に教唆し、あるいは幇助したということで、教唆又は幇助をした共同行為者として共同不法行為責任を負うとも解し得るので、Y2も請求原因事実全てについて共同不法行為責任を負うものと解される。

(3)　損害額

　　　Y2に対する請求で認められるべき損害額は、法的評価にわたる事柄であるから、検討するに、その金額は、Y及びY1に対する請求で認められる損害額

と同様とするのが相当である。

　したがって、XのY2に対する請求は、Y2に対する全訴訟で認容された20万円を差し引き、910万4,211円の範囲で理由がある。

A庵経営者事件（控訴審）

福岡高判　平29・1・18	労判1156号71頁
原審：福岡地判　平28・4・28	労判1148号58頁

事案の概要

　本件は、Kの相続人（父母）であるX1・X2が、Yに対し、Yの経営する料理店A庵に勤務していたKが焼身自殺したのは長時間労働及びYの暴行等により精神疾患を発症したことによると主張して、主位的に不法行為に基づき、予備的に債務不履行（安全配慮義務違反）に基づき、それぞれ2,797万3,442円の損害賠償の支払を求めた事案である。

　原審は、それぞれ2,177万5,256円及び遅延損害金の支払を求める限度でXらの主位的請求を認容したので、Yがこれを不服として控訴した。

結　果

　控訴一部認容。YはX1・X2に対し、それぞれ865万3,055円（逸失利益2,149万4,780円、慰謝料1,800万円、固有の慰謝料各100万円、葬儀費用等228万円、過失相殺50％、損益相殺618万1,279円、弁護士費用160万円）。

コメント

　本判決は、YがKに対して恒常的に強く叱責し、その叱責の中で少なくとも2度の暴行に及んでいたことは、使用者の労働者に対する指導・対応の範囲を逸脱するものであるとして違法性を認めた。その一方で、Kが度重なる注意を受けても数回どころか何十回以上も同じ仕事上の間違いを繰り返していたこと等を理由に5割の過失相殺を認め、1審判決の認容額を減額した。

判　旨

1　認定事実

(1)　Kの労働時間

　　Kが自らの身体に火を放つ前6か月間における労働基準法所定の労働時間を超える時間外労働時間は、概ね次のとおりであった（月日はいずれも平成23年）。ただし、下記時間は、Kが所定の勤務時間を超えてA庵にとどまっていた時間を認定したものであって、勤務時間終了後にKが業務外のパソコンを閲覧したりするなど就労を伴わず任意にA庵にとどまっていた時間が一定の時間含まれている。

　　　　　6か月前（5月23日から6月21日まで）　　　79時間25分
　　　　　5か月前（6月22日から7月21日まで）　　　82時間35分
　　　　　4か月前（7月22日から8月20日まで）　　　77時間37分
　　　　　3か月前（8月21日から9月19日まで）　　　74時間30分
　　　　　2か月前（9月20日から10月19日まで）　　92時間12分
　　　　　1か月前（10月20日から11月18日まで）　74時間31分

(2)　Yによる叱責及び暴行

　　Kは、A庵における就労中、仕事の覚えが悪く、幾度注意を受けても同じ間違いを繰り返すことなどがあり、そのような場合、Yは、同じ間違いを度々繰り返すKに立腹し、注意ないし叱責する口調も激しくなることがあった。

　　また、Yは、少なくとも、Kが働き始めてから約半年後と、平成23年11月2日頃、A庵において勤務中、Kが同様の間違いを繰り返した際などに、立腹の余りKの左顔面を右手（利き腕）で平手打ちをする暴行を加えた。

(3)　平成23年11月18日の経緯

　　Yは、平成23年11月18日、A庵には予約が入っていなかったため、同日の夕刻以降、料理の試作を行おうとし、A庵の調理場において、仕事がなくなって手持ちぶさたにしていたKに対し、グリルの上に炊飯器を置いたまま火をつけないよう注意した上で、グリルの火をつけるように指示したところ、Kは、たった今上記注意を受けたにもかかわらずグリルの上に炊飯器を置いたままグリルに火をつけてしまった。

　　Yは、従前からKに対して炊飯器をグリルの上に置いたままグリルに火を

つけないよう再三注意しており、さらに、この時にも直前に注意したにもかかわらず、Kが同じ行為を繰り返したために、「何でこんなことがわからんのか。」などと大きな声でKを叱責した。

　Kは、Yから今日は終わりにしようと言われ、同日夕刻以降にA庵を退出し、A庵の駐車場に通勤用の乗用車を置いたまま、自宅から約60〜70m離れた本件現場に至った。現場には当時雨が降っていたところ、Kは、同所において、同日午後9時50分頃、自らの身体にガソリンをかけ、これに火を放った。

　火を放った直後、Kは、熱さに耐えきれず付近の水路に飛び込んで火を消した後、自力で自宅に戻り、自宅にいたX2に対して、落ち込んだ様子で「どげん、俺はなんかいな、どげんしたらいいかわからん。」、「俺はなんかいな。」と何度も言った。

　同日午後10時1分、自宅に救急車が到着し、Kは病院に搬送された。

　その後、Kは、治療の甲斐なく、同年12月15日午後6時50分、広範囲熱傷に起因する敗血症のために死亡した。

2　Kの業務と本件行為との因果関係について

　Kの業務内容そのものが、Kの精神に変調をきたすような過重なものであったとは認められない。もっとも、Kは、死亡前の半年間、恒常的に1か月80時間前後の時間外労働をし、定休日であった月曜日にも出勤することがあった。しかし、時間外労働時間のうちに就労を伴わずにKが任意かつ自発的にA庵にとどまっていた時間が相当時間含まれていたものと推認されるから、KがA庵にとどまっていた時間が長時間に及んでいたこと自体が、Kに対し過大な心理的負荷を与えるものであったとは未だ認めることが困難である。

　しかしながら、Kは、A庵における1年余りの勤務期間中、Yから恒常的に強い叱責を受け、少なくとも2回の暴行（いずれも右平手打ちによる左顔面の殴打）を受けることもあったというのである。上記叱責及び暴行は、KがYの度重なる注意にもかかわらず、同様の間違いを繰り返し行ったことに起因するものであるところ、Kが上記のような間違いを繰り返し行ったことについてYが注意することは当然であるし、その態様が単なる注意にとどまらず、時として激しい叱責に及ぶこともやむを得ない側面もある。しかし、Kは、度重なる注意にかかわらず同じ間違いを数回どころか数十回も繰り返していたというのである。そのような属性を有するKに対し、間違いが重なるごとに注意ないし叱責を繰り返した場合、Kが自己の不甲斐なさを認識し

ていればなおさら、Kに対し過度の心理的負荷ないし自己否定感をもたらすことは想像するに難くない。さらに、YがKに対し、上記叱責の過程で少なくとも2回にわたり顔面を平手で殴打する暴行を加えることは、Kに対するさらなる心理的負荷を与えるものであったことが明らかである。現に、Kは、平成23年9月ないし10月頃には、Yの叱責及び暴行を相当気に病んでいた状況が明らかであり、これらによる強い心理的負荷を受けていたというべきである。

　そして、平成23年11月2日頃の暴行の約半月後である本件行為当日、Yからまたもや強く叱責され、その後すぐに、当時雨天であったにもかかわらず、A庵の駐車場に停めていた車を置いたまま、本件現場に至り、ガソリンを身体にかけて火を放っている。これらのKの一連の行動は、Kが叱責を受けたことを契機として、多数回にわたる注意・叱責を受けながらも同じ誤りを繰り返す自己に対する否定的評価が高じ、そのような自己に絶望し、その結果、正常な判断能力を失って自暴自棄となり、とっさに自殺行為に及んだものと推認するのが自然である。

　したがって、KがA庵での勤務の過程でYから受けた叱責・暴行と自殺行為との間には因果関係が認められるというべきである。

3　Yの過失について

　使用者は、労働者を使用するに当たり労働者の労働時間や休日等の取得状況を適切に管理把握し、過重労働等によって労働者が心身の健康を害することがないように配慮する義務を負うとともに、業務遂行の過程においても、業務指導の範囲を超えた労力や苛烈な叱責により労働者が心身の健康を害することがないように配慮すべき注意義務を負っているというべきである。

　A庵におけるKの業務内容はそれほど繁忙なものではなかったとはいえ、Yは、Kを月80時間前後に及ぶ長時間労働に従事させた上、Kに対し恒常的に強く叱責し、その叱責の中で少なくとも2度の暴行に及んでいたものである。上記叱責及び暴行は、KがYの度重なる注意にもかかわらず、同様の間違いを繰り返し行ったことに起因するものであるところ、Kが上記のような間違いを繰り返し行ったことについてYが注意することは当然であるし、その態様が単なる注意にとどまらず、時として激しい叱責に及ぶこともやむを得ない側面もある。しかし、Kは、Yのいうところによれば、度重なる注意にもかかわらず同じ間違いを数回どころか数十回も繰り返していたというの

である。そのような属性を有するKに対し、間違いを重ねるごとに強い注意ないし叱責を繰り返せば、Kが自己の不甲斐なさを認識していればなおさら、Kに対し過度の心理的負荷ないし自己否定感をもたらすことは想像するに難くない。さらに、YがKに対し、上記叱責の過程で少なくとも2回にわたり顔面を平手で殴打する暴行を加えることは、Kに対するさらなる心理的負荷を与えるものであって、いずれも使用者の労働者に対する対応としてきわめて不適切なものというべきである。したがって、Yの行った上記叱責及び暴行は、使用者の労働者に対する指導・対応の範囲を逸脱するものであり、上記注意義務を怠るものというべきである。そして、そのような叱責及び暴行を繰り返せば、Kに著しい心理的負荷を与え、このことによりKの自己否定の念を高じさせ、その結果自暴自棄になったKが本件行為のような自傷行為ないし自殺行為に及ぶことも予見可能であったというべきであるから、Yの行った上記叱責及び暴行は、Kに対する不法行為を構成する。

　以上によれば、Yは、Kの相続人であるXらに対し、民法709条に基づき、Kの本件死亡により生じた損害を賠償すべき責めを負う。

4　損害の発生及びその額について

(1)　逸失利益　　　2,149万4,780円

(2)　慰謝料　　　1,800万円

(3)　固有の慰謝料　　X1・X2それぞれ100万円

(4)　葬儀費用等　　　合計228万円

(5)　過失相殺　　50%

　度重なる注意を受けても数回どころか何十回以上も同じ仕事上の間違いを繰り返すKに対し、使用者であるYが注意することは当然であるし、その態様が単なる注意にとどまらず、時として激しい叱責に及ぶこともやむを得ない側面もあることは前記のとおりである。また、Kが本件行為に及んだことが何らかの精神疾患に罹患した結果であると認めるに足りる証拠はなく、それ自体極めて短絡的な行為であると評価せざるを得ず、Yにとって法的には予見可能性があるとはいえても、通常は想定し難い事態であるというほかない。このような点を考慮すると、Kの死亡という結果を招いたことについてYにそのすべての責任を負わせるのは相当とはいえず、公平の観点から、過失相殺の法理を適用ないし類推適用してYがXに対して支払うべき金額を一定の割合で減額するのが相当である。そして、その割合は本件において顕

れた一切の事情を考慮して、50％とするのが相当である。

　　上記の合計額4,377万4,780円から50％相当額を減額すると、2,188万7,390円になる。

(6)　損益相殺

　　X1について労災保険の葬祭料53万790円、遺族補償年金合計565万489円

(7)　弁護士費用　　160万円

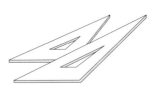

さいたま市（環境局職員）事件（控訴審）

東京高判　平29・10・26	労判1172号26頁
原審：さいたま地判　平27・11・18	労判1138号30頁

事案の概要

　Aは、さいたま市（Y）の職員であり、さいたま市立小学校に業務主任として勤務していた際、「うつ病、適応障害」の病名で90日間の病気休暇を取得し、職場復帰してから約半年後に異動して、さいたま市環境局施設部西部環境センター（以下「Zセンター」という。）管理係の業務主任として勤務していた。本件は、Aが同じくZセンター管理係の業務主任であり、Aの指導係であったBから暴行を受けるなどのパワーハラスメントを受け続けたため、うつ病を悪化させて自殺したなどとして、Aの両親であるX1、X2（合わせて「Xら」という。）が、Yに対し、安全配慮義務違反の債務不履行又は国家賠償法1条1項に基づき、それぞれ4,047万5,602円等の支払を求めた事案である。

　1審判決は、Aは、Bから脇腹に相当程度の有形力を行使するなどのパワハラを継続的又は断続的に受けていたものと認め、Aからパワハラを受けた旨の相談を受けた上司らが、パワハラの有無について確認をせず、Aが求めた話合いの場も設けることをせず、B又はAを配置転換するなどして、心理的負担を過度に蓄積させ既往症であるうつ病を増悪させることがないように配慮する義務を怠ったとして、Yの国家賠償法1条1項に基づく損害賠償義務を認めた。他方、うつ病の既往症がAの自殺に重要な要因となっている上、Xらは、Aの精神状態の悪化を認識し又は認識し得たことから、上司や医師と連携してAを休職させるなどして適切な医療を受けさせるように働き掛けをして自殺を防止する措置を採るべきであったとして、8割の過失相殺をし、認容額は、それぞれ659万9,333円にとどまった。

　これに対し、Xら及びYが、それぞれの敗訴部分を不服として、本件各控訴を提起した。

結　果

　控訴一部認容。YはXらに対し、それぞれ959万9,000円（慰謝料2,000万、逸失利益3,799万3,337円、過失相殺7割、弁護士費用180万円）。

コメント

　本判決は、Aに対するパワハラの存在を認めた上で、Aからのパワハラの訴えを放置したことについてYの安全配慮義務違反を認めた。うつ病の既往症が存在する労働者に対する安全配慮義務違反が認められた事例として参考になる。

　また、本件の1審判決は、「Yには、Aが主張するパワハラが存在するか否か調査をし、その結果、パワハラの存在が認められる場合はもとより、仮にその存在が直ちには認められない場合であっても、うつ病の既往症のあるAが上司に対して相談を持ち掛けたことを重視して、B又はAを配置転換したり、Bの言動によって心理的負荷等を過度に蓄積させ、本件既往症であるうつ病を増悪させることがないよう配慮すべき義務があった」と踏み込んだ判断をしていることも参考になる。

判　旨

1　BのAに対するパワハラの存否について

　　Aは、①平成23年4月21日から同月24日にかけて、Xらに対し、Bから自動車の中で殴られたとして、脇腹を見せたところ、3か所に痣があり、同日、その痣の状況を撮影したこと、②同月25日、管理係長であるEに対し、Bから暴力を受けていて、痣ができており、それを撮った写真があり、Bと業務のことでぶつかり、言葉の暴力等のパワハラを受けたことなどを訴えたこと、③同月29日には、大宮西警察署に電話をし、Bからパワハラを受けていると話した上、同年5月2日、同署の生活安全課を訪れ、応対した警察官に対し、Bから、今後、どの程度の暴行を受ければ事件として取り扱ってもらえるの

かなどと相談したこと、④所長であるFに宛てた同年7月11日付けの「入金（その他）の件について」と題する書面を作成し、その中で、Bは執務中公務外の私用に時間を費やしているなどとして、入金体制の変更を求めるとともに、Bから強烈なパワハラを受け、暴力も受け、警察にも相談した旨の記載をしたこと、⑤同年10月12日、その精神状態に悪化傾向が認められ、同月26日、GクリニックのC医師に対し、自ら進んで、職場にストレスの元凶となる人物がおり、その人物は、とんでもない男で暴言及び暴力の多い3歳年上の先輩であって、仕事でペアを組まされていると述べたこと、⑥同年12月14日、Fに対し、体調不良を訴えた際、その原因はストレスであり、Bからパワハラを受けたことが原因であるなどと述べていたことなどが認められる。そして、⑦B自身、Aに対するパワハラを否定する証言ないし陳述をしているものの、公用車で入金・両替業務をしていた際、Aの運転が荒いという理由で、Aの脇腹をつついたり、左手を押さえたりしたことがあったことを自認する証言をしている上、⑧Zセンターの職場関係者は、Bについて、自己主張が強く協調性に乏しい人物であり、上司にも暴言を吐く、専任である計量業務の内容に関し、他者に引き継いだり、教えたりするのを拒否するなどと認識・評価していた上、同職場関係者の中には、Bから嫌がらせを受けた者がおり、また、Bの行動及び発言に苦労させられ、その結果、心療内科に通ったことがある者もいることなどを併せ考慮すれば、Aは、平成23年4月21日頃、Bから脇腹に暴行を受けたことは優に認定することができ、同年7月末頃まで、職場における優越性を背景とした暴言等のパワハラを継続的に受けていたものと推認することができる。

2　安全配慮義務違反の有無について

（1）　地方公共団体であるYは、その任用する職員が生命、身体等の安全を確保しつつ業務をすることができるよう、必要な配慮をする義務（安全配慮義務）を負うものである。

　　そして、労働安全衛生法70条の2第1項に基づき、同法69条1項の労働者の健康の保持増進を図るための必要な措置に関して、適切かつ有効な実施を図るための指針として、労働者の心の健康の保持増進のための指針が策定され、心の健康問題により休業した労働者の職場復帰支援を求めていることに鑑みると、上記の安全配慮義務には、精神疾患により休業した職員に対し、その特性を十分理解した上で、病気休業中の配慮、職場復帰の判断、職場復

帰の支援、職場復帰後のフォローアップを行う義務が含まれるものと解するのが相当である。

　また、安全配慮義務のひとつである職場環境調整義務として、良好な職場環境を保持するため、職場におけるパワハラ、すなわち、職務上の地位や人間関係などの職場内の優位性を背景として、業務の適正な範囲を超えて、精神的、身体的苦痛を与える行為又は職場環境を悪化させる行為を防止する義務を負い、パワハラの訴えがあったときには、その事実関係を調査し、調査の結果に基づき、加害者に対する指導、配置換え等を含む人事管理上の適切な措置を講じるべき義務を負うものというべきである。

(2)　本件では、Aの上司であったEは、Aからパワハラの訴えを受けたのであるから、パワハラの有無について事実関係を調査確認し、人事管理上の適切な措置を講じる義務があるにもかかわらず、事実確認をせず、かえって、職場における問題解決を拒否するかのような態度を示し、Eから報告を受けたFも特段の指示をせず、ようやく7月末頃になって、Bが1人で入金・両替業務をする体制に変更したものの、それまでパワハラの訴えを放置し適切な対応をとらなかったものである。Yは、Aからの訴えは具体的なものではなかったなどと主張するが、Aは、Bから暴行を受けた旨を訴え、痣の様子を撮影した写真の話もしている上、E自身、Bの問題性を認識していたのであるから、Aの訴えが根拠を欠くものと受け止めるはずもなく、パワハラの事実確認を怠ったことを正当化することはできない。また、Aは、F宛の平成23年7月11日付けの「入金（その他）の件について」と題する書面を作成しているところ、これは作成日付が記載されたものである上、X1は、Aが上記書面をFに渡した旨供述、陳述し、実際、同月末頃には、B1人で入金・両替業務をする体制に変更する措置が取られているのであるから、それをFに交付した可能性も高いが、Fはこれを否定している。仮に上記の書面の交付を受け取っていたとすれば当然のこと、受け取っていなかったとしても、Fは、EからAのパワハラの訴えについて報告を受けたにもかかわらず、事実の確認等について指示をせず、放置したことに変わりがない。

　このように、Yは、Aのパワハラの訴えに適切に対応しなかったのであるから、職場環境調整義務に違反したものというべきである。

　Yは、EやFは、Aのうつ病による病気休暇の取得の情報を知らなかったというが、Aを問題があるBと同じ管理係に配置したこと自体が問題ではな

く、Aからのパワハラの訴えに適切に対応しなかったことが職場環境を調整する義務を怠ったものと評価されるものである。

さらに、Fは、Aから、平成23年12月14日には体調不良を訴えられ、翌15日には、実際自殺念慮までも訴えられ、Aの精神状態が非常に危険な状況にあることを十分認識できたのであるから、直ちにAの同意をとるなどし、自らあるいは部下に命じるなどして主治医等から意見を求め、産業医等に相談するなど適切に対処をする義務があったにもかかわらず、自己の判断で、勤務の継続をさせ、Aの精神状況を悪化させ、うつ病の症状を増悪させたのであるから、Yには、この点においても、安全配慮義務違反があるというべきである。

3　Yの安全配慮義務違反とAの自殺との間の相当因果関係の有無について

Aには、うつ病の既往症があり、異動前の職場において、ほぼ上限である90日間の病気休暇を取得した経過があったところ、Bからパワハラを受け、それを訴えたにもかかわらず、上司らが適切に対応しなかったため、うつ病の症状を悪化させ、体調悪化により病気休暇を余儀なくされ、職を失いかねないことを苦に自殺したものと認められる。

そして、EやFがAからパワハラの訴えを受けた後に適切な対応をとり、Aの心理的な負担等を軽減する措置をとっていれば、Aのうつ症状がそれほど悪化することもなく、FがAから自殺念慮を訴えられた直後に主治医や産業医等に相談をして適切な対応をしていれば、Aがそのうつ病を増悪させ、自殺することを防ぐことができた蓋然性が高かったものというべきである。

以上によれば、Yの安全配慮義務違反とAの自殺との間には、相当因果関係があるというべきである。

4　A及びXらが被った損害の内容及び額について

(1)　慰謝料　2,000万円

(2)　逸失利益　3,799万3,337円

5　過失相殺の可否について

本件においては、Yの安全配慮義務違反があるが、Aには、うつ病の既往症があり、平成22年6月には「うつ病、適応障害」で90日間の病気休暇を取得したことがあったのであるから、Aが、うつ病の症状を増悪させ、自殺するに至ったことについては、Aの上記のうつ病の既往症による脆弱性が重大な素因となっていることもまた明らかであって、それは、損害の賠償に当た

り、衡平の見地から斟酌すべき事情になることは否定できない。

　また、平成23年5月14日から同年11月5日まで約6か月アパートを賃借して別居していた期間を除き、Xらは、その両親として、Aと同居して生活をし、また、Xが、上記別居期間中も概ねAと夕食を共にしており、Aがうつ病で通院、服用し、Bからパワハラを受け、E及びFが、適切な対応をしなかったこと、同年8月頃からの不安定な状況や病状悪化等について認識していたことが認められるから、主治医等と連携をとるなどして、Aのうつ病の症状が悪化しないように配慮する義務があったといえ、これは、損害の賠償に当たり、衡平の見地から斟酌すべき事情になるものというべきである。

　以上の各事実を併せ考えれば、A及びXらに生じた損害については、過失相殺又は過失相殺の規定（民法722条2項）の類推適用により、Aの素因及びXらの過失の割合を合計7割としてこれを減ずることが相当というべきである。

6　Yが賠償すべき損害額について

　YがXらに対し賠償すべき損害額の合計は、損害額合計（前記4）について7割（上記5）の過失相殺後である1,739万8,001円となり、弁護士費用は、同損害額の約1割である180万円とするのが相当である。

※本文について01、03、04、07〜24、26、27、29〜33は小栗道乃弁護士が、34、36、38、40〜44は今津幸子弁護士が、02、05、06、25、28、35、37、39、45〜72は新村響子弁護士が執筆。

2018年6月　初版第1刷発行　定価3,300円（本体3,000円＋税10％）
2022年5月　二版第1刷発行

わかりやすい
パワーハラスメント　新・裁判例集

発　行　公益財団法人21世紀職業財団
所在地　〒113-0033　東京都文京区本郷1丁目33番13号
電　話　03-5844-1660（代表）

ISBN　978-4-910641-00-3　C2032　¥3000E